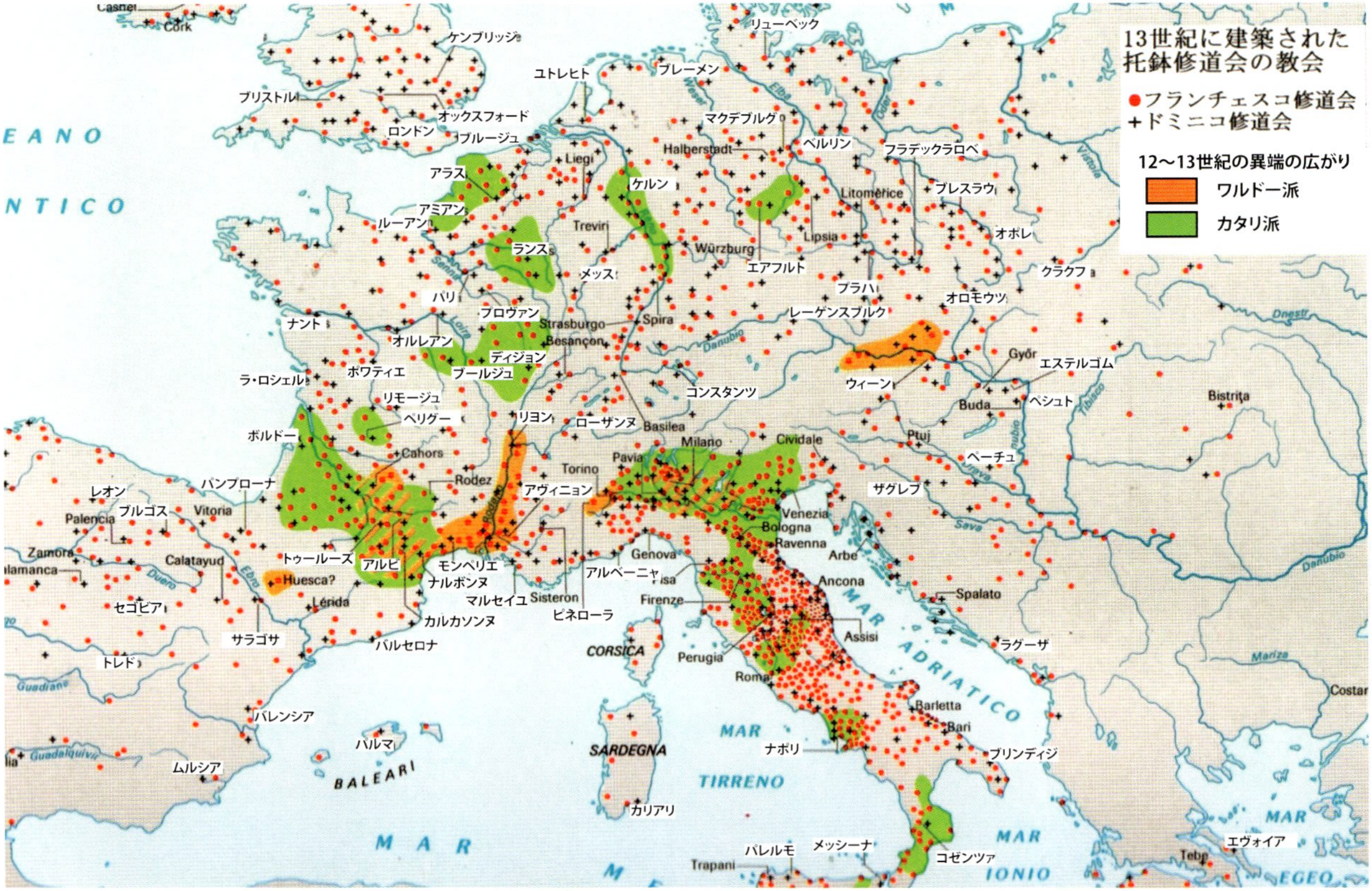

口絵１　13世紀に建築された托鉢修道会の教会（第Ⅱ部第16話参照）
（Touring Club Italiano, *Abbazie e monasteri d'Italia. Viaggio nei luoghi della fede, dell'arte e della cultura*, Milano, 1996, 11.）

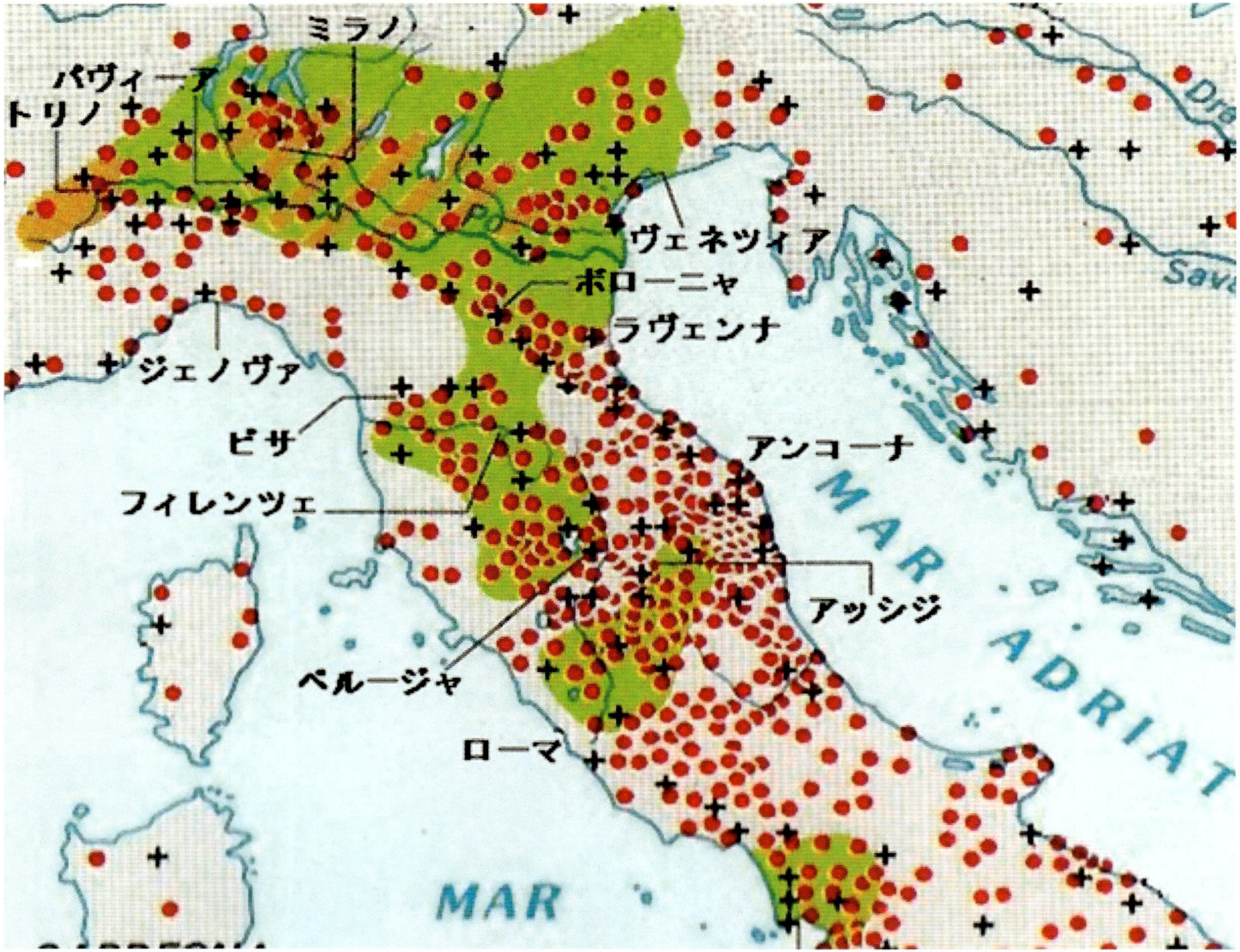

口絵２　13世紀にイタリアの北部・中部で建築された托鉢修道会の教会（第Ⅱ部第16話参照）

地図1　本書関係都市（ヨーロッパ）

地図２　本書関係都市（イタリア・中部拡大）

地獄と煉獄のはざまで

地獄と煉獄のはざまで

――中世イタリアの例話から心性を読む――

石坂尚武著

知泉書館

アレッサンドロ・ピッキ先生に

Dedicato al Professor Alessandro Picchi

凡例

・聖書からの引用は原則的に『聖書　共同訳』（日本聖書協会、一九九五年）を利用した。教会やキリスト教関係の用語（訳語）や説明は、『岩波キリスト教辞典』（二〇〇二年）、『新カトリック大事典』（一九九六～二〇〇九年）、『キリスト教人名辞典』（日本基督教団出版局、一九八六年）、ＮＴＴ出版『イタリア旅行協会公式ガイドブック』（全五巻）（絶版）とそのイタリア版の最新のもの（Touring Editore, *Guida Rapida d'Italia*）を活用し、さらに詳しい語句の知識は Istituto della Enciclopedia Italiana, *Dizionario Enciclopedico Italiano* (Roma, 1970-1984）を利用した。さらに不明なものについてはインターネットからの情報も精査して利用した。
・イタリア語のアクセントについては、B. Migliorini, C. Tagliavini, P. Fiorelli, *DOP*, 1969, Torino や小学館の『伊和中辞典』（第二版、一九九八年）に従ったが、その一方で有名な画家など、発音がすでに定着している発音表記については、それに従ったものも多い。同様に、人名・地名は現地読みを基本とし、聖職者はラテン語読みをしたものの、話（例話）がイタリアのものであることから、例外はかなり出ている。
・史料の翻訳の引用については、それが完全な逐語訳でない場合（例えば、部分的に省略したり、要約したものである場合）、「　」ではなく、《　》を用いた。
・引用文のなかで文章や語句を中略する場合は、いちいち〈中略〉ということばを入れずに「……」で済ませている。
・引用文のなかのゴシック（太字）はすべて引用者（石坂）による強調であり、これはいちいち本文中では断っていない。仮に原典で強調がなされている場合は、その場でそのことを示すようにした。

略記

「石坂史料集」と略記して示すものは以下のとおりである。これは著者が『人文学』（同志社大学人文学会）に二〇〇三年から二〇一四年に掲載したものである。

「イタリアの黒死病関係史料集」（一）（年代記等五点・絵画注文史料一点）第一七四号　二〇〇三年　二三頁～七三頁
「イタリアの黒死病関係史料集」（二）（年代記等三点・絵画注文史料一点）第一七六号　二〇〇四年　二六頁～八三頁
「イタリアの黒死病関係史料集」（三）（年代記等五点・ユダヤ人尋問調書一点）第一七九号　二〇〇六年　一三九～二三六頁
「イタリアの黒死病関係史料集」（四）（サルターティの疫病論全訳）第一八〇号　二〇〇七年　一三五～一七六頁
「イタリアの黒死病関係史料集」（五）（ランドゥッチの日記）第一八一号　二〇〇七年　九七～一四七頁
「イタリアの黒死病関係史料集」（六）（ピストイアの奢侈条令）第一八二号　二〇〇八年　八七～一四四頁
「イタリアの黒死病関係史料集」（七）（死者台帳）第一八四号　二〇〇九年　二五～一八九頁
「イタリアの黒死病関係史料集」（八）（ダティーニの遺言書）第一八六号　二〇一〇年　一九三～三一五頁
「イタリアの黒死病関係史料集」（九）（モレッリのリコルディ）第一八七号　二〇一一年　一四七～二二一頁
「イタリアの黒死病関係史料集」（一〇）（ペスト前後の遺言書）第一九四号　二〇一四年　二二五～三六三頁

AC = Archivio del Comune.

ASP = Archivio di Stato di Pisa

BCSG = Biblioteca Comunale di San Gimignano.

A documentary Study = G. Brucker (ed.), *The Society of Renaissance Florence: A Documentary Study*, Toronto, 2001.

謝　辞

この書の翻訳の部分は、北イタリアのコモ市の音楽博物館の館長アレッサンドロ・ピッキ（Prof. Alessandro Picchi）さんの多大な助言に負うものである。まことに遺憾ながら、ピッキさんは二〇一三年から病床に伏しておられるが、ここに深い感謝のことばを申し上げ、その回復を願いつつ、本書を捧げたい。私にとって、二〇〇〇年から一二年間、毎夏欠かさず続いたコモ湖畔での史料講読会（黒死病関係の史料の講読）は、「知の泉」で喉を潤す人生最高の思い出であった。

我々二人を引き合わせたのは、全く偶然のことであり、場所はコモの大聖堂の告解場であった。といっても私はクリスチャンではなく、浄土真宗の仏教徒である。実は、同志社大学から一年間の在外研究の機会を与えられて、コモで居を構えたが、パッサヴァンティなどの一四世紀の史料の難解な部分の解釈に日々ひとり苦しんでいた。すると、イタリアの大学のある先生から、「教会の司祭か博物館の学芸員なら、その教養の豊かさでパッサヴァンティを教えてくれるだろう」と言われた。そこで私はさっそくコモの大聖堂に乗り込み、管理人に交渉した。すると「司祭は今、告解をされているので、そこで順番を待っているように」と言われ、まさに告解場の末席で待ったのであった。順番が来て司祭の顔を見た時、それは、今も忘れられないほど非常に威厳に満ちたお顔であった。今思えば、あれがまさに神の代理人の顔であった。結局、その司祭の方には毎日とても多忙ということでお引き受けいただけなかったが、司祭は、代わりにコモ大聖堂の音楽博物館の館長のピッキさんを紹介してくださった。ピッキさんは、ダンテの研究をされている方であった。こうして二人で一四世紀、一五世紀の史料の講読会が始まったわけである。おそらくこれまでに一〇〇回を超えるこの講読会は全くの先生のご好意によるもので、私との「アカデミックな時間を楽しみにしている」と言ってくださった。また、ある時、先生が新聞に書かれた自己紹介的な記事のなかで、私との講読会のことを人生の重要な部分として取り上げておられた。――このようなすばらしい出会いは、実はイタリアに出発する前の送別会で、今関恒夫教授（イギリス近世史）が、私の性格に触れ予言されていたものであった。

夏のコモ滞在中は毎日二時間半に及んで続いた（在外研究の一年間は、毎週一回おこなった）。また、ビデオを活用する私の講義のために、ピッキさんは、私のビデオ・カメラを前に、中世の遺言書の説明などをスピーチしてくださった。また、ある時は、コモの大聖堂のオルガンを使って、教会暦に従ってカトリックの教会音楽を、解説付きで演奏してくださった（図24-3）。私は、それを四〇分のビデオに編集して、毎年、学生に見せて活用している。また、当時コモ司教館に勤務し貴重な資料を提供して下さった奥様のアンナ（Anna）さん、時々ラテン語の自作の詩集をくださったご子息ルイージ（Luigi）さん（高校のラテン語教師）のお二人にも、お世話になり、ここに感謝を申し上げたい。なおピッキさんのお父さんは、ルイージ・ピッキという有名なイタリアの宗教音楽の作曲家である。

また、ミラノの家族・親類にも感謝しなくてはならない。私の娘（麗）は、京都の芸大を卒業後、一九九九年にミラノに音楽留学した。古楽の有名なお二人の先生、P・グラッツィ（P. Grazzi）先生やA・ベルナルディーニ（A. Bernardini）先生の指導のもとに古楽器（オーボエ）を学んだ（現在、古楽器演奏家としてヨーロッパで活動）。そして、それから二〇〇四年に「ミラネーゼ」（ミラノ人）と結婚。二人は、初めはコモで生活したが、それからミラノに家を買って生活を始めた。こうして、ミラノは、コモと同様に、私のイタリアの拠点になった。娘の夫ファビオ（Fabio Turra）君、娘の義父パオロ（Paolo）さん、義母ルイーザ（Luisa）さんからは、会う度に、こころからの暖かい歓迎を受けた。こうして私にとって毎夏イタリアに行くのは、研究のためだけでなく、家族・親類との再会という大きな楽しみとなった。好青年のファビオ君と好人物の二人パオロさんとルイーザさんは、しばしば私をドライブで地方都市を案内してくれ、手作りの家庭料理のごちそうのほかに、おいしいリストランテに連れて行っていただいた。これは毎年の楽しみであり、この小旅行は本書に載せた写真等に活かされている。特に義父母のお二人には、娘がヨーロッパの他の国への演奏旅行で一週間ほど留守にするなど、もともと至らぬ娘が色々お世話になっていることについて、この場を借りてそのすべてに感謝を申し上げたい。妻みち子も、娘がイタリアに行ってから、特に娘がファビオ君と結婚してからはイタリア語の勉強に精を出し、今では二人の孫（Riccardo と Leonardo）も含めて、イタリアの家族と仲良く交流している。私には二人の娘がいて、ひとりは、イタリアのミラノという遥か遠く離れた、地球のほぼ裏側にいるが、実は、もうひとり（美峰）は、何と、隣の家に住んでいて、子どもが三人いる。この三人は、私の家と勝手口が互いに向かい合っていることから、そこから一日何度も行き交っている。私の二人の娘は、距離は全く異なるが、ともに同じくらいに私と深く結びついていると思っている。

また、本書はもともと中国仏教史の西脇常記先生（元同志社大学教授）と知泉書館の有能な小山光夫社長のお勧めで書き出したものである。この執筆の機会を与えて戴いたお二人にここに深く感謝申し上げたい。お引き受けしたものの、ずっと私の専門の研究である黒死病の史料研究の方に全エネルギーを注いでしまい、最初にお勧めを受けてから七年も経ってしまった。そこでこれ以上お待たせしてはいけないと思い、この一年間はこれだけに集中して書き上げた。西脇先生の励ましは大きかった。当初は、一五年前に既にできていた例話の翻訳に簡単なコメントを添えようと思ったが、書き出してみると、中近世の人びとの心性そのものに取り組むこととなり、《コメント》や《ミニ・コメント》や「付記」がどんどん膨らんでしまった。本来の翻訳部分は本書全体の一割程度にすぎない。ここではグレーヴィチやアリエスやル・ゴッフやハーリヒーなどを栄養にしつつ、独自の見方を、わかりやすさを心がけて、打ち出したつもりである。高校の世界史の授業で政治史中心に西洋の歴史に触れただけの方に、別の深いメンタルな側面をお示ししたいと思った。例話の内容に応じて個別に話題を変えることで、中近世の教科書的な堅苦しい説明は回避できたと思う。――この二冊目の本が真の意味の《二冊目の本》（望田幸男同志社大学名誉教授）にふさわしいものかわからないけれども、それが遅かった分だけ、これまで培った知識や見方が至るところで活かされていると思う。

さらに、私はここ一五年間、毎年、コモでの講読会などの前後に、イタリアやその他のヨーロッパの地域を精力的に歩き回って、同行者や家族とともに、写真を数多く撮影した。そこで、思いついて、絵画作品は別として、本書の風景などの図版は、借り物ではなく、すべて手製の写真を活かそうと思った。暑い夏に足で稼いだ汗の一枚一枚である。しかし、撮影した大量の写真の整理は大変な労力であった。「あの時撮った写真はどこに行ったものか」――特定の一枚の写真のために何日も探しつづけたものである。特にアナログ時代の写真が大変だった。しかし、この写真によって、読者の方に、少しでもイタリアへの実際の旅行の刺激になれば幸いである。

本書の出版には、日本史を研究する友人から受けた知的な刺激も大きかった。同じ大学の日本史の同僚からの日々の刺激のほかに、親友の栗原弘・家近良樹・佐々木宗男の三氏には、その精力的な研究ぶりと励ましで大いに刺激された。本書をもって友情の絆がいっそう深まればと思う。また、永井三明・二村宏江・斎藤泰弘・瀬原義生の各先生（関西の大学の名誉教授）には、毎年、私は抜き刷りをお送りし、暖かい励みのことばを戴いた。

そのありがたいことばは、私の机の前のホワイトボードにマグネットでよく貼り付けたものである。また、神田順司（慶応）――お手紙はいつも何度も熟読した――・大黒俊二（大阪市大）・根占献一（学習院女子大）・須藤祐孝（愛知大学）の四氏との出会いも、豊かな知的、人間的刺激となり、私の人生の財産となった。恐らく私ほど出会いに恵まれている人間も少ないかもしれない。

こうして、ようやく例話研究の本書ができたので、次は、私の本来の黒死病研究のまとめをして永井三明先生（同志社大学名誉教授）の学恩に報いなければならないと思っている。最後に、いつも論文の校正に協力してくれた妻みち子、今回の出版に向けて直接お世話になった髙野文子氏（彼女の「先生、書けたところまでお見せください」という言葉が本腰を入れるきっかけになった）に、心からお礼を申し上げたい。

本書は、二〇一五年度同志社大学研究成果刊行助成を受けて刊行されるものである。

天王山の麓大山崎にて

二〇一五年五月三一日　母の命日に

石坂尚武

目次

目次

第Ⅲ部　カヴァルカ例話選集

細目次

第Ⅲ部　カヴァルカ例話選集

地獄と煉獄のはざまで

――中世イタリアの例話から心性を読む――

第Ⅰ部　序説

一　キリスト教と「改悛」

我々、二一世紀の日本に生きる者にとって、時間的にも、空間的にも、はるかに遠く離れた西欧中世の人びとの心性――「ものの見方」「感じ方」――を知ることは、なかなか容易なことではないだろう。しかし、ここで紹介する「例話」（模範的訓話）を読むことで、それにかなり近づけるのではないかと思う。歴史とは「旅」である。地理的のみならず時間的にも遠く離れたところに赴き、その人びとのこころにふれることも「旅」であり、ことによると、現代の世界一周の旅よりずっと強いカルチャーショックを与えてくれるかもしれない。それは手軽な上に極めて高尚で知的な旅である。さらにいえば、実際にヨーロッパを旅しても、建て物や絵画を「外見」から見るのではなく、例話とそのコメントを通じて、それをもたらした内なる心の「本質」から見るのに本書は役立つかもしれない。

この旅は、当時の第一級の知識人の書物、たとえば、西欧中世の神学の名著、トマス・アクィナスの書いた思弁的で難解な神学書『神学大全』などを読むよりも、ずっと有効に中世の人びとのこころに触れさせてくれるように思われる。なぜなら、例話作家が当時相手にしていた人は、巷で日常生活をする平凡な庶民や市民であったことから、昔の日本の説話でもそうであったように、説教師は、彼らにわかりやすく、かつ興味深く話しかけることを何よりも優先したからである。観念的な講釈や説教よりも、模範例や事例による訓話、すなわち「例話」

こそが、「百姓の粗野な知能」に光を当てることができると考えたのである。あらすじだけ示すと、こんな例話があった——

ある娼婦が船のなかで相手を選ばず何人もの男と罪深いおこないをした ↓ すると、女の淫行がもとで大時化（おおしけ）が始まり、遭難しそうになった ↓ そこで娼婦は皆の前で告解を受けた。↓ すると海は穏やかになり、難破を免れた。(1)

この例話では、罪深い行為が神の怒りを招くこと、そして、それが告解（罪の告白・改悛）という秘跡によって赦（ゆる）されるということがわかりやすく示されている。例話とはこのようなものである。実は、例話は、一七世紀に中国へ渡ってキリスト教を布教しようとしたイエズス会士も大いに活用していたのである。イエズス会の宣教師は、こむずかしいキリスト教の教義を説くよりも例話の方がずっと有効であったと伝えている。次の文は、イエズス会のフランス人宣教師フーケ（一六六三〜一七三九頃）が本国フランスの貴族に書いて送った報告書の一文である。(2)

わたしは阮（ユエン）という名の男のことを記憶しています。かれは同国人の間で評判の高い男ですが、わたしを訪ねてやって来て神がどうして世界を治めることができるのか、また神はこうした広汎な仕事が要求する実務をどのようにして倦むことなく果たすことができるのかと問いました。わたしはかれに神の観念を示し、かれに神を知らせるために譬話（たとえ）［例話のこと］を使いながらかれを満足させようと努めました。これはシナ人に教義を教えこむための最良の方法なのです。うまく使われた譬話はどんなしっかりした論証より確かにはるかに力強く彼らを承服させるのです。

しかしながら、今の時代から見て、例話作家が例話で主張するキリスト教的な考え方については、まだかなり「抵抗」を感じるかもしれない。「考え方」は「時代」と「歴史」の産物である——だから、その例話の考え方の背後にある時代の様子や人びとのものの考え方・心性などについて、私は、多少歴史研究に携わるものとして、それぞれの例話についてやや詳しく「コメント」を加えている。時にはさらにその話題について「コメント」を越えて「考察」や「小論文」の域にまで達している場合もある。話題によっては、中世とその後につづく近世の精神史・時代状況について、私は、一般的な概説も心がけながらも（そうした概説を越えて）、大きな視野から、思い切った歴史的な考察を加えている（ただし、それはあくまで史料的な根拠にもとづいている）。これは読者には時には大きなお世話かもしれないが、海面にかたちとして現れた「例話」——氷山——から、それを海中で支える実体・本質について、コメントし考察するのも歴史学と考えるからである。高校で習った世界史の場合、十字軍や戦争などの政治的事件から見える歴史が中心となっているが、それより、ある意味で本質的で有機的なものに触れるかもしれない。もちろん、私のコメントが必ずしも正しい解釈とは限らないかもしれない。ひとつの参考意見、試みとして見てもらっても結構かと思う。

本書では、翻訳（例話）に対してその一〇倍近い分量で「コメント」等に紙面が割かれている。そのなかにこっそり一〇点ほどの小論文が挿入されている。それは先行研究を摂取した上で、私独自の視点から見た展望・考察である。扱う時代としては、中世後期を基本的に概観した上で、私の専門であるイタリアの中世末からルネサスの時代（一四世紀〜一六世紀）を扱っている。そこでは、一四世紀の例話を手がかりに、人びとが抱いた心性とその背景とを密接に結びつけて考察したものである。こうした日本人研究者によるフィルターを通じて、ヨーロッパ中近世（中世・近世）の人びとのものの見方や考え方に触れていただければと思っている。例話ごとのそうしたコメントが煩わしければ、まず例話の部分を一気に読まれてから、元に戻ってコメントを読まれても結構かと思う。

キリスト教は、中近世を生きる人びとにとって非常に重要なウェイトを占めていた。その理解なしには彼らの考え方の本質はつかめないように思われる。それについては日本人のなかには、あまりなじみのない人もいるかもしれない。それについては、その都度コメントのなかで触れたが、すべてに共通するごく基本的な事柄について、ここで少しだけコメントしておきたい――

キリスト教の考えでは、ユダヤ教の影響のもとに、人類の祖アダムとエヴァが神の掟を破って禁断の実を食べるという罪を犯し、そのために「楽園追放」を被るところから、「人間」のこの世での一人歩きが始まったとされる――つまり、キリスト教の考えでは、人間の存在そのものが罪を犯すことに由来している（「原罪」）。この意味でキリスト教では、人間は「罪を犯すこと」があたりまえで、生きていく上で、どうしても必ず付着するものと考えられた。そして罪を犯す「人間」に対して対極関係にあるのが「神」である。神は「罪を犯す」人間に対して「罰」を与えたり、あるいは、反省（改悛）をした者に「赦し（ゆるし）」（宗教的な許し、赦免）を与える存在であった。

この対極関係において、人間は「罪を犯す」ことで神の怒りに触れ、神から「離れる」が（それで罰が与えられるとされた)、神から離れてしまった人間が再び栄光の神に「近づき」、恩寵(恵み)を得る道がある。それが「改悛」penitenza〔ペニテンツァ〕(伊語)――「悔い改めること」――である。これによって、人間はみずからの罪で失われた神との「近さ」(恩寵の条件)を回復し、神の恩寵に与ることができると考えられた。

この重要な「改悛」という行為は、告解を担当する司祭(または司祭修道士)である「告解聴聞師」(聴罪司祭)を通じておこなわれた。彼らは、結婚をせずに世俗生活から一定の距離を置き、修行などで身を清めた人たちであり、彼らが、「神」と「人間」の間に立って、一種の仲介役(とりなし)となり、ひとつの方法として、「告解」という「秘跡」を営んで、信徒から「改悛」を導くのである。そして、神の代理人として信徒に対して教会の告解場(懺悔室)で「赦し」を与えるのである。その「告解」という「秘跡」(秘蹟、サクラメント)は、キリスト教の宗教的儀式のひとつである。秘跡は、キリスト教の成立から、時代の経過とともに形成されて、告解のほかに六つの秘跡が形成され、合わせて「七つの秘跡」とよばれる――

すなわち、「七つの秘跡」には、順不同でいうと、第一に「洗礼の秘跡」が来る。これは、出生してからキリスト教徒になる際におこなうものである(図0-1)。第二に、「堅信の秘跡」がある。これは、生まれた時に受けた洗礼は、まだ本人の意思と無関係で受動的なものであったことから、ある程度成長

図 0-1　洗礼の秘跡
(*The crafte to lyue well and to dye well*, 1505, the British Library, CLN: C.132. h. 40, folio. xxvii.)

した時点でみずからの意思でその信仰心を再確認するものである（図0-2）。第三に、「聖体拝領の秘跡」（聖餐式）がある。これはミサの核心部をなすものである。ミサは聖書の朗読や歌によってキリストの生と復活を記念する儀式である。「聖体」とはキリストの体のことで、キリストの体がこの儀式によってパンとぶどう酒になって復活するとされる（図0-3）。それから第四に、「婚姻の秘跡」が来る。そして、第五に、聖職者の任命である「叙階の秘跡」（図0-4）が来る。そして、死を前におこなう「終油（病者の塗油）の秘跡」が来る——これ

図0-2　堅信の秘跡（コモ大聖堂にて）
司教は子どもたち一人ひとりに優しく話しかけ門出を祝い，教訓を与える

図0-3　ミサでの聖体拝領

図 0-4　叙階の秘跡（コモ大聖堂にて）
助祭（司祭に次ぐ聖職者）が按手を受けている

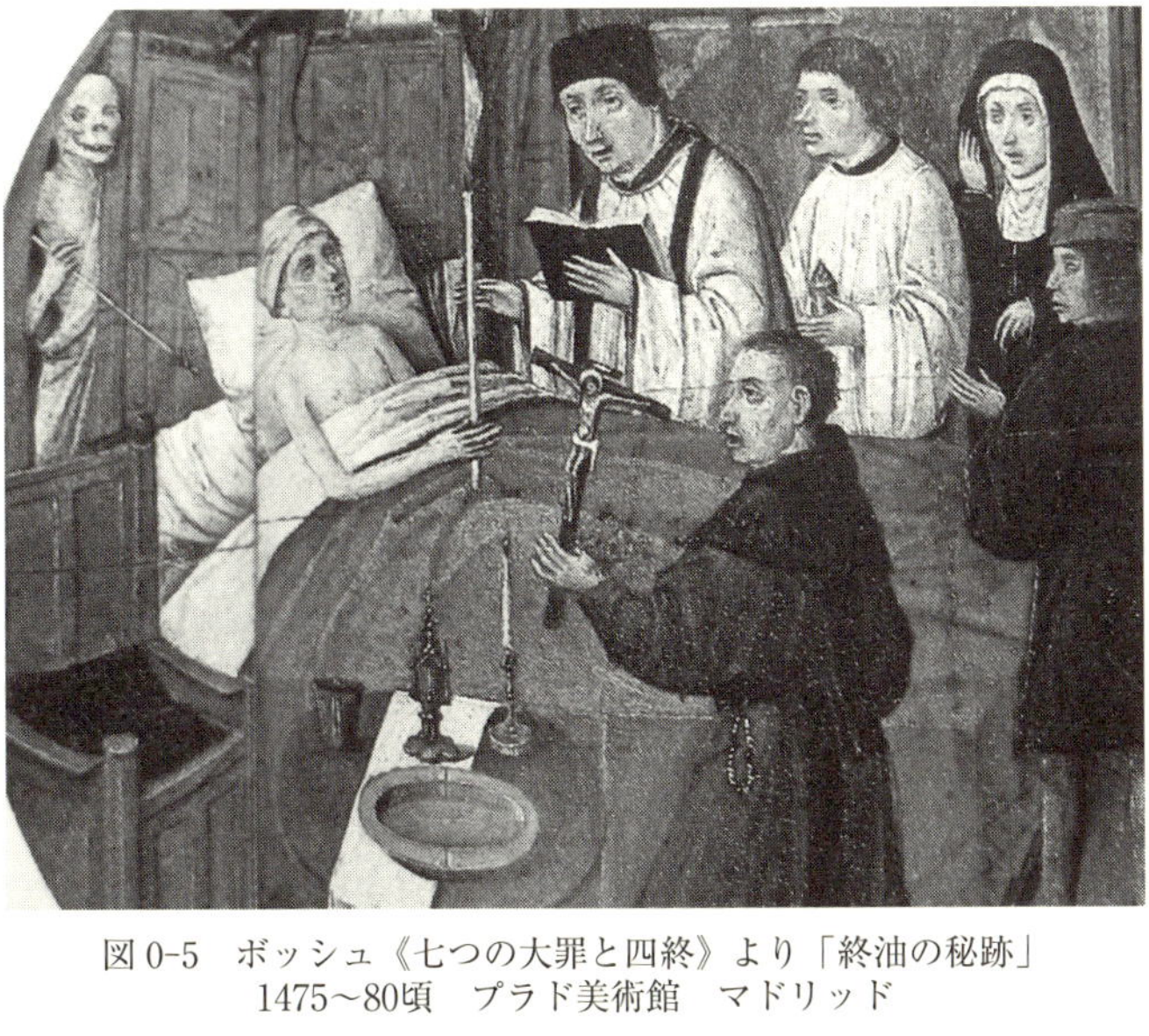

図 0-5　ボッシュ《七つの大罪と四終》より「終油の秘跡」
1475～80頃　プラド美術館　マドリッド

によって生涯全体の告解・改悛、塗油や聖体拝領などを受けるのである（図0-5）。そして、最後に、第七として、パッサヴァンティが問題とする「告解の秘跡」が来る。このように、「秘跡」（サクラメント）とは、文字どおり「秘められた」「形跡」であり、例えば、「水」という「形跡」に「キリスト教徒の誕生」の本質が秘められており、パンとぶどう酒という「形跡」に「キリスト」の本質が秘められているとされるのである。

しかし告解の秘跡についていえば、当時から、《どうすれば救済につながる「真（まこと）の」改悛ができるか》ということが、キリスト教徒にとって大きな問題として問われたのである。告解こそ、他の秘跡と違って大きな個人差が存在する秘跡であった。ここで紹介するパッサヴァンティの一四世紀の例話は、そうした深い関心から書かれたものであった。

この告解への関心は、一六世紀頃、すなわち「近世」と呼ばれる時代が始まった頃でもなお大きかった。いや、むしろ、この「改悛の問題」は、近世においてヨーロッパの歴史を動かすいっそう大きな要因をはらんでいたと言える――

すなわち、これは、これまでおそらく誰によっても指摘されていないことであるが、実にこの「改悛」の問題こそ、一五一七年になって、ルターがヨーロッパを二分する「宗教改革」を引き起こす発端のひとつとなったものであると私は考える。青年ルターは、生まれてからそれまで犯した罪について、告解聴聞師を通じて神に赦しを乞うたが、いくら「改悛」しても、ルターの思い抱くあまりに厳しい神は、決して彼に「赦し」を与えてくれなかったのである――厳密には、「赦し」を与えてくれたとみずから「感じる」ことができなかったのである。ルターの告解聴聞師が、彼に対して、正式に、神に代わって何度も赦しを与えたにもかかわらず、当のルター本人は、神から「赦された」とはどうしても認められなかったのである。

ルターの抱く神はあまりに峻厳であり、その厳しい神を前にして、みずからを罪深いと考えるルターは、内面的に大いに罪に苛まれ、苦しんだ。当時、赦しは、贖罪として、「善行」や「苦行」をおこなうように司祭（告解聴聞師）から指示され、それを実践する決意を示すことで与えられたが、ルターの場合、それを受け容れる以前のところでもがいていた。司祭が何度も「お前を赦す」といっても、《あの峻厳な神が、私のおこなう贖罪や善行をもってしても、決して私などを赦されるはずがない》と頑固に言い張って、一向に前に進まなかったのである。

実は、こうした見方の背景には、後述するが、一四世紀から一五世紀の過酷な時代状況があった。ルターにとって、その過酷さはすべて神に由来するものであった。こうしたルターの抱いた峻厳な神の観念、徹底した自己否定的な苦悶がつづくうちに、聖書に触れて聖書を読むなかで、ある日、ルターの前に救いの道が開かれたのである。神から赦しを得る方法は、贖罪や善行や苦行ではないのだ。そうした罪の代償行為などではなく、ただひたすら神に祈ること、「信仰すること」、これのみが神に近づく道であると、そのようにルターは確信したのである。パウロのことば「人は信仰によって義とされる」が隘路（あいろ）打開の、導きの光となった。信仰によってこそ（それのみによってこそ）人は神から「赦される」（＝「義とされる」）のだ、と考えた（「信仰義認論」）。当時ルター以外の者は、峻厳な神を意識して、慈善活動や教会建築資金の提供などありとあらゆる贖罪を追い求めていたのであった。ある金持ちの場合、罪深いみずからの死後の救済を求めて、遺言で、追悼ミサを一〇〇万回もおこなうように教会に金を払っていたのである。

この意味で、まさに「改悛」の問題こそが、直接に「宗教改革」の引き金になったのである。「改悛」の問題が最も本質的な要因であった。教科書によっては、宗教改革の要因を、安易に「聖職者の堕落」のせいにして説明してすませるが、宗教活動は極めて高次の精神的活動であるから、いつの時代でも聖職者の堕落はあった

（――そう見ると、どうしてこれまでに宗教改革が起きなかったのだろう）。また、世界史の教科書などは、口をそろえて、カトリックの発行した「免罪符」（贖宥状）に対する反発から宗教改革が生まれたとするが、それも直接的な契機になったものの、免罪符やそれによく似た贖罪行為は、「十字軍免罪符」や巡礼による免罪、遺言による喜捨・慈善などによって、すでに何世紀も前からずっと広くおこなわれていた（――そう見ると、どうしてこれまでに宗教改革が起きなかったのだろう）。

これまで看過されてきた、最も本質的な問題のひとつは、すなわち、ルターが「自分を赦せない」と思ったほどの「峻厳な神」の考え方（神観念）を抱いたことであり、「改悛」についての彼の厳しい考え方（対処法）である。そして、「贖罪」や「善行」や「喜捨」ではなく、「信仰」そのものが大切であるという、ルターの宗教改革の提起に応えて、それを大きな社会的な運動にまで発展させた大きな要素のひとつこそ、信徒側の厚い層であった。本当に必死に救われたいという思いであった。広く峻厳な神を抱き、精神的な危機意識を抱くことにおいて、ルターと人びとはかなりの部分を共有していたのである。実際、免罪符の有効性に疑問を抱いてルターに問うたのは、信徒側であった。ルターが孤立した思想家で終わらなかった一因がここにある。背景として峻厳な神のイメージを抱かせたもの、ペストや飢饉による終末的な深刻な精神的危機が、ルターを含めて広く一般に積もっていたのである。これについて私は、拙稿（「《峻厳な神》とペスト的心性の支配」）において、フィレンツェの為政者の心性を中心にすえて実証した（後述、第一〇話の「コメント」第四節）。またルターの宗教改革に関する近刊書でも論じるつもりである。

こうして峻厳な神を前にして、ルターにとってもはや改悛はそう簡単にできるたぐいのものではなかったのである。

実際、一五一七年、ルターが『九五箇条の提題』を発表した時に、真っ先に、その『提題』の第一条において、まさに「改悛」を扱ったのである——すなわち《秘跡による悔悛（改悛）ではなく、全生涯、悔悛すべきである》と主張し、さらに、提題の第二条で「告解の秘跡」の制度そのものに根本的な疑問を提示したのである。そして、翌年（一五一八年）に、特にその提題の第二条について独立して詳しく扱った。それが論考「贖宥の効力についての討論の解説」であり、そのなかで「内的な悔悛（改悛）がなければなにも役に立たない。しかし、この内的な悔悛は存在するし、秘跡としての悔悛なくしても存在しうる」と主張し、告解の秘跡と本当の内的な改悛は別個のものと切り離したのである。[3] ここで暗に示した秘跡の否定は、カトリックの本質を否定するものであった。『提題』を契機に、ルターがカトリック側から見解の相違を問われ、追及されるほど、本質的な亀裂がひどくなっていく（明らかになっていく）のであった。そもそも、神観念と対処法（どうしたら神に赦されるか）について、特に後者について、両者の考え方は本質的に異なっていたのである。

扱う時代についていえば、本書はトレチェント（一四世紀）の時代（「中世末」の時代であり「初期ルネサンス」でもある移行期）を扱う。しかし、イタリア人のキリスト教的心性から見ると、中世末も、またそれに続く近世（ルネサンスやそれ以後の時代）も、追って明らかになるであろうが、ペストによる節目はあるものの、本質的にはほとんど同質の時代であり、その意味で、本書では「中近世」としてしばしばまとめて扱っている。そして、この中世末の時代、あるいは、中近世の時代の宗教的問題の話に戻すと、「改悛」は人びとにとって最も重要な問題のひとつと思われていた。それというのも、日々の「改悛」こそが、生きている人びとの霊魂を治癒し、浄めるからであった。そして、死ぬ時は、改悛は特に重要であった——というのも、人は、死ぬ時、その肉体は滅びるが、霊魂は死なない（と考えられた）。だから、死ぬ時に、その霊魂を告解・赦免によって罪から解放してやらねば、罪に汚れたままでは、死後、その霊魂は地獄で苦しむと考えられたのである。だから、人は、臨終の際には、最後の告解や「終油の秘跡」などによって、生涯全般の改悛（総告解）をおこなわなければならなかった。臨終の秘跡をおこなうことで、死後、霊魂はすぐに直線的に天国に達するというわけではないにしても、ともかくいずれ天国へ確実に向かうことは保証されていたのであった。

一三五四年にまとめられたヤーコポ・パッサヴァンティ Iacopo Passavanti（一三〇〇頃～一三五七年）の四九話からなる例話集『真（まこと）の改悛の鑑』*Specchio di vera penitenza* も、同じくこの観点から、キリスト教のこの本質的な課題に正面から取り組んで書かれた例話集である。そして、彼みずからが、フィレンツェのドミニコ修道会の教会、すなわちサンタ・マリア・ノヴェッラ聖堂（現在、フィレンツェ中央駅の前にある。駅名も聖堂と同名）において、復活祭前の「四旬節」と呼ばれる新たな回心（改心）のための四〇日の期間に、ミサの中間部分の説教の場面で、信徒にそれを話して聞かせたのである。その意味で、これは彼自身の説教師としての実践の書である。同時に、この例話集は、聖職者が例話を有効に用いて、信徒のこころを揺さぶり、信徒から、いかにして真の改悛を導き出すか、そのための聖職者の説話のための手引き書としても書かれたのである。もともと例話は伝統的に数多く存在しており、工夫を加えられてきたが、パッサヴァンティは、これによって新しい時代に対応した新たな例話の必要性から、彼なりの構成・表現を打ち出したのである。

（1）グレーヴィチ（中沢敦夫訳）『同時代人の見た中世ヨーロッパ　十三世紀の例話』平凡社　一九九五年　二〇九頁。
（2）矢沢利彦（編訳）『イエズス会士中国書簡集』1　康熙編　一九七〇年　平凡社　一八頁。
（3）ルター（藤代泰三訳）「贖宥の効力についての討論の解説」『ルター著作集　第一集　第一巻』聖文舎　一九六四年　一七〇頁。

二 パッサヴァンティの例話集の書かれた背景

パッサヴァンティは、実はこの時代特有の状況に強く問題意識をもってこの例話集を書いた。そもそも「改悛」がキリスト教徒にとって時代を越えて常に本質的なものであったにしても、一四世紀中葉を生きたパッサヴァンティの場合、それを貫く色調は、前世代、さらに前世紀のものと比べて格別に厳しいものであった。この例話ではしばしば苛酷な神罰と改悛の必要が語られている。それはなぜであろうか――

実はヨーロッパは一三四八年を中心に黒死病（ペスト）に襲われた。その死者の数たるや恐るべきものであった。従来、黒死病によるヨーロッパの死亡率は三分の一と考えられていたが、最近の有力な総合的な研究にもとづく学説では、五〇パーセントから六〇パーセントの人びとがこの疫病で命を失ったと、説得力をもって主張されている。パッサヴァンティの住んでいたフィレンツェの場合、人口関係の史料が豊富であったこともあって、かなり実証的な有力な研究はなされているが、それによると、人口の五九・九パーセントが死亡したという算出がなされている(4)。

この恐るべき疫病は人びとのこころに強く爪痕を残したのである。一三五〇年代のトラウマ的な世相において、パッサヴァンティが人びとに話した例話には、人に真の改悛を求める厳しい態度が貫かれている。彼は、同時代のほかの人びとと同様に、ペストに神の怒りを直感したのである。実際、ペストは、神がかり的な恐るべき疫病であった。黒死病は、現代でこそ、クマネズミに寄生していたペスト・ノミが人体に移って皮膚を刺すときに、ペスト菌を注入して発病するものであると理解されているが、当時はそのようなことは全く思いもよらず、その恐るべき大量死や、極めて奇異で、悲劇的な死にざまから、一様に「神罰」として理解されたのである。人びとは、口をそろえて神をないがしろにする人間の不敬さと悪徳が「神の怒り」と「神罰」を招いたのだ、と理解したのであった。一三四八年頃の時期において、神に赦しを乞うために、ヨーロッパの多くの都市で、玉突きのように運動が波及し、数百人から数千人、時には「八〇万人」(フランスの年代記)の人びとによる「鞭打ち苦行者」の行進——一種の「贖罪の行進」——が流行したという[5](図0-6)。神から赦しを得ようと考えた人びとは、しばしば半裸となって、みずからを罰して体を鞭打った。このすさまじい贖罪を三三日間(キリストの三三歳の生涯に合わせた)にわたって繰り広げたという。その後も贖罪と改悛の宗教

図0-6 《鞭打ち苦行者の行列》 15世紀後半 バイエルン国立図書館(MS. Cgm426, f. 42v)

行列は発生したが、様相は時代や状況によって様々であった。トスカーナ地方のみならず、北部・中部イタリアを巻き込んだ一四〇〇年の「ビアンキの行列」は、迫るペストに対して、神に改悛とともに、「平和」を誓い、様々な都市内部の抗争を解消させる運動になったが、一三四八年とその後の鞭打ち苦行者の行列のなかには、無法化、暴徒化した集団もあった。そうしたなか、ユダヤ人のゲットーが時にペストの発生に先立って襲われて、ユダヤ人が虐殺されたのである。(6)

（4） O.J. Benedictow, *The Black Death, 1346–1353: The Complete History*, Woodbridge, Suffolk, 2004, p. 291. 拙稿「黒死病でどれだけの人が死んだか――現代の歴史人口学の研究から――」同志社大学『人文学』第一八九号　二〇一二年　一七七～一八三頁。

（5） P. Ziegler, *The Black Death*, New York, 2009, chap. 5. ベルクドルト（宮原・渡邊訳）『ヨーロッパの黒死病　大ペストと中世ヨーロッパの終焉』国土社　一九九七年　第一九章。

（6） 佐々木博光「黒死病とユダヤ人迫害――事件の前後関係をめぐって」『大阪府立大学紀要（人文・社会科学）』第五二巻（二〇〇四年）。石坂史料集(三)第一七章「井戸に毒を入れたサヴォイアのユダヤ人尋問調書――サヴォイア執行吏によるシュトラスブルク市宛の報告書簡（一三四八年末）」。

三　例話とパッサヴァンティの作品

『真の改悛の鑑』は、一三五四年とその数年前に、パッサヴァンティがフィレンツェで行った改悛についての俗語（トスカーナ語）の例話をひとつにまとめたものである。

では、例話はどのような場面で話されるのであろうか。[7] それは、個々の独立した説教のなかや、特に秘跡のひとつ、ミサのなかの中間部の説教の場で話される。ミサは司祭（あるいは司祭修道士）によって司式される。ミサでは、主に聖書の朗読や賛歌などによって、キリストの生涯や死や復活、神の賛美、信徒（会衆）の罪の赦し、神への感謝などが扱われる。厳かにおこなわれるミサの典礼は、この時代、最初からずっとラテン語でおこなわれていく。ラテン語は一般の信徒には意味不明なものであったが、かえってそれでありがたいと感じたのかもしれない（日本の仏教の葬式などにおこなわれるお経も同じかもしれない）。次に、典礼の中間部の説教に来て、司祭がみずから選んだ福音書の一節などについて、ラテン語朗読ののちに、俗語でその注解をおこなう。その固い話のあとで、ようやく例話が登場する。ここに至って司祭は、その日の説教にふさわしい主題の例話について、いわば肩の力を抜いて、わかりやすく会衆に話しかける。それはミサのなかで信徒にとってひとつの楽しみであった。ここでしばしば司祭の個性がにじみでる。そこでは司祭は自然に、親密に、自由に信徒に語りかけることができた。それは、司祭が信徒のこころを刺激し、揺さぶる時間であった。

しかし、実は、司祭が話す例話には、出来不出来があり、うまくいかない場合、司祭は、ざわついたり、眠り込んだ多くの会衆を前にして、大いに悩んだようである。その一方で、人を引きつけるすばらしい説教をおこなう説教師の、いわば「おっかけ」をして、その説教を教会や広場で何度も聞くために村から村へ、山から山へと渡り歩いた女性（そのために全財産を失う）や老人（そのために命を落とす）などがいたという。(8)「人気のある説教師はキリスト教徒の《アイドル》となる」(9)（ル・ゴッフ）。

こうしたことから、人のこころに響くいい例話を提供しようという托鉢修道会当局の実用的な判断が働いて、評判のよい、成功した例話ばかりを集めて「手引き書」が編集されたのである。その「手引き書」の数は数十点、個々の例話の数は全部で数千点に及ぶものであった。(10)

司祭は、その手引き書によってその日の話にふさわしいおもしろい話を、事前にゆっくり探すことができた。手引き書には、主題（話題）の単語のイニシャルにしたがってａｂｃ順に並んでいた。(11)例えば、最初の“a”の項目を見ると、“abbas”とあり、先人の例話作家が考えた「修道院長」をめぐるおもしろい例話がいくつか掲載されている。もし司祭がその日、「女」について話そうと思えば、“m”の欄に「女（mulier）」の話がたくさん並んでいる。そこに載っている「貴族の女」や「罪深い女」や「石になった女」などの例話を参考にすることができた。「洗礼（baptismus）」の項目を見ると、そのなかに「洗礼を受けなかった子ども」と題する次のような例話が挙げられている――「洗礼をされる前に死んでしまった子どもがいた。すると、神は洗礼を受けていないのは罪であると、子どもを叱って、子どもを再びこの世に送り返されたのであった」(12)。

なお、パッサヴァンティの場合がそうであったが、実際の説教で利用した例話が好評であった場合、「読み物」として独立して一冊にまとめて出版されたのである（そして、それは近代の読み物としての小説の前身となったのである。ボッカッチョの『デカメロン』も例話や巷の小話が、ボッカッチョによる文学的洗練によって近代小説の前身となったものである）。パッサヴァンティは最初ラテン語で書いたものを改めて俗語に直して広く読み物として出版して世に問うたのである。(13)

（7）説教の構成等、歴史的研究については次を参照。大黒俊二「文字のかなたに――一五世紀フィレンツェの俗人筆録説教」前川和也編著『コミュニケーションの社会史』京都大学人文科学研究所報告　ミネルヴァ書房　二〇〇一年。例話のあり方については、川原田知也「十字軍とエクセンプラ――ジャック・ド・ヴィトリとハイステルバッハのカエサリウスを例に」『中央大学大学院論究』第三三号　二〇〇一年。亘雅子「初期説教者修道会の活動とその特質――説教活動を中心に」『史友』第二三号　一九九一年。藤田なち子「十三世紀エクセンプラにおける告解の問題」横山紘一編『西洋中世像の革新』刀水書房　一九九五年。拙稿「一四世紀黒死病時代の説教例話集――一三世紀例話と中世カトリシズムの伝統から見る」『人文学』第一七一号　二〇〇二年。

（8）グレーヴィチ、一〇二頁。

（9）ル・ゴッフ（渡辺香根夫訳）『煉獄の誕生』法政大学出版局　一九八八年　四四五頁。

（10）グレーヴィチ、一三頁。

（11）Arnordo da Liegi, *Alphabetum narrationum*, Milano, Biblioteca Ambrosiana, ms. T 45 sup.

（12）*Index Exemplorum: A Handbook of Medieval Religious Tales*, ed. F. G. Tubach, Helsinki, 1969, p. 41.

（13）パッサヴァンティの例話の特色は人を引きつけるその例話集そのものとともに、その出版の仕方の方にあるというべきかもしれない。すなわち当時、聖職者だけが利用することから、ふつう例話集はラテン語でしか出版されなかったが、パッサヴァンティはラテン語で出版した後、同じ例話集をトスカーナ語でも出版した。Marian Michele Mulchahey, "Dominican Education and the Dominican Ministry in the Thirteenth and Fourteenth Centuries: fra Jacopo Passavanti and the Florentine Convent of Santa Maria Novella," A Thesis submitted in conformity with the requirements for the Degree of Doctor of Philosophy in the University of Toronto, 1988, pp. 5-7.

四　パッサヴァンティの生涯

フィレンツェに生まれたパッサヴァンティは、ドミニコ修道会に入って、まずフィレンツェのサンタ・マリア・ノヴェッラ修道院で修行を始めた。それからパリに行って神学の研究をした（一三三〇～三三年）。それからピサ、シエナ、ローマをまわって哲学と神学を教えた。そしてペストの発生した年である一三四八年にサンタ・マリア・ノヴェッラ修道院の修道院長、次いで司教区総代理を歴任した（一三五〇～五二年）。そして一三五四年とその数年前の四旬節に、改悛のあり方を説く説教をおこなったのである。ドミニコ修道会は、正しくは「説教者兄弟修道会」Ordo Fratrum Praedicatorum という名称であり、説教活動を本質とする修道会であった。パッサヴァンティは、この四旬節――復活祭前の回心のための四〇日間――におこなわれた例話によって、彼の例話作家としての名声を不朽のものとしたのである。

しかしその不朽の名声は、独創的な思想とか新しい立場によるのではなく、あくまで伝統に沿ったものであった。まず、その『鑑』（specchio［スペッキオ］）というタイトル（伊語）が中世的である。これは歴史的に形成されてきた文学の伝統に則っているものである。specchio とは「鏡」（鑑）である。人が「鏡」を見ておのれの身だしなみを直すように、この文学形式は、人にあるべき理想の姿、模範を提示するひとつの文学のジャンルであった。このジャンルのもとに中世において王、君主、宮廷人についてその specchio が数多く書かれ、その伝統はルネサンスにも引き継がれていくのである（マキャヴェッリの『君主論』もしかり）。また、パッサヴァンティが例話のなかで利用した素材も伝統的なものであり、その話のあらすじ自体も先人の例話をほとんどそのまま利用したものであって、彼自身のオリジナルなものは少ない。それは各例話のはじめにパッサヴァンティが出典を示していることからもわかる。さらにまた中世の宗教思想の面から見ても、基本的には『真の改悛の鑑』は伝統を踏襲している。そこには、民衆やドミニコ会の意向に従って、聖母マリアの崇敬の考えなどが織り込まれている。

しかし、パッサヴァンティの緊迫感、すなわち、簡潔な表現を心掛けて結末まで決して途切れなく、一気に聞かせ切る緊迫感――ここに彼の新しさ、本領があり、そのスタイルに魂を入れている――がある。これこそが、不朽のひとつの理由である。そして、そこには「改悛」の必要性についての彼の切実な訴えがみなぎる。彼の説教例話の迫力は、その黒死病の惨事によって、とりわけこの時代の課題として痛感された「改悛」への真摯さによってもたらされているのである。改悛こそ、地獄と煉獄のはざまにいる者を、地獄を避けまずは煉獄へ導いてくれるはずのものであった。彼はこの著作の執筆の動機について、次のように述べているが、この動機こそ、この説教例話に魂を吹き込むものであった。

我々は、霊魂が救済されることを切に願う。我々のこの切なる欲求によって今すぐにあらゆる怠慢とあらゆる無知を取り除くために、一緒になって、改悛という必要にしてかつ有徳な、この食事をいただこう。(14)

ここに翻訳したパッサヴァンティのテキストは次の書による。翻訳と訳注においてその編集者G・ヴァラニーニの注釈を活用した。また、本文での改行等は適宜訳者の判断でおこなった。パッサヴァンティの中世イタリア語は語彙の特殊な中世的用法、代名詞の多用もさることながら、ラテン語の文法的影響を受け、倒置、省略等が多く、難解なものであるが、できるだけ明快になるように心掛けた。なお、このパッサヴァンティの例話集の翻訳はこれまでどの国においてもまだなされておらず、これが初めての翻訳である。

Iacopo Passavanti, "Specchio di vera penitenza," pp. 493–626. *Racconti esemplari di predicatori del Due e Trecento*, a cura di G.Varanini e G. Baldassarri, tomo II, Roma, 1993. なお、*Racconti esemplari di predicatori del Due e Trecento* は訳注では ***REP*** と略称している。

「心性の旅」の案内書である本書は、パッサヴァンティの例話を端緒にして、その奥底に秘められた中近世の人びとの心性にアプローチしようとするものである。J・ギャンペルが名著『中世の産業革命』の最終章で、中世盛期の安定が崩れて、中世末期にもたらされた経済的、社会的危機を論じているが[15]、本書では、その時期の心性や精神の側面を扱う。すなわち、一三世紀を中心とする中世後期において形成された宗教的(=精神的)価値観がどのようなものであったかを確認しつつ、次に、一四世紀になって何度も到来する「苦難」によってその価値観が変容し、新たな心性の状態、すなわち一種の精神的な危機といえる要素が(部分的にせよ)芽生えていったことを示唆したいと思う。「近代」と言われる我々の時代に先立つ、イタリアやその他のヨーロッパの人びとの心性のあり方に、色々な角度から、具体例や史料を示して、光を差すことができれば、この「旅」の案内は申し分ないことであるが、果たしてそれができるか不安である。

(14)　G. Varanini, "Nota introduttiva", *Racconti esemplari di predicatori del Due e Trecento*, a cura di G.Varanini e G. Baldassarri, tomo

II, 500.

(15) J・ギャンペル(坂本賢三訳)『中世の産業革命』岩波書店 一九七八年 第九章「不幸の重荷(一三〇〇―一四五〇)」。

付 記

歴史は、可能な限り、関連するものを見たり、読んだり、感じたりしたいものである。私は、歴史はそれが繰り広げられた舞台の現場に立ち、その空気を吸うなど、体全体で感じるべきものであると思っている。本書のコメントの部分では、文字史料を中心とした文献研究だけではなく、美術などの諸芸術や文化・社会全般を視野に入れ、文化史学的なアプローチを目指した。実際、ヨーロッパの場合、教会は、その町を代表する文化的な公共建築物である。それは一種の美術館であり、一種の歴史資料館である。私は、イタリアだけに限定しても二〇〇もの町、七〇〇の教会を回った(データベース化して入力)。《歴史は数が勝負だ》と思ってひたすら回った。果たして私は自分の国である日本の町を二〇〇も回っただろうか。もう少し若い頃、私の夏のイベントは登山であった。モンブランやマッターホルン、キリマンジャロやキナバルや日本アルプスにエネルギーを注いでいた。それを完全に転換させ、ヨーロッパの教会めぐりにエネルギーを注いだのである。

既に述べたが、本書のなかに掲載した景色等の写真については、すべて私がみずから撮影したものである。

第Ⅱ部　パッサヴァンティ『真の改悛の鑑』（全四九話）

第一話　死から蘇生した男と地獄の罰

これは尊者ベーダ博士によって書かれている話である。[1]

八〇六年[2]のこと、イングランドである男が死去したが、埋葬する段になって霊魂が肉体に戻ってきて、男は息を吹き返した。

彼は、一度行った冥府で罪人が耐え忍ばねばならない刑罰と壮絶な責め苦の有り様を目の当たりにした。これにあまりに怯え、恐れ戦（おのの）いたあまり、親兄弟や友人が彼のために、死から蘇ったことの祝い事や宴を催しても、彼には全く楽しめなかった。そして畏怖の念が極まって突然荒野に逃げ込んでしまった。彼は川辺に小さな庵を構えて、そこで死ぬまで暮らしたのであった。そこで悔い改めて次のように苦行をしたのである——酷寒の日に、服を着たまま川に入って水が喉に達するまで浸かった。それから川を出て服を着たまま夜の野外で冷たい風にさらされた。着ていた服は凍ってしまった。

それから水の入った大鍋を沸かしてそのお湯のなかに凍りついたまま入った。それからまた再び川に入り、それからまた大鍋に入った——ずっとこのように繰り返し、それは死ぬまでやめることはなかった。

なぜこれほどまでに苛酷な苦行するのかと人から問われたとき、彼はこう答えた——

「もしもあなたたちが、私が見た冥府のありさまを見ていたら、私と同じくらいか、あるいはそれ以上の苦行をしただろう。私は人びとが冥府で苛酷な責め苦に耐えているのを見たけれども、冥府で永遠にあの責め苦を耐え忍ばなくてはならないくらいなら、まだ生きているうちにこの世でみずから苦行して自分に正当な罰を科す方がまだましなのだ。これは死んでしまってからでは遅いのだ。そして私が冥府で見た責め苦に比べれば、この苦行による罰は軽微な上に、わずかの間の我慢ですむのだ。」

（1）ベーダ（ビード）博士（Bede, Baeda）（六七三〜七三五年）は、イングランドの修道士・歴史家・神学者・教会博士。彼にはローマ・カトリック教会から「尊者」の称号（「聖人」・「福者」に次ぐ位）が与えられている。この例話は、その『イングランド人の教会史』*Beda, Historia ecclesiastica gentis Angrolum; Bades ecclesiatical history of the English people*, ed. by B.Colgrave and R. A. B. Mynors, 1998.（邦訳、ベーダ（長友栄三郎訳）『イギリス教会史』創文社 一九六五年）によるというが、パッサヴァンティが実際に出典として利用したのは、研究者のテキストの比較分析から、以下の他の多くの例話と同様に、アルノルドゥス・レオディエンシス Arnoldus Leodiensis（イタリア語ではアルノルド・ダ・リエージ Arnoldo da Liegi）作とされる『説話目録』*Alphabetum narrationum* であると考えられている（REP, p. 531.）。

（2）これは「六九六年」の間違い。パッサヴァンティが実際にベーダの書を利用せずに『説話目録』（「八〇六年」とある）を利用したことによる間違いである（REP, p. 531.）。

一　どうして来世のガイドブックが人気を得たか

（一）死後への関心

いったん死んで、再び生き返るという「死亡体験」または「臨死体験」――これは現代でも報告されることがある。医師から死亡を確認された人が、しばらくして蘇生することがまれにある。この例話では、この希有（けう）な体験をした者が生き返ってから取った、尋常ならざる、驚くべき行動が報告される。

中世人にとって「死後世界」は非常に気になる世界であった。肉体が滅んでも霊魂（魂）は死なないと考えられたからである。死んだら、我々の霊魂はいったいどこへ行くのだろうか。この疑問と心配は大きなものであったようだ——

『デカメロン』の第七日第一〇話では、死後、霊魂がどうなるかという関心から、二人の青年はある約束を交わしている——その約束とは、《二人のうち先に死んだ方が生き残った者のところへ戻ってきて、あの世で死者の霊魂がどのような責め苦を受けているか報告することにしよう》というものであった。キリスト教の考えでは、肉体は滅んでも、霊魂は死なず、死後、霊魂は来世の旅に出る（この考え方はユダヤ教やそれ以前の古代エジプト・メソポタミアの宗教の流れを汲むものである）。だから、いったん死んであの世を見て来た人（「死亡体験者」）がいれば、人びとはその人の語る「あの世」の「報告」に興味深く耳を傾けようとした。実際、例話のなかには、死んだ人が、死後しばらくしてから、その友人の前に現われて「あの世」で今受けている劫罰を伝えるという場面設定の話がよく見受けられる。

死後の世界に対する中世人のこの強い関心から一四世紀初頭のダンテの『神曲』（一三〇七～二一年）がうまれ、それゆえにこそ、多くの人びとから読まれたといえる。『神曲』では地獄、煉獄、天国を一週間で巡る旅（「来世巡り」）の「報告」の体裁を取って、来世の世界の様子——犯した罪に応じて科される罰のあり方等——が真に迫って具体的に描写されている。そしてこの「来世巡り」の「報告」というスタイルは、決してダンテの独創ではなく、初期キリスト教時代から継承されたスタイルであった。「来世旅行の完璧なガイドブック」とも言われた「パウロ黙示録」[＊1]（新約聖書外典。四世紀末から五世紀初頭に成立）、七世紀のアイルランドの修道士フルサ（六四八年没）の地獄巡り、そして、ダンテ以前の『神曲』ともいうべき『トゥヌクダルスの幻視』（一二世紀）などは一種の「来世巡り」である[＊2]。さらにいえば、来世のガイドブックは、キリスト教以前、古代ギリシャにも認められるものであり、そこでは死んだ人の霊魂のために道案内が詳しく記されている。すなわち、オルフェウス教の書板には、霊魂が迷うことなく進むべき道順が克明に刻まれている——「汝は冥府の家の左側に、一つの水源があり、その傍らに一本の白い糸杉が立っているのを見出さねばならぬ。その水源へは近づくではない……[＊3]。」

「八〇六年」に死亡体験をしたという男の「報告」がこ

の例話集の最初に置かれたのも、おそらく中世の人びとにとって死後のありさまが非常に興味深い、第一級の話題であったからであろう。この第一級の話題性を利用しつつ、教会の聖職者は「メメント・モリ」(「死を忘れるな」「死を思え」)という日頃からの訴えをそこに織り混ぜてこの例話を効果的なものにしようとした。死後の様子を垣間見たという、この男の報告は、中世の聖職者にとって、一般信徒に「死後の劫罰(こうばつ)の有り様」――不信心の結果――を自覚させる点でも、格好の話題であった。この報告によって来世の永遠の責め苦をイメージさせ、生きているうちに聖職者のいうことをよく聞いて、今のうちに贖罪をしておくべきだと、そのように聖職者は訴えたかったのであろう(このねらいからおそらく着色や改変がなされた)。

この蘇生した男の話を最初に紹介したと思われる七〜八世紀の教会博士の尊者ベーダも、『イギリス教会史』(*4)のなかで、このねらいからこの話を取り上げた。その後、同様のねらいからアルノルドゥスの作とされる『例話目録』で再度この「ネタ」が取り上げられ、さらに一四世紀になってパッサヴァンティがこの例話集で採用したのである。

(二) 中世人にとって死は身近であった

事実のところ、産業革命に先立つ時代――中世においても近世においても――、多くの事情から、我々には信じられないほど、一般に人びとの平均寿命は極めて短かった。「死」はごく身近な存在であったのだ。平均寿命(誕生時の平均余命)は、中近世を通じてほとんど変わらず、およそ二〇代半ばであったと考えられている(表1-1)。その低い平均寿命に導いた、数ある原因のひとつに、乳幼児の高い死亡率があげられる。当時、乳児は生まれて一年以内にその三〇パーセント程度が死亡し、五歳になるまでに四五パーセントが死亡したと考えられている。例えば、一七〇〇年になった頃のフランスでさえも、平均寿命は二五歳であったという。同様に、一八世紀のイタリアにおいて、平均余命は二〇年から二五年の間を上下しており、三〇年の境界に達することはめったになかったという(*5)。本書が「中世」から「ルネサンス」への「移行期」として扱い、「中世末」とも「ルネサンス初期」とも位置づけることが可能な微妙なイタリア・トレチェント(一四世紀)の場合、とりわけその世紀の中葉、つまりパッサヴァンティの活躍する時代では、繰り返されたペストなどにより、中世において最も死亡率の高かった時期であり、平均寿命は一〇代後半か一〇代半ばにまで落ち込んだと推察される(*6)。グラフ1-1はフィレンツェの有力家族の記録(『リコルディ』)から死亡者の平均年齢をまとめたものである。富裕家族の

表1-1　コールとデメニーによる標準生命表（西型，レベル４）
──誕生時の余命25歳の男性人口における各年齢での余命・死者数──

年齢	千人あたりの死者	死者の数	生存者の数	平均寿命	年齢
0	322.57	32257	100000	25.26	0
1	195.23	13226	67743	36.13	1
5	51.41	2803	54517	40.57	5
10	36.97	1912	51714	37.65	10
15	50.17	2498	49803	33.99	15
20	71.10	3364	47304	30.65	20
25	79.51	3494	43941	27.79	25
30	91.75	3711	40447	24.97	30
35	107.09	3934	36736	22.23	35
40	128.38	4211	32802	19.59	40
45	147.54	4218	28591	17.09	45
50	183.83	4481	24373	14.59	50
55	220.24	4381	19892	12.29	55
60	290.59	4507	15511	10.03	60
65	371.25	4085	11004	8.08	65
70	480.85	3327	6919	6.13	70
75	623.98	2241	3592	4.75	75
80	744.08	1005	1351	3.49	80
85	869.24	300	346	2.51	85
90	952.01	43	42	1.77	90
95	1000	2	2	1.24	95

中近世では，男性の平均寿命（「誕生時の平均余命」）は25歳頃であったと想定される。そうすると，生まれて１年以内に約３割（32パーセント）の男子の乳児が死亡し，20歳に達するのは生まれた男子の約半数（47パーセント）にすぎないということになる（Ole J. Benedictow, *The Black Death, 1346-1353: The Complete History*, Woodbridge, 2004, p. 249.）

データなので、そのままでは全体を推測できないが、一応の目安にはなるであろう。富裕家族は、貧民よりはある程度までペストに強かったことがわかっていて、それでも一三四〇年代の平均寿命はかなり低くなっている。このように死と隣り合わせで生きている場合、当時のキリスト教徒にとって、死後の世界、霊魂が行くべき来世の世界は一層気がかりなこととなっただろう。以前は聖職者から「死を思え」と言われたが、今では、言われるまでもなく、誰でも死を思わざるを得ない現実に直面していたのである。

なお、本書はその多くを「中世」（ローマ帝国崩壊後の時代）のなかのイタリアの「中世後期」（一一〜一四世紀）や「中世末」（一四世紀）を扱うにとどまっている。次の時代である「ルネサンス」（イタリア・ルネサンス）を定義すべきであろうが、イタリア・ルネサンスそのものの社会と文化の内容に具体的に触れずに定義することは誤解を招きやすいと考える。敢えて若干いうならば、ルネサンスは、「キリスト教的救済と世俗的栄誉の二元的追求」「理性・道徳

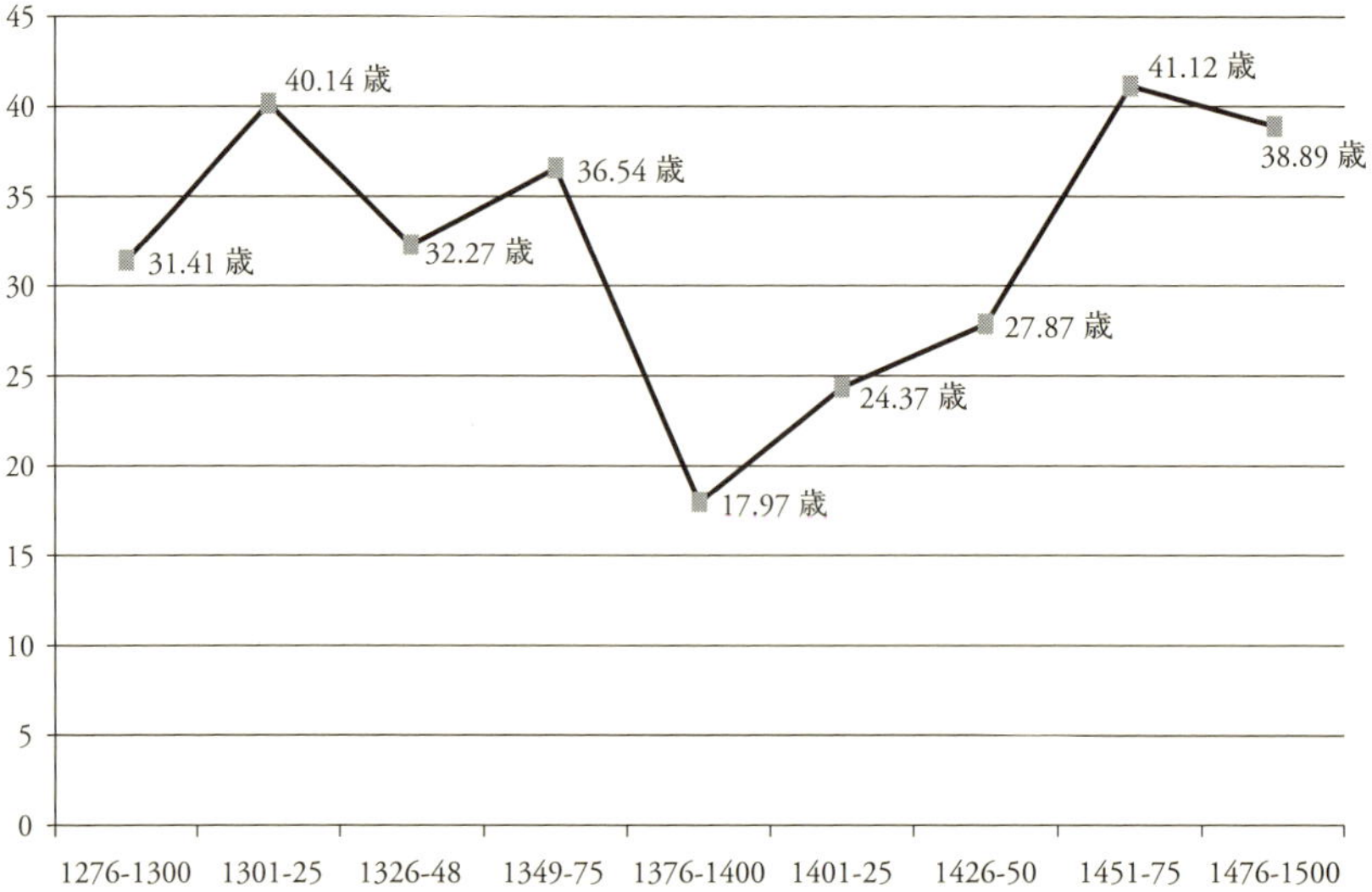

グラフ 1-1　『リコルディ』から見る平均寿命

David Herlihy and Christiane Klapisch-Zuber, *Tuscans and their Families: A Study of the Florentine Catasto of 1427*, New Haven, 1985, p. 84. より作成

によるバランス感覚の重視」、「リアリズム」、「絵画の構図などに認められる合理主義」などに特徴があると考えている。しかし、イタリア・ルネサンスの時代については、「社会」（つまり市民・庶民）に焦点を据えるか、「思想・美術など」（つまり時代の先進者）に焦点を据えるかによって時代の見え方が違ってくる。また、「近世」とは、ここでは便宜的に、ルネサンス、宗教改革から産業革命直前までを想定している。これも領域・地域などから、厳密な線引きはむずかしいだろう。

二　メメント・モリとペスト期の美術の題材

　こうしたなか、聖職者は、俗人に対して、彼らの信仰心を高めるためには、まずこの世の生の「短さ」と来世の劫罰の「永遠性」を対比するのがよいと考えたのである。この意味で、信徒を改悛させて死後の永遠性を自覚させるには、この例話は、『真の改悛の鑑』のオープニングを飾るにもふさわしい話と思われたことであろう。一方、信徒の側も、短命な人生の現実を痛感しており、聖職者の説教に納得して耳を傾けたようである。

　中世末期、とりわけペストが発生するようになってからは（一三四八年以降）、聖職者が俗人に訴える言葉は、やはり「死を思え（memento mori.）」（英語でいうと、*Don't forget death.*）であった。人を大量に、圧倒的な強さで死に導くものが、ペスト（黒死病）であった。そのペストの症状についてロシアの年代記作家はこう述べている（一四一七年）。

それはまるで槍で突き刺すように、あるいは首を絞めるように人に襲いかかり、腫れ物が現れ、震えとともに吐血するか、炎が体の関節を焼いた。そして、病気によって患者は打ち倒されて、病床に就いた後に死んでいった。(*7)

まさにペストが激痛を与える様を想起させる絵がある。それがミハエル・ヴォルゲムートの木版画である（図1-1）。ここで表現された「死」（骸骨）が踊る情景は、おそらくペスト患者が激痛でもだえ苦しみ、跳ね回る断末魔の姿から想起されたのであろう。まさにペストと骸骨像の相関を示すものである。この意味で、骸骨による死の象徴化は、原則として一三四八年のペスト以降のものと考えられる。実際、教会、とりわけ「大聖堂」のなかにはしばしば骸骨を見ることができる（図1-2a、1-2b）。

《死の舞踏》

こうしてヨーロッパのいくつもの大聖堂や教会に描かれた異様なタイプの絵画《死の舞踏》が生まれた。その絵では「死」がまさに踊り始め、様々な身分・職業の人たち、

図1-1　ミハエル・ヴォルゲムート《ダンス・マカブル》 1493年　木版画

図 1-2a（左），1-2b（右）　トリアー大聖堂内のウォルムス司教ヨハン・フィリップ・フォン・ヴァンデルドルフ（1701～68）の墓銘碑（部分）

すなわち、数十人もの人たちが「死」に付き従い、長い行列をなして行進したのである。イタリアの場合、ベルガモからバスで一時間ほどのところにある町クルゾーネ（セリアーナ渓谷）にそれを見ることができる（図1-3）。この図は、中心となるフレスコ画の下部（一種の「プレデッラ」）をなしており、その下部は右側の三分の一（「骸骨」を含め七人程度の人物）が剥離して消えてしまっている。

ふつう、この行列には、「死」の象徴である骸骨に挟まれて、二〇人から四〇人程度の色々の身分・職業の者が参加している。多くの場合、教皇や皇帝など、身分の高い者からだんだん低い身分へと続き、商人、農民、若い女性などで終わる。行列のなかで「死」と組んで歩く人の数は、バーゼルの絵画（一四四〇年）では三六人、アウクスブルクの写本（一四四三～四七）では二四人、ベルンの《ダンス・マカブル》（一五一五～一五二〇）では四一人、カッセルの写本（一四八五年以降）では三六人である。このように、様々な身分の者が参加する行列を示すことによって、死が誰にでも平等に襲うものであること（「死の平等」）を教えようとするが、もともとこの内容の表現は、文学に認められるという。一三五〇年頃の「ヴルツブルクの死の舞踏」がそれである――ここには、「死」と「死ぬ者」との対話が示され、作品の思想（「死の平等」「死の身近さ」）を

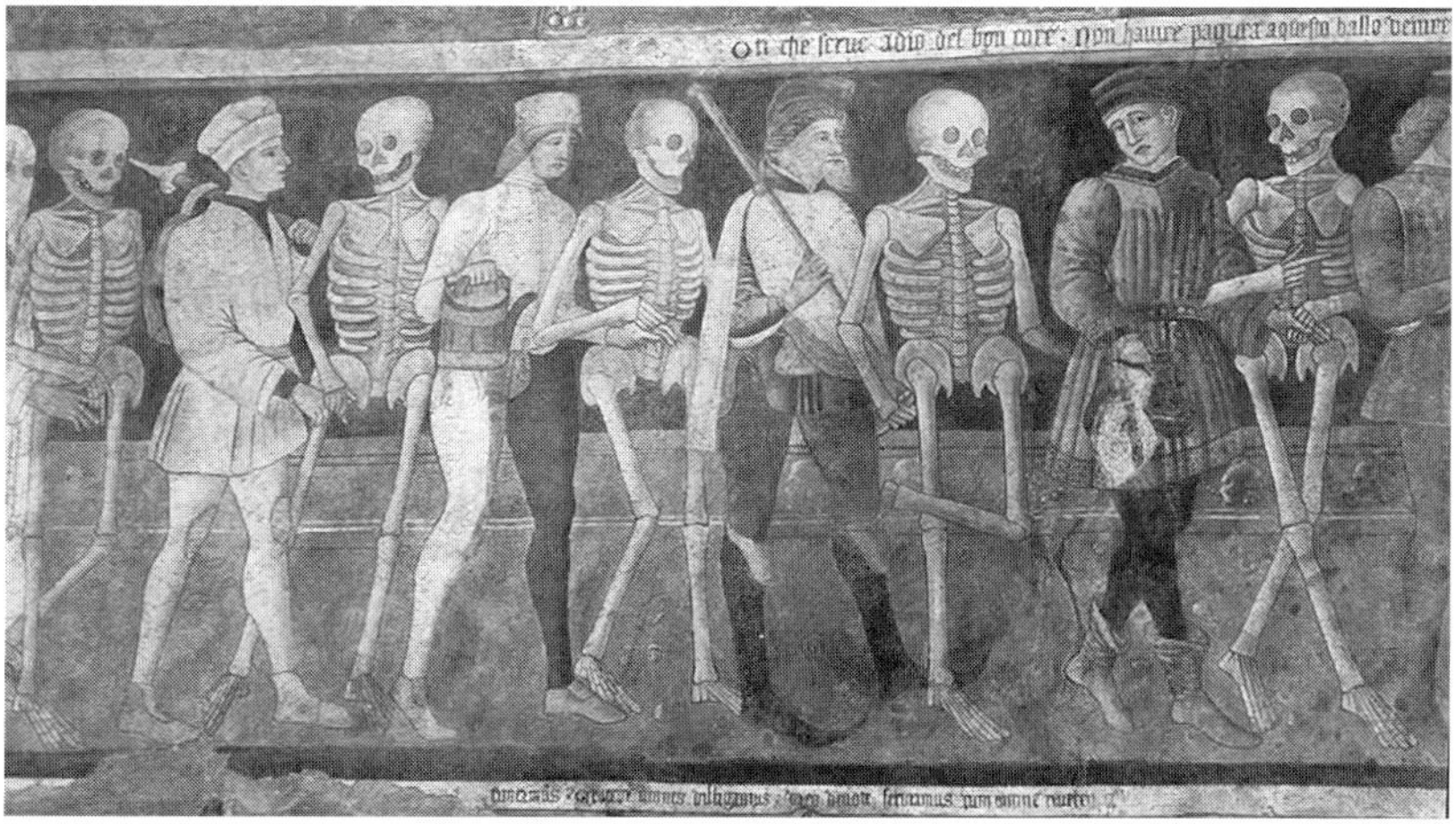

図1-3　ジャーコモ・ボルローネ《ダンス・マカブル》（下部）　1485年
クルゾーネのディシプリーニ祈禱所のファサード［正面］

はっきりと読むことができる。[＊8]

死　商人よ、……市場はもうおしまいだ。そなたはどうしてもわしと踊りにゆかねばならん。

商人　ああ、甘き死よ、なぜこんなに早く襲いかかるのですか。

《死の勝利》

クルゾーネのファサードの上部には中央図があり、そこに描かれている主題が《死の勝利》である（図1-4）。ここでは「死」が堂々と「勝利」（「凱旋」）している。これは死の究極の勝利を象徴するものである。中央には親分格の「死」が王冠を戴いて、猛々しく仁王立ちしている。その左には、疫病死の矢を放つ「死」、右には火縄銃を構え、人間を撃ち殺す「死」がいる。下には殺された人間が何人も倒れている。親分格の「死」が両手を広げて、紙を掲げている。その翻った大きな紙には――

《正義を実行する者に対しては、よりよい生が開かれる。一方、神の怒りを買う者は、痛ましいやり方で打ち倒される》

図1-4　クルゾーネの《ダンス・マカブル》(中央図)　1485年
ディシプリーニ祈禱所のファサード

と書いてある。ペストの流行を背景に、ここでは「人間の罪」と「神の罰」が鮮明に意識されている。神罰として疫病が与えられるのである。また、この壁画を注文した人びとにも注目すべきである――すなわち、「ディシプリーニ」、つまり文字通りには「鞭打ち苦行者」である。おのれの罪を十分に自覚し、その贖罪としてみずからを鞭打つ人たち、神を恐れる人たちである。

　ペストが圧倒的な力で人びとを屈服させる時代、すなわちヨーロッパの中世末期以降《死の勝利》の主題は、象徴として数多く描かれた。ここには、「個人」というより、ペストによる大量死、つまり「人間集団」をひとまとめにして圧倒する死の力が強調されている。イタリア語で文字通りに考えると、《死の勝利》とは、ペトラルカの詩集から来ているが、それによると、Trionfo〔トリオンフォ〕であり、『(死の)凱旋』である。そこには大勢の人々を前に、凱旋して勝利を喜ぶ猛々しいイメージがある。背後からファンファーレさえ聞こえそうである。一五世紀の《死の勝利》としては、シチリア州立美術館の作者不詳の大作が代表的である(図1-5)。保存がよいうえに上手の作品である。

《三人の死者と生者》

　クルゾーネの「ディシプリーニ祈禱所」には、以上の作品のほかに、《三人の死者と三人の生者の出会い》という主題も描かれている。この主題については、ピサのカンポ・サントの大作(図1-6)が有名であるが、ほかに、ラツィオ州ローマ県スビアーコなどにも認められる。宗教的の強い、美しい町スビアーコは、六世紀の修道士ベネデイクトゥス（ベネデット）（四八〇頃～五四七）が最初に修行していたところである。ベネディクトゥスは、この町の断崖絶壁の洞窟を修行の場にしたと考えられる（図1-7）。この修道院の上部教会から下部教会に移る階段のところに

図1-5　《死の勝利》 15世紀　フレスコ画　600×642
シチリア州立美術館　パレルモ

図1-6　カンポ・サントの《三人の死者と三人の生者の出会い》
フレスコ画　1335年頃　カンポ・サント　ピサ　「カンポ・サント」とは，「聖なる場所」つまり墓地のこと。ピサは，12世紀に，十字軍がエルサレムの聖地カルバリーの丘から持ち帰った土で墓地を築いたために，「カンポ・サント」と称した。その墓地を囲む回廊の壁にこのフレスコ画が描かれた。馬に乗る三人が「生者」，棺のなかの三人が「死者」である

図 1-7　スビアーコのサン・ベネデット修道院　14世紀中頃

図 1-8　スビアーコのサン・ベネデット修道院の
《三人の死者と三人の生者の出会い》 部分　1362年頃

《三人の死者と三人の生者の出会い》が描かれている（図1-8）。この話は、狩猟に出た三人の生者（貴公子）が、帰る途中に、ある隠者から三人の死体の入った三つの開いた棺を見せられるというものである。生者が棺のなかを見ると、そこには、三体の遺骸が並んでいる――まず死んだばかりの遺体、次に腐敗してウジ虫がたかった遺体、そして完全に白骨と化したものである。死後、遺体がその朽ち果てるありさまが示されている。この主題の絵画のなかには、三人の死者が、「今のお前たちは、昔のわしらの姿。今のわしらは、明日のお前たちの姿」といいながら、「生のはかなさ」を教えるものもある。

この他に、ペスト期に死を扱ったものとして『往生の術』がつくられた。臨終にあって精神的、肉体的苦闘をする者に対して、死への旅立ちの心得の本が書かれ、そこには、絵（木版画）が刷られた。それが広く一般に売られた（図1-9）。この『往生の術』については、第四話の例話のコメントで詳しく触れたい。

こうした死の主題は、『往生の術』を除いてペスト以前から存在していたが、盛んに扱われるようになったのは、一四世紀後半にペストが周期的に発生するようになってからである。

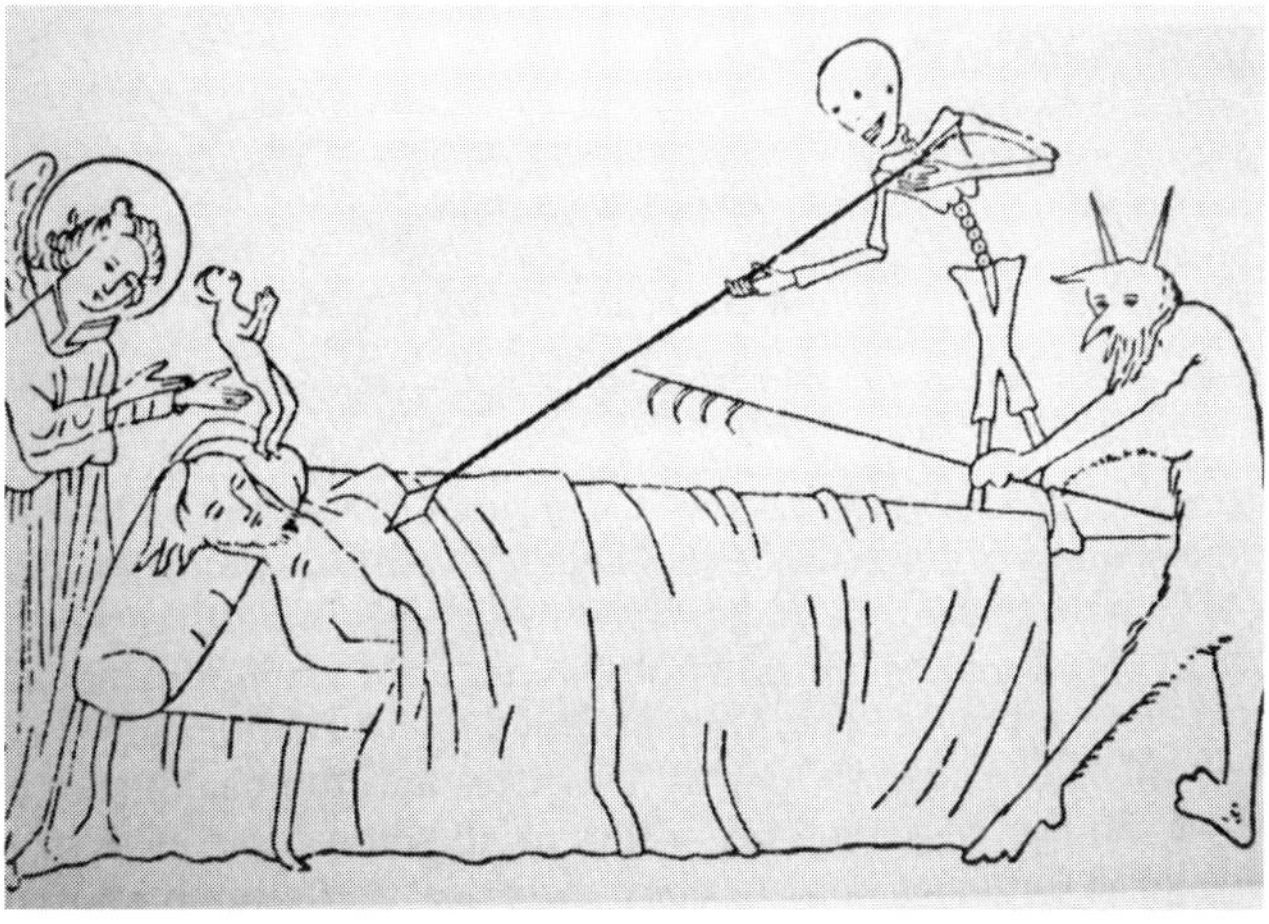

図1-9　悪魔と天使の霊魂の奪い合い
死（骸骨）が病人の体を痛めつける。その時に悪魔（右）は病人の霊魂（浮き上がる人形のようなもので象徴）を捕らえようとする。それに対して，後ろから天使が悪魔に霊魂を奪われないように守っている（14世紀ドーヴァーの英語版写本より。J. Byrne, *The Daily Life during the Black Death*, London, 2006, p. 73.）

《生の木》と一七世紀のペスト

このほか死を主題としたもので、スペインのセゴビア大聖堂で私が初めて目にした興味深い主題がある。これがいつから扱われるようになったかは、確認できていないが、それが《生の木》というテーマである（図1-10a）。ここでは、《死》が、今まさに木を切り倒さんとしている。左下では地獄の悪魔が綱を引いて木を倒そうとしている。そのことをイエスが知らせようと警鐘を鳴らしているが、木の上では、寸前の危機を何も知らずに、人びとは食卓を囲んで楽しく享楽の生活を営んでいる（図1-10b）。木の左上に「人はみな神に見守られているが、いつかは死なねばならない」と書かれている。[*9] この絵は、一七世紀の絵であるが（一六五三年）、ヨーロッパの一七世紀こそは、一四世紀が「危機の一四世紀」と呼ばれたように、「危機の一七

図 1-10a　イグナシオ・リエス《生の木》1653年 セゴビア大聖堂

図 1-10b　イグナシオ・リエス《生の木》（部分）

世紀」と呼ばれた。一四世紀は百年戦争（一四三七〜一四五三年）の時代であり、一七世紀は三十年戦争（一六一八〜四八）の時代であった。

一七世紀についていえば、それは一四世紀と同様に天候悪化が続き、凶作・飢饉に加え、栄養不足から人びとの弱り切った体に、ペストが容赦なく襲いかかった。政治的にも多難で、三十年戦争のような深刻な戦争が長引いた時代であった。一四世紀も一七世紀も、いずれの世紀も飢饉・疫病・戦争が三点セットをなしたのである。一七世紀は、確かにペストの周期性が弱まり（それまで二年から一〇年だった周期が三〇年程度になる）、発生頻度こそ少なかったが、一度到来するや、ペストは恐るべき高い死亡率をもって人びとを襲ったのである。ナポリでは、一六五六年のペストのために、人口四〇万人から四五万人のうち、二四万人から二七万人が死亡した。死亡率は五三パーセントから六七パーセントである。一六三〇年のペストによる死亡率は、ヴェネツィアで三二パーセント、ミラノで五一パーセント、クレモーナで六三パーセント、マントヴァで同じく六三パーセントであったと推定されている(＊10)。

ロンドンの一六六五年のペストについていうと、それは五〇万人の都市の人口の六分の一を奪ったと考えられている。これについては、『ロビンソン・クルーソー』を書いたデフォーが『ロンドン・ペストの恐怖』（一七二二年）のなかで、リアルに詳細に報告している（デフォーは、このペストの流行時はまだ幼少であったので、これは人びとから聞いた話や刊行物から書き上げたものである）。

この世とあの世の「幸・不幸の反比例」の法則

この例話では、蘇生した男が取った驚くべき行動が述べられる――

すなわち、男は、冥府で垣間見た拷問のあまりのすさまじさに恐れ戦き、蘇生してからというもの、死ぬまでずっと自分に苛酷な苦行を科そうとしたという。酷寒の日に喉まで川に浸かり、体を凍らせ、それから今度は逆に、大鍋に入れた水を熱く沸かして――いや、これはとてもお金のかかるぜいたくな行為だ！――、そこに体を凍らせたまま浸かって、それから再び冷たい川に入り体を凍らせた。そして、なぜそのような苦行をするかと人から尋ねられて、《生きているうちにこの世で苦行によって贖罪を済ませておけば、冥府ではあのような責め苦を受けなくて済むからだ》という。

蘇生した男のこの贖罪行動は現代の我々の多くの者には理解しがたいことであろう。しかし、その行動は、伝統的なキリスト教的な考え方に支えられているものであった。その考え方は《この世で楽しめばあの世で苦しむ。この世で苦しめばあの世で楽しむ。来世と現世の幸不幸は反比例する》というものである。四世紀に生きたアンブロシウスの次のことば（パッサヴァンティ例話集第一四話）は、この考え方にもとづくものである――

よいか、決して繁栄を望んではいけない。むしろ繁栄に恐れを抱け。繁栄によって霊魂は地獄に導かれると思え。逆境と不幸に満足して甘んぜよ――逆境と不幸こそは、もし我々が泰然として辛抱強く耐え忍ぶことができるならば、我々の霊魂を天国に導くものと思え。

つまり、この世で多くの世俗的幸せを享受した者は、その分だけ来世ではいっそう多くの不幸や苦しみが待っている。逆にこの世で多くの不幸や苦しみを耐えた者は、あの世で幸福の日々が待っている。この反比例の論理は、キリストが語ったとされる新約聖書のことばを根拠にしている。「ルカの福音書」第一六章では、毎日贅沢に遊び暮らす一人の金持ちとその家の門前でできものだらけの貧しい男ラザロの話が語られる（図1-11 a）。二人が死んで、ラザロは宴席のアブラハムのそばに行き、金持ちは冥府の炎のなかで苦しみ、天上のラザロを見て、アブラハムにラザロを

図 1-11a　ラザロ

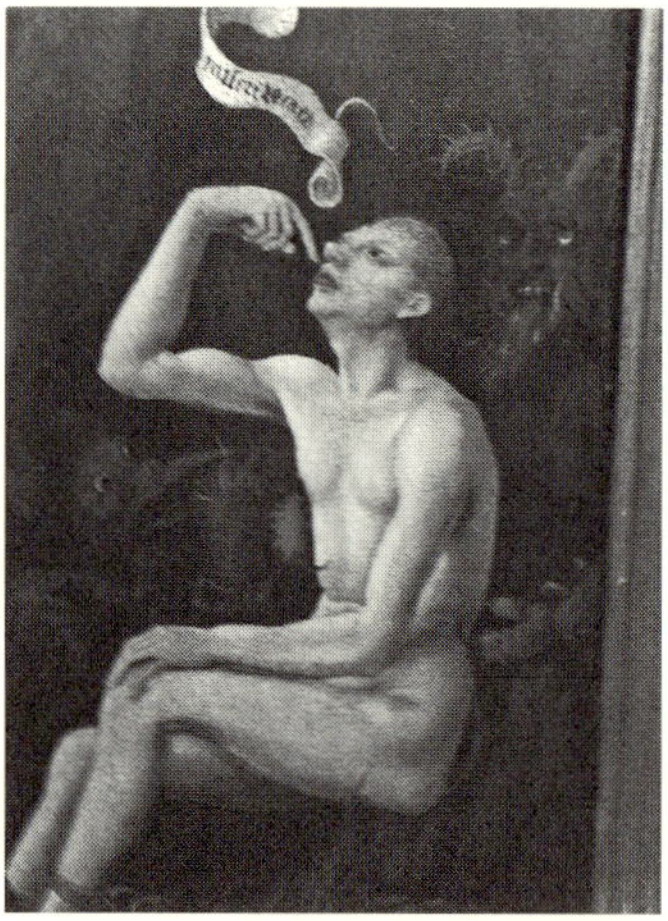

図 1-11b　同部分

1520～30　ユトレヒトのカタレイネ修道院博物館　ラザロは，生前，極貧の生活をして，体はできものだらけであった。そして，贅沢三昧の暮らしをする金持ちの家の前でその生活ぶりをうらやんでいた（a の画面左下）。しかし，死後，両者の生活は逆転した。ラザロはアブラハムの宴席に迎えられ（a の画面中央上），一方，金持ち（a の画面右下および b）は，地獄の炎のなかでもだえ苦み，憐れみを乞うた

よこして癒してくれるように叫んだ（図1-11b）。すると、アブラハムはこう言った――「お前は生きている間に良いものをもらっていた。今は、ここで彼は慰められ、お前はもだえ苦しむのだ」。また、新約聖書のなかのキリストはこうも言っている――

「貧しい人々は幸いである。神の国はあなたがたのものである。」（マタイ第五章第二〇節）。

「今飢えている人々は、幸いである、神の国はあなたがたのものである。あなたがたは満たされる。今泣いている人々は、幸いである。あなたがたは笑うようになる。……今満腹している人々、あなたがたは不幸である。あなたがたは飢えるようになる。今笑っている人々は、不幸である。あなたがたは悲しみ泣くようになる。」（ルカ第六章第二〇―二五節）

実際のところ、歴史的に見て、キリスト教は、とりわけ古代での形成期においては、この世で苦難を強いられて生きる貧しい民に対して一種の慰めを与える宗教として、広く人びとに受け入れられた側面が強いのである。貧しき者よ、この世の「一時的な」現世の貧しさに耐え忍べ。いつか巡るはずの「永遠に続く」来世の至福を待て。ユダヤ教のメシア思想の影響を受けたキリスト教は、終末におけるキリスト再臨の希望は、不条理や苦難に満ちた人生を生きる人びとの力の根源となった。そうした「来世中心主義」の考え方は、その後も広く階層を越えて人びとの間で継承されたのである。この例話を支えている考え方は、基本的には一種の「来世中心主義」の考え方である。

三　民衆のこころに響く例話づくりが工夫された
――時期や場所の具体性、象徴化、奇跡――

さらに、ここで例話全体に関わることとして、例話に特徴的な表現の傾向について少し触れておこう。説教師は例話のなかで民衆のこころを引きつける工夫を色々とおこなっていた。

例話は、教会に掲げられた絵画と同じく、中世の一般庶民、つまり文字の読めない人びとに語りかけ、彼らの宗教的な意識を高めることをめざしたものである。そのため出来るだけ真実味のある言い方で人びとのこころに訴えようとした。

本当らしさや真実味は、人びとが具体的にイメージできることからうまれるものである。例えば、よくある昔話のように漠然と、「昔むかし、ある所で……」で始まるのではなく、この蘇生した男の例話の冒頭のように、具体的な時期と具体的な場所を示して、「八〇六年のこと、イングランドで」と始めたのである。この具体的な言い回しによってこそ、出来事にリアルさがもたらされるのである。いわば現代の週刊誌の「実録」のゴシップ記事のように現実味を出そうとするである。さらに、「これは私が実際に見聞した話である」とか「私がトレドにいたときに実際に聞いた驚くべき話をお聞かせしよう」といったことばから話が始まる場合もよくある。[*11] また、話が事実であることを示すために、奇跡のような出来事のなかで登場人物が受けた傷が今も残っていることなどが付け加えられる。

また、例話作家は、「情欲」や「罪」といった目に見えない観念的なことばを視覚的に象徴化して表現して、庶民にわかりやすく伝えようと工夫した。例話を二つ紹介する――

（一）燃え上がる情欲に身を委ねていた女がいた。この女が放埒な格好をして歩いていると、町が炎上してしまった。[*12]

（二）ある罪びとが船に乗っていたところ、嵐に遭った。海上を荒れ狂うこの嵐は自分の罪の重荷によるものだと悟ったこの男は、人を助けるために甲板に出て、急いで悔い改めをした。そして、男が海中に「罪の塊」を放り出すごとに、海は静まっていき、告解が終わる頃には、嵐は完全に止んでしまった。[*13]

言うまでもなく、（一）では、《情欲》が《炎》に象徴され、（二）では、《罪の重さ》が《船荷の重さ》に、また、《告解》が《船荷を捨てること》に象徴されている。

次に、例話においては、民衆を喜ばせるために起承転結のメリハリがあることが望まれた――話の結末のところで、驚くような奇跡が起きて信徒をあっと言わせる。当時は、週刊誌や新聞、テレビやラジオなどの楽しみがなく、刺激の少ない、平凡な日々のくり返しの時代であり、人びとは目の前の人間の話術に刺激を求めていたであろう。また、科学が発達しておらず、世界が限りなく不可解な神秘性でおおわれていたこともあって、様々な現象が奇跡として受容されやすい状況にあった。突然鳴り響いた雷ひとつで人びとは、そこに神や神秘や奇跡を感じた。こうしたなかで、説教師は、刺激を望む民衆の期待に応えようとし、また人びとは、説教師から目を見張るような奇跡を望んだ。そして、民衆はそれを真実としてそのまま受容した。それが信仰心を刺激するはずであったから、多かれ少なかれ、そこに脚色や着色があったとしても、ここでは、双方いずれにとっても何も問題はなかったのである。これは偽物か本物かわからない聖遺物（聖人の遺体や遺留品など）が、「本物」と受け入れられて、結果的にそれが宗教心を刺激するのにやや似ているかもしれない。十字軍遠征以降、多くのあやしげな「聖遺物」と称されるものが東方から捏造されて流入した。そのご利益を得ようとして巡礼者が増えてきて、教会の実入りと宗教心が高まったのと似ているかもしれない。

《ミニ・コメント》

大聖堂とドゥオーモについて　カトリックの地域や都市には数多くの「教区」（小教区）があり、そこには「司祭」がいて、信徒に対して司牧活動をおこなっている。その教区の上位にあり、広域に及ぶ地域「司教区」を代表している教会が「大聖堂」（カテドラル）である。この大聖堂の司教の椅子に座して統括しているのが「司教」である。語源的には、「司教の椅子」を「カテドラル」ということから、大聖堂（司教座聖堂）のことを「カテドラル」（伊 カッテドラーレ）という。ただ、ひとつ注意すべきことがある。イタリアでは、しばしば都市の住民は、自分たちの都市の中心の教会のことを「ドゥオーモ」と呼ぶ。しかし、この「ドゥオーモ」は、すべて「大聖堂」であるとは限らない。つまり、その都市の「ドゥオーモ」であるからといって、そのすべてがローマ・カトリック教会から「司教」が送られている教会とは限らない。ふつう「大聖堂」は「ドゥオーモ」と言い直せるが、だからといって「ドゥオーモ」がすべて「大聖堂」とは限らないということになる。

第二話　裕福に育てられた若いドミニコ会士

これは『精霊の七つの贈り物の書』のなかに書いてある話である[1]。非常に大切に育てられて大きくなった、ある若い貴族がドミニコ修道会に入った。しかし彼の父親、親類、友人たちはそれに反対して、修道会から彼を連れ戻そうとした。彼らはあらぬ約束をしたり、甘言に乗せようとして、この青年の霊魂をそそのかそうとあれこれ努めたのであった。

とりわけ彼らが強調して言ったことはこうであった――

「お前はまだまだ弱い体で、裕福な中で育ったから、修道院の規律の厳しさにはとても我慢できないだろう。」

彼はそれに答えて言った。

「それだからこそ私は修道会に入ったのです。私が弱いことも、修道院の生活が私には耐えられないほど辛く不自由なこともわかっています。しかし私はこう考えたのです――《では、いったいどのようにしてこの弱い私が、永遠に続く地獄の、この上ない恐るべき責め苦に耐え忍ぶことができるのでしょうか》と。それで私は決意したのです。私は、死後、忍び難い永遠の責め苦に耐えるよりは、むしろ続けてここに留まり、ここで修道会の辛苦にしばらく耐えようと思っています。」

父親と親類たちは、これには何も反論できなかった。そして修道院に彼を残して何も言わずに立ち去って行った。

（1）　パッサヴァンティは出典をステファヌス・ブルグンディウス（パッサヴァンティでは、「ステーファノ・ディ・ボルボーネ」（Stephanus Burgundius, Stefano di Borbone）の『聖霊の七つの贈り物の書』*Liber de septem dona Spiritus Sancti* としているが、テキストの比較分析をした研究者の間では、これも『説話目録』が出典であると考えられている。

＊　中世人は「真の快楽」のために禁欲をなすべきと考えた

真の快楽主義者は、将来・未来を見据えて快楽を避ける

中世キリスト教の考えによると、この現世でぬくぬくと安逸な生活する者には——第一話のコメントで述べたように——来世では苛酷な拷問の永遠の日々が待っていて、逆に、現世で苛酷な苦行の生活を送る者には、来世では天国の生活が待っていると、ふつう、そのように考えられた。基本的には、はかない、一瞬の現世を取るか、永遠につづく来世を取るかということである。そしてここに登場する若い貴族は地獄の「永遠の責め苦」ではなく、「修道院の辛苦」を選択した。その判断のポイントとなったものが、両者の期間の違いであった。現世に生きる期間は極めて短いのに対して、来世は「永遠（!）」であった。修道院の苦行に耐えたのちは、来世では輝かしい永遠の黄金の天国が待っていると考えられた。いずれを取るべきか、それは明らかであった。——この考え方を、わかりやすく我々の時代の卑近な例でたとえると、大学合格をめざしてがんばる日本の受験生に少し似ているかもしれない。大学入試の合格を目指す受験生が、合格後の安逸な天国のような（?）大学の生活を夢見て、さらに「大卒」で得られる「いい就職先」（?）——これは長い一生の問題である——を打算して、遊ばずに高校や予備校で必死になって勉強する。これと少し似ているかもしれない。真の快楽主義者は、長い目でものを見て、一時的な辛苦をものともしないのである。だから、中世において苦行に徹しているキリスト教徒がいたとしても、決して苦行そのものを目的としているわけではなく、長い目で見ると、来世の至福をめざす快楽主義者である。

第三話　死に際で回心した騎士

これはカエサリウスが書いた例話によるものである[1]。

極悪非道に罪を重ねて生きた一人の騎士がいた。彼は敵に襲われて命を落としたのであるが、剣で傷つけられた時に、悔悟の念からこう言った――「神よ、憐れみたまえ[2]」と。

それからたくさんの人びとがこの騎士の葬儀に集まってきた。その時、人びとのなかに、一人の悪魔がその騎士のなかに取り付いて、手ひどく痛めつけた。多くの人びとが悪魔に向かって、どうしてその男をそれほどまでに痛めつけるのかと尋ねたとき、悪魔はこう答えた――

「我々悪魔は、この騎士が死ぬというので大勢で集まってやって来たのだ。騎士はこれまで我々の思いのままに生涯を送ったので、当然男の霊魂をたやすく地獄に連れて行けると信じていた。ところが、我々はこの男の心を支配することはできなかった。それどころか天使どもは、「悪魔は男の心を支配できなかった」と言いながら、男を連れ去って行ってしまったのだ。だから怒りに燃えた我々悪魔は、腹いせに哀れなこの男を痛めつけたのだ。」

どうしてこの騎士が救済されたのかと聞かれて、悪魔はこう答えた。

「奴がほんのひとこと《神よ、憐れみたまえ》と言ったからだ。そのほんのひとことだけで、奴は我々悪魔の支配を振り切り、自由の身になってしまったのだ。我々悪魔でさえも、奴のようにそれを言うことができたら、神の赦しを得て、救済されるのだが。しかし我々はそれを言う力をもっていないのだ。[3]」

（1）出典についてパッサヴァンティはこのようにカエサリウスによると明示しているが、テキスト分析から実際の出典は『説話目録』とされる。パッサヴァンティの多くの例話がこのカエサリウスをもとにしている。「カエサリウス」とは、ハイスターバッハのカエサリウス Caesarius（Heisterbach）（一一八〇頃～一二四〇年頃）のことで、シトー修道会士であった。ケルンで生まれ、ハイスターバッハの修道院長との出会いで宗教生活に入る（一一九九年）。『例話集』*Exempla*、『奇跡物語』*Dialogus miraculorum*（一二二三年頃）の作者。「カエサリウス」には、このほかにアルルのカエサリウス（四七〇～五四三）がいる。

（2）"Domine, miserere mei."

（3）悪魔のいる地獄では「改悛」は不可能であるので、悪魔はこう言っている。

＊　一三世紀の人びとは天国へ行く道筋を把握していた

（一）開かれた天国への道筋

極悪非道な行いをずっと重ねてきたひとりの悪人が、これから死んで真っ逆さまに地獄に堕ちて行くはずのまさに直前、彼が発した痛切なひとこと――「神よ、憐れみたまえ」――によって彼は地獄堕ちを免れ、天国への道が開かれるという話。

この例話を取り上げたパッサヴァンティは、この悪しき騎士の改悛のひとこと――おそらく死の直前の告解や終油の秘跡で発した改悛のひとこと――によって、どのような悪人であっても救済への道を進むことができると教えようとした。実際、『真の改悛の鑑』全四九話を通読してそう思われるのだが――これは読者の判断に委ねるしかない――、基本的にはどのような悪人でも改悛さえすれば神によって赦されるというのがパッサヴァンティの考えのように思われる。

しかし、このような考え方に対して、これでは、甘すぎる。結局、死に際に改悛さえすれば、みな赦されてしまうのではないか――これを「天国どろぼう」という――と反対する者もいるであろう。これについては(四)で述べる。

(二) 終油の秘跡の成立

終油の秘跡の根拠

一三世紀・一四世紀は、歴史的に形成されてきたカトリックの「七つの秘跡」が都市を中心に――どの程度までかはわからないが――少なくとも、それまでと比べて広く深く定着した時代であった。聖職者から秘跡を受けることによって、人びとは救済の道を保証されたと感じることができたのである。まず、生後すぐに「洗礼の秘跡」を受け、人生の最後の時点、臨終の時に「終油の秘跡」(図3-1)を受けさえすれば、とにかくまず「地獄行き」(いったん地獄に堕ちた者はそこからは永遠にはい上がれないとされた)を免れることができると考えられていたのである。この例話の男は、私見では、この最後の告解の場面で涙を流して「神よ、憐れみたまえ」と発したと考えられる。

「終油の秘跡」は、「病者の塗油の秘跡」とも呼ばれ、本来、実際に病気の治癒を目指すものであった。「マルコの福音書」のなかに一二使徒について、次のような一節があり、それが根拠とされている――「一二人は出かけて行って、悔い改めさせるために宣教した。そして、多くの悪魔を追い出し、油を塗って多くの病人をいやした」(マルコ第六章第一二～一三節)。この「病者の塗油」に用いられるオリーブ油(聖香油、「サクラ・クリズマ」)は特製のものであった。私は、ミラノのサン・バビラ(Babila)聖堂(一一世紀)の堂内に、その聖香油を納めた収納棚をたまたま認めることができた(図3-2)。これは復活祭の朝に特別に聖別されて採取したオリーブ油だという。

また、終油の秘跡が治癒を目指したものであることを示唆する、いっそう強い根拠のことばは、「聖ヤコブの手紙」にある。ルター(一四八三～一五四六)の宗教改革に対決しておこなわれたカトリック側のトレント(トリエント)の公会議(一五四五～六三)によって、「聖ヤコブの手紙」

図3-1　ロヒール・ファン・デル・ウェイデン《七つの秘跡》より「終油の秘跡」(右翼部) 1445～50年 アントワープ王立美術館

に「病者の塗油」の神学的基礎があると確認されている。「あなたがたのなかで病気の人は、教会の長老を招いて、主の名によってオリーブ油を塗り、祈ってもらいなさい。信仰に基づく祈りは、病人を救い、主がその人を起き上がらせてくれます。その人が罪を犯したのであれば、主が赦してくださいます。だから、主にいやしていただくために、罪を告白しあい、互いのために祈りなさい。正しい人の祈りは、大きな力があり、効果をもたらします。」（ヤコブの手紙、第五章第一四〜一六節）。

　この「病者の塗油の秘跡」は中世が進むなかで、「終油の秘跡」に変えられ、本来の「病者の治癒」のねらいから、臨終での「罪の赦し」——死を受容するには必要なこととされた——に転換されるようになったようだ。(*1) 病人の病気の重さにもよるが、多くの場合、司祭によって以下のように整然とした厳粛なやり方でなされた。そのやり方によって、臨終にあって死の不安にある者に対して、これは天国への旅立ちであると言って安心感を与え、また家族にもそれによって慰めを与えたのであった——

図 3-2　病者・改宗者の塗油のための聖香油の収納棚（ミラノのバビラ聖堂）

終油の秘跡と葬儀

　この時代の医師の重要な役割は、秘跡の実施に向けておこなう重病人の死期の判断であった。医師は、病人の病状を診て、その病人に死期が迫っている場合、《司祭を呼ぶべきである》と家族に伝えてやることが大きな役割であった。家族は病人に死が近いことを伝えられると、直ちに司祭に連絡する。連絡を受けて終油の秘跡を求められた托鉢修道士（司祭修道士）や司祭は、早速その秘跡のために正式の装いを身にまとい、病人の家に向かう——

　司祭のそばにはお供がいて、ろうそく、ハンドベル、聖体のパン（「ホスティア」）を入れた「聖体容器」（ピクス）、そして、この秘跡に必要なテキストの書かれた書物をもっている。重病人の家に入ると、まず『往生の術』（後述）に出て来る悪魔に対抗するために「聖水」（司祭や司教の祈りによって聖別された水）が撒かれる。そして、司祭は家族と病人に対して慰めのことばをかける。これは数時間に及ぶこともある（時に病人とは数日にわたって生涯を語ることもあった）。次に遺言書が書けているか尋ねる。そして、それから最後の告解を与えることになる――家族に聞こえないように耳元で小声で貪欲や色欲の罪について生涯における有無を問い、その赦しを与える。この時、司祭は、先に述べた聖香油、すなわち復活祭の朝に特別に聖別されて取り入れたオリーブ油を塗って病人を聖別する。重病人のまぶた、小鼻、耳、手、唇、足、背中に軽くオリーブ油を塗り、そして、聖歌、朗読とともに、聖体拝領をおこなう。これをしてもらうことで、臨終の者は、心理的に大きな慰安を与えられる。この終油の秘跡で、聖別されたパン（ホスティア）、すなわち聖体は、今まさに来世に旅立つ病人に与えられる。これは特に「ウィアティクム」*viaticum*――「旅のための食糧」と呼ばれ、これを食べることで臨終の者はただ一人で死ぬのではなく、キリストとともに死んで、それから永遠の生に向け旅立つと理解される。[*2]

死の直後、その死を知らせるために、近所中を走る回る者が雇われることがある（これは現代でもおこなわれている）。家の前には友人や隣人やその他の多くの人びとが集まる。それから、遺体は、故人が生前に指定した教会に運ばれる。その際に、聖職者を伴って葬送の行列をつくられるが、この時、ルネサンス期の場合、故人の身分に応じて、聖歌の斉唱などとともに、大ろうそくが大々的に点された。フィレンツェでは、葬儀は故人の一族、一家の高い身分の誇示の場であった。そこで大ろうそくがたくさん点された。このため一四七三年の奢侈条令（「葬儀費用抑制のための条例」）では、大ろうそくの費用は一五リラを超えてはならないと規定された。[*3]葬儀は、結婚式と同様に、一族の存在を誇示する絶好の機会として、衣装・お布施・豪華なミサなどに巨額の出費がおこなわれたので、細かく規定し、罰金を科したのである。徴収した罰金の四分の一は、秘密裏に告発者に渡った。

教会に着くと、そこで死者のために葬儀のミサがおこなわれることもあった。その教会の鐘が弔いのために鳴り響いた（――黒死病の流行時には、この鐘が、四六時中鳴ることで、人びとを一層悲しませ、不安がらせるという理由から、禁止された）。そして埋葬される墓地（多くは教会内）では、司祭によって最後の祈りが捧げられる――。

(三) 終油の秘跡の効果

遺族は終油の秘跡がおこなわれたことで慰めが得られた
――モーツァルトの場合

終油の秘跡を受け、先の「ウィアティクム」（旅のための食糧）を口にすることによって、臨終にある者は心理的、精神的な効果を得て、死を恐れる気持ちを軽減されたことであろう。終油の秘跡は、それが無事おこなわれたというだけで、家族にも大きな慰めや満足を与えたようである。例外もあったはずであるが、ここでは、ふつう死は「飼い慣らされ」ている。

これは一八世紀後半のことであるが、大作曲家モーツァルト（一七五六〜九一）も終油の秘跡から慰めを得ている。二二歳になるモーツァルトは、目の前で自分の最愛の母の死を受け入れなくてはならなかった（一七七八年）。モーツァルトは、ここで悲しみのどん底に突き落とされたが（「人生でもっとも悲しい日だった」という）、母が司祭のもとで終油の秘跡を受けて、安らかな臨終を迎えることができたことで、「御恵み深い」神が彼に与えてくれた恩寵に深く感謝している。「お母さんが極めて幸福になくなられた以上、かくお導きくださった神に祈り、神に感謝しましょう――彼女は極めて安らかに死を迎えたのですから」。

「母は、三日前に懺悔をすませ、聖体拝領も、聖油の秘跡も受けた。……ぼくは神に二つのこと、つまり母には安らかな臨終、それからぼくには力と勇気を与えたまえとお祈りした――御恵み深い神は、祈りをききとげられ、この二つの恩寵を最大限にお与えくださった。」（一七七八年七月三日の手紙[＊4]）。

遺族は終油の秘跡がおこなわれたことで慰めが得られた
――アレッサンドラ・ストロッツィの場合

臨終の秘跡のもつ深い意味については、ジョヴァンニ・モレッリの『リコルディ』のほかに[＊5]、一五世紀のフィレンツェの名門貴族の妻アレッサンドラ・ストロッツィ（一四〇八〜一四七一）が書き残した手紙がよく伝えてくれる。

マンチンギ家からストロッツィ家に嫁に来てから一二年後、アレッサンドラに不幸は次々と襲う。まず、一四三四年、政敵のメディチ家（コジモ・イル・ヴェッキオ）が追放先から帰還し、ただちにフィレンツェを掌握し、そのため同年、パッラ・ストロッツィは、家族もろともフィレンツェから追放されてしまう。そして、その追放先のペーザロ（イタリア中部マルケ地方）で発生したペストのために一四三六年、夫マッテーオと三人の子どもが死んでしまう。さらにその後、アレッサンドラは二人の息子のもとを離れてフィレンツェに帰るが、悲しいことに、ナポリにいた残る息子二人のうちのひとりマッテーオ（夫と同名）も、まだ二三歳の若さで、熱病で死去してしまうのである（一四五九年）。息子の一人マッテーオの死は遠い異国の地（ナポリ）でのことであった。いったい息子マッテーオの臨終がどのようなものであったのだろうか――それが、アレッサンドラには非常に気がかりであった。そして、その死に立ち会った息子フィリッポ（マッテーオの兄）から手紙を受取り、マッテーオが無事に終油の秘跡を受けることができたと伝えられ、大きな慰めを得たのであった。「息子を失って深い悲しみに打ちひしがれた」アレッサンドラはその手紙のなかでこう書いている（なお、アレッサンドラ・ストロッツィが息子に書いて送った手紙七二通は保存され、当時の有力家族のあり方や考え方を示唆する貴重な史料となっている）。生き残ったただ一人の息子フィリッポ（一四二八～一四九一）（フィリッポ・イル・ヴェッキオ）は、後にメディチ家と和解し、フィレンツェに戻り、ルネサンス建築を代表する見事な建築物パラッツォ・ストロッツィ（図3-3）に着工する（一四八九年）。アレッサンドラは手紙で次のように書いている。[*6]

私のこころの痛みは、これまでに感じたことのないほど大きなものでありましたが、私は二つのことから、こころの慰安を得ることができました。まず、マッテーオが、お前［息子フィリッポ］のおかげで医者の手当てを受け、薬を与えられたこと、また、健康のためにできる限りのことをしてもらい、生きるための治療

図3-3　パラッツォ・ストロッツィ　1498年着工　ベネデット・ダ・マイアーノ設計
このパラッツォ（館）は，ジュリアーノ・ダ・サンガッロ（1443頃～1516）によるパラッツォ・ゴンディ（1490年頃着工）と同様に，丸みのある粗面仕上げがなされている。全体としては，古典的な均衡と重厚さ，比例を重視したブルネレスキの建築理念に従ったものであり，その意味でパラッツォ・メディチ（ミケロッツォ制作　1444年着工）の影響を受けている

を何ひとつ惜しまずに与えられたと信じることができたからです――でも、そうした治療は役に立たなかったのです。それが神の思し召しであったのです。私を慰めてくれたもうひとつのことは、マッテーオが罪から解放されて死ぬ時に、神が彼に告解や聖体拝領や終油の秘跡を受ける機会を与えてくれたことです。そしてマッテーオは、これを敬虔に受けたと思います。こうしたかたちを与えられたのは、神がマッテーオにそういう機会を準備してくださったためだと思っています。

(四)「天国どろぼう」の問題――煉獄の考えは個人差を重視する

死の直前、人は地獄と煉獄のはざまに置かれている。終油の秘跡は最悪の地獄堕ちを避け、煉獄への道を切り開く。ふつうそう考えられた。

それにしても終油の秘跡さえ受ければ、ともかく、どのような極悪人でも、キリスト教徒ならば（つまり洗礼を受けた者ならば）、秘跡によって救済の道が保証されてしまうというのは、物をかすめ取る一種のどろぼうのようで、納得しにくい考え方のように思えるかもしれない。しかしながら、それに対して《煉獄》の考え方が存在したのである――

すなわち煉獄とは、ともかくも地獄に堕ちずに済んだ人が、前世の罪を贖罪する死後の世界であるが、そこでは様々な観点からきめ細かく滞在期間が算出されると考えられた。そこでは個人一人ひとりに個別にその人の罪の多さに応じて処罰が科されるという。煉獄は罪の浄化のための火が燃えさかる場所であるが、その生涯において微細な罪しか犯さなかった人は、ちょうど紙や葉が一瞬にして燃え尽きるようにその罪は瞬時に浄化され、魂は天国に至る。一方、大きな罪を犯した者の場合は、ちょうど太い、大きな木を焼き尽くすのに長い時間がかかるように、浄罪にも時間がかかる。極悪の罪人の霊魂がたとえ地獄行きを免れたにしても、その霊魂は、煉獄ではその罪が業火によって焼き尽くされるには長い期間がかかり、ほかの人の霊魂よりずっと長期に及ぶ苛酷な処罰がなされると考えられた。煉獄の責め苦は、火炎の責め苦、釘付けの責め苦、釜ゆでの責め苦、凍てつく山の責め苦など、様々な拷問が待っていると考えられた[*7]。

また、生前のあらゆる善行や悪事の程度に加えて、教会が勧めた慈善やお布施の実施の程度、生前おこなったミサなどの秘跡の多さや、当人の死後に家族がおこなう追善供養のミサなど――その量と質の程度に応じて、個人差をもって贖罪がなされると考えられた。極悪人の場合、普通の人よりもはるかに長く——例えば「一億年」か、あるいはそれ以上も長く、はるかに苛酷な劫罰（例えば地獄同然の苛酷な罰）に耐えなくてはならないとされた——それでも「永遠」よりずっと短いのだが。

《ミニ・コメント》

不信心な者に我慢ならない悪魔　なお、この例話では、興味深いことに、悪魔さえも、反面教師として人びとを信仰に導く機能を与えられている。すなわち、この例話の最後のところで「悪魔」の「ぼやき」が紹介される——悪魔は、《自分には「改悛」することが許されず、そのために地獄に永遠に留まらなくてはならない》とぼやく。この悪魔のことばは我々に「裏のメッセージ」を伝える——すなわち、それが、「お前たち、改悛だけはしておけよ！」である（極悪の騎士も、ともかく改悛だけはしたのである）。しばしば例話では、悪魔は、自分の不幸を伝えるかたちで、人に正しい道を教える。悪魔は説教師によって利用される存在なのである。時に、例話によっては、驚いたことに、不信心なキリスト教徒にどうにも我慢がならず、悪魔が思い余って、みずから《しっかり信心しろ》と、お説教をしだすことさえある(*8)

第四話　天使と悪魔の言い争い――自堕落な騎士の霊魂をめぐって――

これは尊者ベーダによって書かれていることである[1]。

戦士としては勇敢ではあるものの、日ごろは悪徳に明け暮れる騎士がイングランドにいた。ところがこの騎士は重い病に倒れてしまった。その時、王が訪ねてきた。王は敬虔な人であった。王は彼に自分の罪を改悛して心を安らかにし、良きキリスト教徒として告解を受けた方がいいと勧めた。

騎士はそれに対してそのような必要はないと答え、こう言った――。

「いまさら臆病風を吹かせたと人に思われるのは、私の望むところではありません。」

――それから彼の病気が悪化して再び王が彼のもとにやって来た。そして王は彼に励ましの言葉をかけてから、最初と同じように、彼に改悛と告解[2]を勧めた。それに対して騎士はこう答えた。

「王よ、今となっては遅すぎます――なぜなら私はすでに裁かれて地獄行きを宣告されたところなのです。先日、王が、私の救済のためにお見舞いに来て下さり、赦免を願い出てもまだ間に合うと助言して下さっているのに、私はあいにくその言葉を信用しませんでした。私は生まれて来なければよかったのです！　今では私は一切の希望を失ってしまいました。というのは、今、王が私のところに来てくださる少し前に二人のすばらしい若者がやって来たのです。一人は枕元に、もう一人は足元に来て、二人はともにこういいました。

『この男には死が迫っている。いったい私たちの力がこの男に及ぶものかどうか見てみよう。』

一方の若者が、胸から一冊の小さな本を取り出しました。それは黄金の文字で書かれていました。最初のうちはその文字を読むことはできませんでしたが、私がひどい大罪を犯す以前、まだ青年だった時に行ったいくつかの小さな善行が読み取れました。私はそれらを覚えていませんでした。

私が大きな喜びを感じていると、突然私の目の前に現れた者がいました。それは全く情け容赦のない二人の悪魔でした。とてつもなく大きくて真っ黒な悪魔でした。二人の悪魔は私の前に一冊の大きな本を広げました。そこには私のこれまでに犯した罪がもれなくことごとく書き込まれていました。そして悪魔はその二人の若者――これが神の遣わされた天使だったのです――に向かってこう言いました。

『お前たちは何をしているのだ。この男に対してお前たちは何の力も及ぼすこともできないのだ。お前たちの持っている黄金で書かれた本は、もう何年も前から全く役に立たなくなっているではないか。』

二人の天使は顔を見合わせました。そして一方の天使がもうひとりの天使にこう言いました。

『悪魔が言っていることは本当のことだ。』

こうして私は悪魔の手の中に放り出されてしまいました。その悪魔の手は二つの大きな包丁で私を二つに切り裂きました。一方の包丁は頭から、もう一方は足から切り裂いていきました。

ほら、私は、まず頭、それから目が切り取られる。もう何も見えなくなってしまった。それからもう一方の包丁は、もう、心臓まで切り裂いてしまった。もはや、私は、生きていくことはできない……。」

――このように言った後、騎士は息を引き取ってしまった。

（1）パッサヴァンティはベーダの書を出典として挙げているが、これについても、研究者の文献研究から実際には『説話目録』

を出典としたと考えられている。

（2） 第I部でも触れたように、「告解」はカトリックの秘跡のひとつ。「改悛」した信徒が聴聞師に自分の罪を告白し、神に赦しを乞うもの。特に臨終に際して、聖職者から「告解」の秘跡とそれに伴う「終油」の秘跡（体に香油を塗って死への慰安を与えるもの）を受けることは、蓄積されたこの世の罪を清め、霊魂が地獄に堕ちずに済むための重要な要件と見なされた。したがって、秘跡を受ける時間もなく、何もできないままの「急死」は最悪の事態をもたらすものとして当時の人びとからは恐れられた。

＊「最後の審判」がキリスト教徒の埋葬のあり方に影響を与えた一方で、死に際こそが天国と地獄の分かれ道と見なされたのであった

このような、地獄行きか否かの判断をめぐってなされる天使と悪魔のやり取りは、オラトリオ（宗教的音楽劇）やダンテの『神曲』など、多くの場面に認められる。中世人にとって、来世の行き先を決める重大なドラマが、まさに死に際に待っていると考えられていた。

一　《最後の審判》

（一）天使と悪魔は死者の霊魂を奪い合う

この例話では、悪徳に暮れる騎士は、死を前にして、改悛と告解を受けるように勧められるが、それを拒む。そして、その霊魂は地獄の方に引かれて行く――

地獄行きの最終的な決定の決め手は、この例話の最後にあるように、この騎士の生前の「善行の少なさ」、「悪行の多さ」であった。結局、この判断が決め手となって騎士は地獄へ堕ちることになるのであった。

（二）大天使ミカエルの登場と《最後の審判》のイメージの強化

来世の行き先――天国か地獄か――を決めるために、善行の多さと悪行の多さとを天秤にかけて測るのが、大天使ミカエルである。図像におけるこのミカエルの登場は、歴史的には、《最後の審判》のイメージが次第に鮮烈になっていく過程のなかで認められるようになる。最後の審判の際のミカエルの登場は、聖書の記述に従ったものではなく、神学者の作り出したものである(＊1)――ミカエルは、天秤を手にして、罪人の生前の「罪」や「悪行」の重さを測り、その霊魂が地獄行きか天国行きかを決定する存在として位置

図4-1　シャルトル大聖堂南側ポーチのティンパヌム　13世紀

づけられた（こうした生前の善行と悪行の計測の考えは、はるか古代エジプトまでさかのぼるものである）。それを表現した浮彫が、フランスのシャルトルの大聖堂の入り口のティンパヌム（タンパン）（半円部分）である（図4-1）。これは一三世紀に制作されたものであるが、ここではミカエルは、キリストのすぐ下にいて、地獄に行く者と天国に行く者とを仕分けしている。新約聖書の「ヨハネの黙示録」にしたがって、キリストの左手（我々から見て右手）に地獄行きの者が、右手に天国に行く者が分けられている。よく見ると、確かに我々から見て右手の隅に鬼や化け物のような姿が認められる。

ロマネスクのこころ――ミカエルのいないロマネスク

しかし、《最後の審判》の表現のなかにミカエルがいつも決まって登場するわけではない。登場しない方がむしろ聖書に忠実なのである。例えば、同じシャルトルの大聖堂の西側、つまり正面のティンパヌムは、南側のティンパヌムに先立ってすでに一二世紀に制作されていたものであるが、ここにはミカエルは登場しない。また、フランスのブルゴーニュ地方のサント・マドレーヌ聖堂のファサード（西側正面）のティンパヌムも、一二世紀に制作されたものだが、ミカエルは登場していない（図4-2）。いずれも一二世紀のロマネスク様式のものであり、その時代の厳か

ながら、静謐な宗教感情によって支配されている。これこそが、《ロマネスクのこころ》というべきものであろうか。そこには過激な畏怖も脅しも悲劇性もなく、暖かい聖母のふところに守られているかのような穏やかな宗教感情が支配している。

例えば、フランスのブルゴーニュ地方にはいくつもの魅力的なロマネスクの教会が存在する。クリュニー修道会の都市的な華美に対抗して創設されたのが、シトー修道会であった。その隠修士的な信仰の理念から、簡素な様式を重んじて築かれたのが、フォントネー修道院である（図4-3a、4-3b、4-3c）。ブルゴーニュには、このほかに、先のサント・マドレーヌ聖堂（図4-2）やブランシオンのサン・ピエール教会（一二世紀）（図4-4）などいくつもの静謐なロマネスク教会がある。このほかに、広くヨーロッパ全体に一二世紀を中心として築かれたロマネスク様式の教会が随所に認められる。私の訪れたイタリアの教会でいうと、マルケ州のアンコーナでは、サンタ・マリア・デッラ・ピアッツァ教会（一二一〇～二五）（図4-5）、サン・チリアーコ大聖堂（一一～一三世紀）（図4-6）、サルデーニャ島では、オリスターノ近郊にあるサンタ・ジュスタ教会（一一三五～四五）（図4-7）、サッサリ近郊の「サンティッシマ・トリニタ・ディ・サッカルジャ教会（一二世

図 4-2　ヴェズレー（フランス・ブルゴーニュ地方）のサント・マドレーヌ聖堂　正面（西）扉口のティンパヌム　最後の審判によって右側の人びと（悪人）が地獄に，左側の人びと（善人）が天国に行く

紀)」(図4-8)、モリーゼ州ではカンポバッソのサン・ジョルジョ教会(一二世紀)(図4-9)、プーリア州では、バーリのサン・ニコラ教会(一二世紀)(図4-10)などが、敬虔さと静謐さに満ちたまさにロマネスク的な美的世界で

図4-3a　フォントネー修道院　聖堂ファサード(正面)　12世紀

図4-3b(上)　フォントネー修道院　聖堂の側廊
図4-3c(左)　同　聖堂の身廊から入口を見る

である。ロマネスクのこうした質素で静謐な宗教性（聖性）のゆえんについては、この時代の教会改革運動とともに、隠修士からの霊的影響があったという。(*2)

おそらく人びとに広く共有されていた《ロマネスクのこころ》というものがヨーロッパ全体に存在していたように思われる。ヨーロッパは、特に一二世紀以降、商業のみならず、巡礼などによっても宗教性は通い合い、一体化していたのだろう（一三世紀以降は、托鉢修道会などによって宗教的に一層一体化される）。このような世界では、《最後の審判》という恐るべき場面を描きながらも、静謐な宗教的感情が先行して、必ずしもミカエルの登場を必要としなかったのであろう。人びとは世界の大事件をもいとも静かに

図 4-4　ブランシオン（ブルゴーニュ）のサン・ピエール教会　12世紀

図 4-5　アンコーナのサンタ・マリア・デッラ・ピアッツァ教会　1210～25年

図 4-6（右） アンコーナのサン・チリアーコ大聖堂（11～13世紀） アンコーナのグァスコの丘の上に築かれた大聖堂で，マルケ州のロマネスク美の最高傑作
図 4-7（左） サルデーニャ島オリスターノ近郊のサンタ・ジュスタ教会 1135～45年

図 4-8（右） サルデーニャ島サッサリ近郊のサンティッシマ・トリニタ・ディ・サッカルジャ教会 12世紀
図 4-9（左） カンポバッソのサン・ジョルジョ教会 12世紀

図4-10　バーリのサン・ニコラ教会（12世紀）　プーリア・ロマネスクの粋

受け止めてしまう。

ミカエルへの脅威の描写から《最後の審判》の劇的な表現へ

しかし、一三世紀頃からミカエルが登場し、一五世紀にもなると、ミカエルはいっそう具体的に描かれる。バーリの県立絵画館が所蔵する一五世紀のヴィヴァリーニの作品やマエストロ・ディ・カッサーノの作品では、その細部に秤に載せられた罪人の不安げな様子が描かれる（図4-11a、図4-11b、図4-12a、図4-12b）。さらに、時代が進むと、ミカエルは描かれるとしても、何よりも《最後の審判》自体が、ドラマティックな表現へと展開する。フランスのブルゴーニュ地方のボーヌ施療院のロジェ・ヴァン・デル・ヴァイデンの制作した《最後の審判》（祭壇画）（図4-13）、ルーカ・シニョレッリ（一四四五／五〇～一五二三）が制作した大作《最後の審判》（一五〇〇～一五〇四）（図4-14a、図4-14b）、さらに、フェッラウ・ダ・ファエンツァのトーディの大聖堂の《最後の審判》（一六世紀）（図4-15a、図4-15b）など、――どれも実に壮大でドラマティックで、かつリアリティがある。そうした強烈な表現の背景には、リアリズムを志向した美術家の表現そのものの技術的な深まりがあるとともに、何度も繰り返されるペストによって終末観がますますかき立てられたためであ

図 4-11a　バルトロメーオ・ヴィヴァリーニ《諸聖人》 三連祭壇画　15世紀
バーリ県立絵画館

図 4-11b　同部分（ミカエルの天秤によって罪の重さを計られる罪人）

ろう——つまり、本当に《最後の審判》が下される日が近い、そういう切実な意識が強まってきたことによるものである。一六世紀になってミケランジェロがシスティーナ礼拝堂に制作したフレスコ画の大作《最後の審判》（一五三六～四一）（図4-16）は、最後の審判の到来をこころから信じた者でなければ決して描けない迫力でみなぎっている。

図 4-12b　同部分（ミカエルの天秤によって罪の重さを量られる罪人）

図 4-12a　カッサーノの画家《ピエタと諸聖人》より　ミカエル　多翼祭壇画　1520年頃　バーリ県立絵画館

図 4-13　ロジェ・ヴァン・デル・ヴァイデン《最後の審判》祭壇画　1442〜51年　135(中央215)×560cm　油彩・板　ボーヌの施療院「オテル・デュー」

我々日本人は、それが単に聖書のテーマだから描かれたにすぎないと思ってしまうが、当時の人びとにとって、《最後の審判》は、現実味を強く帯びたものであったのである。

実際のところ、ペストなどの苦難による刺激に加えて、

図 4-14a　ルーカ・シニョレッリ《最後の審判》より　1500～04年頃
オルヴィエート大聖堂のサン・ブリーツィオ礼拝堂

図 4-14b　同　部分

図 4-15a　フェッラウ・ダ・ファエンツァのトーディの大聖堂の《最後の審判》 16世紀

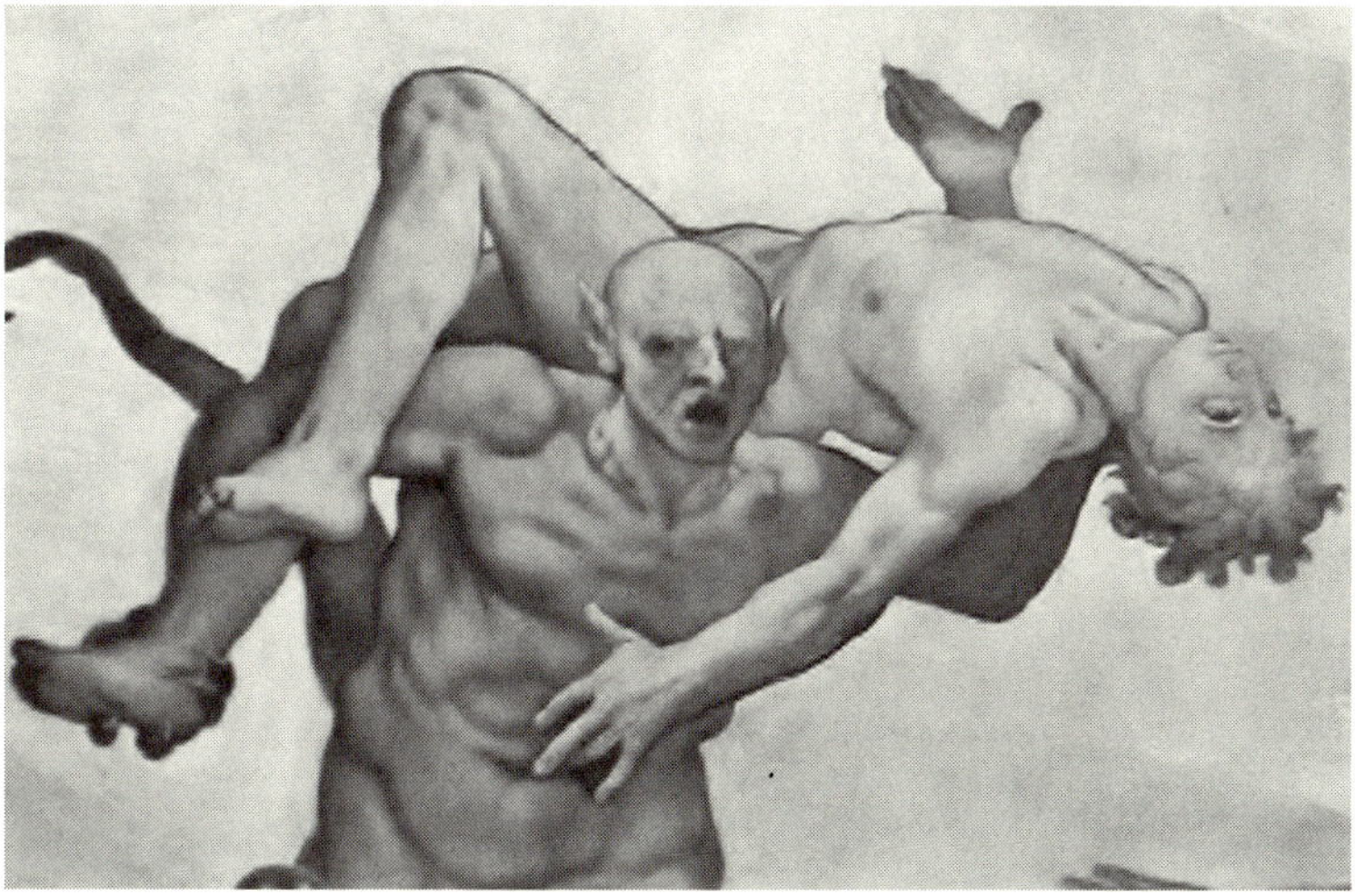

図 4-15b　同　部分

図 4-16　ミケランジェロ《最後の審判》 1536〜41年
ヴァティカン宮殿のシスティーナ礼拝堂

「一五〇〇年」という世紀の転換点を間近に生きていることも、人びとの終末観は刺激された。キリスト教では、聖書の権威ある教えから、苦難の時ほど、キリスト再臨による審判の時期、すなわち世界の終末が意識された（「ミレニアム」、「至福千年説」）。一五世紀末のフィレンツェを例に挙げると、ただの聖職者でしかないサヴォナローラが、その弁舌でフィレンツェの政治の絶対的な支配者にのし上がってしまったという事実があるが、その時に本質的に最も有効であったことは、まさに《最後の審判》が近いことを人びとに訴えたことによるものである――「神の剣が地上の民に今すぐに振り下ろされるだろう」。一四九〇年代のこのことばでフィレンツェの人びとは、サヴォナローラの指導に服したのである。高い宗教的畏怖で満たされた時代において、聖職者は政治をも支配する力をもっていたのである。

キリスト教は、本質的に《最後の審判》に向かいあう。この意味で音楽作品のなかに《最後の審判》を含む《レクィエム》（死者のためのミサ曲、鎮魂曲）という宗教音楽はキリスト教に正面から向かい合った分野であり、西洋音楽史において、その重要な一部として大曲、名曲が多いことは不思議ではないだろう（モーツァルト、ベルリオーズ、ブラームス、ヴェルディ、フォーレなど）。精神性、編成の規模においても、レクィエムは交響曲やオペラのように規模の大きな作品が多い。これは、宗教的畏怖、敬虔な宗教感情、《最後の審判》の意識がなおも作曲家の精神に脈打っていたことの現れかもしれない。レクィエムは「供養のミサ」のことで、まさにペスト期から盛んになったものだ。

ヴェルディの《レクィエム》（一八七四年）の「怒りの日」でティンパニーの強烈な打撃につづく大合唱の歌うフレーズは、終末の情景と最後の審判を恐ろしく描き上げたものであり、我々現代人にさえ畏怖の念を与えるほどである。

怒りの日、その日こそ／この世は灰と帰さん。／ダヴィドとシビッラとの予言のごとく／すべてをおごそかにただすために／審判者が来給うとき、／人々のおそれはいかばかりであろうか。

バーンスタインがロイヤル・アルバート・ホールでドミンゴ（テノール）を擁して熱演したヴェルディのレクィエムは《最後の審判》の我々の魂を根底から揺さぶる名演である。レクィエムの観点からヨーロッパの音楽史をたどることは、キリスト教とヨーロッパ文化の本質に迫ることになるかもしれない。[*3]

（三）《最後の審判》の意識は埋葬に影響を与えた　――キリスト教世界においてどうして教会での埋葬が一般的になったか

人びとが抱いた終末への畏怖心

東洋の場合、万物は、生まれては死し、死しては再び生まれるという輪廻の考え方が強いのに対して、キリスト教ヨーロッパの場合、旧約聖書の記述に従って、この世は、世界が神によってつくられてから（「創世記」）、何らかの展開を経た後に、神の意思のもとに、いつか終末に至る（「ダニエル書」）と信じられた。そして、新約聖書の「ヨハネの黙示録」では、その終末のありさまが文学的表現によって実に鮮烈に表現されていて、人びとに強いイメージを刻み込んでいた。しかし、一体いつ終末に至るのか――

その時期の問題となると、様々に考えられ、不安は通奏低音のごとく、人びとのこころに常に響きつづけた。そして、終末論は、時代によって、直面した現実への不満から、時として火山の噴火のごとく噴き出した。この世に現実に起きた不安な現象、由々しき出来事、忌々しい人物の登場などを前に、それらを「黙示録」の記述内容——「アンチキリスト」(終末前に現われるというキリストの敵)——と重ね合わせて、終末が予言された。実際、時代が直面した諸問題とそれに対する終末論的解釈を追うことで一冊の立派な本が成立する。(*4)

自然の異変・疫病は終末意識を刺激した

特に一四世紀以降、飢饉や天災、地震や疫病が次々と発生するようになると、人びとは終末意識に駆られ、歴史は大きな展開を見せた。そうした中世的な心性においては、自然現象は「神のメッセージ」と捉えられたのである。そして、それに反応して、宗教的指導者や集団による過激な考え方や運動が現われたのである。

実際、中世末(一四世紀)の修道士の年代記を見ると、《終末》の強い想念は常につきまとい、神経が過敏になっていた様子がうかがえる。終末は必ず来る、そう信じるなかで、終末が来るにしても、必ずや神は予兆や兆候を示されるはずだと彼らは考えた。だから、彼ら年代記作家は、この世に起きた自然現象における異変——雷・地震・疫病・天体の動きなど——に敏感になって、その発生をしっかり記録している。その記録こそ、次の世代に伝える自分たちの使命であり、義務であるであると自覚していたのである。

特にヨーロッパにペスト(黒死病)が発生するようになってからは、その意識が強まり、俗人さえも世の中の異変を記録するようになっていく。そうした時代を理解するには、それが可能かどうかは別として、この時代の人びとの感じ方にまで降りていく必要があるだろう——例えば、一六世紀の宗教改革者ルター(一四八三年生まれ)の人生のひとつの大きな転機となったのが、一五〇五年七月のある日、旅先で雷に打たれた衝撃的な出来事であった。ルターは、アイゼナハで法律家を目指して学生生活を送っていたが、若者ルターは、この衝撃をまさに宗教的なものと捉えた。そしてその場で叫んだことは、「助けてください! 聖アンナ様、私は修道士になりますから」という宗教的な誓いであった。その誓いは断固たるもので、もはや厳しい父親の反対も受け入れないものであった。(*5)ルターは、ここで自然現象を宗教的に捉えて、生涯にかかわる宗教的な決断をしているのである。この宗教的な決断の背景には、さらにペストも作用していた。この年一五〇五年春にペストがテューリンゲン地方やその周辺に発生し、ルターの家族を襲ったのである。そしてルターの弟二人の命を奪ってしまったのである。この衝撃も決断に作用したであろう（こういう指摘はこれまで誰にもなされなかった）。ひいては、この決断は、個人の生涯のみならず、世界史の転換――宗教改革の勃発――にも大きく作用するものであった。

同様のことはルネサンス期フィレンツェにも認められる。ルターが生まれる一四八三年のほんの三〇年ほど前のことである。フィレンツェは地震に襲われたが、この時、フィレンツェ人はこの地震に神を感じて、「全住民がこぞって神に祈り、四日間にわたって男も女も加わった大行列がおこなわれた」という。[*6] このフィレンツェの事例も、当時の人びとが、自然現象に神を感じて、宗教的に反応したことを示す事例である。もちろん、自然現象以外にも、東方からトルコ軍（「アンチ・キリスト」）が迫るなどの外的な政治危機も終末論を加速させたかもしれない。

小さな終末と大きな終末

一四世紀になってから、飢饉やペストの襲来によって強まる《終末》意識から、ひとつの解明しにくい問題に直面するようになった。すなわち《最後の審判》よりも前に死んだ人は、《最後の審判》が告げられるまで、いったいどこにいるのだろうか。人は死んでから、第一の裁き（「小さな終末」）を受ける。それから次に、いつか人類全体の第二の裁き（「大きな終末」）が来ることになる――つまり、人には、この「個人の死」と、「人類全体の終末」の二つがあることになる。ところが、「終わり」が二つあることそのものについては、一四世紀になるまで、あまり話題になることはなく、両者の関係づけもあまり話題にならなかった。（三世紀のギリシャ人オリゲネスは、世界の終末を強く意識するあまり、両者の時間の問題は話題にしなかった）[*7]。通常、例話などで考えられていたことはこうである――人の霊魂は死んで何となくすぐに天国や地獄に配置される。善人の霊魂は天国に舞い上がり、悪人の霊魂は地獄に堕ちる、というわけである。これが従来の解釈である。個人の死が、究極的な死であるかのように扱われていた。

ところが、一四世紀になって、この世そのものの終わりを示唆するような兆候や予兆が繰り返されるようになると、個人の死とともに、人類の終末そのものが言及され、「人は神から二度審判を受ける」と言い出す者が現われた（イングランドの説教師ジョン・ブロムヤード（一三五二年頃没）は、「神の審判はふたつある。ひとつは、万人死んだときに行われる個人的なもの……ふたつ目は、万人が集められて最後に行われる総合的なもの」という。つまり、神から個人的に裁きを受ける審判――「小さな終末」——と、まさにこの世のすべてが終わりの審判——「大きな終末」——である。後者の審判において、天使のラッパの鳴り響くなか、死んだ者も、まだ生きている者も、万人がそろって神から最終的な審判（《最後の審判》）を受ける。そして霊魂と肉体は一体となり、復活するわけである。しかし、ブロムヤードは、第二の審判の時期や第一の審判のあとの霊魂の行方については何も述べていなかった。(*8)

さらに踏み込んで発言をしていたのが、一四世紀のアヴィニョンの教皇ヨハネス二二世（在位一三一六～三四）である。すなわち、その解釈によると、第一の審判では、悪人についても、善人についても、その霊魂はまだ「行き先」を与えられていない——善人であってもその霊魂はすぐに天国に行って永遠の生命を受けるわけではない。悪人もその霊魂はすぐに地獄に堕ちるわけではない。最終的な決定は《最後の審判》までそのまま保留され、霊魂はそのままじっと待機したままでいると述べたのである。第二の審判、すなわち《最後の審判》こそが、決定的な重要性をもつと指摘したこの見方は、しかし、聖職者の多くから猛烈な反対を受けたのであった——悪人がすぐに地獄に行かないとは何たることか！と。そのように猛烈に非難され、結局、この解釈は撤回されてしまった。——いずれにしても、一四世紀に襲った相次ぐ苦難は、一部の知識人に対して、これまでになく強く《最後の審判》をイメージさせるものであった。ブロムヤードやヨハネス二二世のような、一部の知識人は、《大きな終末》を非常に強く意識したために、個人の死を弱めて理解したが、その《小さな終末》の位置づけを、説得力をもって論理づけをすることが出来なかった。そのために従来の解釈に押し通されてしまったのである。それにしても、そもそもこのむずかしい問題に対して、教皇ヨハネス二二世のように試論を提示する者が現われたことそのものが、注目すべきことである。(*9)

《最後の審判》まで肉体は大切にされるべきである

しかし、従来の解釈においても、新しい解釈においても、紛れもなく共通していたことがある——。それは、肉体（遺体）そのものは、紛れもなく《最後の審判》が来るまでそのままじっと待機するということであった。そして、天使のラッパの音とともに《最後の審判》が下されるや、霊魂は肉体のもとに舞い戻り、霊魂と一体になり、復活して天国や地獄に直行すると考えられた。天国に達した者は、そこで永遠に楽園の至福を享受するのである。

だから、「個人の死」は終わりではなく、始まりであった。死は、「永遠の生の始まり」であり、「死は生の一部である」。このキリスト教的な死生観は、現代のアメリカの市民にも息づいているようである。——「死は生の一部である」という、このことばは、何と、現代のアメリカ映画《フォレスト・ガンプ》（一九九四年）においてさえ、二度登場する！——

《一度目》フォレストの母は、臨終の場面で、フォレストにわかりやすく説明する——「怖がらないで。死は生の一部だから」と。

《二度目》墓の前で妻ジェニーの死の悲しみに耐えながら、自分に言い聞かせるように、母から教えてもらったこと、すなわち「死は生の一部なのだ」とみずからに教え諭す。

この意味でキリスト教徒は永遠に死ななかった。死を前にした人は、臨終の病苦にありながらも、司祭から「終油の秘跡」を受ける。この時、司祭から体に聖香油を塗られて「死は永遠の生の始まりである」と言われて、死の恐怖がぬぐい去られ、慰めを与えられたのである。ここでは、恐るべき野性的な死は、通過儀礼によって去勢され、「飼い慣らされ」ている。そして、復活の時に蘇った人間の姿は、老いて死んだ者も、幼くして死んだ者も、すべて人生で最も美しい時、すなわち三三歳の姿となって復活し、それ以後その生は永遠に続くと考えられた——三三歳とは、すなわちキリストの死んだ年齢である（一説に三〇歳）。

こうしたことから、遺体は決して火葬にしてはならなかった。火葬にすれば、《最後の審判》の時に、霊魂が舞い戻る場所、すなわち肉体を失ってしまい、復活できなくなってしまうからであった（したがって忌むべき異端者は火刑に処されるべきであった）。このように、キリスト教徒の遺体は火葬にせずに、墓で大切に保存されたのである。キリスト教徒は、現代でも原則的に同じように火葬にしない。

聖人は復活まで遺骸を大切に守ってくれる

しかし、問題となったことがあった。どうすれば遺体が大切に保存できるか。中世初期のキリスト教徒の間で大きな関心となったのは、遺骸の保存であった。いかにして遺骸を最後の審判まで損なわれることなく保存するか。もし墓が荒らされ、遺体が失われた場合、霊魂は帰る場所をもたず蘇らないことになる。つまり、復活して「永遠の生」を享受できなくなる。そのようなことは、キリスト教徒には非常に恐るべきことであった。そこで墓を守ってくれる重要な存在として、主に民間信仰的に次第に浮かび上がってきた存在があった。それが《聖人》であった。

キリスト教殉教者などの聖人こそ最後の審判で天国に直行する存在であり、悪魔や悪霊をはねのける存在と考えられた。教父クリュソストモス（三四七頃～四〇七）も殉教した聖人の霊的な威力を信じてこういう——「殉教者の遺骨が埋葬されている場所では、悪霊は、まるで火や耐えがたい拷問から逃れるかのように、逃げ去っていく」(*10)。その聖人のそばに埋葬され、聖人に守られて最後の審判を受けることが天国に復活する鍵であると信じられるようになったのである。こうして復活の条件として墓が暴かれずに守られることの必要性、それを保証する存在としての聖人のイメージが、次第に定着し、聖人の眠る教会や聖遺物を備える教会が注目されるようになった。[*11]「聖人のそばに」遺体が埋葬されることの重要性、この埋葬に対するキリスト教的な見方がヨーロッパを支配する。ただ、聖職者のなかには《教会に埋葬されるのは聖人に限定されるべきだ》と主張する者もいた――一五世紀末のフィレンツェを支配したサヴォナローラ（一四五二～九八）がそうである。[*12]

死は飼い慣らされる

アリエスの指摘するように、キリスト教がヨーロッパに定着する以前の古代人は、死者を《何をしでかすかわからぬ》野性的な存在として恐れ、不浄なものとして嫌悪し、遠ざけた。死者が帰ってくるのを恐れ、生活圏から離れた地域に死者は葬った（これは昔の日本でも同じである）。前五世紀に成立した古代ローマ人最古の成文法「一二表法」を見ると、「いかなる死者といえどもそれを都市の内部に埋葬したり、そこで荼毘（だび）に付したりしてはならぬ」と規定している。また、キリスト教が公認された後でも、まだ四世紀末から五世紀初頭の時点では、クリュソストモスは、聖人の威力を説きながらも、一般信徒は教会に埋葬してはいけないと注意を与えている（これはすでにその一方ですでにキリスト教的埋葬があったことを意味している）。しかし、今や最後の審判の考え方と聖人の威力のイメージは、支配的なものとなった。趨勢として死者が将来聖人の守護によって復活できるという信仰が民間に定着してしまい、教会内や教会墓地での埋葬が勝っていくのである。それまでずっと町の外に遠ざけられていた、じゃじゃ馬のような、何をしでかすか分からぬ《死》、すなわち「飼い慣らされない」《死》は、今や、都市の中心部にある教会に持ち込まれて、そこで見事に「飼い慣らされてしまう」のである。[*13]かつての禁令を破り、みずから教会に埋葬されるように手配したのは、司教や修道院長であり、さらには、王侯貴族であった。[*14]

こうして人びとはこぞって聖人――多くは殉教の聖人――のそば、すなわち教会の聖人の墓や聖遺物のある教会での埋葬を望むようになった。カトリック世界では、教会は、サン・パオロ教会とかサン・ジョヴァンニ教会というように、ほとんどが聖人の名を冠していることからわかるように、建造物としての教会堂は、聖人からの守護を祈願し、祈願が叶えられることを願ったり、叶えられたことの「奉納」として聖人に捧げられたものである。

もともと中世の人びとは、聖人と信徒の間には「ギブ・アンド・テイク」の関係があると考えていたことから[*15]、聖人に日頃から「奉納」を捧げ、聖人を崇敬すれば、見返りとして聖人からの守護が得られると考えた。そして、得られた守護に対しては、再び奉納（感謝）を捧げるべきであると考えた。現在でも、キリスト教徒の抱く神や聖人への感謝の念は日常的に認められるように思う。例えば、日本に来た外国人の野球選手が、ヒットを打って一塁に出たときに、すばやく神に感謝するしぐさを示す。彼らは、物事が叶えられた時にすぐに神に感謝するのである。私などは、元旦に初詣に行って、お賽銭箱にお金を入れた時に、《さて、何をお願いしようか》と考えてしまうが、彼らだったら（そうする日本人もいると思うが）、おそらくこれまで神から授かった恩恵や現在のしあわせに対してまず感謝するだろう。

「ジパング」を目指して出航したコロンブスは、一四九三年三月のある日、航海のさなかで大嵐に見舞われた。この難局に遭遇して、コロンブスは、船員とともにまさに聖母その人に祈願した。《もし無事帰還できたならば、スペインのグァダルーペの聖母に五ポンドのろうそくの奉納をいたします》と誓った。そして、無事にその嵐を乗り切り、航海を終えて帰還してから、コロンブスは、本当に巡礼をして、グァダルーペの聖母にその奉納を果たしたという[*16]。人びとは、聖人・聖母・聖人に対して、大小様々な日々の願いと奉納や感謝をするとともに、自分の死後について、その奉納と感謝の見返りとして、復活するまでの遺体の守護を祈願したのである。

なお、カトリックでは、教会のろうそくは「キリスト」を意味した。キリストとしてのろうそくは、あるべき世界を指し示して輝き、人を正しく導く光と理解された。

教会のなかの埋葬場所にも格差があった

しかし、教会に埋葬されるにしても、現世の貧富の格差はそのまま死後にも及んだ。教会のなかの埋葬場所は、実質的に故人の資産や豊かさ、地位や権力に応じて振り分けられていた。聖人やその聖遺物はミサをおこなう祭壇に埋められたが、そのことから教会のなかの埋葬の「一等地」は祭壇近くとなった。その一等地がかなわなければ、もっと安価な場所、教会の身廊や側廊などの床――「床面墓」（平墓）（図4-17a、図4-17b）――に埋葬されることが望まれた。それ以下の貧しい者や多くの幼い子供などは、ふつう教会のすぐ外の回廊の墓地や近くの大穴に埋葬された（図4-18）。

イングランドの一七世紀の場合も、教会内の埋葬場所は故人の資産に応じたものであった。例えば、一六二〇年代

図 4-17a　サン・ミニアートの床面墓（近代）

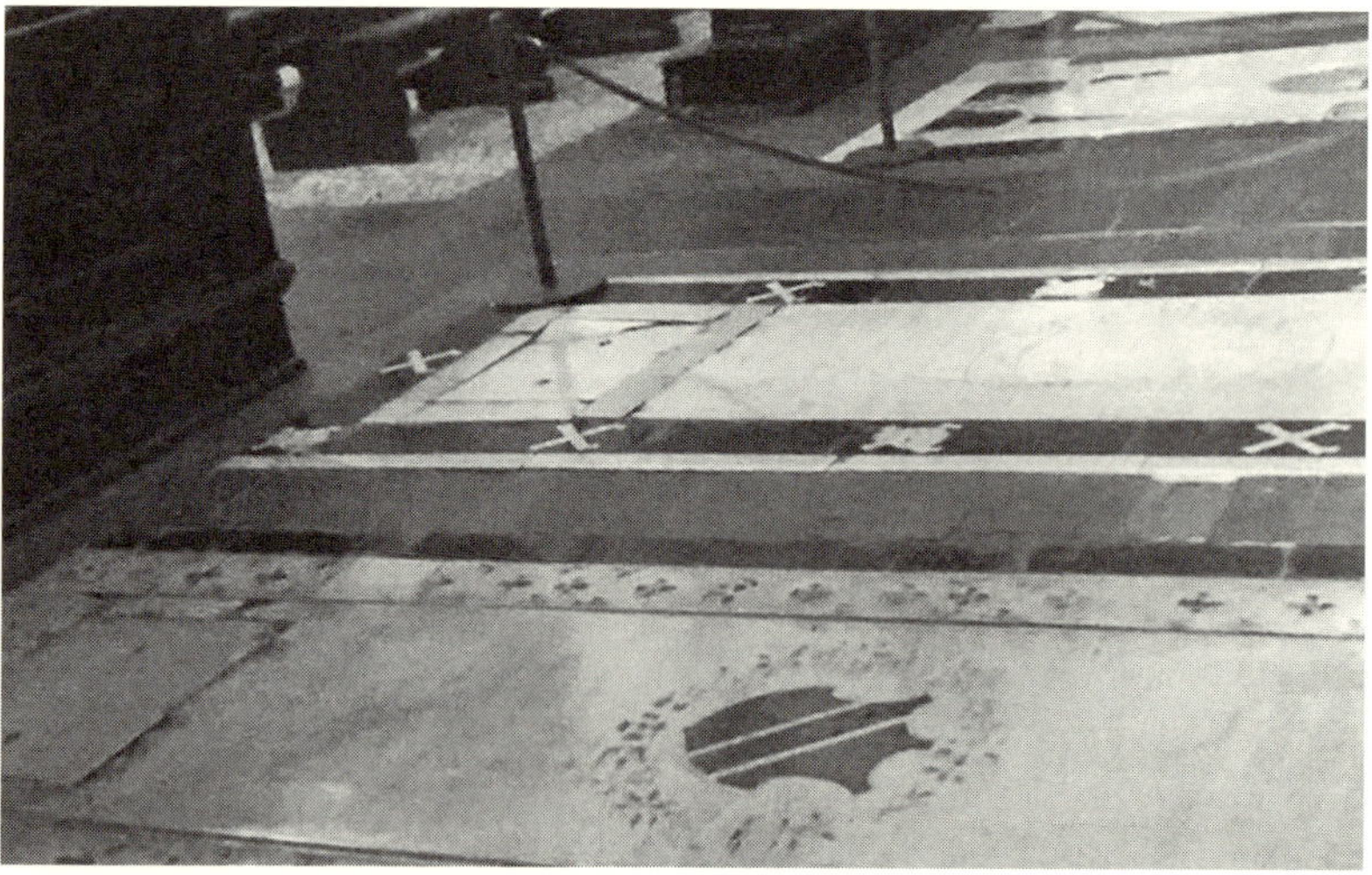

図 4-17b　サン・ミニアートの床面墓（近代）

図 4-18　フィレンツェのサンタ・マリア・ノヴェッラ聖堂の旧墓地

のイングランドの国教会の教区教会（All Hallows the Great）においてさえも、教会内は、最も安い埋葬場所である「内陣の入口」から、最も高価な埋葬場所の「祭壇のそば」まで、五つのランクがあったという。ある貧しい教区民は墓碑銘に——

「私はここ内陣の入口のところに眠っている／私は貧しいのでここに眠っている／もっとお金を払えば、もっと奥で眠るのだが」

と記している。(＊17)

床面墓と改悛

教会の床下に埋葬されること、つまり「床面墓」に埋葬されることは、アリエスによれば、宗教的に見て二つの意味づけがされていたという。すなわち、第一に、それによって故人は後世の人びとに呼びかけようとしたという。つまり、その床面の墓碑に、故人の名前や死去した年月日を刻むことで、それを読む人たち、つまりその墓の上やそばを通る通行人に「私のために祈りたまえ」と呼びかけようとしたという。例えば、次のような碑文がある——

ここを通りすぎる心優しき人よ、／倦まず神に祈れかし／この下に憩う肉体の霊のために。(＊18)

また、床面墓は、第二に、「謙譲さ」や「改悛」を意味した。キリストがゴルゴタの丘を登るときに、唾を掛けられ屈辱に耐えたように人は卑下や謙虚をもって歩むべきである――「墓が記念碑的になった時期に、平墓は謙譲さを示したいと思う遺言者によって好んで選ばれた」[*19]（アリエス）。こうして、数限りない多くの通行人の足で踏みつけられることで、床面の文字はすり減ってしまうが、これも宗教的な意味づけがなされたという――「死者の改悛のしるしとして、墓碑を参詣者に踏んでもらうためであろう」[*20]（徳橋曜）。

そうした床面墓は無数にあるが、その一例をプラートに見てみよう。一五世紀初頭に巨万の富を築いて死んだ大商人フランチェスコ・ダティーニ（一四一〇年没）は、聖フランチェスコの庇護を祈願して、自分の守護聖人であり、自分と同名のフランチェスコ教会（プラート）に埋葬されたが、その教会のなかの一等地である祭壇前を陣取って埋葬されている（図4-19）。その墓は人に踏まれてすでにすり減っているが、やはり記念や観光的意味からの保存であろうか、今では仕切りがおかれて人が踏めないようになっている。ただ、注意すべきことだが、床面墓の真下に本当にその人の遺体があるとは限らなかった。また、一九世紀以降の合理主義（フランス革命やナポレオンなど）の支配によって教会の床下の遺骸の多くは撤去されてしまったとも聞く。

図4-19　プラートの商人ダティーニの床面墓（プラートのサン・フランチェスコ教会）

教会堂にあふれる遺骸の処理

しかし、このように埋葬していくと、教会は限られた空間であるから、いつかは遺体・遺骸がいっぱいになって、埋葬しきれなくなる。そうした場合、聖職者は、新しい遺骸を埋葬することを優先させた――すなわち、体が朽ちて骨だけになった古い遺骸を、埋葬された場所から掘り起こし、躊躇せずに、教会の外の廊下・回廊や屋根の下、庇のスペース、その他の場所に詰め込むように移動したのである。その光景を伝える図版がパリのイノサン教会墓地のものである[*21]（図4-20）。この絵から屋根裏や庇にたくさんの骨が詰め込まれているのがわかる。また、教会内での埋葬を描いた貴重な木版画が残っている（図4-21）。この版画では、亡骸が、棺に入れるのではなく屍衣（しい）に包ま

図 4-20　パリの聖イノサン回廊納骨所

図 4-21　教会の床面下の埋葬（版画）
17世紀　ミュンヘン国立図書館

れて、教会の床の下に埋葬されようとしている。ここで注目すべきことは、この版画のなかの左上の部分、すなわちキリストの磔刑図の後方を見ると、そこに頭蓋骨などが詰め込まれていることである。これもまた床下から移動を余儀なくされた骨であろう。これは復活を願う遺骸の大切な保存の精神に反するようにも思われるのであるが、遺骸がばらばらになろうと、教会（墓地）内にありさえすれば、復活を妨げるものではないという、かなり割り切った考え方で押し通された。ひとりの人間の頭蓋骨とその他の骨は、たとえバラバラになっていようと、復活の時に、瞬時に集まって一体化するというのであろう。このように人骨が集中的に集められている衝撃的な教会はヨーロッパにおいて時々見られる。次にその具体例を見てみよう。

ミラノのサン・ベルナルディーノ・アッレ・オッサ教会とパレルモのカタコンベ

例えば、ミラノの大聖堂（ドゥオーモ）の東南、数百メートルのところにあるサン・ベルナルディーノ・アッレ・オッサ教会（San Bernardino alle Ossa）には人骨が壁面いっぱいに詰め込まれている（図4-22a）。頭蓋骨は風化してか、かなり小さくなっている。私は、その大きさがわかるように手を添えてみた（図4-22b）。また、いっそうリアルなのが、シチリア島のパレルモにあるカプチン会の修道院にあるカタコンベ（地下墓室）である。ここには一五〇〇年頃から一九世紀まで、カプチン会の修道士の亡骸のほかに、色々な職業の人たちの亡骸をミイラの状態で収めている。なかには、極めて特殊なミイラがある。それは、一九二〇年に二歳で亡くなった女の子ロザリア・ロンバルドの遺体である。父親の強い希望で、腐敗を防ぐ最新の化学処理が施されており、あたかも今、眠っているかのような姿で保存されている。カタコンベ内は「撮影禁止」でここでは図版として掲載できないが、インターネットで生々しい動画や写真を見ることができる（「パレルモ／カタコンベ」または palermo / catacombe / cappuccini で検索）。

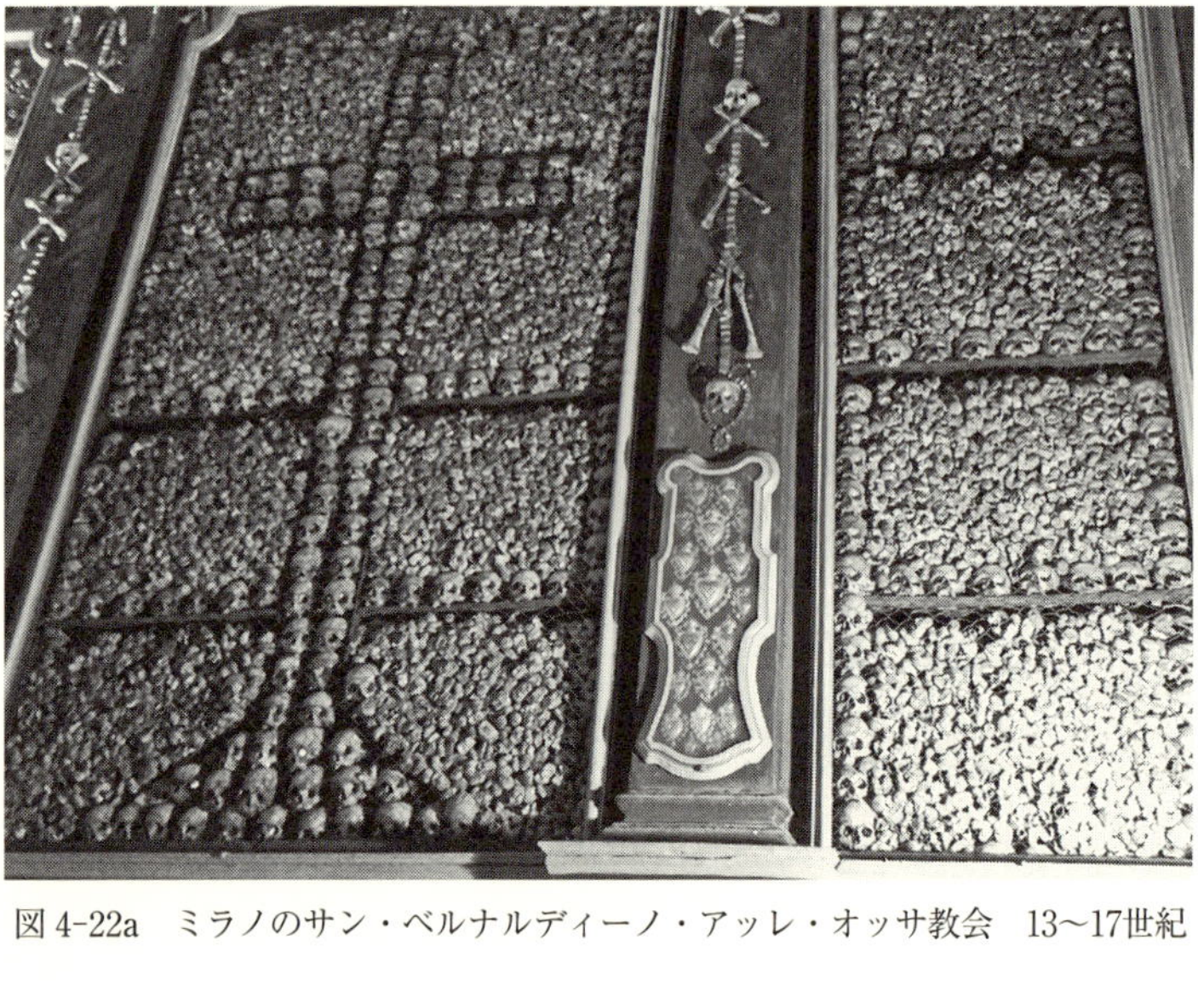

図4-22a　ミラノのサン・ベルナルディーノ・アッレ・オッサ教会　13〜17世紀

セドレツの全聖人教会——装飾品にされた遺骨

このパレルモのカタコンベに劣らずおどろおどろしい教会がある。それは、チェコのプラハの東方七〜八〇キロのクトナー・ホラ近郊セドレツにある「全聖人教会」のクリプタ（地下聖堂・地下納体場）である（図4-23a）。ここは、一三世紀に、シトー会の徳の高いセドレツ修道院長がゴルゴタの丘から持ち帰った土を修道院の墓地に撒いたことから、「聖なる墓地」として人気を博し、周辺の国々から数多くの遺体がこの墓地に運ばれて埋葬されるようになった。特に一四世紀半ばの大ペストの時は三万人の遺体がここに埋葬されたという。また、一七世紀には、フス戦争（一四一九〜三六）などによる数多くの死亡者もここに埋葬された。こうして、墓地のなかに埋葬しきれなくなった亡骸は、先ほどのパリのイノサン墓地と同様に掘り起こされた。ここでは、クリプタに移され、その数は現在四万体に及んでいるという（図4-23b）。そのうち一万体の骨について、ある木彫家が一九世紀になって細工を加えて堂内の装飾品

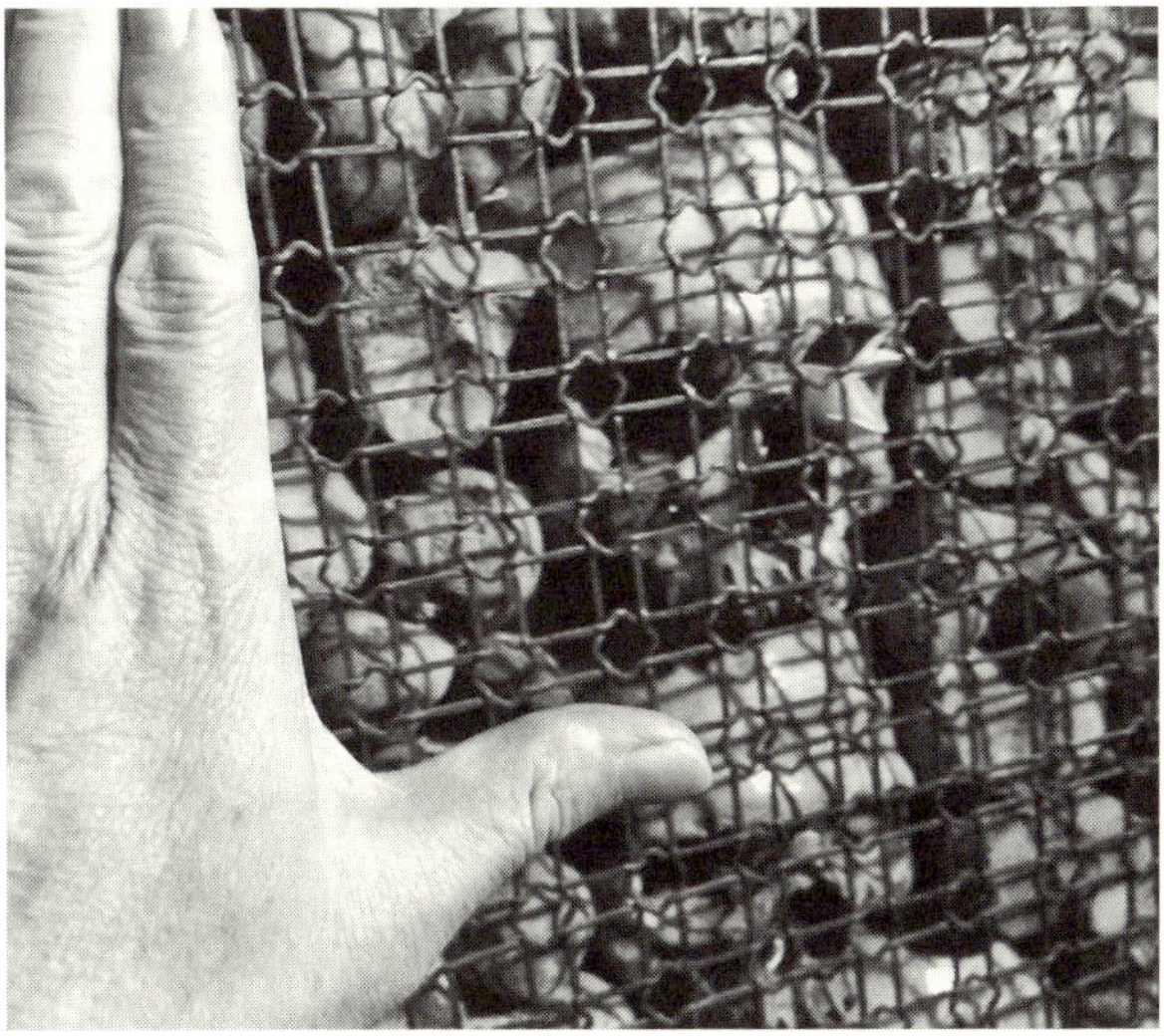

図4-22b　同　頭蓋骨の大きさ

図4-23a　クトナー・ホラ近郊セドレツの全聖人教会のクリプタ

図 4-23b　セドレツの全聖人教会（墓地から掘り起こされ堂内に移された人骨）

の製作にあたった。こうして恐るべきことに、シャンデリアや聖杯や名家の紋章が、骨を彫り込んだり、組み合わせて製作されたのである（図4-23 c、図4-23 d）。

以上のように、本来、キリスト教以前の古代では、恐ろしいものとして、町から離れた周辺部に遠ざけられていた死体が、今やキリスト教の導入と最後の審判と聖人崇拝の考え方の広がりとともに、市壁外ではなく都市の中心部、たとえば大聖堂などに埋葬されるようになったのである。そして、経済的に貧しくてお金を払って教会のなかに埋葬できない家族の場合でも、せめて教会の周りの墓地（教会墓地）での埋葬が望まれたのである。ともかく、こうして、墓が荒らされずに保存されることが極めて重要なことであ

図 4-23c　セドレツの全聖人教会
（人骨でつくられた名家の紋章）

図 4-23d　セドレツの全聖人教会（工芸作品のように細工をされた遺骸）

ると考えられた。ここで民間信仰的に、《墓のない者は蘇らない》と、信じられるようになった。(*22) 実際、高利貸などの場合、その最大の制裁として墓地に埋葬されないことがあったのである。

一戸建てのタイプとマンションのタイプの墓

ふつうキリスト教徒は火葬しないが、昔の日本の土葬とも異なる。私がイタリアの人から聞いたものは、遺体に熱を加えて水分を除き、棺に入れて、そのまま一種のミイラ化をねらうものである。聞けば、埋葬してから一年後に、棺を開けて遺骸がうまくミイラ化しているか確認しているという。そして、図 4-24からわかるように（これはごく普通の墓地である）、墓地には、宅地と同様に二種類ある。「一戸建て住宅」的なものと、「マンション」的なものとである。すなわち、墓地の地面の一区画を陣取って個人や家族を埋葬するタイプの墓と、上から下まで幾段にもなった棚のひとつひとつに棺を入れるタイプの墓とがある。墓碑には故人の生没年月日が刻まれ、写真が貼り付けられている（幼い子どもの場合、痛ましい）。ちなみに、現代では、キリスト教徒でも、本人の希望などによって火葬がおこなわれる。一九世紀に東洋の宗教や死生観がヨーロッパに流入して、キリスト教的な死生観や埋葬が絶対的なものでなくなったためである。さらに、一九世紀初頭以降、衛生重視の見方や、啓蒙主義やフランス革命の反キリスト教的な合理主義などの見地から、教会堂内にあった墓が撤去・破壊されたり、教会堂での埋葬に制限が加えられたり、郊外の共同墓地での埋葬が義務づけられたためである。

図 4-24　ポルトフィーノ（リグーリア州）の墓地

二　『往生の術』の流布――ペストは《終油の秘跡》の安心感を揺るがした

（一）　最大の関心事としての死に際

臨終にある者を中央にはさんで「天使」と「悪魔」とが互いに引っ張り合い争う類型として、一五世紀以降に流布した版画入りの本『往生の術』*Ars moriendi* がある。[＊23] そこでは悪魔が臨終にある者に近づいて来て、耳元で次のようにささやき、そのキリスト教の信仰心を惑わし、彼の霊魂を地獄へ導こうとする――「神や天国など存在しないぞ」「神は決して人を赦さないぞ」。それを信じて引きずり込まれると地獄行きとなる。ところが、それに対抗して天使が現われ、錯乱する臨終の者に美徳を喚起させて、悪魔に霊魂を売ってはいけないと助言する。これが煉獄（結局は天国に通じる）と地獄の分かれ目となる。

今や、一五世紀以降の時代の臨終の者の多くの者、または一部の者にとって、病苦という肉体的な苦しみとともに、精神的な戦いが加えられるようになったのである。まさに死に際の戦いで悪魔に唆（そそのか）されないことが天国へ行く重大なポイントであると信じられた。死を前にした最後の一瞬における個人の意志の持ち様が、霊魂の永遠の行く末を決めてしまうと考えられた。地獄か煉獄かのはざまに立たされた死に際の最後の一瞬に、信徒に正しい信仰心が問われたのである。

新たなこの難題を負わせたものこそ、ペストであった。

いつの世でも家族の死を看取るのは、家族の勤めであった。人は、食い入るようにじっと臨終の者の言動に注目した。この時、人は、ペストで苦しみもがく臨終の家族を見守るなかで、激痛の叫びをあげて死んでいくありさまに、《悪魔に連れ去られた！》と人は思ったであろう。一方、安らかに眠るように息を引き取った場合、天国に向かったと人は思ったのであろう。おそらく疫病死の多発する背景から、死に際の心得の書である『往生の術』が書かれたのであろう。すなわち、臨終という人生最後の一瞬において、どのような心構えをもつべきかを教えた書物が執筆され、さらにその写本が流行した背景には、一四世紀半ばから一八世紀初頭まで周期的にヨーロッパで発生したペスト（黒死病）の影響があった。ペストのために急に病に倒れ（三日ほどで、罹病者のかなりの割合が死に至る）、急死する事態が多発したことが『往生の術』の流行を刺激したと考えられる。

ここにおいて、一二、一三世紀に打ち立てられ、一般に定着したはずの考え方、すなわち、すでに《終油の秘跡》を済ませた者には、遅かれ早か、天国は保証されていて、穏やかな気持ちでただ死を待つだけで何の心配も要らないという考え方は動揺を来たし、今や非情にも、新たな課題が持ち込まれたのである。それも病苦のなかに訪れる生死の境目の最も重大な瞬間に試練が持ち込まれたのである。

実際のところ、フィレンツェのサンタ・マリア・ノヴェッラ聖堂の『死者台帳』について、私が解析した一四世紀の約四〇年間（一三四〇～八三）の場合、この聖堂に埋葬された死者の実に「六二パーセント」（私が扱った四三八人のうち二七二人）がペスト死によるものと推定される（グラフ4-1）[*24]。そうしたなかで臨終の病苦のなかで霊魂を悪

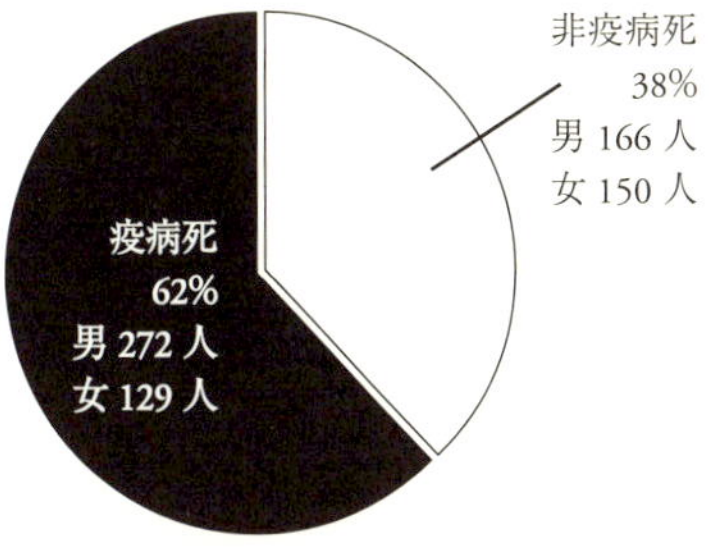

グラフ 4-1
サンタ・マリア・ノヴェッラ『死者台帳』における疫病死と非疫病死の割合
——1340～83年夏冬——

魔に奪われてはならないという考えが次第に生まれてきたのであろう。ペストは激痛を伴って、人を精神の錯乱状態とともに死へと導く。ことによると、ペスト患者の断末魔の苦しみが、そばで看取る者に、悪魔との壮絶な精神的な戦いを想起させたのかもしれない。ここにおいて生前積み上げた数々の善行や慈善や秘跡も、一瞬のこころの緩み——悪魔の誘惑に一瞬こころを許すこと——で消し飛んでしまうのである。そうした臨終を重視する見方がどれだけ一般に広まり、いつまで続いたかはわからない。しかし、その見方は、終油の秘跡さえおこなえば、ともかく地獄行きは回避されるという一三世紀の確信に満ちた、やや楽天的な信仰体系と対立するものである。衝撃的なペストは、従来からの堅固な信仰さえ動揺させる部分があったのである。

(二) 近世イングランドの様々な往生の観察——「良い死」と「悪い死」

一五世紀初頭に一人のドミニコ会士が書いた『往生の術』(ラテン語)は、いくつかの国の俗語に翻訳され、臨終こそが「天国行き」か「地獄行き」かの《別れ道》となるという考え方がいっそう広く流布することとなった。イングランドにおいても、ラテン語から英語に翻訳された『往生の術』やその縮刷版が流布したのであった(図4-25)。やはりここでも、臨終の場面で、悪魔と天使が現れて綱引きをする。——争点は、キリスト教信仰を堅持するか否か、神の存在とその慈悲を信じるか否かである。悪魔は、病人に罪の一覧を見せて、お前がこれまで犯した罪は決して赦されぬとささやく。そこで重病人は、自暴自棄になってこころを乱す。と、天国の天使が現れて正しい道を教えてくれる——こころから罪を悔い改めるなら、救いの道は、残される、と。両者の間にはさまれて葛藤が繰り広げられる。こうしたせめぎ合いの情景をわかりやすく示すために『往生の術』のなかには挿絵として木版画が示さ

図4-25　英語版『往生の術』の表紙
(*The crafte to lyue well and to dye well*, folio.i.)

れている——この期に及んでもいまだに俗世の財産にこだわって、馬や葡萄酒が盗まれるのではないかと心配している者の図（図4-26）、大天使ミカエルによって死者の魂の生前の罪の重さが測られる図（図4-27）、悪魔のささやきに心を奪われて地獄に連れ去られる「悪い死」の図（図4-28）、さらには、悪魔の誘いをはねのけて天使に迎えられる「良い死」の図（図4-29）などである。

図 4-26　同《家族や財産に執着する重病人》（folio. liiii.）

一六世紀から一八世紀のイングランドの目まぐるしい政治的、宗教的な激動期において、カトリック、ピューリタン、国教会派などの宗派を越えて、この書は、市民一般の間において、大きな影響力をもっていた。臨終に立ち会った親族のなかには、死者の表情——「死に顔」（安らかな顔か、苦痛に満ちた顔か）——をじっと見て、死者が悪魔に連れ去られたか（「悪い死」）、それとも天使に導かれたか（「良い死」）について、神妙に観察していた者もいたのである。

こうした背景から、臨終の際の病人が見せた「死んで行く様子」「死に方」は、「近世」、すなわち「宗教改革」（一

図 4-27　同《ミカエルによって罪の重さが量られる重病人》（folio. xxiii.）

図 4-28　同《悪魔に魂を奪われる重病人》(folio. c.)

図 4-29　同《天国に召される死者の魂》(folio. lxi.)

六世紀）から一八世紀まで、イングランドの市民・庶民、農民など多くの階層の人びとによって最も興味深く観察されており、それは日記や手記に記録された。近世になると、識字率の向上、紙の普及により、一般の人びとの間で手記や記録が書かれ、文書が俄然多く残存するようになったのである。その記録によると、時には一八世紀になっても、臨終では人びとのこころにこの中世の伝統が脈打っていたことがわかる。こうしたごく一般的な人びとが残した詳しい臨終の観察の記録が、研究者R・フールブルク Houlbrooke によって紹介されている。そこでその書『イングランドにおける死、宗教、家族（一四八〇～一七五〇）』（英語）[*25]から、臨終の者たちがどのような「死に方」をしたかを見ていこう（一部、他の研究者の成果も加える）。これは、まぎれもなく貴重な優れた社会史研究である。以下、この英書の出典の頁は、注ではなく本文中に（　）に入れて記載する。

女性は、出産の苦しみを知っているので、死の苦しみにも強いと考えられた

当時、死を毅然と受容する能力については、男性より女性の方が優れていると考えられた。

というのは、女性は出産の苦しみ――「産みの苦しみ」――を知っていて、そこで「死の苦しみ」の予行演習を体験しているからであると考えられた。例えば、宗教戦争の激しかった一七世紀の時代、一六六一年五月、エリザベス・ヘイウッドという名の、か弱い、ピューリタンの女性が産褥で死んだが、その女性さえも、臨終の場において、二人のすぐれた牧師、父親のジョン・アンジャ Angier と夫のオリヴァー・ヘイウッドに向かって、毅然と《決して弾圧に屈せずに、どうか神と神の真理に忠実でいてください》と立派な長いスピーチをしたという（pp. 185-186.）。

子どもさえその臨終は模範的な態度を示した

子どもですら「良い死」の模範を示したという。それというのも、王政復古後に出版された『子どものための記念品』（一六七一、一六七三年）を通じて、子どもたちに死への姿勢が教えられていたからである（実際、既に述べたように、当時は現在と違って、子どもの死亡率が圧倒的に高かった）。一七四二年に一三歳で死んだジョン・ウリ Woolley という名の男の子は、「だらしのない子」で、非常に怠け者であったが、臨終に際しては、人が変わったように、両親に向かって、《ぼくは天国でお父さん、お母さんに祈りを捧げるつもりだ》と言い、さらに姉に向かって《決してなまけやうぬぼれに陥ってはいけない》と忠告したという。そして「ぼくのために泣かないで」と訴えた（p. 187.）。

五歳の男の子でさえ教訓的な死に方をいたという。一六五八年、リチャードという五歳の男の子は自ら賛美歌を選び、聖書の「ヨブ記」――これは義人ヨブの生きざまを通じて、人が苦しみに耐えることの大切さを教えるものである――からいくつかの章を選んで「神の子は皆、大きな苦しみを受けなければならない」と教訓を垂れたという（p. 187.）。

臨終の者にはありがたい教訓を残すことが期待された

ベッドに集まった者に対して、臨終にある者は、適切な助言や感動的なことばを述べると思われた――また集まった人たちは、そうしたことばを聞くのを期待した。期待に応えた場合、人びとに「良い死」のイメージを与え、周囲の人びとに安らぎを与えるものであった。一六八一年、ランカシャーの農夫ウィリアム・スタウトは、暖炉の前に子どもたちを集め、「神を恐れ、母への義務と服従を果たし、兄弟にやさしくしてあげなさい」と助言し、皆を感動させ、そして安らかに息を引き取ったという。

また、死にゆく若い母親はあとに残す子どもを身内に託すことばを述べたのであった。一五九〇年、初めてのお産を済ませた後に熱病にかかり、それで死ぬことになるキャサリン・スタッブズという名の女性は、赤ん坊の息子を抱いて、「息子に神の祝福が下りますように」と祈り、キスをしてから、夫に息子を託し、息を引き取ったという（p. 190.）。

また、臨終の者は、自分がこの世で幸せであったこと、そしていつかまた皆と天国で会えることを話して、別れの悲しみを振り払おうとしたという。しかし、一方で、病気のあまりの苦しみから、辞世のことばを何も言えずに旅立つことは、本人にも、家族や友人にも大きな悲しみとなった。例えば、一六二二年、ケントのポール・クレイブルック Cleybrooke は、無念にも、こみ上げる発作のせいで、言っていることが周囲の人にほとんどわかってもらえなかった。同様に、一六四四年、熱病で苦しんで何も言えずにいたスタフォードシャーの牧師ジョン・メイシン Machin の場合、妻から「あなたは私にも、子どもにも何も言い残してくれないのね」と不満をいわれた。また、同様に、会衆派の牧師ジェリマイア・スミスが、激痛の発作で苦しんで、「ひとことも言い残すこともできずに」息を引き取った事実は、人びとに強い喪失感を与えたという（p. 199.）。

人を《この世に迎え入れる》のも女性。《あの世に送り出す》のも女性

病める者に付き添いその死を看取るのは、女性がふさわしいと思われていた。それは、出産に際して「この世に人を送り込む」のは、ほかならぬ女性——産婆——であったように、「この世からあの世に送り出す」のも女性がふさわしいと思われたからである。埋葬のための支度をすることは、伝統的に女性の役割であった。死者を出した家族の女性は、まず死者の衣服を脱がせ、その体を洗い、死後硬直する前に死者を適切な場所に移した。女性は、死者の爪をていねいに切り、遺体が発する死臭を消すために、強い匂いのする軟膏を塗った。死者が男性の場合は、顔を剃ってやった。[*26]

孤独死は悪い死

人が息を引き取る最後の瞬間を看取るのは家族の義務であると思われていた。孤独な死は不幸な死——「悪い死」——と思われていたのである。一六四八年、「汚い部

屋のなかでひとり寂しく死んだ」ウィリアム・ライル卿は、不幸な死に方をしたと見なされた。また、一六八一年、ダックワースという老人の最期が記録されている。この老人は神を冒瀆し、貧困のなかで惨めに死んだという。死後、部屋に入ると、爪先が腐敗していて、体は悪臭を放っていた。老人は部屋に誰も入れようとせず、改悛を拒み、死の準備をしなかったと記録者（牧師オリヴァー・ヘイウッド）はいう。その一方で、「良い死」は、段取りよく世俗の事柄――遺産相続の問題――に決着をつけ、神の意思を受け入れる精神的、宗教的な用意ができ、家族や見舞い客に見守られる死であった。

「静かに死なせてくれ」

しかし見舞い客が来て見守ってくれても、それがいつも「良い死」とは限らなかったようである。見舞いに集まった人びとの方に問題があった。一五九八年、ロード・バーリー Burghley の臨終には、子どもたち、友人、知人、使用人が取り囲んだ。彼らは、どうにかして彼を少しでも励まし、生き長らえさせるために、皆でお祈りをしてから、「何かほしいものはないか」と、皆であれこれ尋ねた。その時、彼は意識を取り戻して、こう言ったという――「お前たち、わしを苦しめるのか。後生だから、わしを静かに死なせてくれ」。

また、一六三三年、ジョージ・ハーバートは、妻や姪がそばで激しく泣くのを聞いて、《私のことを愛しているなら、お願いだからほかの部屋で泣いてくれ。私を静かに死なせてくれ》と訴えたという（p. 193）。

ペストの感染を恐れ、娘を見捨てる父親

ペスト死は最も悲惨であった。激痛を伴い、悪臭を放ち、容貌を醜くしたが、さらに悪いことに、ペスト患者は、感染を恐れた家族から見放されて死ぬ場合が多かったのである。一六六五年にペストで死ぬ娘のエリザベスを見捨てて、父親は家から逃げ出した。ペストにかかってから三日目のこと、娘は大声でこう叫んだという――「お父さんは情け知らずだわ。こんなことは当然、お父さんのためにもならないわよ」。このように家族から見放された死は、とても「良い死」とは思われなかった。さらに、ペストや天然痘や悪性の熱病が最悪だったのは、その激痛のために絶望の念に駆られたことから、神を冒瀆しかねなかったからである。一六四一年、天然痘で死ぬことになる女性は、「これまでに私は、死んでいく人を見てきたけれど、私ほどひどい熱と痛みに苦しんだ人はなかったわ。もしかすると、私は神を侮辱することを言ってしまうかもしれないわ」と言った（pp. 196-97）。実際、ペスト患者の場合、あまりの激痛と精神錯乱のために「狂ったように踊り」（「死の舞踏」

のイメージ)、激怒し、罵(ののし)りのことばを吐いたという。そこには、次に述べるように、しばしば「悪魔が姿を見せた」という——

悪魔がベッドの回りをうろつく

一五六一年、リチャード・アリントンという、高利貸業で金持ちになった男性は、その死の床の回りに「悪魔がたくさん集まるのを見た」という。そして悪魔は彼を絶望の淵に追いやり苦しめた。そこで彼がイエスに助けを求めると、幻覚のなかにイエスが現れて、高利貸で稼いだ金額の書かれた台帳を示して、その返済——つまり「不当利得」の返済——を要求したという。これはまさに説教例話にそのまま使えそうな話である。いやむしろ、実際にあった例話に影響されて、そう反応したのかもしれない(p. 200.)。

また、一六一四年、ケント伯爵は、自分が神に見捨てられ、悪魔に身柄を引き渡されそうになったと伝えている。また、キャサリン・ブレッターBretterghという女性も、「私は悪魔と戦ったわ」と強く証言したという。この女性は、悪魔からお前は地獄行きに値するといわれて、悪魔に向かって《それなら私を支持する神を説得してみなさい》ときっぱり返答し、ベッドの周囲の者に向かって、悪魔が私の祈るのを邪魔するので、お願いだから皆で私のために神にとりなしてくださいと頼んだという(p. 200.)。

《どう死んだかでなく、どう生きたか》が大事

以上、近世イングランドのごく普通の人びとの「死に際」をみてきた。どうやら、イタリアの『往生の術』やその版画は、イングランドの人びとに「良い死」や「悪い死」のイメージを強く植え付け、人びとの臨終に影響を及ぼしたようである。しかし、そうした一般の人びとの見方に対して、異議を唱える合理主義的な知識人もいたことも事実である(pp. 204.)。ヘンリ・マンチェスター伯(一五六三頃～一六四二)はその著書『死と不死についての考察』(一六三一年)のなかで毅然と反対意見を展開した——「死を前にして起こる絶望感は、こころの苦しみというよりも体力の衰えから来るものである。立派な人生を送ったという事実さえあれば、こころの苦しみや体力の衰えによっても、その人の人生は損なわれることはないのだ」。また、ジョン・バーローは、人生はどう生きてきたかによって判断されるのであり、《どう死んだか》によって判断されるべきものではないと、なかなかまっとうな見解を述べている(一六一九年)。また、クロムウェル体制下で活躍した作家ジェリミ・テイラー(一六一三～六七)は、その著書のなかで「その人が静かに死ぬか、暴れまわって死ぬか、安らかに死ぬかでその人を判断してはいけない」と警告している(p. 204.)。

楽な死の受容

こうして、一方において、確かに人びとの間で中世的な死に方（往生の術）の考えがまだ根強く存在したにしても、他方で次第に「楽な死」が望まれ、それが容認される方向も示されたのである。また、「急死」――カトリックの者にとっては終油の秘跡を受ける間もない忌むべき死である――さえも、長期の病苦の末の死よりも、積極的に望まれるものとして提起されるようになったという。これは、日本で、長く苦しい思いを経ずに「ぽっくり逝く」ことを願って「ぽっくり寺」にお参りをする人びとの見方に近いかもしれない。

また、「自殺」に対する考え方も変化してきたという。自殺は、古来、初期キリスト教の神学者アウグスティヌスによって自分自身の「殺害」として、「人殺し」の大罪と規定された。アウグスティヌスは、古代ローマの貞節なルクレツィアのように、たとえ強姦による恥辱にまみれようとも、自殺をすることを決して許さなかった（『神の国』第一巻第一九章）。キリスト教世界では、そうしたアウグスティヌスの考えにしたがって、自殺者を墓地で埋葬することは基本的に拒否されたのである。それゆえに自殺者は地獄の底へ真っ逆さまに堕ちたと考えられていたが、今やこの扱いや考え方も再考され、徐々に自殺に同情や共感を示すようになっていったという。

（三）　大天使ミカエルをめぐる旅――ミカエルの関係の教会について

コメントの最初の方で述べた大天使ミカエルについて補足したい。ミカエル Michael（ラテン語）はヨーロッパで人気の高い天使で、イタリア語「ミケーレ」、スペイン語「ミゲル」、フランス語「ミシェル」、ドイツ語「ミヒャエル（ミハエル）」、英語「マイケル」と呼ばれ、どれもなじみのある名前で、今も多くの人に付けられている名前である。画家ミケランジェロ Michelangelo の名前も、文字どおりの意味は「天使ミカエル」の意味である。教会の場合もこの天使（大天使）に捧げられているものは多い。そのなかでも、北イタリアのパヴィーア（パヴィア）のサン・ミケーレ教会（図4-30）は、ミカエルに捧げた教会のなかで最も品格のある教会と思われる――それは、質素さと威厳と均整において傑出しているように思われる。当然ながら、教会も、どの聖人（聖天使）に捧げられたかによって様式・雰囲気は異なる。聖母や聖女に捧げられた場合、それはおのずとその柔和な様式に出る。ミカエルの場合、それと反対である。

そもそもミカエルは、旧約聖書の「ダニエル書」に登場

図4-30　パヴィーアのサン・ミケーレ教会　12世紀

する天使で、ユダヤ民族の守護天使であるが、キリスト教世界においては、生まれた子どもの健康と安全を祈願してこの守護天使の名前が付けられるほかに、多くの団体や国がミカエルを守護天使としている。例えば、フランスの守護天使はミカエル（ミシェル）である。祖国を守るために立ち上がったジャンヌ・ダルクは、ミカエルからお告げを受けたという。

しかし、ふつう「天使」とは、語源的には、文字通りあくまで「（神の）使い」であり、神の命令に服して何でもするわけであり、日本人がイメージする平和な、愛らしい「天使」とは限らない——例えば、天使のなかには、バルナバ・ダ・モデナ《疫病から守るミゼリコルディアの聖母》（図4-31）に描かれた天使のように、神の命令のもとに次々とペストの矢を放って人を疫病死させる天使も存在する。

大天使ミカエルは、そのルーツは神々が善と悪の二つに分かれていた古代ペルシャにさかのぼり、そのうちミカエルは暗黒の神々に対して戦う光明の神々に属していた。この戦闘するイメージはキリスト教にもそのまま生きていて、「ヨハネの黙示録」（第一二章の第七節）では、「さて、天で戦いが起こった。ミカエルとその使いたちが、竜［悪魔（サタン）の象徴］に戦いを挑んだのである」とある。このようにミカエルは悪魔と戦うキリスト教の護教的な役割を演じている。このほかに、既に述べたように、最後の審判の際に、その秤で人の善悪を測り、悪しき者は地獄に、善人は天国に送る。こうしたことから「秤」は、現在でも、「正義」をはかるシンボルとなっている。図4-32は、私が北イタリアのベルガモの裁判所の近くを歩いている時に

図4-31
バルナバ・ダ・モデナ
《疫病から守るミゼリコルディアの聖母》 1370年代
ジェノヴァのサンタ・マリア・デイ・セルヴィ教会
1372年にジェノヴァでペストが発生したが，そのペストが収まってから描かれたもの。生き残った者が神への感謝を示す《奉納》の作品である

見つけた標識である。ここでは「正義」をはかる「秤」が、「裁判所」の象徴となっているのがおもしろい。

モン・サン・ミシェル修道院

闘争的な存在である大天使ミカエルは、剣をもって、正義や祖国やキリスト教を悪魔や異教から守るために戦う。フランスの世界遺産で第一級の観光地にモン・サン・ミシェル修道院（ベネディクト会修道院）がある（図4-33、4-34）。モン・サン・ミシェルとは、「聖ミカエルの山」の意味である。この修道院の付属教会の尖塔には、剣を雄々しくかざしたミカエル像（重さ五〇〇キロ）が立っている（一八九七年設置）。ふつう美術作品の図像では、ミカエルの足下には、踏みつけられた竜（悪魔の象徴）が描かれる。

　私がモン・サン・ミシェルを訪れた時は、八月半ばで、修道院の「真夏の夜の夢」と称するイヴェントがあり、そ

図4-32　裁判所を示す秤　tribunale civile は「民事裁判所」，lex は「法」の意

図 4-33　モン・サン・ミシェル修道院　10～14世紀

図 4-34　モン・サン・ミシェル修道院の回廊　13世紀

のおかげで、夕暮れ時から夜にかけて、この島の光と陰影に富んだ自然の移り変わりをのんびりと一時間以上も味わい、月夜の回廊を回り、そして、ライトアップされたゴシックの教会堂の内陣では、フランス印象派のドビュッシーの音楽の流れるなか、幻想的空間を一人で堪能することができた。小島の周辺の砂州や砂地は、夕暮れ時には微妙な光で美しく輝き、極めて印象的なものであった。モン・サン・ミシェル修道院の魅力は、島に建つ修道院の威容――天空の城――と共に、島とその特殊な立地による景観のすばらしさにある。刻々と変わる微妙な陰影の変化と光は、ひとつの芸術であった（図4-35 a、図4-35 b）。中世人は自然を楽しまなかったといわれるが、この立地、この環境、この自然の変化を体感すれば、それが誤りであるとわかるだろう。多くの修道院が自然を楽しむ場所に建っている。

ノルマンディー地方のマンシュ県の東端にあるこの小島は、フランス西海岸のサン・マロ湾にある。ここは潮の干満の差が最も激しく、引き潮の時は、海岸線が二〇キロも後退し、その速度は毎分六二メートルという。その素早い波に飲まれて犠牲になった巡礼者もいたという。私は、パリから電車でシャルトルへ行き、そこで大聖堂を見て、それからさらに電車でレンヌへ行き、レンヌから直通バスに乗った。モン・サン・ミシェルが見えたときは、思わずシ

図4-35a　モン・サン・ミシェル島の黄昏時の光の芸術

図 4-35b　同

ャッターを切った（図4-33）。幸い、島には予約なしで宿泊できた（単身）。なお、食堂（図4-36）の広さからわかるように、修道士は多くなかった。この島そのものと広大な建造物を、わずか五〇人から六〇人の修道士が独占していた。おそらく領主の息子など、かなり選ばれた家柄の者がここに住んで修行したと思われる。なお、イングランド版のモン・サン・ミシェルは、南海岸地方のペンザンス近郊にあるセント・マイケルズ・マウントである。

イタリアとミカエル（ミケーレ）

イタリアの「ミカエル」についていえば、三つの場所が思い浮かぶ。まず、第一にローマ教皇の城「サンタンジェロ城」（聖天使）である。この「聖天使」は「ミカエル」のことである。長い歴史をもつこの城は、特に一五二七年、神聖ローマ皇帝の軍隊が略奪行為に走った時に（「ローマの略奪」）、メディチ家出身の教皇クレメンス七世（在位一五二三～三四）が逃げ延びた城として知られる。また、プッチーニ（一八五八～一九二四）の名作、オペラ《トスカ》（一九〇〇年初演）の終幕は、このサンタンジェロ城の屋上を舞台にしている。時代は、ナポレオンがイタリアで戦争を繰り広げる一八〇〇年のローマ。歌手のトスカは、オーストリアの傀儡政権の警視総監スカルピアの企みによって、この城の屋上で自分の恋人を目の前で処刑されてしま

図 4-36　モン・サン・ミシェル修道院の食堂

う。そしてこの屋上から身を投げて自殺する。衝撃的な結末である。

また、二つめに思い浮かぶのが、イタリア西北のスーザ渓谷にある修道院サクラ・ディ・サン・ミケーレ修道院である（標高九六二メートル）（図 4-37）。これも同じくベネディクト会の修道院であった（最古の部分は九世紀～一〇世紀に建造）。いわばモン・サン・ミシェルのイタリア版であるが、ここではその背後には美しい海ではなく、美しいアルプスが構えている。特に冬の、この修道院から見えるアルプスの景色は絶景である。ショーン・コネリーが修道士を演ずる映画《薔薇の名前》のロケ地として利用されたが、映画のなかでも雪景色が映されている。

第三に、日本のガイドブックにはまず記載されていないイタリア観光の《穴場》のひとつ、プーリア州のモンテ・サンタンジェロの町がある（図 4-38）。「モンテ・サンタンジェロ」とは、これまた「聖天使ミカエルの山」のことである。統一された石灰質の白亜の家々からなる町のなかに、キリスト教最古の巡礼地のひとつ「サン・ミケーレ・アルカンジェロ教会（聖所記念堂）」（洞窟教会）がある。南イタリアの中心都市のひとつバーリからアドリア海沿いに電車で北にマンフレドーニアまで行き、そこからバスで二〇分ほど登った高台（標高七九六メートル）に、アドリア

図 4-37　サクラ・ディ・サン・ミケーレ修道院
ショーン・コネリーが修道士を演ずる映画《薔薇の名前》(1986年) のロケ地として利用された

図 4-38　大天使ミケーレの町モンテ・サンタンジェロ

海を見下ろすように、別世界の、純度の高い宗教的空間がある。この町は、白亜の細い路地を巡るお勧めのルートがいくつも設定されていて（図4-39）、それをたどるのも楽しいが、街路照明に照らされた夜の白亜の町を歩く雰囲気が格別に良い。海を見下ろす高台に位置し、高い宗教的雰囲気をもつこの町は、同じプーリア州にある人気のアルベロベッロ（図4-40）とはまた別の趣がある。とにかくプーリア州は、ウンブリア州とともに宗教色の深い魅力的なところである。

天使には、最高位にある熾天使（してんし）以下、全部で九階級（歌隊）の天使がいる。ミカエルは、ガブリエル（美術では聖母の受胎告知で登場）やラファエル（美術では若者トビアスの伴侶として登場）とともに、「大天使」の位にあり、八番目の位の天使である。アメリカのロサンジェルスは、スペイン語 Los Angeles であり、「九階級の全天使」（複数形）の意味である。

図 4-39　モンテ・サンタンジェロの路地

図 4-40　アルベロベッロ

第五話　ある罪人の死

聖グレゴリウスがある罪人の男についてこう語っている[1]――。

その男が病気にかかった時に、悪魔が大勢でやって来るのが見えた。そして彼の霊魂を連れ去ろうとした。そしてその中の親玉と思われる悪魔が仲間に向かって「男の肉体から霊魂を奪い取ってしまえ」と命じた。そこで男は大きな声でこう叫び出した――「せめて明日まで待ってくれ。」

こう言った後、聞き入れられなかったので、嘆き悲しんだ男はおいおいと泣き声をあげながら息を引き取ってしまった。そして悪魔たちは彼の霊魂を地獄の刑罰の場まで連れ去ってしまった。

（1）　パッサヴァンティは大グレゴリウス（聖グレゴリウス一世）（S. Gregorio Magno）（五四〇頃～六〇四年）の著作を出典としているというが、これについてもこれまでの理由から疑問視される（*REP*, p. 538.n.7.）。

＊　キリスト教徒は、「病気」を極めて宗教的に解釈した

（一）　病気は犯した罪の結果であった

この例話のなかで「その男が病気にかかった時に」とあるが、例話では《病気にかかった》ということばの背後に示されたキリスト教的な意味に注意すべきである。病気になることは、キリスト教的に見て、その人が「罪を犯したゆえに、その結果として病気になった」ことを示唆している。旧約聖書の楽園追放についてのキリスト教的解釈では、禁断の実を食べるという原罪を犯し、エデンの楽園を追放

された人間――すなわち悪徳に引かれて罪を犯すのが本性的とみなされる存在――に対して、それからは追放以前には被ったことのなかった苦しみが新たに永久的に与えられるようになったとある（イスラーム教では原罪をそのように解釈しない）[*1]。「病気」と「死」はその典型と考えられた。「病気」こそは、原罪の報いであり、人間の生来の宿命である。病気は、日々犯さざるをえない人間の罪の結果であり報いと理解された。一四世紀前半の例話作家カヴァルカも『こころの薬』のなかの例話でそれに触れている（第Ⅱ部―2）――

> 不平をいうな[*2]
>
> 病気にかかったことについて愚痴をこぼすのは愚かなことである。このことは病気の方がしばしば健康よりも役に立つことからわかる。
>
> なぜなら病気は、適当なところで述べるが、ふさわしい例話のなかで述べられているとおり、我々を罰し我々の罪を浄めたり、その他の多くのよいことをおこなってくれるからである。

ここでは病気は人間の犯した罪の結果であり、その病気によって罪深い人間の霊魂が「浄められる」――つまり、「贖罪される」ということが述べられている。実際、新約聖書を見ても、その多くの場面で、キリストが多くの病人の前に治癒者として登場し、彼らの病気の治癒を実行している。

「ルカの福音書」を例にとると、キリストがおこなった二〇件の奇跡のうち、嵐を鎮めたり、一気に大量の食糧を提供するなどの三件の奇跡を除いて、ほかの一七件は、病気と障害の治癒行為による奇跡である[*3]。これはキリストとキリスト教が、病気として現われた人の罪を赦す（治癒する）存在であることを示唆している。――こうして「病気」は、キリスト教徒によって、最も本質的なキリスト教的な課題であったのだ。

司祭のおこなうミサや告解などの秘跡の執行、すなわち「司牧活動」は《霊魂の治癒》とも呼ばれた。この言葉から、司祭は霊魂や精神だけを治癒の対象にしているように見受けられる。しかし、キリスト教では、「霊魂」と「肉体」は生きている間は密接不離のものであり、罪によって霊魂が汚れるならば、それはそのまま肉体の汚れにつながり、そこで病気が引き起こされると考えるのであった。こうしたことから、《霊魂の治癒》は、事実上、肉体の治癒にもつながった。

こうして「罪」と「病気」を同一視するキリスト教的な

考えから、キリスト教世界では治療や医学は聖職者によって積極的に推進された。中世において、初期の医師は聖職者であった。次第に医師は聖職者から自立していくが、それでも近世になっても、内科医は、祈りや改悛が病気を防いでくれると考えたのである。ニュートンの時代の内科医でさえ、《疫病に対して何よりも祈りと改悛が予防措置として有効である》と勧めたのであった。[*4]

(二) 施療院のあり方――看護・治癒は宗教的行為であった

修道院での薬草の開発

中世では(その後もそうだが)、修道士・修道女を含めて聖職者は、病人の看護・医療に大いに関与した。そのことから、しばしば教会に隣接して「施療院」(病院に準ずる施設)が設置された。現在でも病院が教会の近くに位置しているのをよく見かけるが、多くの場合、その名残であろう。修道士によって薬草が開発されたのも、そうしたキリスト教の医療への関心が背景にあったからであろう。

修道院では、修道士は治癒行為に関わることから、有効な薬草を絶えず開発しつづけた。

ミラノの南方のパヴィーア(パヴィア)にルネサンス様式の見事な修道院がある。パヴィーアのチェルトーザ(カルトゥジア会修道院)である(図5-1、図5-2)。この修道院は、一四世紀から一五世紀のミラノを支配し、壮大なミラノ大聖堂の建築に着手するなど、多大な財力を誇ったヴィスコンティ家が、自分たちの墓所(菩提寺)として財力を注いだ修道院である。ここを訪れると、その一角に薬や薬草を開発する修道士の活動をうかがうことができる(図5-3)。さらに、修道士が薬草の調合などのために用いた

図5-1　ラッス《パヴィーアのチェルトーザ》1997年　エッチング(筆者蔵)

図 5-2　パヴィーアのチェルトーザ（カルトゥジア会修道院）の大回廊

器具などが展示されているのが、クロアチアのドゥブロヴニクのフランチェスコ会修道院である（図5-4a、図5-4b）。また、薬草を処方する薬局として最も古い修道院といわれるものが、フィレンツェの中央駅に近いサンタ・マリア・ノヴェッラ修道院の付属の薬局（図5-5）である（現在、東京や京都にも進出している。現在は香水が主要商品である）。

宗教改革以後、カトリックは、イエズス会士を通じて東

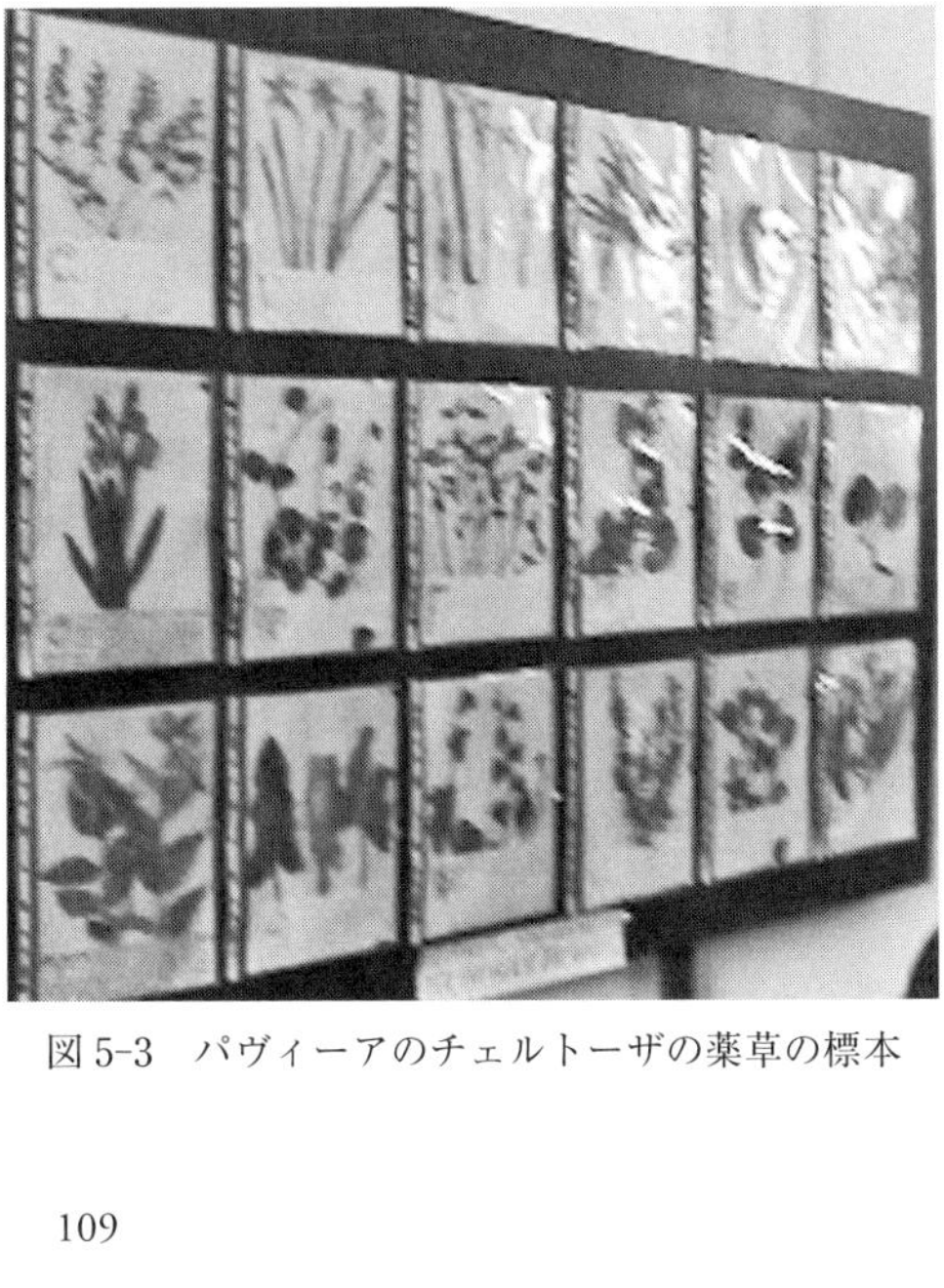

図 5-3　パヴィーアのチェルトーザの薬草の標本

図 5-4a　クロアチアのドゥブロヴニクのフランチェスコ会修道院の薬局

図 5-5　サンタ・マリア・ノヴェッラ修道院の薬局

図 5-4b　クロアチアのドゥブロヴニクのフランチェスコ会修道院の薬局

洋に精力的に布教活動を展開するが、この時に布教に最も有効であったものが、ヨーロッパから持参した薬であった。一七〇二年のイエズス会士の書簡によると、中国の九江において、ある貧しい病人に対して投薬すると、「危篤状態に陥った」その男の苦痛が軽減されたことを契機に、中国人のなかに洗礼を望む者が出てきたという。それから、キリスト教徒の宗教画に関心をもって集まった者が一万人以上に及んだという。(*5)

施療院の形成と発展——俗人による慈善活動

初期の施療院のひとつは、一二世紀末頃に南フランスのモンペリエで創設されたといわれ、広く貧民、病人、障害者、巡礼者、孤児のためのものであったといわれる。ドイツのリューベックでは、一二三四年以前に市民と都市協議会によって「聖霊施療院」が設立された。イングランドの場合、最も早くできた施療院は、ヨークのセント・ピータ ー施療院であり、アセルスタン王（在位九二四〜三九）の援助で設立された。そして一二七〇年代までには数百もの施療院が大ブリテン島に存在した。ここでも施療院は、宗教関係の施設、つまり修道院や女子修道院と提携して設立され、スタッフとして、修道士、修道女が配置された。しかし、他の国や他の地域と同様に、施療院は、俗人、貴族、商人、組合、都市政府などによっても積極的に設立され、経営された。ドイツのニュルンベルクの「聖霊施療院」は、裕福な商人によって一三三九年に設立され、三人の女性の職員が、病人の全般的な手当て、食事の調理、貧民への施し物の供給に従事した。また、中世のパリの「オテル・ドュー」（「神の家施療院」）には四七人の修道女の職員がいた。(*6)図5-6は、施療院のなかでどのような手当てがなされているかを示したものであるが、ここでも病人に食事が与えられ、孤児の世話がなされ、さらには、臨終の者に終油の秘跡・聖体拝領、死者の埋葬までおこなわれている。国王が中央に描かれているが、これはこの立派な慈善活動に国王が関わっていることをメッセージとして示したいのだろう。

フィレンツェのサンタ・マリア・ヌオーヴァ施療院（現サンタ・マリア・ヌオーヴァ病院）は、現在まで続いているものであるが、それは、一二八八年に銀行家フォルコ・ポルティナーリ（一二八九年没）によって設立されたものである(*7)（図5-7）。この人は、ダンテの愛した「永遠の女性」ベアトリーチェ（一二六六〜九〇）の父親である。ジョヴァンニ・ヴィッラーニ（一三四八年没）によると、一四世紀前半には、フィレンツェには「貧者と病人を収容するために一〇〇〇以上のベッドを備えた三〇の施療院」があったという。また、一五世紀の人文主義者ランディーノ

図 5-6　パリのオテル・デュー（「神の家施療院」）16世紀の版画

図 5-7　現在のサンタ・マリア・ヌオーヴァ病院（フィレンツェ）

（一四九二年没）は、「フィレンツェには三五の施療院があり、私はその中でサンタ・マリア・ヌオーヴァ施療院をキリスト教徒の間で第一の施療院と見なしたい。この施療院では毎月三〇〇人以上の患者が治療されている」と述べている。[*8] この施療院には、プラートの商人ダティーニの親友ラーポ・マッツェイ（一三五〇～一四一二）が勤務していた。マッツェイは、一四〇〇年にペストが猛威を振るった時のフィレンツェのサンタ・マリア・ヌオーヴァ施療院の様子をダティーニに手紙で報告している。[*9]

こちら［フィレンツェ市］では、昨日だけで、二〇一人が死にましたが、その数には、托鉢修道士や修道士の死亡者、それに墓堀人を呼ばずに埋葬された者は含まれていません。特に私たちの施療院にはたくさんの病人がやって来ます。今日は、八人、六人、一一人と、次々とやって来ます。私たちの施療院は、今日、約二五〇人の病人を抱えています。」（一四〇〇年七月六日）

施療院を経営するための資金も同じく俗人信徒の寄付、慈善行為によっておこなわれた。一般の信徒は、施療院において、直接的に病人の治療に当たらないまでも、食事などの提供のかたちで、関与した。これも、れっきとした慈善行為――隣人愛の実践――であり、ひとつの宗教的活動として《功徳》と見なされた。だから、彼ら天国を目指す者は、積極的に病人や貧民や弱者（孤児、老人）の看護や介護に参与した。彼らは、集団をなして実践すべく、「信心会」（俗人による自主的で宗教的な互助団体）を形成した。それは個人単位よりも集団で動いている方が、神から大きな評価が得られると信じられていたからである。一三世紀末にはヨーロッパ中でそうした慈善団体が、約一万九〇〇〇も存在していたと考えられている。[*10] 図5-8は「七つの美徳」と題する連作のひとつ《慈善》で、「七つの慈善の行い」が示されている――すなわち、「飢えた者に食べ物をあげること」、「喉の渇いた者に水をあげること」、「旅人をもてなすこと」、「裸の者に服を与えること」、「病人の見舞いをおこなうこと」、「囚人を慰めること」、「死者を埋葬すること」である。

地域にもよるが、多くの都市で「ミゼリコルディア会」（慈愛・慈善の団体）などと称する施療院があった。私は、「ミゼリコルディア」という名前をシエナの大聖堂の前のサンタ・マリア・デッラ・スカーラ病院（元施療院）に一台の救急車に認めた。そこにはまさに「シエナのミゼリコルディア」と書かれてあった（図5-9）。この名前、すな

図 5-8　ペーテル・ブリューゲル《慈善》 1559年　ペン画

わち「ミゼリコルディア」とは、中世の慈善的活動の団体（信心会など）の名残にほかならない。

中世の施療院は、宿泊・食糧の供給、介護が中心であり、受け容れる対象者も現代の「病院」と違ってずっと広く、病人のほかに、貧民、聖職者、孤児、老人、巡礼者もいたが、なかには宿泊のみ提供する施療院もあった。孤児の場合、施療院のなかには文法学校も設立されて、教育を受けることのできる場合もあったという。病人は、看護者と外科医から初歩的な治療を受けたが、内科医——非常に高級な職業であった——からの治療はめったになかった。施療院では、病人に対して治療を行うというよりはむしろ、病人はそこで横になって休息するだけのもので、その休息によって自然に回復するか、残念ながら、衰えて「死」に至るかのどちらかであった。ふつう施療院は貧困な者が利用しており（当時「病人」=「貧者」であった）、富裕な階層は施療院を利用することは少なかった。

図 5-9　救急車《シエナのミゼリコルディア》

食事の量も極めて少なく、サンタ・マリア・ヌオーヴァ施療院の一三四〇年代（ペスト前）の記録の分析によると一人一日一〇〇〇キロカロリー以下であった。[*11] 生きられるだけのぎりぎりの量である。ふつうの場合、富裕な市民は自宅で息を引き取った（日本流にいうなら、「畳の上で死んだ」）。——ただ、施療院にもそれなりにメリットはあった。聖職者との連携が取られていたことから、その死に先だって病人には、ふつう秘跡がおこなわれ、精神的な安らぎが与えられることが保証されたのである。[*12]

こうした一般的な状況から、ドメニコ・ディ・バルトロの描いた絵画《病人の治療》（図5-10）を見ると、都市としての自負や宣伝もあったかもしれないが、シエナのサンタ・マリア・スカーラ施療院は、非常に優れた施設のように思われる。ここでは、立派な服装の医師（内科医であろう）が勢揃いして医療実践している様子がうかがえる。実際、一五一〇年、若いルターは、イタリアに来て、フィレンツェの施療院や孤児院の設備やもてなしが良いのに感心している。次の文は、おそらくフィレンツェのサンタ・マリア・ヌオーヴァ施療院について述べたものであろう。[*13]

イタリアには設備が実に整い、建物も素晴らしく、良い食べ物と飲み物が出る救貧院［施療院］がたくさ

図5-10　ドメニコ・ディ・バルトロ《病人の治療》1440〜43年　元サンタ・マリア・デッラ・スカーラ施療院の巡礼の間

んある。そこには勤勉な召使いと学識のある医者がいる。寝台と衣服は清潔で、住まいは美しく飾られている。病人が運ばれるや、忠実に記録する公証人のいる前で衣服を脱がされ、安全に保管される。彼は白い上っ張りを着せられ、きれいに整えられた寝台に寝かされる。まもなく二人の医者がやって来る。召使いたちもやって来て、汚れのないグラスや盃をもって来る。……顔から下は覆い隠した何人かの名誉ある貴婦人たちや女性たちもやって来て、見知らぬ貧者に奉仕する……。

宗教的施設としての施療院

施療院は、どれも宗教的建造物であったので、そこには説教壇や回心のための告解場や、祈り・ミサをおこなう祭壇・礼拝堂を備えつけられていた。例えば、病棟の壁面の上方に磔刑図が大きく描かれていた（図5-11a、5-11b）。なかには病人が寝ながらミサに参加できるように、病人用の小部屋と祭壇とを同一平面に設置するなどの工夫がなされていた（フィレンツェのサンタ・マリア・ヌオーヴァ施療院、ボーヌのオテル・デュー施療院など）。やはりここでも祈りや秘跡が病気の治癒に有効なものとして最も重視されていた。「人類は七〇の病気を背負って楽園を追放され、した

図5-11a　リューベックの聖霊施療院の病室

図 5-11b　リューベックの聖霊施療院の磔刑図

がって病気が人間の原罪によるとされた中世ヨーロッパにおいて、病気治癒は何よりもまず神の恩寵の結果であり、神への祈りと回心こそが最大の治療薬とみなされた」[(*14)]（関哲行）。

中世ヴォルテッラの粗末な施療院

イタリアのトスカーナ州のヴォルテッラは、マルケ州のウルビーノと同様に、現在も鉄道も通わない山奥の不便な場所に位置して（日曜日にはこの町へ行くバスさえはなかった）、それゆえにであろうか、かえって中世都市のイメージを残す美しい山岳都市のままである（図5-12）。私はここで中世を再現した夏祭り（八月一五日の「聖母被昇天祭」（「フェッラゴスト」））を見たことがある。ヨーロッパの七月から八月、とりわけ聖母被昇天の祝日の時期は、コムーネ（都市）の催す行事が多く、観光にうってつけである。同じくトスカーナ地方にあるシエナの場合は、地区（コントラーダ）対抗の非常に有名なパリオ（古式競馬）がある[(*15)]。これで町中が盛り上がり、京都の祇園祭のように数日前から人だかりでにぎわう（図5-13）。同じ地区（街区）の人びとはカンポ広場に結集し、喝采をして町中を練り歩く（図5-14a、5-14b）。ヴォルテッラの場合も同様に愛郷心に溢れ、その祭りの名も《ヴォルテッラ一三九八年》である（図5-15）。この祭りはヴォルテッラがフィレンツェに一三九八年に戦勝した記念の祭りである。この祭りは、都市の中心にある「プリオーリ広場」（図5-16）でおこなわれるが、その近くでイヴェントとして中世を再現した催しが様々におこなわれるが、そのなかに中世の施療院——

図 5-12　ヴォルテッラの丘陵地帯

図 5-13　パリオ前のシエナの町

図 5-14a　自分の街区を応援するカンポ広場の人びと

図 5-14b　地区の勝利ために喝采して練り歩く人たち

図 5-15　ヴォルテッラの街角と祭りのポスター

図 5-16　ヴォルテッラのプリオーリ広場の「フェッラゴスト」(聖母被昇天祭) のイベント

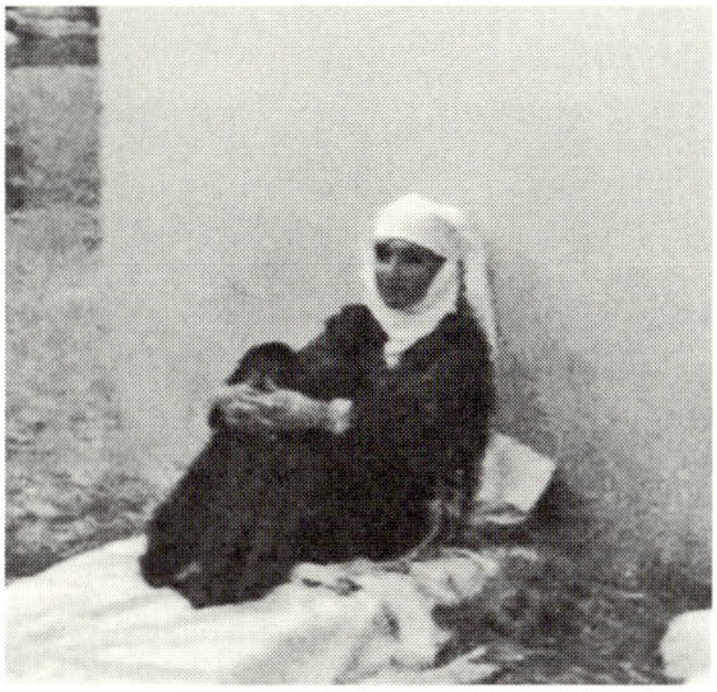

図 5-17　ヴォルテッラの《施療院》中世の再現

「サンタ・マリア・マッダレーナ施療院」――を再現（あくまで想定）したものが出された（図5-17）。病人はベッドとは言えない粗末なところに寝ていた。

権力者は自己の霊魂の救済のために莫大な富を投入した

施療院にも色々あって、下は、このように粗末なものや、雨露さえしのげないようなものもあったが、上は、非常に豪華で立派なものもあった。というのも、天国を目指して慈善をおこなう者は、下は一般の庶民から、上は君主や貴族や支配的な大商人、さらには国王までいたからである。一国の王が巨額の金を使って施療院の設立や活動に参加する場合、そうすることで、みずからの慈善がおこなわれて救済の道が開かれると同時に、権力者として、それによって名誉や名声も同時に得られたのである。そのことを示唆するのが、スペインが誇る一大巡礼地サンティアゴ（サンティアゴ・デ・コンポステーラ）の大聖堂（図5-18、図5-19）の前に位置する施療院である（施療院は巡礼者用の宿泊施設としても利用された）。その規模や豪華さは実に見事なものである（図5-20）。これこそ、スペインを支配した「カトリック両王」、すなわちアラゴン王フェルナンド二

図 5-18　深夜のサンティアゴ大聖堂

図 5-19　サンティアゴの現在の巡礼者の姿

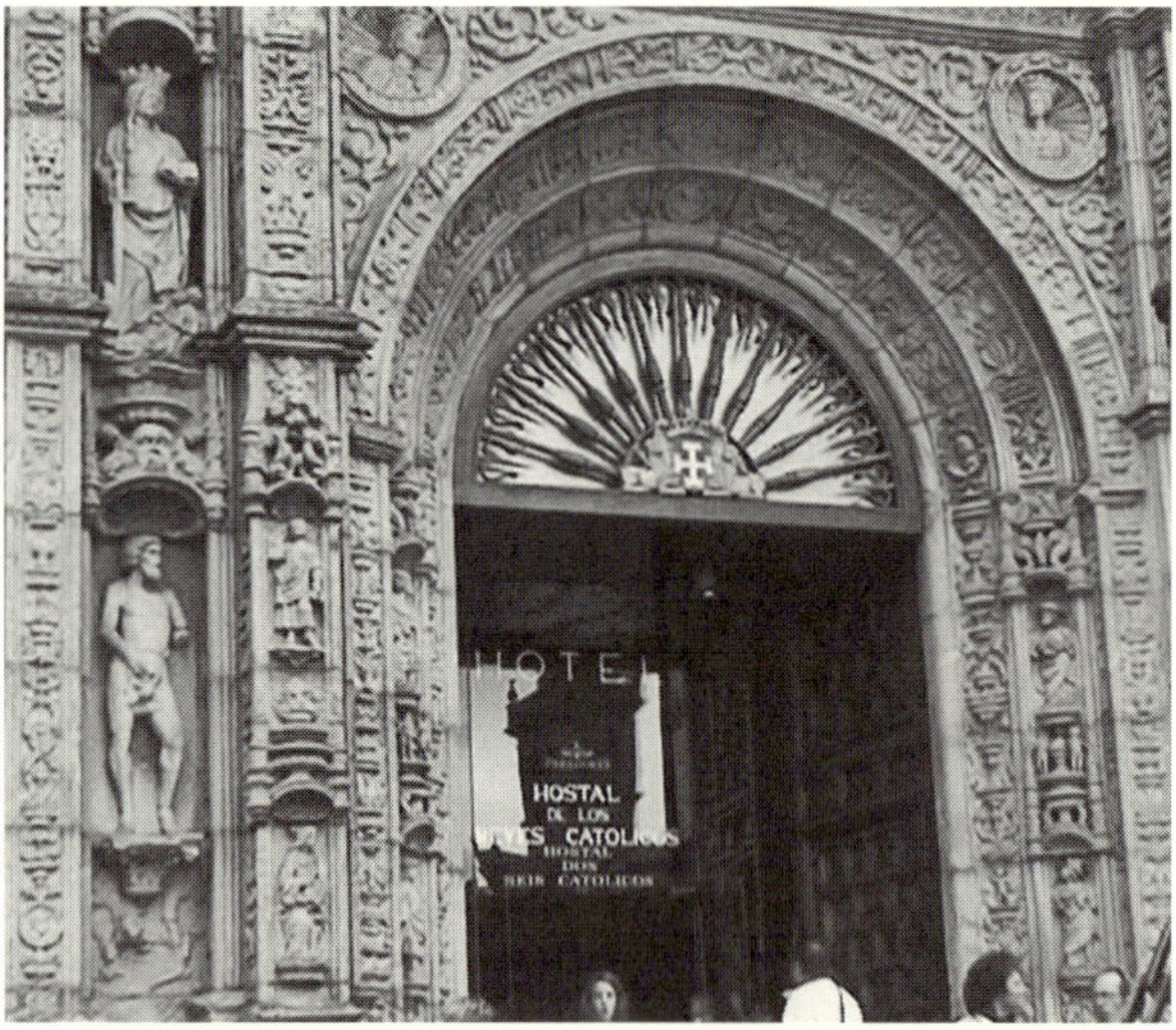

図 5-20　サンティアゴ・デ・コンポステーラ聖堂前の元施療院（現「パラドール・レイエス・カトリコス」）入り口の彫刻を見ると，このホテルが宗教的な建物であったことがよくわかる

世（在位一四七九～一五一六）とカスティーリャ女王イサベル一世（在位一四七四～一五〇四）が、諸国からやって来る巡礼者に対してその威信を賭けた建造物であり、同時に二人の救済志願の象徴をなすものであった。カトリック両王は、レコンキスタ（イベリア半島における国土回復運動）を

完了させた王であった。また、コロンブスの新大陸の「発見」による領土の拡大のほか、ポルトガルに対しても戦勝し、順風満帆であった（図5-21）。

なお、カトリック両王が設立したこの施療院は現在、その名を冠した国営の最高級ホテル（「パラドール」）として利用されている。スペインの「パラドール」（「宿屋」の意）は、中世の貴族の屋敷・城・施療院・修道院などを改造したもので、予約なしにはなかなか泊まりにくい人気のホテルである。例えば、レオンにあるパラドールは、騎士団の修道院を利用したものであり、その内部空間には修道院図書館や礼拝堂や回廊があり、宗教的雰囲気を味わうことができる（図5-22）。

威信を賭けた施療院の建設は、ヨーロッパ全般に認められる――フランスのブルゴーニュ地方のボーヌ市にある、独特の装飾的な屋根をもつ《オテル・デュー》（神の家施療院）（一四四三年）（図5-23）、ミラノのスフォルツァ家が着手し、次第に規模が大きくなった施療院――現在はミラノ国立大学――「オスペダーレ・マッジョーレ」（大施療院）」（一四五六年起工）（図5-24）（現ミラノ大学）、ゴシック様式の交差ヴォールトが繊細で華麗なリューベックの「聖霊施療院」（図5-25）などである。どれも力のこもった当代一級の見事な建築物である。

図5-21　トレドのサン・ファン・デ・ロス・レイエス教会の鎖
カトリック両王は，1476年，ポルトガル軍に対してトロで勝利し，その感謝の《奉納》としてこの教会を建てた。ファサードの壁面には，奇妙にも，鉄の鎖が吊り下げられている――これはアンダルシアからイスラーム教徒を追放した時に，キリスト教徒の囚人の手足につながれていた鎖――屈辱の象徴――である。1492年，これをキリスト教徒の解放と勝利の象徴として吊したのである

図 5-22　レオンのパラドール（高級ホテル）の内部空間　レオンのサン・マルコス修道院（元サンティアゴ騎士団の修道院）を改装して利用している

図 5-23　ボーヌの《オテル・デュー》（神の家施療院）1443年

以上のように、施療院には粗末なものから豪華なものまで色々あり、その格差は相当なものであったと推察される。みなそれぞれできる範囲で、自己の来世の救済を目指して、慈善活動をおこなっていたわけである。

現代に生きるカリタス

このような病人に対する「慈善」、すなわち「カリタス」

図 5-24　ミラノの「元オスペダーレ・マッジョーレ（大施療院）（現ミラノ大学）」

図 5-25　リューベックの優雅な聖霊施療院のホール

（慈善・慈愛）（英語の「チャリティー」）は、キリスト教的な精神の表れである。その精神の、まず何よりも最初に、対象を病人や病院に向けるという姿勢は、現在でも生きているといえるかもしれない。二〇一一年三月一一日の東日本大震災で宮城県の女川町は、前代未聞の巨大地震・巨大

図 5-26a（右）　急峻な高台の上に立つ女川病院
図 5-26b（左）　女川病院の巨大津波の到達水位（高さ16メートルの高台に建つ女川病院の１階部分も襲った）　スイスからの「カリタス」の贈り物については，女川町の木村公雄さん（写真）からうかがった

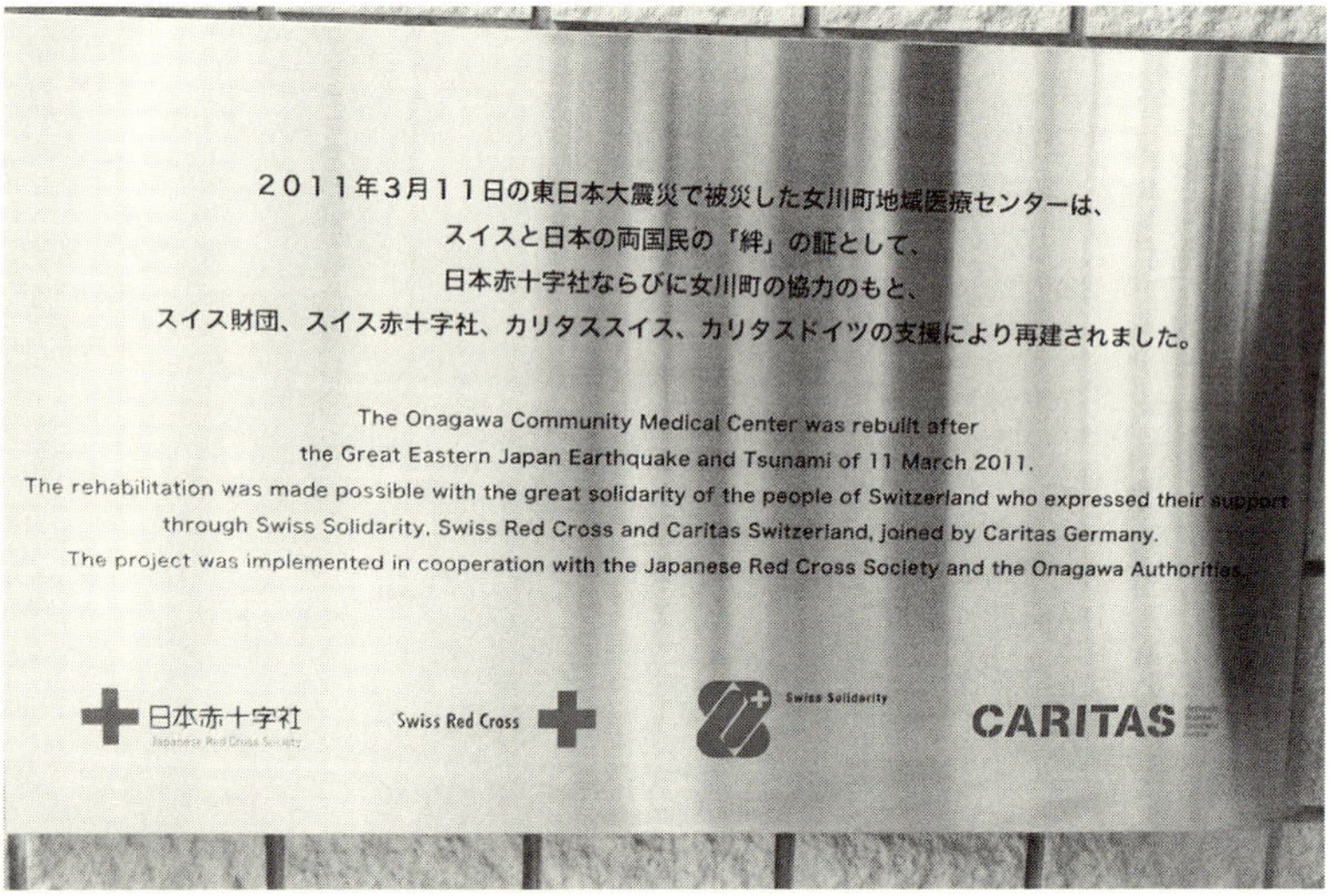

図 5-27　スイス財団等からの《絆の証》のプレート

津波で甚大な被害を被った。高さ約二〇メートルの巨大津波は、急峻の岸壁からなる一六メートルもの高台を乗り越えた。その高台の上に建つ病院さえも、巨大津波が襲った（図5-26）。高さ約二〇メートルの津波！　これは想像を絶することである。そして、津波は病院の一階部分を激しく破壊したのである。これに対してスイス（財団・赤十字など）から、日本とスイスの「絆の証」として、総額約一九億円もの巨額の金が女川町に寄付されたが、その用途は津波で被害を受けた「女川町地域医療センター」（女川病院）の再建に指定されたのである。それが女川病院の玄関の左側にプレートで示されている（図5-27）。そこには団体の名称に「カリタス」（慈善）ということばが認められるのである。

《ミニ・コメント》

（一）ヨーロッパで見かける物乞い

真剣に天国へ行くことを目指す中近世の金持ちにとって「貧民」は、必要な存在であった。貧民を教養のない不潔な存在として嫌いながら、自分たちが慈善を実施して天国にいくための「手段」として、どうしても貧民は必要であった。まさにアンビヴァレンス（愛憎両面）の存在であった。貧民や物乞いは、ともかく自分たちの慈善行為に必要な対象として、存在が容認された。だから、相続人のいなかったプラートの大商人フランチェスコ・ダティーニのように、一代で稼いだ巨額の財産のすべてを、遺言書を通じて、貧者救済に投じ、貧民救済の家（財団）を設立したのも、ひたすら天国を目指してのことであった（図5-28）。その巨額さのゆえに、六世紀を経た今もなお利子などの収益が残り、継続して貧者救済のために活用されている。私が、二〇一〇年に財団の理事のロレンツォ・ラーピ氏に伺ったところ、ダティーニの遺産がもたらす収益は毎年一〇万ユーロ（一ユーロが一四〇円の場合、一四〇〇万円程度）であり、その多くは貧しい人びとに贈られているという(*16)。

こうしたことから、貧者を救済する富裕者は、彼らが制作依頼した絵画のなかに、しばしば「貧者」や「障害者」を登場させて、「私は貧者救済をした」というメッセージを残している。

しかし、ここには問題があった。ひとつは、いったい誰が「貧者」であったかということである。今日の研究によって、救済は必ずしも最底辺の貧しい人びとに向けられていたわけでなかったことがわかっている。観念的に「貧者」であれば、誰でもよかったのである。このことは、当時からあまり意識されていなかった。それにつけ込んで、当時から偽の貧者もまかり通ったようだ。この救済の構造に乗じて、一六世紀のヴェネツィア共和国

図 5-28　ダティーニの貧者慈善施設の銘文
「商人である私（フランチェスコ・ディ・マルコ・ダティーニ）は，キリストの貧者のために1410年に慈善の施設を遺贈した。それについてはプラートのコムーネが管理者である……」

図 5-29　物乞いをする青年（ケルン大聖堂）

図 5-30a　物乞い（ミラノのサン・ゴッタルド・アル・コルソ教会）

図 5-30b（右）　物乞い（プラハのカレル橋近く）
図 5-30c（左）　物乞い（イタリアのリミニのテンピョ・マラテスティアーノ（マラテスタ教会））

では、物乞いに偽装してそれらしい乞食の服装（仕事着）を数多く用意し、それをあちこちで着用して「営業」し、大いに蓄財し、極めて富裕になった「物乞い」がいたという。(*17)

また、もうひとつの問題は、むしろ富裕者や権力者から次第に意識されるようになった問題である。それは「貧民が貧しいのは、怠けて働かないからだ。重要なことは、彼らを働かせるように措置を講ずることだ」ということであった。ここで、中世からの考え方からの訣別として、貧民への無条件の手当てそのものについても、疑問視するようになったのである。ルターも声を大にして一切の乞食行為を廃止することが緊急問題であると叫んでいる。他人の労働でぬくぬく生きるのは不条理な悪習であるという。(*18)

しかし、それでも今も中世以来の伝統的な考え方は根強く残っている。この考え方に乗じて物乞いは現在も少数ながら生き残っている。これも文化であろうか。我々は、それを歴史的背景のひとつの教材として見るべきであろう。現在でも、ヨーロッパの教会の入口の前や大通り、さらには地下鉄の電車のなかで物乞い（事実上許されている）をする人を見かける。いつも見かけるということは、それが一定収入となっているからであろう。なかには若い元気な青年ですら、何のためらいもなく教会の前で物乞いをしている。図5-29は、二人の青年がケルンの教会の入口で物乞いをしている姿である。このほか、色々な都市で物乞いを見かけた（図5-30 a、5-30 b、5-30 c）。日本から来た旅行者にとって、この物乞いは、公共の場に設置されている「有料トイレ」と並んで、まことに奇異である。

（二）有料トイレ、落書きについて

ついでにいうと、ヨーロッパで「物乞い」とともに日本人にとって奇異で違和感がもたれることが、少なくとも二つあるだろう。

ひとつが「有料トイレ」である（図5-31）。大きい都市の駅などでは、トイレの使用が有料の場合がある（我々は無料にすればいいと考えるが、そうしてしまうと、それで働いている人の職を奪うことになるという）。私は、イタリアを歩いていてトイレがなくて困った場合、同じ金を払うならバール（喫茶店）でコーヒーを飲んで、そのついでにトイレを借りる。こうしたことから、私はしばしばバールでトイレを利用する。ところが、時に地方などでは、店が設置するトイレは、店内になく、店を出たすぐ裏側にあって、そのトイレには鍵が掛けられてい

る。つまり、その店で飲食した者だけしか利用できないように、鍵はカウンターにいるマスター（バリスタ）が管理しているのだ――まさにトイレは、バールの立派な収入源として管理されているのである。だから、お店で何も金を使わず、トイレだけ借りることだけは――日本人は急いでいる場合そうしがちだが――避けるべきであろう。

図 5-31　有料トイレの入口（ボローニャ駅）　コインで１ユーロ程度の額を投入する（2015年）

　トイレの使い方も困ってしまう場合がある。日本の場合、便器の製造会社は大手が二社ほどでシェアーをおさえており、使い方は、ほぼ共通しているが、ヨーロッパでは便器の製造会社は、ビールやワインの会社と同様に、非常に多い。それぞれが水の出し方が違い、なかには、どうしたら水が出るのか考え込んでしまうことがある。図5-32は、水を流すボタンやコックをいくら探しても見つからなかったので、見上げたら天井近くに設置された水槽があり、その先端を押したらようやく水を流すことができた。このほか、床に「でべそ」のようなものが出ていてそれを踏みつけるタイプ、目の前の壁の一部を押すタイプなど、少し迷ってしまうことがある。また、これは日本にも少しあるが、どこにも押すところがなく、思い切って外

図 5-32　トイレの水槽（アスコリ・ピチェーノ）　水槽の下の先端部分を押すと水が流れる

図 5-33　電車の車体いっぱいの落書き（南イタリアのカタンツァーロ行きの電車）

図 5-34　バスのなかの落書き（トスカーナ州のポッピ行きのバス）

に出てドアを閉めると自動的に水が流れるタイプ――「大きなお世話」――もある。

二つめは、落書きの多さ、ひどさである。日本なら刑事問題や新聞沙汰になりかねないような大々的な落書きが、ごくあたりまえに書かれている。朝、商店街を通ると、ブティックのショーウィンドウに吹き付けられたスプレーによる落書きを店員がぶつぶつ言いながら消している。電車、それも各駅停車の電車などは、スレーを使って、車体いっぱいに「大作」の落書きが描かれているのもしばしば見かける（図5-33）。そのために自分が乗っている電車の窓から外が見えず、停車している駅の名前が見えなくて困ることがある。路線にもよるのだろうが、バスもひどい場合がある（図5-34）。また、ヴェローナのジュリエットの家のそばの塀には、旅の記念か、愛の永遠を祈願してか、壁いっぱいに落書きが描かれている（図5-35）。感覚が麻痺して、ついつられて落書きをする日本人も出て来る。二〇〇八年には、日本人によるフィレンツェの大聖堂の落書き事件が続けて三件起こり、それぞれ所属機関から処分された。旅の記念に自分の所属と名前を書くのでばれるわけである。

図5-35　ヴェローナのジュリエット（ジュリエッタ）邸の近くの落書き

第六話　聖アンセルムスの見方と人間の愚かさ

『砂漠の聖人師父の生涯』にこう書いてある。[1]

かつてある声が聖アンセルムスに語りかけた――

「ついて来なさい。お前に人間が何をしているか見せてやろう。」

そこで聖アンセルムスがその声のする方についていくと、そこにひとりの男がいた。男は木を切って大きな枝の束を作っていた。そしてそれを一生懸命運ぼうとしていた。だが、その束があまりに重く運ぶことができずに、それを下に置いてしまった。それからまた木を切りに行って、枝をその束に加えて、この束が運べたらいいのに、とぶつぶつ文句を言って、再び木を切りに行って、それを束に加えた。束を運ぼうというのなら、束を減らすべきなのに。男は次々と重さを増やし、それから背中に載せるので、またそれを下に落としてしまったのである。

その声はこう言った――。

「これらの者たちは、罪を重ね、悪しき生き方をして生き、そしてそのまま死んでいく人たちである」と。

さらにまた馬に乗った二人の男が見えて来た。彼らは二本の大きな材木を運んでいて、教会の門を入ろうとしているが、材木が門に向かって横向けのままになっているので、門にぶつかって入ることができずにいた。その声は言った――

「この二人はいい仕事をしてもすぐに傲慢になり、その仕事が彼の霊魂の救済のためには何も役立っていないのだ」と。

また男が一人、湖畔にいた。彼は小さな壷で水を運んでいた。だがその水槽は割れて穴が開いているために水は少しも溜まらなかった。すると、その声はこう言った――

「こうした人は、せっかく良い仕事をしても、他に多くの悪しき行いをしてしまって、せっかくのその良い仕事を台なしにしてしまう人である。」

それだからあなたは自分の犯した罪の重さを増やしていくのではなく、減らすように努めねばならないのである。

(1) パッサヴァンティは出典として『砂漠の聖人師父の生涯』を挙げているが、これもテキスト分析から出典は直接的には『説話目録』であると考えられる。パッサヴァンティは「アルセーニョ」(Arsenio) と書いているが、これは明らかな間違いで、正しくは「聖アンセルムス」(「ローマの聖アンセルモ」「大アンセルムス」)(ラ：Anselmus；伊：Anselmo)(三五四頃～四四五年頃)。エジプトの隠修士。

＊ 説教では無知な者のために比喩が好まれた

新約聖書における比喩の多用

この例話では人間の愚かさが次々と「比喩」をあげて説明される。この比喩の多用は、新約聖書でのキリストの説教に影響されているのかもしれない――

キリストは、弟子に「どうしてたとえを用いてお話しになるのですか」と聞かれて、「(あの大勢の群衆は) 見ても見ず、聞いても聞かず、理解できないからである」と答えている (マタイ第一三章第一〇節)。比喩の使用は無知な群衆に天国に達する道をわかりやすく理解させるためであった。キリストが語りかけた相手は、多くは貧民であったので、教養を得る機会を与えられていなかったのであろう。同じように、説教師も比喩を活用した。説教師アルルのカエサリウス（四七〇～五四三年）は、たとえ夫婦であっても性欲は節度を保ち、過度の性交を戒めたが、それを説くのに、「比喩」を使って説いている――すなわち、《農民は一年間に同じ農地で何度も耕作して、何度も種を蒔いて収穫しようとは望まないものだ[*1]》と。

また、天国の甘味な楽園の様子を信徒にイメージさせるのにも比喩が用いられた。中世社会はしばしば飢饉に見舞われた。例えば、南フランスの地方史研究によると、一二七七年から一三四三年の六六年間に、三四年間も飢饉に襲われた。ほぼ二年に一度、飢饉に見舞われ、人びとは飢えていたのである[*2]（一四世紀における《授乳の聖母》というタイプの絵画の制作の多さも飢饉を背景にしているといわれる[*3]。図6-1）。当時において、こうした飢えに苦しむ人たちに天国の素晴らしいありさまをわかりやすくイメージさせるには、天国にはふんだんに食べ物や飲み物があることをイメージさせることが、最も効果的な表現であった――こうしたことから、「天国にはあらゆるものがふんだんにある。天国の川には牛乳、蜂蜜、ぶどう酒、バターが流れているのだ」と表現したのである[*4]。これもまさに比喩にほかならない――なぜなら、人は死んだら、もはや口は食べることも飲むこともしないからである。この比喩は、人に至福の天国のイメージを与えるためのものであった。

図 6-1　バルナバ・ダ・モデナ《聖母子（授乳の聖母）》 1370～75年頃，ルーヴル美術館

第七話　マコンの領主

これはヘリナンドゥスによって書かれた話である[1]。

マコン[2]にひとりの領主がいた。彼は放埒の限りを尽くした男であり、神を神とも思わぬ尊大で極悪の罪人であった。そして隣人や周囲の者にも冷酷にして無慈悲であった。そして権力と多大な富を備えて、体も健康で丈夫であったので、まさか自分が死ぬなどとは思ったこともなかった。また、よもや自分がこの世の物で失わなくてはならないものがあるとは、全く考えてもみなかったし、また、この自分が神の裁きを受けねばならない時が来るなどとは、全く考えてもみなかったのである。

ある復活祭の日のこと、この領主は館にいたが、彼の回りには多くの騎士や小姓、それに都市の多くのお偉方が集まっていた。彼らは、領主とともに復活祭を祝っていたのである。すると突然、見知らぬ男が何も言わずに大きな馬に乗って館の門に入って来た。そして領主が仲間と一緒にいるところへやって来た。皆はその見知らぬ男の方を見た。そして彼が領主に言うのを聞いた――

「さあ、領主よ、立ち上がって私の後について来い。」

領主はすっかりおびえて、震えながら立ち上がって、この見知らぬ騎士の後について行った。この騎士に向かってあえて何かを言おうとする者など誰もいなかった。館の門に来た時に、騎士は領主に「鞍のついたその馬に乗れ」と命じた。それから騎士はその馬の手綱を取った。そして騎士は、自分の馬に乗ったまま、領主の馬の手綱を引いて、全速力で疾走した。町中の者たちはその領主の姿を見た。領主は大声で泣きわめき、叫んだ――。「町のみんなよ、わしを助けてくれ。この哀れな領主を助けてくれ」と。このように叫びながら、領主は人びとの目の前から消えていった。そして領主は彼の永遠のすみかとなる地獄へ連れ去られてしまったのである。

（1） パッサヴァンティはヘリナンドゥス（Helinandus）を出典としているが、テキストの研究者はテキスト分析から『説話目録』によると考えている（*REP*, p. 541.）。ヘリナンドゥスは、一一六〇年頃に生まれた年代記作家、説教作家。『説話目録』の著者がそのアンソロジー *Flores Helinandi* を利用したと考えられる。

（2） マコン（パッサヴァンティの写本では Matiscona）はフランス中部の都市（リヨンの北方約六〇キロメートル）。

＊ この例話では悪辣な領主に天誅が下されるが、この種の例話は、圧政に苦しむ民衆の慰めのために説教師がつくったものであった。しかし、貧しい民衆が実際に何を考えていたかについては史料がなく、民衆、特に貧民がどれだけ信徒として教会に関与していたか、キリスト教がどれだけ浸透していたかは疑問のままである

なぜ領主は地獄につれ去られたか――搾取される民衆の憂さ晴らし

例話は主に民衆に向かって話すものであったことから、しばしば民衆を喜ばせたり、慰めたりするような話が織り混ぜられた。この例話はまさにその典型である。天誅を下すためにやって来た正義の騎士が、民衆を苦しめる極悪の領主を強引に地獄に連れ去っていく――痛快なこの例話は、搾取される民衆の日頃のうっぷんを晴らす絶好の話題であった。ここにおいて例話作家、説教師は民衆の味方であった。このように例話には、貧しい民衆の立場を中心に考えていたことを示すものが多い。例えば――

金持ちと貧乏人が同じときに死んだ。貧乏人の魂は天

使が天国に連れて行き、光栄と歓喜のうちに天国に受け入れられた。一方、金持ちの魂は悪魔の集団の手に渡り、地獄に引き立てられていった。(＊1)

この例話について、我々現代の人間は、金持ちの豊かさは、その人の努力と能力の結果であり、正当なものであり、それで地獄行きはないだろうと、反発を感じるかもしれない。しかし、固定された身分社会の中世では、金持ちになることは、努力や能力とはほとんど無縁のものであった。親が貧乏人なら子もまた貧乏人であった。そうした宿命的な身分の拘束のなかで、聖職者から発せられる来世についての至福のことば、すなわち、「貧乏人の魂は天使が天国に連れて行き、光栄と歓喜のうちに天国に受け入れられた」ということばは、貧乏人にとって来世に希望を托すものとして、唯一慰めとなったのである。

しかし、この理念的なことばが、現実的に見て、貧者のどれだけ幅広い層にまで達して、導きの光となって受け入れられていたかはわからない。教会に行く余裕のない貧困の階層が都市にも農村にもかなりいたという可能性がある。富と力の論理が現実社会を支配するなかで、富裕層中心の社会が形成されていた。貧民は、富者自身の救済の手段として、富者から施し物を与えられたとしても、キリスト教聖職者から、知的、宗教的恩恵をどれだけ与えられたかははっきりわからない。

貧しい民衆とキリスト教

中世末（一四世紀）になると、ふつう都市よりもずっと貧しかった農村部はもちろんのこと、都市においても、食糧に心配を来たす貧民は実際多かった。一三〇〇年前後からヨーロッパ全般に頻発した飢饉は深刻であった。ヨーロッパのなかでも豊かな都市であったフィレンツェでさえもそうであった。フィレンツェは一三二一年から三〇年に飢饉に襲われた——さらに、主だったものでも、三三年には大洪水、四〇年には疫病の大流行、そして四七年には六〇〇〇人もの大量の餓死者の危機と不幸がつづく。

商人らしく物事を数値で説明する、最初の新しいタイプの年代記作家であったジョヴァンニ・ヴィッラーニ（一三四八年没）は、フィレンツェの物乞いの貧者のあまりの多さについて、次のように報告している(＊2)——

一三三〇年の九月のことである。相続する息子も娘もいないひとりの金持ちが、自分の霊魂の救済のために遺言を残して死んだ。その遺言は、《物乞いをして浮浪するフィレンツェのすべての貧困者にひとりずつ六デナーロの金を施す》というものであった。その遺言を執行するために、遺言執行人は、ある朝、貧者を集めた。そこには男も女も、子ども大人もいた。そして、ひとりの物乞いが二度不正に施しの金を受け取ることのないように、みなの者に公平に手渡すために、まず全員を教会に入れた。それから出口でひとりずつ六デナーロの金を渡した。結局、施しを受け取った貧者の数は、一万七〇〇〇人を越えたという。この施しに使った金の総額は四三〇リラにも達した（一七〇〇〇人に六デナーロを渡すと、総額一〇万二〇〇〇デナーロになる。一リラは二四〇デナーロと同額なので、ほぼ四三〇リラとなる）。

この一万七〇〇〇人のなかには、施療院や服役中の貧者や、物乞いを嫌う「恥を知る貧者」や托鉢修道士などの貧者――その数はヴィッラーニによると、四〇〇〇人――は含まれていなかったという。ヴィッラーニはこの貧者の多さにみずから驚いている。この頃のフィレンツェ市の総人口は、はっきり把握できていないが、おそらく当時、約一〇万人いたと見ると、物乞いまでおこなう「最低生活者」が、その都市人口の四分の一に及んだのである（もちろん、なかには、自称「物乞い」として紛れ込んだ者や市外から流入した浮浪者の物乞いもいたであろうが）。

一三四七年（黒死病到来の前の年）は、フィレンツェでは、それまで続いた一〇年間の苦難――すなわち不作・飢饉、不況と大商社の倒産劇、政治的、社会的動乱――がまさに絶頂に達した年であった（この年、ヴェネツィアでは物価上昇率が一二〇〇パーセントとなった）。フィレンツェでは、この年、六〇〇〇人もの大量の餓死者を出し、この時フィレンツェ政府が生活援助した人びとは、人口の少なくとも六割、おそらく八割（八万人から九万人）に及んだという。通常の時でも、食糧に困る者を貧困者と見ると、それはフィレンツェ人口の三分の二程度いたと考えられる（貧困者の多くは、有力な一族・一家をパトロンにして、その物的な保護を得ていた。都市に貧民の暴動が起こった場合、その一族の指示にしたがっただろう。有力なパトロンには気前よさが求められたのである）[*3]。

こうした苦難の相次ぐ中世末の時代、さらには、同じく苦難の相次ぐ一七世紀の時代において、キリスト教はどれだけ民衆の間に浸透していたのだろうか。

これを知るのはむずかしい。中世の民衆はペンも紙も本も持たなかった。文字と接する必要のない庶民は、文字を理解する必要も書く必要もなかった（低い識字率の実態も研究されている）[*4]。こうしたことから、文字と無縁の中世の民衆は、みずからの手で記録を残さなかった。だから、彼らが実際に考えていたこと、抱いていた信仰のあり方については不明なところが多い。すべて文字を自在に操る知識人の視線（彼らの多くは貧乏人を蔑視した）からしかわからない。フィレンツェの書記官長サルターティは貧民について、一三八三年に反感をもってこう述べている(*5)――「食糧に困窮したこれら貧民どもは、信用がおけず、気まぐれで、都市の混乱状態を待ち焦がれており、混乱状態になれば、(富裕者の)財産や家財道具を今にもぶんどる念を抱きかねないだろう。また、きっと以前おこなった略奪行為(一三七八年のチョンピの乱)のことを思い出すだろう。もし彼らの傲岸不遜さにいっそう厳しく歯止めをかけなければ、連中が何をしかけるかわからない状態になるだろう」。

同じ「貧民」の間でも上下の格差がかなりあって一概に語れない。都市と農村も同一には語れない。しかし、ここでは敢えて語るとすれば、民衆、特に最下層民が、キリスト教とはあまり深く関わっていなかったことの可能性がかすかに見えてくるであろう。極貧の者は、キリスト教の基本的な教えを受ける土台自体にそもそも乗っていなかったように見える。すなわち――

一六三〇年にヴェネツィアにペストが流行し、人口の三二パーセントの命が奪われた時、ヴェネツィアの支配者である元老院は、それを引き起こした原因と取るべき対処について思案した。そして、原因は神の怒りであり、その怒りは神を冒瀆する者に対するものであると見た。すなわち、冒瀆者とは、まさに貧民に特定された。《貧民は、キリスト教の根本的な教義に無知であり、神を冒瀆している》。こうして元老院は、ヴェネツィアの三箇所の神聖な場所から貧民を排除する実力行使に出た――すなわち、第一の場所が、貧民がその階段、アーケード、中庭を占拠し根城にしていたドージェ宮(統領の庁舎)の周辺、第二が、サン・マルコ教会の周辺、第三が、サン・マルコ広場であった。ここからキリスト教に無知な貧民を強制的に追い出したのである。こうした行為によって元老院は神の怒りをなだめようとしたのである。――結局、ここでわかることは、貧民は、神の怒りを招くほど《キリスト教に無知》であると認識されていたということである(*6)。

また、この認識に通じるものを、現代のフランスの歴史家も述べている(*7)。まずジャン・ドリュモーはいう――

《中世においては、聖職者と少数の上流階級だけが、キリスト教信仰を実践していた一方で、民衆、特に農村の人びとはキリスト教の教義についてはずっと無知なままでいた。》

さらに、ル・ゴッフも恐らく同じような認識の立場に立ってこういう――

「一五〇〇年頃、キリスト教国は、ほとんどまだ布教中の国であった。」

貧民や庶民は文字を残さず黙して語らない。はっきりしたことは言えないが、普通思われているほどには、中世ヨーロッパはキリスト教化されていたとはいえないのかもしれない。また、人口がまばらな農村部にどれだけ教会が築かれたかも知りたいところである。さらに、私がサンタ・マリア・ノヴェッラ聖堂の『死者台帳』の研究で述べたことだが[*8]、日本では、「優」とか「美」など、理念的な語を選んで、そうした子どもになってほしいと願い、子どもに命名する傾向が強いが、ヨーロッパでは、生まれた子どもにキリスト教の聖人のどれかを選んでその名前を付け、その聖人から命と健康の守護を期待する傾向が強い（そのため職場やクラスでは同じ名前が非常に多い）。この命名の傾向も、実にペストが子どもの命と健康を危機にさらす時期と一致する。命名法に限ってもヨーロッパのキリスト教化は意外と遅かったと思われる。

《ミニ・コメント》

庶民性と非キリスト教的要素の残存――教会建築に見る

中世初期、ヨーロッパは一気にキリスト教に改宗されたわけではなかった。ローマ帝国時代、ヨーロッパの南部から広がったキリスト教は、北方のゲルマン民族やヨーロッパの先住民族ケルト人の住んでいた地域などでは、まずその権力者・為政者を改宗させて、それから次第に下部の社会に浸透させる場合が多かった。しかし、末端部の庶民をキリスト教化するのは、実はなかなか容易ではなかった。為政者が、庶民に改宗を命じても、民衆の実際の生活においては、先祖代々の宗教の考え方と風習の重みは、彼らにとって、生きていくための伝統として尊重されて、その文化は一種の慣性の法則として継続したからである。このことから、神のイメージ・教義・自然観・心性・儀式・風習・習慣、そのすべてにおいて、直ちに全面的にキリスト教化することはむずかしいところがあった。このことについては、実際、当時のキリスト教の聖職者の側もよくわかっていた。

初期の布教に尽力した教皇グレゴリウス一世（在位五九〇～六〇四）も、イングランドのカンタベリー大司教にこう助言している――

《アングロサクソン人に対しては、徐々に洗礼を施し、決して一度にそのすべての異教性を破壊すべきでない。古くからの神殿を破壊せず、その偶像だけを破壊すべきである》。

いわば「核心部」をしっかり見据えてキリスト教化し、

その周辺部は、抵抗の少ないかたちで、あわてずに、時間をかけていくべきであると考えた。つまりある種の事柄については許容された部分があったのである。

こうしたこともあって、人びとの意識・心性、その地域の独自の強い風習や慣習や行事については、古くからの非キリスト教的な要素の片鱗が残存している場合がある。例えば、教会の回廊や修道院の外壁などには、およそキリスト教信仰とは無縁な生き物が彫られて、ひとつの生命を与えられていることがある。トスカーナ地方のシエナに近いモンタルチーノにあるサンタンティモ（聖アンティモ）大修道院（Abbazia di Sant'Antimo）（一二世紀建）は、史料的には八世紀から九世紀に起源を持ち、一一世紀に建設されたベネディクト会系の修道院である。私は、この外壁に、ほほえましいほど素朴でかわいらしい聖母子像（図7-1）が彫られているのを認めたが、それとともに、すぐそばに、架空と思われるいくつかの奇妙な動物に眼を奪われた（図7-2a、図7-2b、図7-3、図7-4、図7-5）。これらの動物はおそらくキリスト教の伝説や聖典とは無縁のもので、キリスト教以前の伝説や民話のなかで庶民によって好まれたか、語られた架空の動物であろう。なかにはユーモラスなものも認められる。

これらの動物に認められる庶民性や異教性は、ここでは外壁を装飾するものとして生きていた。しかし、中世が進むにつれて、異教的なものに対して、キリスト教聖職者による圧迫が加わってきたことであろう。ところが、その圧迫に対して「機能」と「名目」の両方から対抗して庶民性は生き残ったものがある。それがガーゴイルで

図7-1　サンタンティモ大修道院（トスカーナ地方シエナ県）の外壁の聖母子像

図 7-2a（右）　サンタンティモ大修道院の外壁に彫られた動物　その 1
図 7-2b（左）　サンタンティモ大修道院の外壁の動物　その 1

ある。それは、ゴシック建築の教会の屋根から流れた雨水を外に吐き出す「排水口」の「機能」を持つものとして生き残った（「ガーゴイル」とは、文字通りは「喉」の意味）。ガーゴイルには、その機能を背負いつつ、人間や動物など様々な姿が彫られている（図7-6、図7-7）。この立派な機能性とともに、ガーゴイルは、キリスト教的な「建前」とも合致した。すなわち、ガーゴイルは、サンタンティモ大修道院に見られた、時に奇妙な架空の動物のかたちを取りながらも、あくまで神聖な教会（＝

図 7-3　サンタンティモ大修道院の外壁の動物　その 2

キリストの体）から「悪霊」を外に吐き出す役割を担うという建前を与えられ、合法化させられたのである。実際には、ガーゴイルは、従来からの庶民性や（ことによると）異教性を潜ませるものであっただろう。当時からやや危うい要素は感じられていたのだろう。それが証拠

図7-4　サンタンティモ大修道院の外壁の動物　その3

図7-5　サンタンティモ大修道院の外壁の動物　その4

図 7-6　フランスのディジョンのノートルダム教会（1220～40）のガーゴイル

に、ガーゴイルは決して教会の重要な部分である、「ファサード」（正面）や「内陣」などには認められないのだ。

研究者によれば、ガーゴイルには、奇怪なもの、ユー

図 7-7　ミラノの大聖堂（1386年着工）のガーゴイル

モラスなものへの民衆的な好みが高じたものとして、時には卑俗なもの、卑猥なものさえ認められるという。ガーゴイルのこうした要素について、ゴシック大聖堂の興味深い概説書には、こう述べられている――「ガーゴイルの姿は、……何ともユーモラスでグロテスクで時に猥雑ですらある。犬、ライオン、羊、山羊、豚、猫、狐、ロバ、アヒルなど実在の動物はもちろんのこと、翼のある犬や兎、空飛ぶ魚、山羊の顔をもつ鳥などの空想上の動物や怪物。さらには、目をむきだしていないなくロバ、

笑う山羊顔の男、両手で口を大きく広げてアカンベーをする小鬼、舌を出して嘲る男、喉に手を当てゲロを吐く男、頭にカエルをのせヘビを首に巻きつけた女、尻を出して排便する男（この場合は肛門が排水口となる）、などなど」(*9)（佐藤達生）。

キリスト教聖職者がこうした庶民性を許容するのは、現実には押え込むのがなかなかむずかしかったことと、むしろ広く庶民にこころを広げ、やや寛大な気持ちをもって、取り込もうとしたことによるものだろう（カトリックの民間信仰的要素）。実際のところ、説教の例話の話題についても、聖職者はそこには、古くから庶民に愛された民話やおとぎ話を摂取して、それをキリスト教的に改変して庶民の教化に利用してしまうことがあった。時に奇怪で、時に卑猥であったガーゴイルも、そうした聖職者の姿勢によって大目に見られたのではないだろうか。

第八話　教えに背いた息子と死んだ母親の叱責

これは『砂漠の聖人師父の生涯』のなかに書いてある話である。[1]

ある若い男が修道会に入って修道士の生活に打ち込もうと思った。そこで母親にその意志を告げた。すると母親はそれを思い留めさせようと思ってこう言った――。

「どうして私を一人にしたまま行ってしまうのだね。私は亭主に先立たれ、お前のほかに息子もなく、それにもうこれから息子に恵まれる歳でもないよ。」

息子はこの言葉に熱っぽい口調でこう答えた――。

「お母さん、私はお母さんより神を愛すべきなのです。それは、私が自分の霊魂の救済を望むからです。」

こうしたわけで男は涙して訴える母親の願いを受け入れることなく修道院に入った。ところが修道院では、初めのうちはしばらく敬虔な生活を送っていたが、しだいに熱が冷めていった。そして少しずつ熱意は薄れて信仰をおろそかにし、悪徳と罪深い生活へと流れていった。

しかしその後、男は重い病気にかかってしまった。[2] そしてある日突然、法悦状態に陥り、自分が神の前に投げ出されている幻覚を見た。そこで彼は、恐れ戦き、神の裁きを待っていたが、見るとそこに母親がいた。母親はかなり前に死去していたのであった。母親は彼にこう言った――。

「せがれよ、どうしてまたこんなところに堕ちて来たのだい。お前は裁きを受けにここに来たのかい。お前が私に言った言葉を覚えておいでかい。《私は自分の霊魂の救済を望みます》と言ったあの言葉だよ。あれはどこへ行っちまったのかね。お前が私に見せた厚い信仰のこころの結果がこの様かい。お前の修道院での清らかな神聖な生活は一体どこへ行っちまったのだい？」

この言葉に対して男は何も答えなかったが、この言葉に当惑し、恥ずかしい思いでいっぱいになった。それから彼は意識を取り戻したが、同時に母の言葉から受けたあの恥ずかしい思いと当惑した心も思い出した。そして最初の頃に熱意をもって抱いていた信仰の心も取り戻したのであった。そして彼はこう言ったのであった――。

「私は母の叱責の言葉にとても恥ずかしくて、それに耐えることはできませんでした。こんなことでは、いったいどうして神の言葉や聖人の言葉、それに天使の言葉に耐え忍ぶことなどできましょう。」

（1）　パッサヴァンティの直接の出典はアルノルドゥスの『説話目録』。その『説話目録』の著者が『砂漠の聖人師父の生涯』を出典としている。

（2）　〈病気〉はその人が犯してきた罪の結果として起こるもの。

＊　中世において《幻覚》がしばしば人生のターニング・ポイントとなった

キリスト教における出家の意味

ある若者は、自分の霊魂の救済のために母親を捨て、修道士になったものの、初志を忘れ、堕落してしまう。そして重い病気（＝罪の結果）に苦しんでいたある日、《幻覚》（幻視）に襲われる――その幻覚のなかに、今は亡き母親が現われて、初志を忘れた息子を叱責する。恥じ入った修道士はこころを入れ替え、それからは信仰と修行の日々に励むという話。

我々多くの者にとって、老いた母を捨てて自己の霊魂の救済のために修道士になることはあまりに利己的とも思われるが、これが正当化されたのは、新約聖書にもとづくものと考えられる。新約聖書のマタイ、マルコ、ルカの福音書のなかでキリストは、「神の国」（天国）に入るために出家を勧めてこう言っている――「はっきり言っておく。神の国のために、家、妻、兄弟、両親、子供を捨てた者はだれでも、この世ではその何倍もの報いを受け、後の世では永遠の命を受ける。」（ルカ、第一六章第二九節）。脱俗することは、自己の救済のみを目指す利己的なものというより、聖職者として神にとりなして、人びとの救済に役立つ聖徳さ、聖性を追求するものであろう。

宗教的な心理現象としての幻覚

また、《幻覚》は、旧約聖書や新約聖書にまでさかのぼるものであり、超自然的な心理作用として、宗教的に重要な機能を備えていた。幻覚はただの「錯覚」とは違った。幻覚によってしばしばお告げ、啓示、隠れた真理などが神から告げられるという。例話や聖人伝でも、しばしば《法悦状態（エクスタシス）（脱魂）》のなかで見た《幻覚》が人生のターニング・ポイントとなり、回心のきっかけとなっている。本書に出て来る幻覚の話としては、パッサヴァンティの第一〇話「地獄で苦しむ学生、教授の前に現れる」、第一六話「托鉢修道会――聖ドミニクス――」のドミニクスの幻覚、カヴァルカの例話「アレクサンドリアのジョヴァンニ大司教と商人」のなかの商人の幻覚などがある。《幻覚》の心理現象はこの例話のようにごく普通の人にも認められたようである。しかし、ただ人を惑わすだけの偽のものありうるとも考えられた。特に宗教改革以後になると、カトリック側は、プロテスタントとの対抗上、《幻覚》を見たという者の正統性（正当性）に厳しい検閲をおこなうようになっていった。それでも「幻覚」の研究は現代のカトリック神学の重要なテーマのひとつである。

第九話　聖マカリウスとしゃれこうべと地獄の罰

この話は『砂漠の聖人師父の生涯』に書いてある話である。[1]

聖マカリウス[2]が、砂漠を歩いていた時、死んだ男のしゃれこうべを見つけた。聖マカリウスは、持っていた支えの杖で触れて、そのしゃれこうべに、あなたは生前いったい何をしていたのか、教えてほしいと懇願した。するとそのしゃれこうべは、自分は異教の司祭であった、と答えた。その司祭は地獄に堕ちてしまったのであった。マカリウスが、あなたは今どのような罪を受けているのかと尋ねると、しゃれこうべはこう答えた――。

「自分は天と地の間よりももっと広い空間のなかにいて、そこで燃え盛る火に焼かれている。その火は、決して消えることもなければ弱まることもない。それは私の頭と地獄に堕ちたほかの異教の者たちの上で燃えている。しかし我々の足元には同様にほかにもまだ多くの者たちがいる。それは、地獄に堕ちた悪しきキリスト教徒たちであり、彼らは燃え盛る火のもっと下の奥の方にいるのだ。彼ら悪しきキリスト教徒はそこで我々よりいっそう大きな刑罰を受けているのだ。」

（1）パッサヴァンティは出典を『砂漠の聖人師父の生涯』*Vitae Patrum* としているが、これも出典は主に『説話目録』。またそのほかに作者不詳の『畏怖の贈り物の書』*Liber de dono timoris* にも依拠して書いている（***REP***, p. 544.）。

（2）マカリウス（Macarius de Egitt）（三〇〇頃～三九〇頃）（死去については四〇四年の説もある）エジプトの修道士。聖アントニウス（第一三話）の弟子。三〇歳の時にエジプトの砂漠で隠修士の生活を始めたといわれる。そこに多くの弟子（その一人がパフヌティヌス Pafnutinus）を集めるとともに、当時の代表的な修道士（カッシアヌス Cassianus など）とも接触して修道生活の考え方について影響を与えた。彼の名のもとに多くの逸話や書簡が伝えられている。この例話もそのひとつ。彼の書簡として確かなものに「神の息子に」（"Ad Filios Dei"）がある。

＊　改悛しなかったキリスト教徒は、異教徒より重く罰せられる

地獄には二種類の人間がいる――そのひとつが、「非キリスト教徒」、すなわち洗礼の秘跡を受けなかった者、すなわちその多くは「異教徒」である。もうひとつが、洗礼の秘跡を受けてキリスト教徒になったにもかかわらず、大罪を犯してそのまま改悛せずに地獄に堕ちた者たちである。この二種類の人間のうち、後者の方、すなわち「悪しきキリスト教徒」は、「異教徒」と違って、救済の可能性があったにもかかわらず、それを放棄してみずから救済の道を断ったのだから、同じ地獄でも「異教徒」よりもずっと下の方の苛酷な場所に置かれて、そこで最も重い劫罰に苦しまなければならないという。パッサヴァンティがわざわざこの例話を話すのは、改宗をすればどのような罪人も救われると主張する一方で、改悛と告解の機会を与えられながら、それを拒否したキリスト教徒を厳しく責めるねらいがあったからだろう。

第一〇話　地獄で苦しむ学生、教授の前に現わる

ある本によると、[1]パリにセラという教授がいたという。[2]

彼は論理学と哲学を教え、大勢の学生を抱えていた。たまたま彼の学生の一人が死んだ。その学生はとりわけ弁舌において才知を発揮したが、傲慢な上に素行が悪く不徳な生活に明け暮れていた。それから数日後、教授が夜を徹して研究をした時に、その死んだ学生が教授の目の前に姿を現した。教授は彼のことは知っていたけれども、怖い気持ちを少なからず抱きながら、こう尋ねた――「君はどこに行ったのかね」と。――すると、学生は、地獄です、と答えた。

教授は「地獄の罰はふつう言われているよりも重いものかね」と尋ねた。すると学生は「その罰は限りなく重く、とても言葉で説明することはできません。だが少し例で示してみましょう」と言った。死んだ学生は、教授に次のような話をした。

「私の着ているこのガウンを見てください。ここには偽りの主張がびっしり書かれています。このガウンはずっしり重く私にのしかかかり、それはパリのサン・ジェルマン教会の鐘楼や世界のどんな広大な山よりもずっしり重く私の肩にのしかかっています。しかし私にはこのガウンを脱ぐことは決して許されません。

この罰は、私が抱いていた虚栄に対する裁きとして神から科されたものです。私の虚栄心――それは人から目立とうとするものでした。その虚栄心は、ほかの誰より優れた能力を求めていました。それは、ことに、他の人

の主張を打ち負かすために詭弁に満ちた主張を考える能力を求めていました。だから、今、私に対する罰であるこのガウンには虚偽の主張がびっしり書かれており、私の目の前はいつも錯乱状態です。」

そして彼は前が開いたガウンを高く掲げて、こう言った——

「このガウンの裏地が見えますか。すべてが炭火で、業火の炎が激しく燃え上がっているのです。それは休むことなく私を燃やし続けています。そしてこの罰は、私が破廉恥な肉欲の罪を犯し、堕落した生活を送り、そして何の悔恨もせずに死ぬまでその生活を送り続けたことで私に科されたものです。

私は罪を犯すのを改めようとせず、もっと長く生きてさらに罪を犯したいと思っていました。そのため当然にも神の裁きが私に降り、私は地獄に落とされ、拷問にかけられて、終わりのない、永遠に続く罰を科されているのです。ああ、哀れな私はせっせと罪を犯し続け、論理学の詭弁の主張にやっきになっていました。霊魂が肉体と結びついているのだということ——このことが私にはわかっていなかったのです[3]。

それだからこそ、大罪を犯した人間に対して神の裁きによって地獄の罪が永遠に下されるのです。私がここに現れたことが教訓となって、それがあなたのお役に立つならば、私があなたから受けた教えに対する私のせめてものお返しです。恩師よ、どうか私にあなたの手を差し出してみてください。」

そして教授が手を差し出した時、学生は教授の手のひらの上で人差し指を振ったが、その指は燃えていた。そしてその指から一滴の小さな玉の汗が教授の手のひらに落ちた。そしてその汗は、あたかも先の鋭く尖った矢のごとく、教授の手のひらを上から下へ突き抜けた。そして教授の手のひらに小さな穴ができてしまった。そして学生は「あなたがたった今受けたのが、地獄の罰の見本です」と言った。それから彼はひどい苦痛の泣き声をあげながら消えてしまった。

教授は、自分の手に穴があき、焼き焦がされた時に走ったあまりの激痛で動くことができなかった。そしてその傷を治す薬もなく、その教授の手は死ぬまでそのように穴があいたままであった。

かくしてこの穴を見た多くの人びとは、おのれの行いを正すのにふさわしい教訓としてそれを役立てたのであった。そして教授は、この恐ろしい幻覚を見たことや手に負った苦しみのために困惑し、そのためひどい心痛に陥ってしまった。そして彼に実例で示されたそのすさまじい罰を受ける地獄に行くことを恐れたので、学校を辞職し世俗を捨てる決心をしたのであった。

かくしてこの思いから教授はふたつの詩を書いた。教授は翌朝学校に行って学生の前で幻覚の話をし、穴が空き焼き焦げた手を見せてから、その詩を説明してこう言った――。

私は、蛙には鳴くがままにし、烏にも鳴くがままにさせておく。
下らぬ者どもには世の中の下らぬ事をさせておく。
私は、死という結末を恐れぬ論理学から訣別する。
すなわち、私が向かう所は修道院の生活なり。[4]

こうして彼は一切を捨てて修道院に入った。そして死ぬまで神聖な生活を送ったのであった。

（1）パッサヴァンティは出典を明示していないが、これは『黄金伝説』（一六三章）による。邦訳、ヤコブス・デ・ウォラギネ（前田・今村訳）『黄金伝説』人文書院　一九七九年　第一五六章。

(2) パッサヴァンティでは、「セルローネ・ディ・ウィルトン」(Serlone di Wilton) は一一一〇年イングランド生まれの詩人・聖職者。フランスに移りシトー派の修道院の修道院長になる。パッサヴァンティは論理学と哲学の教授であったとしているが、実際には詩人・文法家。

(3) 現世において生身の体が大罪を犯した時、それは肉体と一体となっている霊魂を腐敗させることになる。そして腐敗したその霊魂は死後において地獄行きとなってあらわれるということ。

(4) 詩の全文は以下の通り。

Linquo coax ranis, cra corvis, vanaque vanis;
Ad loycam pergo, que mortis non timet ergo:

＊ キリスト教信仰にとって学問や理性は必要か——この観点からヨーロッパの中近世の流れを展望すると、

① スコラ学はヨーロッパのキリスト教思想において主流ではないこと

② ルネサンス人文主義と宗教改革は反スコラ学において共通の立場にあること

——このことがわかる

はじめに

この例話では、「学問と信仰の関係」について大きな問題提起をしている。この問題は、キリスト教が成立してから神学者や知識人にとって課題とすべき大きな問題であった。この観点からヨーロッパの中近世の流れを展望する価値が大いにある。この問題について論じるのが、本論である。その前に「来世で科される罰のあり方」について簡単に見ておこう。このコメントは非常に長いので、考察の概観を示すために、次に簡単な目次を添えたい。

一 地獄の業苦のすさまじさ

二 キリスト教信仰にとって学問や理性は必要か——宗教改革に至る歴史的考察

(一) 信仰に学問は不要である——例話作家とアッシジのフランチェスコ

一　地獄の業苦のすさまじさ

ある日の夜中のこと、パリに住む論理学の教授は「幻覚」を見た――死んだはずの教え子が目の前に姿を見せ、こう言った――「今、私は地獄にいます」と。数日前に死んだその学生は、日ごろから虚栄心に駆られて論理学の詭弁を弄し、さらに肉欲の罪に明け暮れる日々を送っていた。そして「改悛」もせず死んだのであった。彼は、痛々しい口調で恩師にこう話す――《ガウンの裏地が炭火で燃えていて、それで体を焼かれ、ずっしり重いガウンを着せられています。私が受けているこの罰を教訓に役立ててください》。そして悲痛な叫び声をあげて消え去った――この幻覚を見た教授は、地獄のすさまじい罰に怯（おび）え、それから論理学を捨て、学校もやめ、脱俗して修道院で修道士として暮らしたという――。

同害報復法に苦しむ学生――来世の罰のあり方

この例話では、学生は「同害報復法」で苦しんでいる。同害報復法では、現世で犯した罪に応じて、来世ではそれにふさわしい罰が報復として科される。この例話の場合、学生が着ているガウンは、学生が相手を打ち負かすために詭弁を弄したので、その罰として、ガウンの重さは「サン・ジェルマン教会の鐘楼や世界のどんな広大な山よりもずっしり重く肩にのしかかる」という（図10-1）。罪の重さは、物理的な、圧迫して苦しめる鉛の「重さ」として象徴化される（ダンテ『神曲』地獄篇第二三歌には、鉛のガウンの重さの表現が出ている）。また、生前、詭弁に満ちた虚偽の主張で人びとを惑わせたので、地獄では、ガウンの裏地に書かれた虚偽の主張によって、今度は自分の方が惑わ

図10-1　パリのサン・ジェルマン教会の鐘楼

されている。また、「肉欲」は、熱く「燃え上がる」ので、堕落した学生が犯した、生前の熱く燃え上がる「肉欲」の罪に対しては、地獄ではガウンの裏地は「すべてが炭火で、業火の炎が激しく燃え上がり」「休むことなく体を燃やし続ける」。この学生は、改悛せずに、終油の秘跡を受けなかったので、地獄に堕ち、地獄の苦しみに永遠に耐えなくてはならなかった。

　ほかの例話や絵画などでも「同害報復法」が描かれている——現世で大酒飲みをした者には「喉の渇き」の責め苦が永遠に与えられる。現世で「貪食」の罪を犯した者には、報復として、来世では、目の前にご馳走をみせつけられながらも、一切何も食べものが与えられない「飢餓」の罰が科されている。聖職者と性行為に走った女は、地獄では「火の河」に浸けられて、三日目ごとに性器を鞭打たれるという[＊1]。

　同害報復法を示す地獄絵が、トスカーナ地方の中世都市に見ることができる。サン・ジミニャーノは、今もなおその中世の面影を林立する塔に残している町である（図10-2）。この町のコッレジャータ教会（図10-3）には、現世で犯した貪食の罪ゆえに地獄で同害報復法による責め苦に苦しんでいる様子を示すフレスコ画がある（図10-4）。また、現世で人を剣で刺して殺した者は、来世では自分が激痛とともに剣で刺し殺され、これが毎晩繰り返されるのである（パッサヴァンティ『真の改悛の鑑』第一八話）——

二　キリスト教信仰にとって学問や理性は必要か——宗教改革に至る歴史的考察

　この例話では、「学問の有用性の問題」——キリスト教信仰にとって学問や理性は有用か無用か——が問われている。これは、アウグスティヌスなどから始まり、脈々と流れるヨーロッパ・キリスト教精神史において、実は非常に重要な問題であった。次に、この問題について、やや詳しく論じたい。(*2) 最初に一三世紀の例話作家の考え方、次にスコラ学者の考え方、そして、三番目に一四世紀・一五世紀の人文主義者の考え方、そして、最後に、一六世紀初頭の

図 10-2　塔の町サン・ジミニャーノ

図 10-3　サン・ジミニャーノのコッレジャータ教会　12世紀

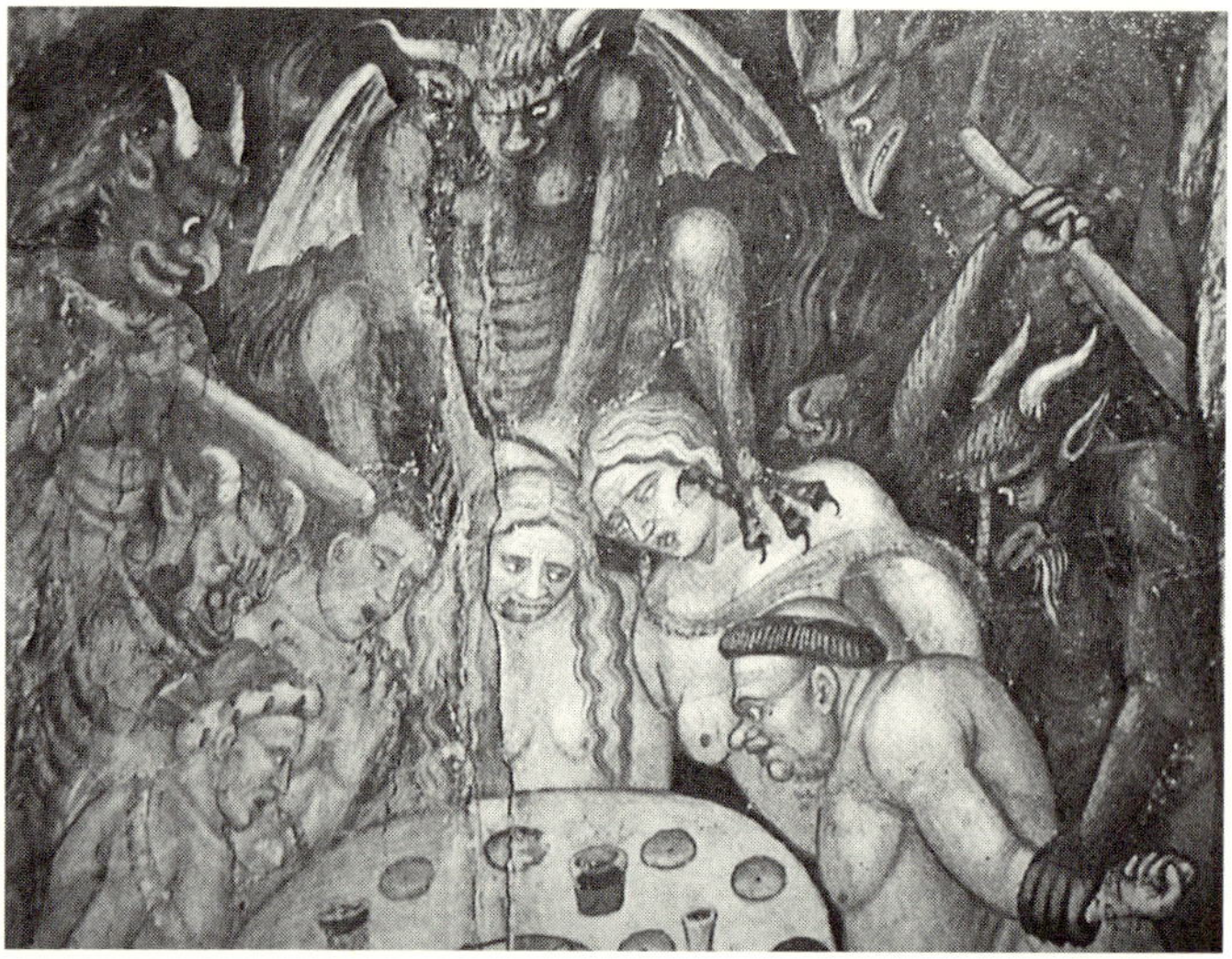

図 10-4　タッディーオ・ディ・バルトロ《地獄―貪食の罰》 1396年
サン・ジミニャーノのコレッジャータ教会

ルターの考え方について見ていきたい。この流れから見てわかることだが、この問題は、歴史的に見て極めて重要である。なぜなら、実にこの問題からルターの宗教改革が勃発したと見ることもできるからである。こうした大きなスタンスからヨーロッパの歴史を見て宗教改革を位置づけることは、ヨーロッパ人自身あまりしていないことである。

(一) 信仰に学問は不要である――例話作家とアッシジのフランチェスコ

例話作家は、無学な貧しい庶民を慰めようとした

《学問など、信仰に必要ではない。優先されるべきは信仰である》――例話作家や説教師は、しばしばそう主張した。彼らが、このように学問に対して否定的な態度を示したのは、ひとつに、学問に無縁の、学問が全くわからない民衆の気持ち汲んだのかもしれない。というのは、教会に来ている、目の前の存在は、そのほとんどが貧しい民衆だったからである。すなわち、一四世紀後半のサッケッティ(サケッティ)(一三三三頃～一四〇〇)の書いた「ノヴェッラ」(小話)[*3]によると、フィレンツェの大聖堂で托鉢修道士が、連日に及んで高利貸を戒める説教をしていたところ、聞いていた信徒から、「ここにいるのは、どいつもこいつも借金をする貧乏人ばかりだ」と言われたという。そこで説教師は、「貧しき者は幸いである」という現実的な内容に切り換えて、貧しい人びとに非常に大きな慰めを与えて、皆から共感を得たとある。

教会には金持ちも来ていたはずであるが、確かに教会に来ている者の多くは貧民だったかもしれない（さらにそのほかに、教会に来られない多数の貧民もいた）。そもそも、この時代、都市の人口の三分の二かそれ以上は、何らかの援助を必要とする貧民だった。[*4]「場の空気を読む」――もし説教師がそうすることができるなら、目の前の大勢の無学な庶民の次元に降りて、現実的に話題を選び、彼等を満足させるような考え方を話すべきだろう。もちろん、キリスト教聖職者として絶対譲れない本質部分もあった――例えば、キリスト教成立以前のおまじないとして「五穀豊穣、五穀豊穣！」などと言って、自然を崇拝し、自然を称えるような農民には、厳しく戒め、《自然》ではなく、《神》こそが、すべての支配者であることを、妥協せずにしっかり教えなければならなかったのである。教会の中央から派遣された司祭としての思想の統制者としての任務が存在したのである。

もし説教師が、目の前にいるこの貧民の立場に立つならば、敬虔で純真に祈る素朴な農民や労働者や老婆――彼らの一途な信仰心は、それだけで十分に神の御心に沿い、神を喜ばせるのだ。それゆえ天国に行けるのだ――と、そのような説教を話しただろう。そうした立場は、貧しい民衆の人たち、すなわち学問の修得の機会どころか、書物の所有も、文字を読む能力すら与えられない民衆に、安心感を与え、彼らを喜ばせたように思える。そして、ここで主張される逆説的な主張、すなわち《無知な者にこそ、天国は開かれている》という主張は、キリスト教の本来の主張とも合致するものである――すなわち、事実上、「貧民」＝「無学な者」であったわけだから、その主張は、《貧しき者は幸いである。天国はあなたがたのものである》というキリスト教の本来の主張とほとんど同意義のものである。キリスト教は、成立時はまぎれもなく弱者の立場に立っており、常識的な考え方――強者の論理――をひっくり返し、弱者が希望を来世に託すことのできる宗教であった。だから、中世末期において、学問と無縁な無知な貧民の立場から説教することは、奇をてらったことではなく、キリスト教のごく自然な主張であっただろう。

実際、イエズス会が中国にカトリックを布教しに回った時、イエズス会士が痛感したことは、布教しやすい相手こそ、貧しい人びとであったということである。このことは、キリスト教の教義に伴う本質的なことであっただろう。一七〇二年、中国で布教していたイエズス会は、次のように本国に報告している――「シナにあっても貧者のなかに、富豪や世俗的権力者におけるよりも救済の真理への障壁を見つけることは少ないですし、またこの真理への教えやすさをより多く発見するのです。(＊5)」

アッシジのフランチェスコは学問に無関心であった

一三世紀に隆盛を見たアッシジのフランチェスコの清貧の教えも、同様の主張であった。着ていたみずからの衣類を貧者に与え、裸同然の姿になって清貧と隣人愛を説教したフランチェスコは、多くの人びとを魅了し、彼のもとに数多くの弟子が集まった。そして、彼に心酔した者たちによってヨーロッパ中にフランチェスコ会（フランシスコ会）の教会が築かれた。フランチェスコは、むずかしい学問や体系には全く無関心であった。聖書の福音の言葉に文字通りに従おうとする純真な思いと行動が人を引きつけたのである。彼の教えのもとに設立されたフランチェスコ会の傾向は、学究的な傾向の強いドミニコ会と比べると、対照的である。「ドミニコ会士には、形而上学的な考察から信心体験を演繹する傾向があり、フランチェスコ会士は、より体験・情動を重視して自分の中の聖霊の賜物に突き動かされた禁欲と慈愛を実践する。(＊6)」（池上俊一）

例話作家は信仰に学問や理性は無用だとみずから信じて民衆に説いた

例話作家による学問への否定的態度は、ひとつに、最初に述べたように、無知なる庶民への配慮もあったかもしれない。また、フランチェスコの教えに従ったものもあったかもしれない。しかし、フランチェスコが登場する以前からその種の例話があったことなどを思うと、ひとつに、やはり例話作家自身が本当にそう信じていた結果であると私には思われる。例話作家は、多くの例話で「霊魂の純真さこそが何よりも神の心にかなう」とたゆまず言い続けた。例えば、ジャック・ド・ヴィトリ（ヴィトリのヤコーブス）（一一七〇頃～一二四〇）の書いた例話（後にアルノルド・ダ・リエージュの編集になる『例話目録』に掲載される）によると、ある司教代理が神学を究めようとパリにやってきて励んだが、長年の勉学のすえに得た結論は、学者になるよりも善良な人間になるほうがよいということであった。そこで彼は剃髪して修道士になったという。(＊7)

三　トマス・アクィナスにおける「信仰と理性の関係」

外界からの文化的刺激――流行としてのイスラーム文化

先に紹介したパッサヴァンティの例話の学生は、学問を悪用することによって地獄に堕ちたが、その例話に登場する教授については、彼は必ずしも論理学と哲学を悪用していたわけでない。しかしこの幻覚を見てから、論理学と哲学の研究を放棄してしまう。そして死ぬまで修道院で聖なる生活を送ることになる（この話には、一二世紀の実在のモデルの人物がいて、その人物は、後にシトー派のオモヌの修道院長になったという[*8]）。

まず、この例話で「学問」の象徴としてやり玉にあがっているのが、「論理学の詭弁」であることは注目していいことだ。すなわち、「論理学」とは、事実上、一三世紀に隆盛したアクィナスを中心とするスコラ学（スコラ哲学、スコラ神学）の学問である。スコラ学は、アベラール学派の影響を受けて、理性の光を信じた。当時、トレドなどのイスラーム教徒の支配する世界には、ヨーロッパ世界より遙かに進んだ学問や文化が花咲いていた。このイスラーム世界という《外界からの刺激》がキリスト教世界に影響を及ぼした。算用数字（「アラビア」数字）の導入をはじめ、羅針盤や医学など、アラビア文化の摂取はまさに時代の流行であった。この頃からヨーロッパに定着したアラビア語を起源とすることば（ヨーロッパ人にとっての外来語）の数のあまりの多さがそれを物語っている。キリスト教徒の知識人は、知性のまばゆい光をトレドや東方のアラビア世界に見た。そして、トレドに馳せ参じてアリストテレスなどを学んだのである[*9]。こうして、本来ヨーロッパ（ギリシャ）に由来するアリストテレスなどの学芸が、中世初期にほとんど見失われ埋没していた（とされる）ことから、ようやくトレドなどのイスラーム教徒を通じて、間接的に、一種の「逆輸入」のかたちでギリシャ文化がヨーロッパ人に再発見されたのである。このようにヨーロッパ・キリスト教史において最もキリスト教的で、最も中世的なものであるとさえ、俗に理解されている「中世スコラ学」は、実は、時代の流行を追うものとして、イスラーム世界という《外界からの刺激》によってうまれたものであり、それは非キリスト教的なものである。それは、方法論的には、古代ギリシャの思想の摂取という、キリスト教とは本質的に異質の学問の導入によるものであった。

信仰から分離された理性の勢い

スコラ学は確かに「信仰」を重視したが、当時、ヨーロッパよりもずっと盛んな学術の展開を見せていたイスラーム世界から強い刺激を受けたイスラーム的なアベラール学派の影響を受けて、スコラ学は、学問を「信仰の領域」と「理性の領域」とに厳密に分離する（この分離は「諸刃の剣」であった。後述）。例えば、《最後の審判》や《三位一体》という信仰や啓示に関わる事柄は、理性ではどうにも説明がつかないことであったので、理性による研究の対象から留保され、棚上げされてしまう。こうして、スコラ学は、残された方の領域、つまり理性によって認識の可能な領域に関心方向を限定するようになる。そこでは、理性中心の認識世界の学問が主役となった——例えば、外的に「かたち」（現象）となって現れる「自然学（自然科学）」は、理性（知性）による観察・実験によってその仕組みが明らかになることから、その研究の門戸は大いに開かれた。観察と実験を重視したロジャー・ベーコン（一二一四頃〜一二九四頃）の光学などの驚くべき研究の発達は、そうした背景のもたらした成果である[*10]。ここにヨーロッパの科学の発展の端緒のひとつを認めることができるかもしれない。

しかし、その一方でスコラ学は、初期キリスト教時代のアウグスティヌスがおこなったような、信仰告白や、信仰をめぐる豊かな考察や、生身の人間が信仰をめぐって思案する諸問題、人間そのものの生き方、人間の情念や存在のあり方の問題、それに伴う苦悩といった、人間にとって重要な部分の問題を関心の外へ追いやったのである。五世紀のアウグスティヌスがエネルギーを払った、キリスト教的な強い信仰心をめぐる根本問題を本質的な関心の外へ追いやった。実際のところ、我々が『神学大全』を（その一部でも）、読んでみても、そこに人を信仰に駆り立てるような要素、宗教的情熱や宗教的意図は感じられない（そこではある種の理詰めによる冷めた論理展開はあっても、人間的な説得力や情感がない。プラトンにさえあった修辞学（レトリック）もない）。このことは、アリストテレスの著作についてもいえるように思える。アクィナスとアリストテレスはどこか肌が近いように思われる。

論理学の自律的展開と道徳哲学の喪失

そこでは、高利などの経済倫理や、性交などの夫婦の性倫理をめぐる、プラクティカルで個別的な罪が次々と問題にされ、アクィナスによって「それは小罪である（赦せる）」「それは大罪である（赦せない）」などと、ひとつひとつ判断される。そこで主に精力的に展開されるものは、アリストテレスに依拠した淡々とした形式的な論理学、三段論法的、弁証法的な論理学でしかない。その三段論法の論理学も、後の哲学史家が言うように、最初の大前提が論証されぬままに、かなり機械的に論理展開する点において、問題の多い論理であった[*11]。こうしてアクィナスは、『神学大全』において、キリスト教と徳、キリスト教と罪などをめぐるあらゆる具体的、個別的な問題について（総数五二一にも及ぶ問題）、三段論法という「鋳型」、一種の「フォーマット」のなかに強引にはめ込み、そこから教父などの権威に依拠して（これはア・プリオリな信仰の領域の存在であり、先の分離の精神と矛盾する）、「正解」を導き出していくのである。それも「到達すべき結論があらかじめ定められている」のである。[*12] 仮にここに誤解があったとしても、少なくとも言えることは、スコラ学は、個別的でプラクティカルな問題に論理学的に関心を集中させており、生身の人間をめぐる本質的な問題――すなわち道徳哲学的、人文学的な問題――は関心の中心から排除されていたということである。

アクィナスは、この論理学的方法によって神学をめぐる問題の「すべて」を理解できると、そう信じたのである。「すべて」が理解できると信じていたことの証拠に、アクィナスは自分の著書のタイトルに「大全」（summa）ということばを与えている。結局、この著作はあと少しというところで未完に終わったが、弟子たちによって完結された。膨大な量の著作であるが、多大な労苦によって全巻が日本語にも訳されている。その数全四五巻三九冊にも及ぶ。しかしその膨大な量、テーマの関心度、内容の教条的な退屈さから、それを全部読んだ者は、訳者（共訳）も含めて日本では誰ひとりいないだろう、と思う。

アクィナスは、よく言われるように、思想史的には「信仰と理性の調和」を確立し、両方のバランスをうまく取ったと考えられているが、実際には、彼が考察において精力的にエネルギーを注いだのは、事実上、形式的論理学の考察、すなわち一種の理性中心の学問であった。

四　ルネサンス人文主義における人文学と信仰の重視

（一）　ペトラルカはスコラ学に反発した

ところが、ペトラルカ（一三〇四～七四）は、一三世紀に展開したこうした学問体系に反発した。一三世紀の学問体系とは、すなわちスコラ学の弁証学の「論理学」、自然観察にもとづく「自然科学」の学問、さらに「医学」・「法学」などの実利的な学問、加えて人間の意志の自由に否定的な「占星術」（これは中近世の医学において極めて支配的であった）など、時代の流行であったアラビア文化から色濃く影響を受けたものに対して強く反発した。その反発のテコとなったものは、二つのアイデンティティであった。ひとつは祖先を古代ローマ人とするアイデンティティであり、もうひとつは、キリスト教徒（カトリック）としてのアイデンティティであった。

ペトラルカは、イスラーム世界に導かれた一三世紀における科学（学問）の偏愛に反発して、むしろ人間の内面そのものに目を向けた研究、すなわち古代ローマの人間性（フマニタス）の研究、人文学的、人文主義的な研究を尊重すべきであると、声を大にして異議を唱えた。まさにペトラルカは、人間の真の生き方を古典に求めた人文主義の旗手であった。彼の生き抜いた時代（「トレチェント」）は、ブルクハルトも描くように、ゲルフ・ギベリンの争い、諸都市間の争い、都市内の門閥間の争い、階級間の争いの世界であり、さらに飢饉・疫病の頻発が加わり、まさに混乱のさなかにあった。まさにフィレンツェ人ペトラルカの出生地が象徴的である。すなわち生まれたのは、フィレンツェではなく、その南のアレッツォであった（図10-5a、図10-5b）、それは、「白派」であったダンテと同様に、フィレンツェでの政争に敗れた彼の父（公証人）がアレッツォに逃れ、そこでペトラルカが生まれたからである（図10-6）。

ペトラルカは、スコラ学者の偏向した学問的傾向に異議を唱え、事の本質を捉えてこういう——

「よい年をした屁理屈こねほど不愉快な連中はない。彼等が三段論法をしゃべり出したらば、御忠告申し上げるが、さっさと逃げ出し、彼等に向かって、エンケラドゥスと議論したらどうだと言ってやるとよい[*13]」。

「獣や鳥や魚の性質を知ったからといって、人間の性質を軽視するのであれば、いったいそんな知識が何

図 10-5a　祭りの日のアレッツォ

の役に立つのであろうか。大事なことは我々が何故に生まれたか、どこから来てどこへ行くのかを知ることである[*14]」。

すなわち、ペトラルカが問題視したことは、人間にとっ

図 10-5b　祭りの日のアレッツォ

図 10-6　アレッツォのペトラルカの生家

て極めて本質的なことであった。空疎な、中身のない論理学の問題ではなく、「我々が何故に生まれたか、どこから来てどこへ行くのか」という問題であった——このような実存主義的でさえある課題を抱いた人間がイタリア・トレチェント（一四世紀）にいたのである。実は、ドゥエチェント（一三世紀）に比べて、トレチェントは、既に述べたように、相次ぐ飢饉や疫病、政治的混乱と戦争による社会的な苦難、都市国家の財政的危機に満ちていた時代であった。時代状況を記述した年代記作家のフィレンツェのヴィッラーニも、ヴェネツィアのサヌード（サヌート）も、いずれも社会のその深刻さの叙述において共通している。加えて、イタリアの至る所で地震と洪水の被害がつづいた（こうした苦難はヨーロッパ全般に共通し、それは「涙」に象徴され、《涙模様》の図柄が流行したという。[*15] トレチェントはまさに「涙の世紀」かもしれない）。フィレンツェを例に取ると、この一世紀間で人口は半減どころか、三分の一にまで減少した。

それゆえに、「トレチェントの危機」において、当時人びとに重大な意味を持った宗教の面においては、ローマ教会の権威そのものの根底を覆しかねないウィクリフ（一三二〇頃～八四）やフス（一三六九～一四一五）の思想が現れ、従来の教会の体制自体の是非を問うた（教皇制の否定）。トレチェントの混乱期において本質問題は否応なしに知識人の関心事となったのである（――このことは、デカルトをうんだ「一七世紀の危機」についてもいえることである）。この混迷の時代のなか、ペトラルカは、「独りわたしに残されたペンと涙」（『カンツォニエーレ』三一三4）と言って、悲哀を詩に結晶化するとともに、ペンをもって、導きの打開の力となるはずの、空疎な論理学や自然学とは無縁の燦然とした古くて新しい価値観を論じたのである。

それが古典古代の学芸と生き方の「再生」であった。[*16] まさに「ルネサンス」であった。ペトラルカはトレチェントの難局のなかで、ヒントとして古典の学芸と生き方を導きとして見出し、その復活を提起し、みずから実践したのである。具体的には、キケロなどが追究した古典古代の学芸、いわば血と肉からなる生身の人間による人文主義的学芸の復活であった。ペトラルカは、そこで、誇るべき壮大な帝国を築いた祖先である古代ローマ人に見習って、彼等が重視した学芸を追究すべきであると考えたのである。

（二）ペトラルカにおける人文学的課題の重要性

ペトラルカの考えにおいては、キケロ（前四三年没）らに倣って、「外への運動」と「内への運動」という二重の実践が志向されるべきであった。すなわち、キケロのように、修辞学（雄弁術）の力を磨いて積極的に公生活に参加するとともに（外への運動）、人間の内面にも目を向け倫理的にその理念や本質について考察を深める――すなわち「道徳哲学」（道徳的、理性的な生き方の研究）の追究（内への運動）がなされるべきであった。

ペトラルカとその後継者のルネサンス人文主義者は、当時の一般のスコラ学者たち（実はこれにも色々いた）、すなわち、時代の混迷を見ずに「詭弁を弄する」スコラ学者の学問的志向に対決して、古典古代の学芸（具体的には「歴史」・「文学」・「詩」・「道徳哲学（人間哲学）」の学芸、そして、表現手段として「修辞学」・「文法」）の追究を志向したのである。

人文主義者については、彼らにも様々なタイプがあり、研究者E・ガレンが考えたのとは違って、そう単純な構図（「人文主義者」対「スコラ学」）では描けない[*17]。人文主義者は、スコラ学者（実はこれもまた色々いたが）の理性に偏った研究姿勢に対して、古典に依拠することによって彼らに対峙したのである。こうして、人文主義者にとって、アイデンティティとしての「古代思想」を訴えたが、同時に、アイデンティティとしての「キリスト教」も重石として存在した。もちろん彼らにおいても一五世紀にもなると、古代ギリシャからの伝統的な世界観は強く、神の創造したマクロコスモス（大宇宙）の世界には、整然とした秩序が備わり、そこに神の理性が宿るように、ミクロコスモスとしての人間、すなわち神の被造物、神の似姿としての人間にも神の理性が宿ると考えた（キリスト教の合理化・ギリシャ化。キリスト教とギリシャ古典の調和）。この世界観から、レオン・バッティスタ・アルベルティ（一四〇四～一四七二）やレオナルド・ダ・ヴィンチ（一四五二～一五一九）などのルネサンス美術家によって「ウィトルウィウス的人間像」が描かれた。すなわち、マクロコスモスとしての、両手両足を広げた人体の構造そのものが、世界の秩序とイデアとしての「円形」を示唆する。また、同様に、ルネサンス絵画の理性と道徳の重視は、美術史家ヴェルフリンのいう「構築的」構図（左右対称、水平軸と垂直軸の重視）に作用している。しかし、あくまで人間は神に準ずる理性的存在であった。あくまで神とキリスト教信仰が最も重要視されたのであった。ペトラルカは、後のアルベルティやダ・ヴィンチとは次元は異なっていたが、トレチェントの時点では、こういう[*18]。

> 天球が驚くほどの速さで動き回転するその運動を目にし、その運動が毎年々安定した四季の変化をつくりだして万物に最高の安泰をもたらしているのを見るとき、これらの現象がただの理性によってではなく、むしろ卓越した神の理性によって生じていることを疑うでしょうか。

古代の学芸と古代のキリスト教精神の両方を重視する姿

勢は、ペトラルカの次のことばに端的に表れている。このことばによって、キケロの「修辞学」（＝雄弁術）という古代学芸の「武器」（表現手段）と「キリスト教」とが見事にアウグスティヌスにおいて両立していることが主張されている。

キケロの著作は、雄弁術［＝修辞学］に関する限り、誰にとっても有益であり、人生に関しては多くの人々に有益である。既に述べたように、このことはアウグスティヌスの場合について言える。アウグスティヌスは、教会の偉大な闘士、キリスト教信仰の偉大な擁護者になった人であり、彼は、戦闘に入るずっと以前から敵の持っていた武器を腰に巻いて身構えていたのである。(*19)

このように、ペトラルカは、アウグスティヌスやアンブロシウス（三三九頃〜三九七）などの教父たちのなかに、「古典文化」と「キリスト教」の一種の調和、あるいは総合を見出そうとする。このペトラルカの視点と同様のものが、人文主義者エネーア・シルヴィオ・ピッコローミニ（一四〇五〜六四）の次の文の中にも認めることができる。

「雄弁家の中ではキケロが最高位にあり、これについては少しも迷うことはない。文体が率直であり、彼の言うことは明快である。彼の著書『義務論』を読むことは、有益であるばかりではなく、絶対的に必要な訓練である。聖アンブロシウスはそれを模倣して著作を書いた。その著作は、彼が模範としたキケロの本の補足として書かれたものであり、我々が賢明に読むべきものである。従って、キケロの教えはキリスト教の立場に役立ったのである。(*20)」

「ヒロエニムス、アウグスティヌス、テペリアーノは、教父として異教の詩から例証を引き出すのを躊躇しなかったのであり、その研究を是認していたのである。(*21)」

なお、このピッコローミニは、一四五八年に教皇ピウス二世（在位一四五八〜一四六四）としてカトリック教会組織の頂点に立つに至った。このことは、ペトラルカによって切り開かれた人文主義が、キリスト教会において公認されて、ついに時代を征したことの象徴と見ることもできよう。

ピッコローミニ（ピウス二世）の指摘するように、人文主義者にとって、古代末期から中世初期のキリスト教神学者による古典文化の摂取という既成事実は、強い味方になってくれたのである。それはちょうどコンステンティヌス帝――キリスト教を公認――の時代のキリスト教の教会建築が、「古代文化」と「キリスト教」とを融合させたものであるがゆえに尊重されるべきであるという、ルネサンス建築家の考え方とよく似ている。この考え方において、キリスト教と古代の学芸とは矛盾せずにむしろ融合しうるとされたのである。

(三)　ペトラルカにおける修辞学とキリスト教の調和

まとめると、ペトラルカにおいては、スコラ学の論理学に象徴される「理性一辺倒」の姿勢に対して、アンチテーゼとして、「古代の学芸」(人文主義)が打ち出されたのである。人間を知り、人はいかに生きるかを学ぶために、古典の人文主義研究が提唱され実践されたのである。そして、宗教的には、古代キリスト教の宗教的息吹を感じさせ、キリスト教の信仰へ強く導くアウグスティヌスへの回帰を訴えたのである。また、キリスト(前四頃～後二八)の登場する以前のキケロ(前一〇六～前四三)などの古代の学芸を学ぶからといって、それが異教の思想を認めるわけではないと考えた。決してキリスト教を蔑(ないがし)ろにするわけではなかったのである。あくまでキリスト教信仰が最重要視されていたのである。これについて、ペトラルカは、アウグスティヌスにおいてこそ、古代の学芸、例えば、人を説得して行動へ駆り立てる学芸、すなわち《瓶》としての「修辞学」と、そのなかに入れる《酒》としての「キリスト教」とが見事に調和していると見たのである。

ペトラルカにおいては、「スコラ学との対決」と「アウグスティヌス研究」とは一体のものであった。アウグスティヌス研究と同時進行として、キケロなどの古典の学芸が打ち出され、多いに重視された。だが、究極的にはあくまでキリスト教信仰が絶対であった。これについてペトラルカはこういう――

もしキケロを賛美することがキケロ主義者であることを意味するとすれば、私はキケロ主義者である。私は彼を賞賛するあまり、彼を賞賛しない人々のことを不思議に思う。……しかし私たちが宗教、つまり最高の真理や真の幸福、永遠の救済について考えたり、話すようになる時、私は確かにキケロ主義者でもなければ、プラトン主義者でもなく、キリスト教徒である。(＊22)

(四)　ヴァッラの新展開(ルター思想の先取り)
――キリスト教信仰の純化としての「反理性」

このペトラルカのキリスト教至上主義をさらに純化する

ことによって、純粋に「反理性」を打ち出した革命的な人文主義者がいる。ロレンツォ・ヴァッラ（一四〇七〜五七）である。ペトラルカが古代の異教思想を遠慮がちにキリスト教世界に導入するつなぎ役として、「道徳哲学」（人間の理性・道徳が尊重された）を強調して、聖職者らの合意を求めたのに対して、ヴァッラはもはやそのような折衷に興味はない。彼は、人文主義者として、次のように、理性としての哲学に対して敵対姿勢を鮮明に打ち出している。彼は、その思想がしばしば誤解されるが、実は「哲学」（＝「理性」）よりも「感性」を重んじ、その観点からキリスト教の擁護を展開した人である。

私は哲学を蔑視し、非難するのを恥ずかしいと感じない。なぜならパウロは哲学的知識を持っていなかったし、ヒエロニムスやその他の教父は哲学者を異教の巣と言った。それゆえに哲学と訣別せよ。哲学のかわりに神への愛を！[*23]

このようにヴァッラは、「哲学者」（古代哲学者・スコラ哲学者）に対決する姿勢を表明した。ヴァッラによれば、彼らのいう「徳」や「正義」とは見せかけでしかない。その欺瞞をあばくのに、みずからの手を汚す必要はないとして、エピクロス派の考えをぶつけて論破する。[*24] 人は、アリストテレスのような哲学者の言う「正義」や「美徳」によって行動しているように見えるかもしれないが、実はそうではなく、「快」や「利益」を求め、「不快」や「不利益」を避ける原理で行動しているのだという。我々が人を殺さないのは、「徳」や「正義」を守るためではなく、人を殺したことによってもたらされる「不快」、悲惨さ、殺人から生じる良心の呵責などの「不快」を避けるためであるという。ほかの何よりも人間にとって最高のものは、来世において感性によって感じ取られるもの、つまりキリスト教信仰から来る来世の至福の甘味さにある。その天上の快楽を享受するためには、この世の快楽の享受を慎まなくてはならない。この世で禁欲して快を断つ者は、あの世で至福の悦びを得る。そして、神の慈愛と希望をもってひたすら信仰に邁進せよと教える。[*25]

ヴァッラにおいては、キリスト教と「理性」を結びつける立場への反発は非常に強い――。彼は、キリスト教は「理性」によって理解されるものではなく、「感性」によって享受されるべきであると考える。ヴァッラは、古代の学派であるエピクロス派の感性を重視する考えを摂取し、『快楽論』第三巻では、天国の甘味な楽園を想像して、それを死後の永遠のキリスト教的快楽として満喫できるように、偉大な神を賛美しようと訴える。こうしてヴァッラは「理性」によるキリスト教の認識に絶対的に反対する。キリスト教信仰の前には、知性や理性は全く無用である。そして、パウロの「義しき者は信仰によりて生きる。」「信仰から出発しないものはすべて悪である」を引用して、後のルターのパウロにもとづく信仰至上の考えを、半世紀以上前から先取りしている（キリスト教の純化）。

さらに、ヴァッラは、その『自由意思論』（一四四〇年頃）のなかで、万能の神の前では、人間の限られた理性や知性など、微々たるものでしかなく、人間の救済は努力だけではどうにもならない。神の慈悲にすがるしかないと言ってまさしく自由意思を否定する。ここでもまた宗教改革者の思想を先取りしている。

なお、断っておけば、ルネサンスの人文主義者は誰も皆、キリスト教信仰が非常に深い。それは当時の人間全般においてあたりまえのことであった。ルネサンス時代は、少なくとも残された史料から見るに、人文主義者も、一般の人びとも極めて宗教的であった。ところが、日本の高校の教科書（『世界史』）のなかには、ルネサンスの運動は、「神を中心とするキリスト教的世界観よりも人間を中心とする現実的世界観を中心とした運動」などと記述するものが多くあり、歴史の実態を把握できていない[*26]。この問題性については、拙稿「《峻厳な神》とペスト的心性の支配——一五世紀フィレンツェの立法・政策・判決に心性を読む——」（二〇一三年）で詳しく論じている[*27]。総じて言えば、ルネサンスのネオ・プラトニズムもヴァッラの思想もこの時代の極めてキリスト教的な歴史的現実のなかで理解されるべきである。

五　ルターの宗教改革はどうして起こったか

（一）ヴァッラは宗教改革者ルターに影響を与えた

若きルターは、人文主義者ペトラルカやその弟子から直接ないし間接的に刺激を受けてキケロなどの古代の思想家を知った。ルターの『卓上語録』を読むと、ペトラルカが常に強調した二人、すなわちキケロとアウグスティヌスへの高い評価が見て取れる。キケロはキリスト以前の人である。

「アウグスティヌスは使徒たち以後の神学者のなかで最大の学者である[*28]」。

「キケロは自然学と教えにおいてアリストテレスよりはるかにまさっている。キケロの『義務について』はアリストテレスの倫理学より優れている。……キケロは……アリストテレスよりぬきんでている。というのは、キケロは自然学の最高の問い、神は存在するか、神はどのようなものか、神は人間の苦悩に心を痛めるかについて論究しているから。そして、永遠の魂は存在しなければならないと主張している。……真の哲学を学びたい者はキケロを読むとよい[*29]」。

ルターの人文主義研究の打ち込み様は、相当なものであった。実際、ドイツのエアフルトのアウグスティノ修道会の修道院には、彼が人文主義研究に励み、みずから余白に書き込みをしているヴァッラの本を見ることができる（図10-7）。そうしたなかで、ついに前世紀の鬼才ヴァッラの著作に触れ、そこに「自由意思の否定」と「信仰至上主義」と「反理性」の思想を知り、大いに啓発を受けた。ルターは、『奴隷的意志について』（一五二五年）などでこう述べている[*30]——

「ロレンツォ・ヴァッラは私がこれまで見出したイタリア人のうちで最高の人物である。彼は、有能にも、自由意思を否定している。」（『奴隷的意志について』）

「実に、私としては、アウグスティヌスとともに……ウィックリフとロレンツォ・ヴァッラが私の最高の拠り所である。」（『卓上語録』）

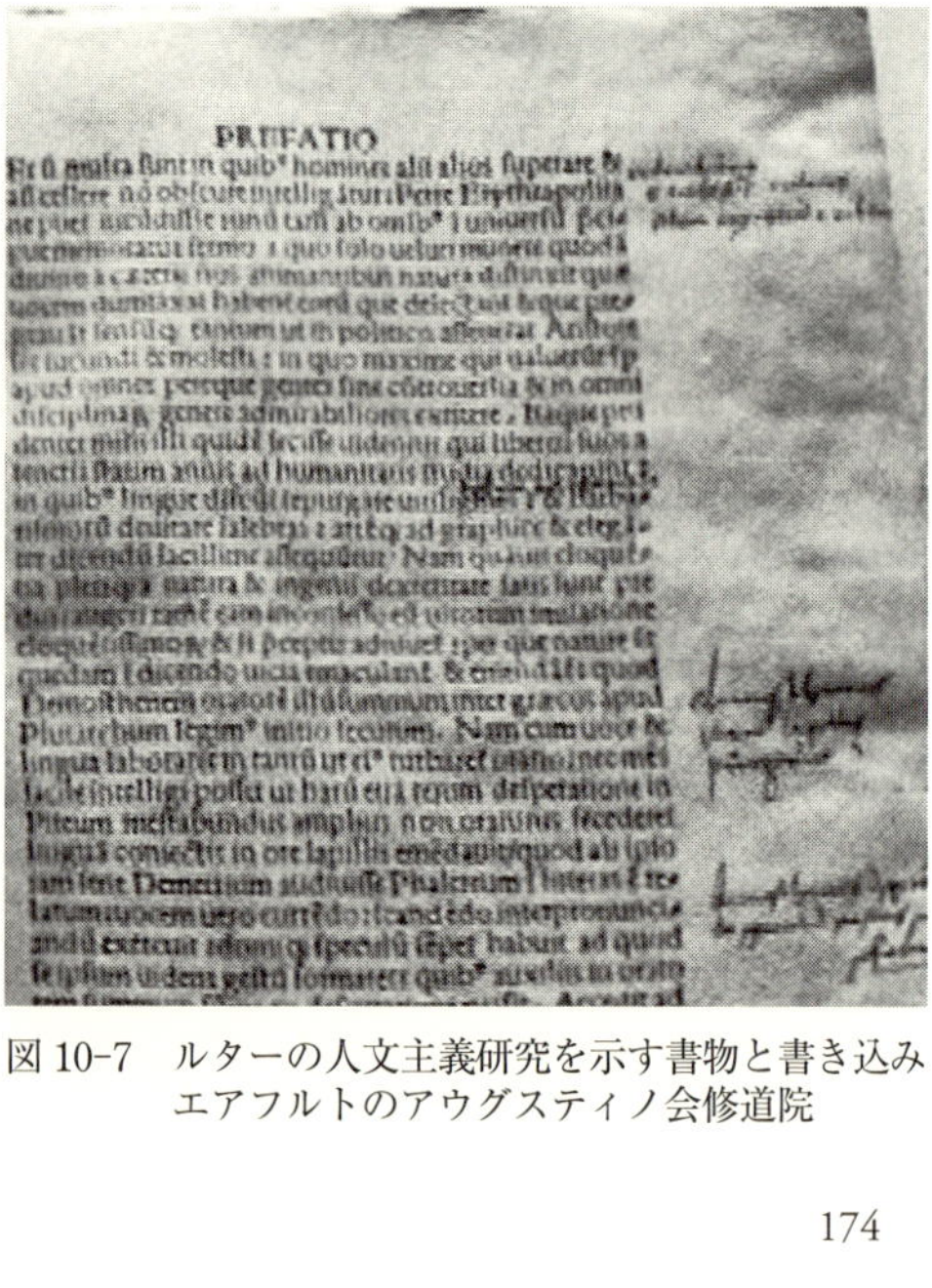

図10-7　ルターの人文主義研究を示す書物と書き込み
エアフルトのアウグスティノ会修道院

このようにルターにおいて「反理性」「自由意思の否定」はヴァッラから継承されてきたものである。注意すべきことであるが、免罪符（贖宥状）そのものは、すでに一一世紀から十字軍志願の兵士に与えられていたもので、格別新しいものではなかった[*31]。ルターにおいて問題となったのは、それを疑問視させる新たな社会的、思想史的背景であった。

新たな社会的、思想史的背景こそが、神観念に作用し、ルターをして「行為」重視の免罪符を問題視させたのである。

信仰心を「行為」すなわち自由意思の実践でもって証明する考え方そのものは、定着して久しいものがあり、特に一三世紀以降は、信徒の贖罪として、托鉢修道士による指導のもとに、教会への喜捨、貧民への慈善などの「かたち」で、「行為」は一般におこなわれていた（ルターの批判は免罪符そのものへの批判であると共に購入する俗人に対する批判でもあった）。問題は、そうした「行為」を疑問視させる新たな思想史的な契機であり、背後から刺激する歴史的現実である。ルターの免罪符批判は、「信仰至上主義」、つまり「内なる信仰心を至上とする立場」にもとづくものであった。当時、巷で流布していた立場、すなわち、贖罪されるためには、免罪符を購入する「行為」に出ればよいという立場は、一種の「行為主義」である。宗教改革の「狼煙（のろし）」をあげた一五一七年、ルターは免罪符を批判したが、それは「行為だけを見るやり方」[*32]に対する批判であった。その批判を刺激したのがルターの神観念（後述）であった。繰り返すが、ここには人文主義者からの影響やペストなどによる時代の苦難の歴史的状況（後述）が関与している。

ルターは、自由意思にもとづいて「表面」に現われたものである道徳や慈善の価値を信用しない。道徳は、「行動」という「かたち」になって現われるものでしかない。問題は、その「かたち」を起こす「こころ」の本質そのものであると考える。どんなに多くの道徳的行為をしようが、その人の本質が「善」であるかはわからない。善い木から善い実が成る。その本質が善である人、すなわち「善人」は「善行」をするが、その逆は必ずしも真ならず――つまり、「善行」をしたからといって「善人」とは限らない。「善人」であるかどうかは、神の判断することである（不可知論）。我々は信仰心をもって必死に祈るしかない。どんなに善行をしようと、苦行を積もうと、神は必ずしもそれをよしとはしない[*33]。

慈善などによる結果として現われた「行為」に対してふつう社会的な評価――称賛など――がなされうるものである。しかし、ルターは、そうした外見上のことを「善なるこころ」や「信仰心」とは必ずしも直結しないと考えた。巷でおこなわれている「行為主義」は、内面性を無視するものであった。臨終にある者は、遺言書を通じて慈善行為をすれば、煉獄の苦しみを軽減できると、そのように広く習慣的にヨーロッパで信じられていた。そういう実態のなかで、ルターは、反自由意思の立場、すなわち信仰至上主義の立場から一般的な習慣に批判したのである（実際には、当時のカトリックにも色々な立場があって一括りにはできないのだが）。そして、まさに一五一七年、免罪符を批判したのと同じ年に、ルターは、アクィナス（一二七四年没）に挑んで、『「スコラ神学反駁」討論』によって、スコラ学への批判を展開した。ここでルターは、スコラ学の論理学中心の理性重視に反対して、信仰、ただそれのみを表明している――このようにルターにおいては、《信仰至上主義》の立場は、一方で《行為主義》、他方で《理性主義》に反発するものであった。

こうした観点から、ルターは、ずばり「神学者（スコラ神学者）たちの思弁的学問は全く無価値なものだ」といい切っている。(*34) さらに言えば、この主張の背景には、彼においては、人間の理性の限界についての認識があったのである。それには後述する彼の神観念（「峻厳な神」の観念）が決定的に作用していた。こうしてルターは、スコラ学者たちがよって立つ土台、権威者そのもの（彼らの「哲学者」――アリストテレス――）を否定する。すなわち、「アリストテレス抜きでは神学者になれない」と主張するスコラ学者に対して、ルターは、その正反対であるという――「むしろアリストテレス抜きでなければ、神学者になれない」(*35) と。つまり、ルターにおいて《信仰義認論》と《免罪符批判》と《反スコラ学》の三者とは、完全に一体をなすものであった。

六　神秘主義による理性の否定とそれを加速させたもの

(一)　エアフルト大学の学風

こうしたルターの、反理性の立場の形成に貢献したものには、これまで見た人文主義的な古典研究の影響のほかに、ルターが学んだエアフルト大学の学風が大いに作用していた（図10-8a、図10-8b）。若きルターは、オッカム主義の伝統の支配するエアフルト大学で学んだが、このことは歴史的に重要な意味がある――オッカムこそは、「人間の理性が信仰の現実についての確実な知識に到達する可能性を全く否定し、神の一方的、恣意的なまでのわざを強調した」（徳善義和）からである。(*36)

人間の理性に対するルターの懐疑は、ひたすら神への信仰にいそしみ、神の慈悲にすがってこそ、義とされるという無条件の信仰へと導かれる。スコラ学は、理性と信仰を分離したが、ルターに至って今度は、諸刃の剣の一方（「信仰」）が大きく膨らんで世界の不可解さが強調されることになる。理性は決然と拒否される。ヴァッラのいうように、人間は圧倒的な神の力の前にひれ伏すしかない。峻

図 10-8a　エアフルト大学があったことを示すプレート

図 10-8b　エアフルト大学の跡

厳な神の前では、人間の理性は窒息してもはや呼吸することさえできない。一五世紀を支配した《峻厳な神》のイメージの強烈さは、まさしくペストによるものであり、筆者が一五世紀のフィレンツェに生きる市民層について立証したとおりである。

(二) ペストは神観念と神秘主義と終末論に作用した

神秘主義と信仰を大いに刺激したと考えられる出来事があった。それがペストの発生であった。トレチェント(一四世紀)につづいてクァットロチェント(一五世紀)もまた、黒死病が周期的にヨーロッパを襲い、多くの人びとの命を容赦なく奪った。激痛、精神錯乱、悪臭、急死、大量死、黒ずんだ醜い遺体——まさに黒死病は神のなせる業、この上なく非情な神罰であると一様に信じられ、この怒れる神を前にしては、人間の理性はただただうずくまるだけであった。こうした黒死病による精神的影響は、人間の理性の無力を痛感させるにあまりあるものであった。

ペストが神から与えられた罰であるという認識は、先立つ一五世紀においても、一六世紀においても、さらに、次の一七世紀においても変わらなかった。それを絵画から見てみよう。図10-9aは、一四二四年にドイツのゲッティンゲンのフランチェスコ会の教会で制作されたものである。

図 10-9a 《疫病除けのミゼリコルディアの聖母》 部分 1424年
ハノーファー・ニーダーザクセン州立美術館

ここでは、怒れる神が、天から、疫病死させる矢を次々と降らせている。そして、この絵の下部には、その矢を受けて、大量の人びとが疫病死している（図10-9b）――疫病はまぎれもなく神による罰なのである。サン・ジミニャーノで制作された図10-10aでは、同じく神が疫病の矢を投げている。そして、それに対して、その絵の下方では、疫病の守護聖人セバスティアヌスが大きくマントを広げて、サン・ジミニャーノの信心会の会員とその家族を疫病の矢から毅然と守って降りかかる疫病の矢をへし折っている（図10-10b）――つまり、ここでは、おもしろいことに聖人は、神とのとりなしというよりも、神や神の矢に逆らっているように見える。ところが、実際にはそうではなく、セバスティアヌスの立っている台には、人びとの祈願がラテン語で書かれており、まさに率直に文字伝達がなされている（図10-10c）――

「セバスティアヌス様よ、あなたの敬虔な人びとのために、とりなしをしたまえ。」

次に、一七世紀にナポリで制作された図10-11aでは、絵の上方で、神が鞭を振るって激怒している。それは人間の悪徳ぶりに対する怒りである。そして、画面のほとんどすべては、疫病死した大量の人びとが広場に倒れて、それを生き残った者たちが埋葬しようとしている（図10-11b）。

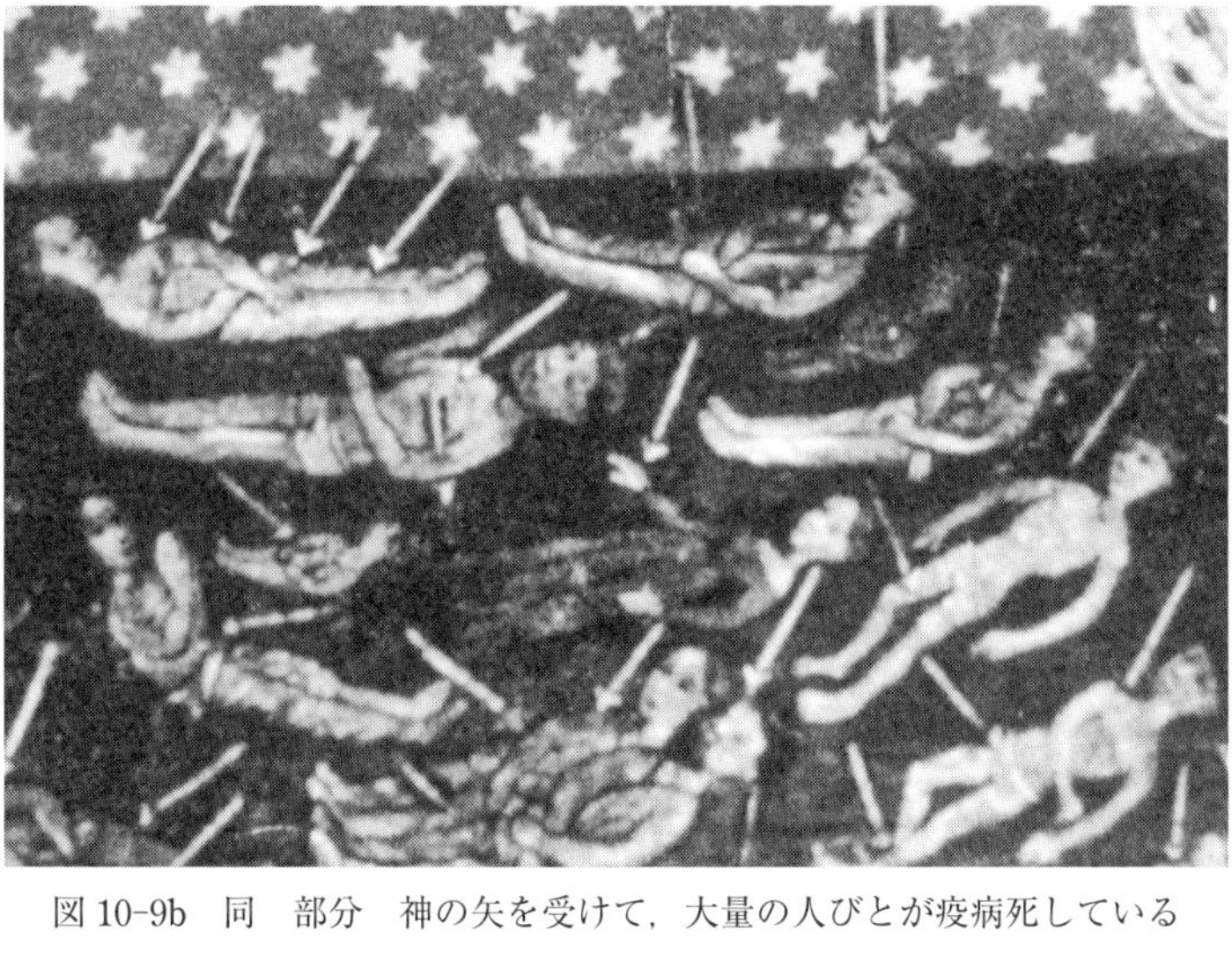

図10-9b　同　部分　神の矢を受けて，大量の人びとが疫病死している

図 10-10a　ベノッツォ・ゴッツォリ《聖セバスティアヌス》 部分　フレスコ画
1464年　サンタゴスティーノ教会　サン・ジミニャーノ

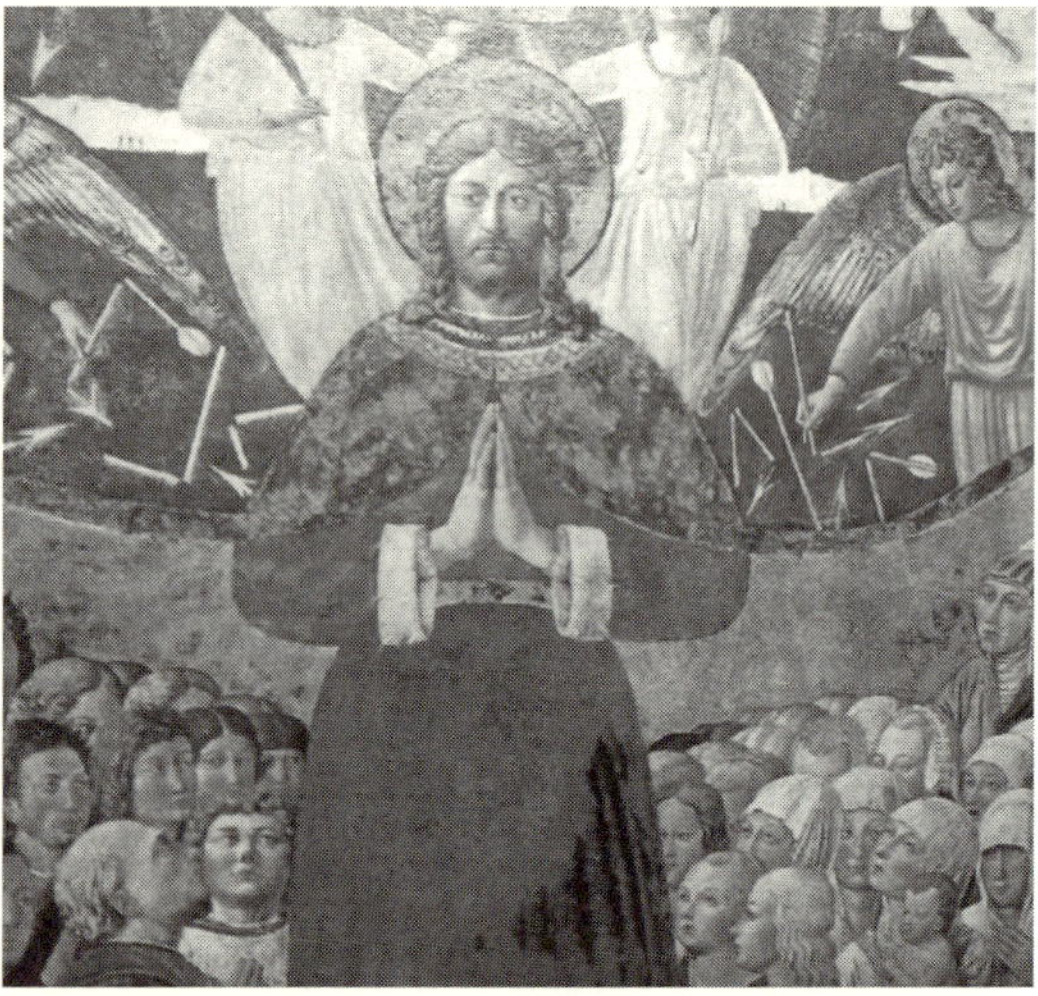

図 10-10b　ベノッツォ・ゴッツォリ《疫病の守護聖人セバスティアヌス》 部分　聖セバスティアヌスはそのマントによって疫病の矢から人びとを守る

非常に悲劇的な光景である。ここでもまた疫病が神の怒りであることがはっきりと示されている。こうした疫病を神罰と見る見方は多くの年代記等でも認められる。

ペストは非常に恐ろしい疫病であった。新しい研究によって、第一回目の一三四八年を中心とする黒死病は、北に移動してそれぞれの地域で流行したほんの数カ月の間に、西欧の人びとの五〇パーセントから六〇パーセントの人びとの命を奪ったと推定されている。[*37] さらに、A・コッラーディやデル・パンタなどの疫病史の研究者によると、続く一五世紀の一世紀の間においても、疫病は規模こそ小さくなったものの、何度も発生した（イタリアの場合、一五世紀の一〇〇年間に四四年間もあちらこちらで発生して人びとの命を奪ったり、危機にさらしたりした[*38]）。ペストは、（風土病としてヨーロッパに定着したことで）第二回目以降は、毎回北方ヨーロッパから南下してイタリアに至るもので、中継地点であるドイツの場合も状況は変わらない。ルターが一四八三年に生まれてから宗教改革を起こす一五一七年までの三五年間に、北ヨーロッパから南下してイタリアにまで及んだペストは、コッラーディやデル・パンタによって確認されているものだけで五回あることから、おそらくドイツ

図 10-10c　同　部分　台座には神へのとりなしの祈願の銘がある。「聖セバスティアヌス像，あなたの敬虔な人びとのためにとりなしをしたまえ」

図 10-11a　ミッコ・スパダーロ《1656年の疫病時のナポリのメルカッチェッロ広場》 部分　鞭を振って怒る神と宥める聖母　サン・マルティーノ美術館　ナポリ

図10-11b　同　部分　疫病死した多数の人びとと埋葬する人びと

も五回ほどペストに見舞われていることが推定される。イタリアで確認されたペストは、一四八五～一四八七年、一四九三年、一四九九年～一五〇六年、一五〇九～一五一四年である。なかには、イングランドあたりから船舶で直接ヴェネツィアやジェノヴァに運び込まれ、ドイツを経由しなかったものがあるかもしれない。しかし、それでも、ドーヴァー海峡を越えて（あるいは大陸の北から）大陸を南下して遅れながらもドイツに来たはずである。

こうした私の勝手な推測よりも明確にドイツでのペストの流行を指摘した研究がある。佐久間弘展は、都市のペスト対策について論じた論文のなかでドイツでの先行研究をまとめて、ドイツにおけるペストの流行の頻度、周期性に言及している。(*39) それが表10-1「ドイツ中世都市のペスト流行」である。これを見ると、推測とほぼ一致していることがわかる。ドイツの諸都市は繰り返される疫病に対処すべく思案していたのである。イタリアでもそうだが、ペストは宗教問題だけでなく衛生問題としても扱われた。

こうした状況から、広くヨーロッパにおいて、人びとの間で非情なる神のイメージとその圧倒的な脅威が痛感され、黙示録的な（つまり終末的な）機運も認められたのである。こうした厳しい現実のなかで、理性や合理主義的な意識は抑制され、非合理主義や神秘主義が強まる。

表 10-1　ドイツ中世都市のペスト流行

ニュルンベルク	アウクスブルク	ハイルブロン	ハノーファー	ヒルデスハイム	ブラウンシュヴァイク	マクデブルク	リューネブルク	ブレーメン	リューベック
	1350	1350	1350		1350	1350	1350	1350	1350
	1357	1358			1359	1357			1367
1377・79			1366		1366	1375	1375	1375–77	(1375)
	1380・81・89	1382・88			1383	1383	1382	1381・83・88	1381・83・88
	1398	1394・99	1398				(1397)		1396
1407	1402・07	1407	1404			1405			1405
	1420			1420			1420・21	1420・21	1420・21
1427	1429・30	1427	1428			1428	(1429)	1429	
1437	1438		1436–38	1439・40	1439			1438	
1451		1452	1450・52	1450・52	1452・53	1450	1451	1449・50	
1462	1462・63	1463	1463	1463	(1460)1463	1463		1464	
1474			1477	1472・73	1473	1474	(1474)		
1483		1482	1484	1484	1484	1483	1484		
1494		1493							
1505	1504・05	1502						1505	
	1511・12			1516	1516	1516	1516		
1519–21	1521								

（佐久間弘展「ドイツ中世都市のペスト対策――ニュルンベルクを中心に――」『比較都市史研究』81-1　1989年　32頁）

　ルター研究の第一人者のスクリブナーは、ルターと黒死病との深い関連性、黒死病の発生と終末意識の深い関連性については何も語っていないが、ルターの抱いた黒死病への関心は非常に高いものがあったことが近年の研究から明らかである。佐々木博光は、ルターが言及したいくつかの神学的な疫病論とルター以後の宗教改革者の疫病論を扱うなかで、ペストが重大な宗教的論題であるとともに、次第に医学的な問題へと展開されることが示されている(*40)。

　それでもスクリブナーは、ルターが実際に抱いた終末意識についてこう書いている。この記述からは、少なくとも峻厳な神の圧倒的な存在が宗教改革者たちに影響を与えていたとみることができるであろう。つまり、何度も押し寄せるペストの大量死は、この世の終わりを暗示したのである。

> 　すべての改革者は、終末が差し迫っているという信念を分かちもっていた。なかでもルターがその先頭にいた。ルターは、終末の日が正確に決定されているとか、終末が人間の活動によって早められるとは信じていなかったが、黙示信仰の強い傾向が教皇庁とカトリック主義に対する彼の態度

に影響を与えつづけた。黙示録的情熱は一六世紀後期のルター主義を構成する要素となり、それを無視するならば、ルター主義を理解することはできない(＊41)。

このスクリブナーの記述からは、峻厳な神の圧倒的な存在が宗教改革者たちに影響を与えていたとみることができるだろう。つまり、何度も押し寄せるペストの大量死は、終末意識を刺激していたと考えられるだろう。実際、イタリアの場合、フランチェスコ会士のベルナルディーノ（一四四四年没）は、一五世紀前半において、説教のなかで終末の近いことを訴えていたし、ドミニコ会士のサヴォナローラ（一四九八年没）も、フィレンツェのペストを背景に同様に終末を訴えて、神政政治を敷いていた。サヴォナローラが処刑された一四九八年に、ルターはすでに一四歳になり、アイゼナハでの勉学に励むことになる。二人は、アルプスをはさみながら、やや時代を共有していたのである（図10-12）。

まとめ

「学問の有用性の問題」――キリスト教信仰にとって学問や理性は有用か、無用か。この問題は、重大な問題としてそれぞれの時代や立場から色々にアプローチされた。例話作家の場合は、決してむずかしい論理を展開せずに、ある人物や出来事の具体的な例をあげて、さらりと、《信仰があれば学問は無用だ》と言ってのけた。そのように説教したのは、目の前の無知な聴衆を安心させようという配慮もったたろうが、また、時代の清貧の思想の作用や、みず

図 10-12　アイゼナハの学生時代のルターの部屋

からの信念から本当にそう信じたからであろう。一三世紀のスコラ学者は、人間の知性と理性の重視の見地から論理学に走り弁証法の展開に終始した。一方、トレチェントの時代の人文主義者ペトラルカは、血の通わない論理学や実利的な学問的傾向に愛想を尽かせて、古代末期または中世初期のキリスト教神学者アウグスティヌスと古代の人文主義者キケロの二元的な追究（キリスト教人文主義）を目指した。そこでは、道徳（道徳哲学）が異教とキリスト教が共有する価値的なものとして重視されて、いわば接着剤の役割を与えられた。これに対して、一五世紀（クァットロチェント）のヴァッラは、ストア派やアリストテレスの古代の道徳（美徳）の「欺瞞」を見抜いた――ストア派は、《美徳はそれ自体のためにおこなう（美徳は美徳のためにおこなう）》というが、それは欺瞞である。実際は、「ほめられる」ことなどの、何らかの感性の喜びゆえにおこなうにすぎない。無目的な、無償の道徳や美徳の行為は存在しないと見る。そして、ヴァッラは、キリスト教それのみが絶対の真理であるとして、天国での至福の感性的な満足が至上のものであると訴えて、それを彼の一流の修辞学的な表現の豊さをもって表現した。

そして、一六世紀のルターは、ルネサンス人文主義者から古典に直接アプローチする精神を学び、二人の初期キリスト教の導き、宗教的情熱のアウグスティヌスとともに、信仰至上主義のパウロを再発見したのである。そこにはヴァッラの感性至上のキリスト教の刺激も作用していたのである。

学問と信仰の関係の問題を扱うだけで、中近世の大きな流れの一端を垣間見ることができるのではないだろうか。

《ミニ・コメント》

（一）　ルターと人文主義の関係

一五世紀末、若きルターは、古典古代を重視し、その著作（写本）に直接あたる姿勢を人文主義者から学んだ。人文主義者は、すでに一四世紀から一五世紀の時代に、ヨーロッパ中の修道院などを回って、必死になって古典作品の収集・再発見に尽力していた。聖書もまた古典の文献のひとつであり、人文主義者の運動によって光が与えられたものである。一五世紀末から一六世紀初頭（ルターの形成期）においては、聖書に直接あたってそれを読むということ、このことさえも当たり前のことではなかった。若いルターの前には、聖書はどこにも見当たらなかったのである。ルターは一五三八年に若い頃を振り返ってこう述べている――「三〇年前は誰も聖書を読んでいなかった。すべての人は聖書の存在すら知らなかった。例えば、わたしは二〇歳になっても、まだ、聖書を見たこともなかった」(*42)。人文主義の運動が広がり、次第に古典が知的刺激を与えるようになってきたのである。ルターの古典研究と聖書研究に大きな活力と広い展望を与えたことを見ると、この運動が宗教改革者に与えた影響は大きい。「聖書復興にとって人文主義の重要性は評価しすぎることはない」(スクリブナー)(*43)。ルターが城主の保護のもとに聖書(新訳聖書)の翻訳に心血を注いだのは、自己の思想の画期的な転換に対して聖書が果たした役割の大きさを思ってのことであっただろう(図10-13、図10-14)。

なお、ルターが宗教改革を起こした頃、当時の多くの人びとは、そこに「信仰義認論」というルターの宗教改革の決定的な本質よりも、「スコラ学者」対「人文主義者」の戦いと見ていたのである(*44)。当時、それほどルターの人文主義者としての側面が重要視されていたのである。

(二) ルネサンス都市ピエンツァ

ルネサンス文化人のピウス(ピオ)二世は、教皇に即位してすぐ、枢機卿会議の承認を得て、出身地の村「コ

図10-13　ルターがかくまわれたヴァルトブルク城

図 10-14　ルターが聖書の翻訳をしたヴァルトブルク城の書斎

ルシニャーノ」という田舎風の響きのする名前（実際に田舎であった）を「ピエンツァ」というさわやかな響きのする、垢抜けた「知的な」名前に変えた――「知的」というのは、sa-pien-za〔サピエンツァ〕（＝英知）からsaを取って略称すると、Pienzaになるからである（図10-15）。そして、古典的な均整のある「ルネサンス都市」の実質的な建設に着手した。[*45] 村は今や「司教座聖堂都市」に格上げされ、ルネサンス建築家ロッセッリーノ

図 10-15　トスカーナ地方の珠玉の小都市ピエンツァの市門《ポルタ・アル・ムレッロ》

の設計にもとづいて大聖堂が築かれた。この大聖堂は、ルネサンス建築家アルベルティの影響を受け、円形と正方形を基調とする均整の取れた建築物である（図10-16）。大聖堂の高さは広場（「ピオ二世広場」）の奥行きと等しくされている。北方のゴシック建築のダイナミックな上昇志向に対して、ここでは、静的な秩序と理性が支配して南欧の古典美が脈打っている。また、もうひとつのピエンツァの重要な建築物が、パラッツォ・ピッコローミニ（図10-17）である。これは、アルベルティが設計したフィレンツェのパラッツォ・ルチェッラーイ（建設はロッセッリーノ）（図10-18）に依拠して建設したパラッツォであり、文化の先端を行くルネサンス建築物であった[*46]。丘の上に立つピエンツァの美しい町並みは、「トスカーナの宝石」と呼ばれて、近隣のオルチャ渓谷（図10-19）とともに、世界遺産に指定されている。私はかつて一〇日間のトスカーナ・ウンブリアの旅をしたが、その時ここは気に入って連泊してしまった。

なお、このように、短期間に意図的に作られたルネサンス都市（広場）は、ミラノ近郊のヴィジェーヴァノ（図10-20、図10-21）にも見ることができる。

図 10-16　ピエンツァの大聖堂　1459〜62年

図 10-18　パラッツォ・ルチェッラーイ

図 10-17　パラッツォ・ピッコローミニ

図 10-19　オルチャ渓谷（シエナ県）　この景色はトスカーナの美しい景色のシンボルである

図 10-20　ヴィジェーヴァノのドゥカーレ広場　1494年　ルネサンス期の調和のある広場。柱廊つきの建物の壁には上品で華麗な装飾が施されている（城の塔から撮影）

図 10-21　ヴィジェーヴァノのドゥカーレ広場の壁の装飾

第一一話　煉獄での「女狩り」の責め苦――ヌヴェールの炭焼き屋――

これはヘリナンドゥスによって書かれた話である[1]。

ヌヴェール[2]の農村に一人の貧しい男が住んでいた。彼は善良で神を畏れ敬う人であった。彼は炭焼きを生業にしていた。そしていったん炭に火をつけると彼は一晩中そのカマドの火の見張りのためにずっと小屋に残っていた。ところが、真夜中頃に耳をつんざくような甲高い悲鳴が聞こえた。

彼は何事かと思って外へ出た。するとカマドの方に向かって泣きわめきながら、ひとりの女が髪を振り乱し、裸のまま走って来た。そして女のあとにはひとりの騎士が黒い馬にまたがって来た。彼は剣を鞘から抜いて振りかざしていた。そして騎士と馬のそれぞれの口、目、鼻からは炎が燃え上がって出ていた。女は、燃えているカマドの所に着くと、もうそれ以上先には進まなかった。そしてカマドのなかに思い切って身を投げるようなこともせずに、カマドの回りを走っていたが、女を追ってやって来た騎士につかまえられてしまった。騎士は悲鳴をあげる女を引っ張って、彼女のたなびく髪をぐいとつかんで、手に持っていた剣で容赦なく彼女の胸を突き刺した。

そして女は大量の血を流して倒れた。それから騎士は、血に染まった彼女の髪の毛を再びつかんで、燃えている炭焼きカマドの中に彼女を投げ込んだ。そしてしばらく彼女をそのままにした。そして全身いっぱいにやけどを負った女を火の中から出して、それから騎士は、だらりとした女の体を馬の首のところに乗せて、もと来た道を走って行った。

炭焼き屋は、二日目の夜も三日目の夜もこれと同じ光景を見た。

さてこの炭焼き屋はヌヴェールの領主と親しかった。というのも、彼が炭焼きの技術に優れていたことのほか、領主が品性の高い優れた人物であったことで、人を快く受け入れたからである。そこで炭焼き屋は領主のもとにやって来て、三夜にわたって見た光景を領主に話したのであった。

そこで領主はその炭焼き屋と一緒にカマドのある場所にやって来た。そして一緒に眠らずに用心して見張った。——すると、いつもの時刻に女が泣きわめきながらやって来た。その後ろには例の騎士がいた。それから炭焼き屋が目撃したのと全く同じ光景が繰り返された。領主は、目の当たりにしたすさまじい出来事のためにひどく怖気付いたが、それにもかかわらず、勇気を奮い起こした。そして冷酷な騎士がやけどをした女を黒い馬に乗せて出発しようとする時に、領主は騎士に向かって声を振り絞って
「少し馬を止めて今の光景の意味を説明せよ。」

と言った。すると騎士は馬を振り向かせてから、慟哭しながら、こう言った——

「領主よ、神はあなたにこの責め苦の光景を見せるのを望まれたのです。我々が受けているこの責め苦のありさまの意味について、あなたが知りたいのであれば、敢えてお話し致しましょう。思い起こしてください——私こそが、あなたに仕え、あなたの宮廷で学問を身につけた騎士ジョフロアなのです。

私がひどくむごたらしく扱ったこの女性こそ、あなたの臣下の騎士のベルリンギエーリの妻ベアトリスです。我々ふたりは、お互いに道ならぬ愛を楽しみ、合意のもとにずるずると罪を重ねていきました。そしてそれはさ

らに高じていき、拘束されずにもっと自由にこの悪事にふけることができるようにと、私は彼女を言い含めて、夫を殺させたのです。我々はこの罪を改めようとはせずに繰り返していきましたが、そのうちとうとうふたりとも重い病気にかかってしまいました。[3] その病気は我々を死に至らしめる病気でした。しかし死の病のさなかにあって、最初に彼女が、次に私が、これまで繰り返してきた罪の改悛を始めました。私たちは罪を告白し、神の慈悲を授かりました。すると神は我々ふたりに対して、地獄で受けるはずだった永遠の罰を取り下げて、煉獄での一時的な罰に変えてくれたのです。

だから考えてみてください——我々は地獄に堕ちずに済んだにしても、あなたが見たように、あのような有り様で自分たちの罪を償っているのです。この我々の責め苦は、いつまで続くかはわかりませんが、いつかは終わりが来ます。」

そこで領主は、二人が受けている罰がどのようなものであるかを、もっと詳しく教えてほしいと尋ねると、彼は涙を流し、ため息をついてからこう答えた——

「私への愛ゆえにこの女は自分の夫を殺してしまいました。ですからここ煉獄で彼女に与えられる罰は、神の裁きにしたがって、毎晩ずっと決められた時刻に、今度は彼女自身が剣によって殺される苦痛を味わうことです。また彼女は現世では私に対して肉欲の炎の愛をもっていたので、今度は、あの光景の中であなたがご覧になったように、私の手によって毎晩燃える炎の中に投げ込まれるのです。

私たちふたりは、すでに現世では激しい欲望と大いなる悦楽をもって会っていたので、来世では今度はお互いに激しい憎悪の念を抱いて会うのです。だから憤怒の念に駆られた男は、逃げる女を追って馬に乗って「女狩り」をするのです。そして現世では一方が、他方の不倫の愛に火を点けて、それが燃え盛る原因をつくったのだから、今度は来世では一方の側が他方の側に対して、残忍な責め苦を与える側になって苦しめ続けるのです。私が受ける罰は彼女をあらゆるかたちで苦しめることです。私が女を傷つける剣は、燃え盛る火であり、その火は決して消えることはありません。私が彼女をカマドの火のなかに投げ込み、そこから彼女を引っ張り出し、それから彼女を馬に乗せる時、私も自分自身の霊魂のすべてを焼き尽くし自分を罰しているのです。[4] そして馬は悪魔です。我々は悪魔の支配に屈したのです。悪魔は我々に責め苦を与えなくてはならないのです。

我々に対する罰はこのほかにもまだたくさんあります。どうぞ我々ふたりのために神に祈ってください。どうぞ、我々が受けている苦痛をやわらげるために、施しをし、そしてミサを行ってください。」

こう言うと、騎士は忽然と消えてしまった。

（1）　パッサヴァンティはヘリナンドゥスのアンソロジー（*Flores Herinandi*）を出典にしているが、これも直接の出典は『説話目録』による。

（2）　ヌヴェールはフランスの都市（ロアール川右岸）。パッサヴァンティの書では「ニヴェルサ」（Niversa）と標記されているが、冒頭音の消去であろうか「ウニヴェルサ」Universa と標記している写本もある（*REP*, p. 550.）。

（3）　病気になるのは犯した罪の現われである。

（4）　罪深い二人の霊魂が煉獄の業火で焼かれ、罪の浄化をしているということ。前世の罪を浄める業火の責め苦・拷問は煉獄では有期、地獄では永遠とされた。この話のなかの二人が、恐るべき地獄行きを免れたのは、ほかならぬ「改悛」のおかげであった。

＊　悪人であっても、改悛することによって、永遠に続く地獄の責め苦を免れて、煉獄に行くことが許される。しかし、いつか終わるはずではあるが、その罪に応じた煉獄での厳しい責め苦に耐えねばならない。そのあまりの過酷さゆえに幽霊となってこの世に現れ、苦しみを訴える

（一）　ペストによる煉獄の劫罰のイメージの鮮烈化

煉獄の過酷な罰を描写したこの例話は、ペスト期の例話として最も象徴的である。この例話のタイトルは、本書のタイトルに選んでもいいくらいである。

確かにそれが誕生した一二世紀や一三世紀の時点から煉獄は、頭のなかで観念されていたが、それは、どちらかといえば天国に達するための一種の方便とか、漠然とした一段階であった。一般的な罪を犯す程度の平均的な人間であっても、天国は一定の罪の浄化を経て達しうるという、一三世紀のやや楽天的な雰囲気のなかで、煉獄はイメージされていたように思われる。

それが本当に震え上がるようなリアルな世界として身近に意識されるようになったのは、目の前でペストが猛威を振るい、多くの身内や友人が苦しみもだえて死んでいき、この現世そのものが、まさに煉獄や地獄のような世界に化してからである。ペストの惨禍を体験して、この世がこれほど過酷であるならば、煉獄の過酷さはいかばかりであろうかと、人びとは恐れおののいたことであろう。ペストは煉獄世界の厳しさのイメージを強化したのである。

パッサヴァンティは多くの例話で素材は伝統に従っているが、この例話については、かなりオリジナルな表現を加えて、先行する例話（ハイスターバッハのカエサリウスの『奇跡についての対話』（一二二三年頃））を遥かに超えて迫力を出している。

ペスト期前の劫罰――ハイスターバッハの例話

ではパッサヴァンティ以前の女狩りの例話はどのようなものであったのだろうか。次にハイスターバッハのカエサリウスの例話を紹介する。(＊1)

ハイスターバッハのカエサリウス作
「司祭のめかけに対する罰について――悪魔がめかけの猟をする――」

これは、ある修道士から聞いた話である――
ある司祭にめかけがいて、その女が臨終にあったその時、女はこう言った――「どうかおねがいですから、かかとの頑丈な新しい靴を私に買ってください。本当にそれは私に絶対必要なものですから」。

言われたとおりにしてやったが、次の夜のこと、夜明けまではまだあった。月が明るく照らしていた。その時、従者をひとり従えた騎士が馬に乗り走って来た。すると、騎士は女の悲鳴を耳にした。騎士と従者は何事かと驚いたが、するとひとりの女が二人の方に素早く走って来た。そしてこう叫んだ――「お助けくださ い。お助けくださいませ」。すぐに騎士はその女を受け入れてやった。騎士はその女をよく知っていた。女は下着だけ着ていて、足には例の靴をはいていた。

するとと、何と、遠くから猟師と思われる人の声が聞こえてきた。それとともに、猟師の角笛のような不気味な音の響きと、その先を走る猟犬の吠える声が聞こえてきた。それを聞いて、女はひどくおびえ、身を震わせた。

騎士が「これは一体何事か」と聞くなり、馬を従者に任せて、騎士は女の三つ編みの髪を自分の左腕に縛りつけ、剣を鞘から抜いて、右手に持った。冥界の猟師が近づいてくる間に、女は騎士にこう言った――「私を逃がしてくださいませ。ほら近づいてきます。」

騎士が力を振り絞って女を引き留めていた間、女の方は、両手で騎士をたたいてもがいた。そして、ついに髪の毛をきりとって逃げた。それから、悪魔は女を追いかけて捕まえた。悪魔は、女を馬の背に寝かせて乗せた――馬の一方の側には女の頭と両手が、もう一方の側には女の両足がだらりとしていた。こうして悪魔は、騎士の方に向いて来て、獲物を奪い去った。

騎士は、朝になってから村に帰った。それから目にしたありさまを人に聞かせ、女の髪の毛を見せたが、誰もその話を信じようとはしなかった。そこで騎士は女の墓を開けてみた。すると、女の遺骸には髪の毛はなくなっていた。このことは、マインツの司教区でおこったことである。

このハイスターバッハのカエサリウスの例話は、簡単にいえば、司祭のめかけが、その罰としてあの世――煉獄とも地獄とも特定されていない――で悪魔に追われて連れ去られたという、ただそれだけの話である。最初に買ってほしいといった靴も、悪魔から逃げ去るための意味があったにしても、それほど深い「落ち」にもなっていない。最後の、墓を開けたら、髪の毛がなかったというあたりは、真実味を出そうとする、いつもの例話らしい結びである。

ペスト期の例話としてのパッサヴァンティの特質――改悛の意味と煉獄のイメージの鮮烈化

一方、パッサヴァンティの例話は、コンセプトとして

「改悛」や「煉獄」の意味がはっきりと打ち出されている上に、最初から最後まで壮絶な動作や光景が次々と繰り広げられ、息をつかせない。ここで描かれたすさまじい、この世のものとは思えぬ光景――実際、この世のものではないのだが――は、パッサヴァンティが意図的に打ち出した三つの描写による効果によるところが大であろう。すなわち、それが「動き」「色（色彩感）」「音・声」の描写である。

真夜中に髪を振り乱した裸の女が、悲鳴を上げて炭焼きかまどの方に逃げて来る（ハイスターバッハの例話では、女は下着を着ていたが、それを脱がしてしまう）。

（動き）「髪を振り乱し」「（悲鳴を上げて）逃げる」

（色）「真夜中」の暗黒の黒、「振り乱した髪」の（おそらく）黒、「裸の女」の白い裸体

（声）闇夜に響く女の悲鳴

←

騎士が馬にまたがり、剣を振りかざしながら女を追いかけて来る。騎士も馬も、その目、口、鼻から炎が噴き出ている。

（動き）「剣を振りかざしながら」「馬で追いかける」「目、口、鼻から炎が吹き出る」

（色）「炎」の赤

（音）馬の蹄の音

←

女は炭焼きかまどの回りを逃げ惑う。

（動き）「かまどの周りを逃げ惑う」

←

騎士は、女の髪を引っ張り、剣で容赦なく女の胸を突き刺す。大量の血がどっと流れる。

（動き）「髪を引っ張る」「剣で容赦なく胸を突き刺す」「大量の血がどっと流れる」

（色）「大量の血」の赤

←

騎士は、血に染まった女の髪をつかんで、今度は女の体を炭焼きかまどに投げ込む。

（動き）「女の髪をつかむ」「炭焼きかまどに投げ込む」

（色）「血に染まった女」の赤

←

しばらくしてから全身にやけどした女の体を火のなかから取り出す。

（動き）「やけどした女の体を火のなかから取り出す」

（色）「やけどした女の体」の黒（赤）、「火」の赤

←
騎士はぐったりした女の体を馬に乗せて走り去る。
（動き）「ぐったりした女の体を馬に乗せて走り去る」
（音）　馬の蹄の音

この光景は、密かに不倫をし、殺人まで犯した男女に対して来世で毎晩繰り返し与えられる罰――「神の裁き」――の光景である。ここで与えられる不倫と殺人に対する罰も、第一〇話「地獄で苦しむ学生、教授の前に現わる」の例話の罰と同じく、「同害報復法」に従っている。すなわち、現世でそれで楽しんだ者は、来世ではそれで苦しむ者となり、苦しめた者は苦しめられる者となる。

すなわち《夫殺しの罪》に対して――

女は剣で自分の夫を殺したので、来世では、毎晩、女自身が剣によって殺される苦痛を味わう。

《肉欲の罪》に対して――

現世では女は肉欲の炎の愛をもっていたので、今度は、来世では毎晩燃える炎の中に投げ込まれる。ふたりは、現世では激しく燃える愛を抱いて会っていたので、来世では今度はお互いに激しい憎悪の念を抱いて会う。

《不倫の罪》に対して――

現世では一方が、他方の不倫の愛に火を点けて、それが燃え盛る原因をつくったのだから、今度は来世では一方の側が他方の側に対して、残忍な責め苦を与える側になって苦しめ続ける。男は罰として女をあらゆるかたちで苦しめなくてはならない。

しかしながら、二人に対して毎晩このように科される苛酷な責め苦も、「永遠」ではなく、「いつか終る」はずのものであるという――責め苦が「永遠」に続くのは、「地獄」の場合である。地獄に堕ちた者はそこから永遠にはい上がることはできないからである。この二人が幸いにも地獄には堕ちずに済んだのである。では、どうして地獄に堕ちずに済んだのか。ここにパッサヴァンティの強いメッセージが伝えられる。すなわち、ここで秘跡が罪人に関与する。

二人は悪事の果てに、ついにそれで死ぬことになる「重い病気」（＝罪の現われ）にかかり、死を前にした時に、（「告解」や「終油」の）秘跡を受けて罪を告白し、「改悛」をしたので、まさにこの改悛によって神の慈悲を授かり、「地獄」ではなく「煉獄」に格上げされたのである。そしてこの光景にあるような罰、「煉獄での一時的な罰」――「いつまで続くかはわかりませんが、いつかは終わる」罰――を受け、現世で犯した罪を償い続けるのである。

この例話において示唆されることは、煉獄の罪の過酷さである。ペストによってこの世が贖罪の場に化した一三四八年の現実を見て、まだ見ぬ、過酷な煉獄のイメージが強化されたのである。この意味で、この例話は、心性史的に、精神史的に重要である。中世末の苦難のなかで煉獄は天国への通過儀礼であることを遥かに超えて、痛切な意味をもって人びとに迫ったのである。

（二）　幽霊はなぜ出没するのか

死者からの強烈なメッセージ

では、どうして煉獄の二人はわざわざ炭焼き屋や領主の前に姿を現わしたのであろうか――それには、いくつかの理由が考えられる。

まず、第一の理由は、「神がこの光景を見せるのを望まれた」というかたちで、説教師がこの光景を通じて一般の信徒に教訓を伝えようとしたからである。すなわち、「死者」の生々しいことばによって、いかに来世の罰が苛酷なものであるか、この世で悪行をせず、信心をして善きおこないに励むことがいかに大事なことであるかを「死者」から「生者」――信徒――に直接伝えたかったのである。すでに第一話やほかのところでも述べたように「死者」からのメッセージほど「生者」に強烈なインパクトを与えるものはない。また、第二の理由が考えられる――それは、改悛の大切さを伝えたかったのである。そもそもパッサヴァンティのこの例話集は改悛のためのものである。改悛すれば、ここで登場する男女のように、ともかくも最悪の事態――地獄行き――を免れるのである。そしていつかは天国に昇れるという望みがもてる。

さらに、第三の理由として、死者のために聖職者がおこなう供養（供養ミサ）の有効性を伝えたかったからである。そのことばが、死者自身から言われるところに説得力がうまれる。すなわち、この例話の最後のところで、二人は「我々が受けている苦痛をやわらげるために、施しをし、そしてミサを行ってください」といっているのである。これと同じことばは、『デカメロン』第七日の第一〇話にもある。さんざん情事を重ねて煉獄に堕ちて、そこで苦しんでいる男がこういう――「俺のためにミサをあげ、お祈りを唱えてもらいたい。またお前が喜捨してくれればあの世の人たちはたいへん助かる」。[*2] 一般的に『デカメロン』は、聖職者に対して批判的なところが多いにもかかわらず、このように言っているとことを見ると、当時は本当にそう信じられていたことを示唆するものである。

しかし、施しや供養は死者のためだけではない。何と言っても、聖職者はお布施やミサ料によって生きているのである。お布施やミサは、「煉獄での滞在の期間を短くする力がある」とともに、聖職者の生活を支えるものでもある。

ここに聖職者の意図(もうひとつの理由、第四の理由)が垣間見られる。人は一度しか死なない。葬式(葬儀代)は一回切りである。そこで、日本の回忌(一回忌、三回忌、七回忌、一三回忌など)制度のように、死後の供養によって死者から、さらに収入の道が開かれるのである(日本の場合は、江戸時代から檀家と檀那寺の制度が生まれ、過去帳が作製された。「葬式仏教」が生まれたという[*3])。

それでも、供養が行われるのは、死者のためだけでも、聖職者の収入のためだけでもない。やはり、ある程度、遺族自身のためでもあっただろう。遺族が聖職者を通じて正式のかたちで供養することで、みずからのこころの慰めが得られる側面もあるからである。葬式そのものと同様に、供養がおこなわれるのは、死者・聖職者のためだけではなく、そうすることが生者にも慰めになるのと同じである。死んでしまった人間に何もできないのはあまりにも悲しい。供養することで死者の魂の苦しみを軽減できると信じられるなら、それに越したことはないだろう。実際、アウグスティヌス(『告白録』第九巻第一三章)の場合も、死せる母モニカ(三八七年頃没)の魂の冥福を祈らざるをえなかった。その気持ちは純真なものであった。こうしたことからアウグスティヌスやアンブロシウスなどの教父もその祈りと供養の有効性を主張しているのである[*4]。

あまりの業苦ゆえに出没——ハムレットの父の幽霊の場合

この例話の不倫の二人が炭焼き屋や領主の前に姿を現わしたことの理由には、さらに、直接的なもうひとつの理由があった。

それは、冥府での罰のあまりの苦しみゆえにである。ル・ゴッフはこういう——「煉獄は彼らの牢獄のようなものであろうが、彼らはそこから逃れ出て、しばしの間生者の前に姿を現すことが許される[*5]」。ふつう幽霊は、ヨーロッパでは罪人がその罰の苦しさ、罪の重さ、死んだことの無念さなどから、この世に姿を現わすと考えられた。例えば、許婚(いいなずけ)のまま死んだ無念の乙女は幽霊となって花婿を訪れるという。幽霊の現われる時間は真夜中、〇時から一時の時刻であり、それは「幽霊時」と呼ばれる。そして一番鶏が鳴くと消えうせるという。

シェークスピアの『ハムレット』(一六〇〇～〇一年執筆)では、裏切りによって無念な死を遂げたハムレットの父(デンマーク王。主人公ハムレットと同名)が、幽霊となってハムレットの前に現われる。ここではハムレットの父は、煉獄ではなく、地獄にいて、そこから現われる。父は、昼寝をしている時に、裏切り者の実の弟によって毒殺され、一瞬にして、命と王位と妃(きさき)の三つを奪われてしまう。その無念さの理由とともに、あの世で受けているあまりの業苦のゆえに、真夜中に城壁に出没する。そして王子ハムレットの前に姿を現わし、真実を語る。

次に、『ハムレット』のなかで亡霊が登場して息子ハムレットに無念を語る場面を紹介しよう。まず、先王から地獄での劫罰の苦しみが語られる（第一幕第五場）[*6]。

亡霊　もう戻らねばならぬ。地獄の業火に、われとわが身を責めさいなむ朝が近づいた。

ハムレット　地獄！

亡霊　憐みはいらぬ。いまより語る事の顚末、心して聞け。

ハムレット　言え。聞かずにおくものか。

亡霊　聞けば、復讐の義務から逃れられぬであろう。

ハムレット　なに？

亡霊　父ハムレットの亡霊。夜はあてどなく地上をさまよい、昼は地獄の業火にとりまかれ、生前この世で犯した罪の数々の焼き浄められる苦患（くげん）に堪へねばならぬ定め。その恐ろしい責苦の模様は語れぬ。語れば、その一言で、お前の魂は震えおののき、若き血潮も凍りつかう。両眼は流星のように眼窩（がんか）を飛びすさり、その束ねた髪も猛り狂った山荒しの針毛のように一筋一筋さかだつであろう。そのはてしなき冥界の秘密を、現身（うつしみ）の人間に伝えることは許されぬのだ。聞け、聞いてくれ！　お前が本当に父を想うていたのなら――

ハムレット　おお！

（三）　忌まわしき急死と終油の秘跡の重要性

そして先王、すなわちハムレットの父親は、昼寝をしている時に実の弟（現在の王、ハムレットの叔父）によって毒殺されたという。突然毒殺されたために、司祭から「告解」（「懺悔」）や「終油」（「臨終の油」）やミサ（「聖禮」）の秘跡を受けずに死に追いやられ、このため、その霊魂は突如地獄に放り出され、霊魂は永遠に地獄の業火に苦しむこととなったのである。そして、続けて語られるのは、王位の簒奪（さんだつ）を狙う弟によって不意に毒殺され、秘跡の恩恵（恩寵）に与からず一気に地獄に突き落とされた経緯である[*7]。

亡霊……おお、早くも暁のけはい。手短かに話そう。昼さがり、庭に午睡を樂しむのは、いつものならい。その日も、解けし心の隙をうかがい、無心の王に近よったお前の叔父は、小瓶に入れた毒液を、この耳の孔（あな）にたらしこんだのだ。癩（らい）のように肉をただらす恐しいヘボナの毒汁を。それこそ、人間の血潮を乱

> す劇薬、たちまち五体を水銀のように駆けめぐり、乳のなかに落とし酸のごとく、澄める血潮を見る見るうちに固まらせてしまうのだ。おお、その醜さ、滑かなりしわが肌は癩病やみさながら、全身たちまち見るも厭はしい瘡（かさ）ぶたに蔽われてしまった……こうして、仮寝のひまに、実の弟の手にかかり、命ばかりか、王位も妃も、もろともに奪い去られ、聖礼もすませず、臨終の油も塗られず、懺悔（ざんげ）のいとまもなく、生きてある罪のさなかに身も心も汚れたまま、裁きの庭に追いやられたのだ。なんという恐ろしさ！　おお、なんという！　かりにも父を想う心あらば、デンマーク王家の臥床（ふしど）を不義淫樂の輩に踏みにじらせてはならぬぞ……。だが、いたずらに事をあせり、卑劣なふるまいに心を穢（けが）すなよ。母に危害を加えてはならぬ——天の裁きにゆだね、心のとげに身をさいなませるがいい。頼んだぞ、ハムレット。もう行かねばならぬ。夜明けが近づいた。はかない螢の火も薄れてゆく。もうこれまでだ、行くぞ。父を忘れるな、父の頼みを。

ハムレットの父のように、終油の秘跡を受けずに急死することは、当時恐るべきことと考えられた。

一四世紀の多くの年代記作家が、疫病（ペスト）で急死した人びとの「悲劇的な」状況を伝えるために、《終油の秘跡受ける間もなく多くの人が死んだ》と報告している。すなわち、悲劇的なのは、「終油の秘跡」を受けることができないことは、そのまま「地獄行き」に直行するがゆえにであったのだ。しかも、カトリックでは一度地獄に堕ちた者は二度とそこを脱することはできないとされた。したがって、中近世カトリックにおいて終油の秘跡を受ける間もなく、急死することほど悲劇的で恐るべきものはないと考えられていたのである。（＊8）

終油の秘跡をやり損ねた司祭は人殺し同然の罪を犯した

この終油の秘跡の重要性を教えるために、教皇グレゴリウス一世（大グレゴリウス）（在位五九〇～六〇四）は、説話を記している（『対話』（＊9））——

聖セヴェルス司祭は、ある家の主人の臨終が近いという知らせを聞いてその家に向かった。しかし、ぶどう園を抜け出すのに手間取って、主人の家に着いたときには、もう主人は寝台で息を引き取っていた。主人が最後の赦しを受けることなく死んだことを知ったセヴェルスは、非常に悔やんで、自分を《人殺し》と見なし、自分を大いに責めた。死者が息を吹き返し秘跡のやり直しができるように願った。

すると、神はセヴェルスの願いを聞き入れてくれて、奇跡がおきて、主人は息を吹き返した。そして、主人は、七日間セヴェルスを通じて、神の赦しを受けた。そして、「幸せな死」を迎えたという。

《ミニ・コメント》

急死とクリストフォルス

ここでは王の急死ゆえの悲惨さが語られている。このことから、この時代の人びとがどうして「急死」を恐れたかが理解される。急死を極めて強く恐れた中世人は、そこで急死を防いでくれる聖人をつくり、崇敬した。それが「クリストフォルス」（ラテン語）であった（ギリシャ語「クリストフォロス」。「キリストを担ぐ者」の意）であった。

クリストフォルスは、暴風雨の夜、幼児キリストを肩に担いで川を渡った大男で、三世紀のデキウス帝の迫害で殉教したといわれる。中世の民間信仰では、聖クリストフォルス像を見上げる者は、その日一日、何の害も受けないとされた(＊10)。クリストフォルスは、「急死」の防止のほかに、それに関連して「疫病」（ペストは急死した）からの守護、旅の安全をも受け持った。旅に関連して、「悪天候」に対して力をもつ。こうして水夫、巡礼者の守護聖人でもある。クリストフォルスはラテン語であり、イタリア語では「クリストーフォロ」（「クリストフォーロ」ではない）、英語では「クリストファー」である。

困難な航海でアメリカに到達した「クリストファー・コロンブス」の名前の読み方は、日本での慣例的な読み方であり、かなり奇妙である。つまり、「クリストファー」は英語、「コロンブス」はラテン語であるColumbus（コルンブス）を英語風に読んだものである。本来の読み方は、コロンブスは、ジェノヴァ生まれのイタリア人であるから、現地読みとして「クリストーフォロ・コロンボ」とすべきである（ラテン語読みなら、「クリストフォルス・コルンブス」。当時は文書ではラテン語が用いられ、彼もそれに従った）。いずれにしても、コロンブス（一四五一～一五〇六）が生まれた時、コロンブスの父親ドメニコ（毛織物業者）が、みずから「クリストーフォロ」（クリストフォルス）という名前を与えたとすれば、それは極めて先見の明のある、まことにふさわしい名前であったというべきである。コロンブスが、水夫・航海士として、未知の航路を多難な荒波を乗り越えて、見事生き抜いて偉業をなし遂げたのは、聖クリストフォルスの庇護があったのかもしれない（笑）。

クリストフォルスの図像は、教会ばかりでなく公共の建物や個人の家のなかにも描かれた。一四世紀末のプラートの商人ダティーニの場合、彼はパラッツォ（邸宅）の入ったすぐのところにこの守護聖人のフレスコ画を描かせている（図11-1）。ダティーニ館のこの聖クリストフォルスについて、ダティーニ研究者のオリーゴは、「家の玄関は聖クリストフォルスのフレスコ画が守っていた」と述べてから、こういう――「一四世紀（トレチエント）のトスカーナの人々には、突然の死を恐れる十分な理由があった。流血による復讐の伝統は、いまだに神聖な義務であるとともに楽しみとさえ考えられていたし、党派の抗争と内戦によって政情はたえず不安定であった。飢饉は繰り返し起こった。そして何よりも、黒死病の脅威がたえまなく襲った。[*11]」

図 11-1　ダティーニ館の戸口のクリストフォルス像

現在、カトリックでは、この聖人の歴史的実在性が疑わしいという理由から、この聖人は一九六九年のカトリック教会暦からはずされている（本来、その祝祭日は七月二五日であった）。また、宗教改革がおこなわれてから、プロテスタント系の教会では、聖像破壊運動や聖人の整理（精選）がおこなわれた。こうして聖書に記載されていないという神学的な理由から、多くの聖人（時にはすべての聖人さえ）が排除された。そのため教会堂の壁面に描かれた聖人像のかなりが取り外され、フレスコ画は消されてしまった。私がオランダのユトレヒトのドム教会（大聖堂）を訪ねたとき、そこに「宗教改革の傷跡」に出くわした――すなわち、図11-2「聖アンナの三位一体祭壇」は、聖母を含めすべての聖人の顔が無残に破壊されているのである。この破壊は宗教改革の巻き起こした聖人排斥の運動のなかで、一五八〇年におこなわれたものである。[*12]ただ、吹き荒れた宗教改革の運動の受容の程度は、地域・時期によって様々であり、従来のカトリックの教義・儀式・習慣、告解の秘跡などの排斥の度合いは地域によって様々で一概に説明できない。いずれにしても、宗教改革の運動のために、関係した地域では美術作品は少なくなっただろう。そうしたなかで聖クリストフォルスはどうだったのだろうか――

　イタリアの場合、その教会の内部装飾において、絵画作品は非常に豊かなままであった。例えば、北イタリアのローディのインコロナータ教会（図11-3）やピアチェンツァのサンタ・マリア（マドンナ）・ディ・カンパーニャ聖堂（図11-4）、ジェノヴァのサンティッシマ・アヌンツィアータ教会（一六世紀）などは、教会の壁面いっぱいに、ほとんど余地なく聖人などの絵画が埋め尽くされて圧巻である。そうした豊かな絵画装飾をもつイタリアの教会を見てからアルプスを越えて北方へ行くと、北ドイツの教会のなかの美術作品の少なさに驚く。これ

図 11-2　《聖アンナの三位一体祭壇》16世紀初頭　ドム教会ヴァン・アルケル礼拝堂　ユトレヒト　ここでは宗教改革によって聖人が否定され破壊されている

図 11-3　ローディのインコロナータ教会　壁面全面に隙間なく絵画が埋め尽くされている

は主に宗教改革による神学的な考え方の影響によるものであろう。

クリストフォルスの普遍的な人気

こうした歴史的な経過にもかかわらず、人間の心性は必ずしも神学によって完全に消し去られるとは限らない

図 11-4　ピアチェンツァのサンタ・マリア（マドンナ）・ディ・カンパーニャ聖堂　教会の壁面は絵画が埋め尽くされている

面がある――すなわち、カトリックのみならず、広くヨーロッパ全般において、聖クリストフォルスの人気はつづいている。人間の心性とはそういうものかもしれない――つまり、理論的には、「その実在性の疑わしさ」（カトリックの場合、この理由から聖人に認定していない）や「聖書に記載されていない聖人であること」（プロテスタントの場合の理由）のために、それぞれにおいて「聖人」から削除されているものの、民間において人のこころは、おのずと、急死を防いでくれるなじみのクリストフォルスに向かってしまい、そのイメージは削除できなかったのである。ヨーロッパの北も南もいずれにおいても、旅先で私はしばしばその聖人像を認めた。カトリック教会はもちろんのこと（図11-5、図11-6）、北ドイツのリューベックのルター派の教会（マリエン教会）においてさえ、ひときわ目立って掲げられており、この大作の絵のなかのクリストフォルスの大きな体は、我々を見下ろし、急死の防御や旅の安全を保証してくれるようであった（図11-7）。また、チェコのプラハのヴルタヴァ川（モルダウ川）にかかる美しいカレル橋（図11-8）で人びとを見守るクリストフォルスも、まさにふさわしい場所に置かれているように思われる――というのは、川や橋は旅のポイント地点であり、象徴的存在であるか

図 11-5（右）　スペインのブルゴス大聖堂のクリストフォルス像
図 11-6（左）　パヴィーアのチェルトーザの入口のクリストフォルス像

らである（図11-9）。また、私は、シチリアのルチェーラのホテルの階段でもこの聖人の絵を見つけた（図11-10）。この聖人については日本では水野千依による興味深い研究がある。(*13)

図 11-7　リューベックのマリエン教会のクリストフォルス像　プロテスタントの教会には，絵があまりなく，そのなかでもこの大作がひときわ目立っている

図 11-8（右）　プラハのカレル橋
図 11-9（左）　プラハのカレル橋のクリストフォルス像　橋には30体の彫像が立っている

図 11-10　ホテルの階段に掛けられたクリストフォルスの絵
旅人の安全を祈願するホテルらしい心配りである
（シチリア島西端マルサーラ）

第一二話　サレルノの君主と地獄の火の予感

これはペトルス・ダミアーヌスによって書かれている話である[1]。

サレルノの都市に、世間の目から見て、権力と名声のいずれをも備えた君主がいた。彼の生活のほとんどは、世俗的な幸福に満たされたものであった。その生活は領地を統治したり、富を所有したり、肉体的快楽を楽しむことに費やされていた。彼は「この世で《善》を持つ者は、あの世でも《善》を持つことができる」という格言を、そのままの正しい意味で取らずに、自分流に、もっと低い、俗っぽい意味で理解して、敢えてこう言い張った――「この世で《富》を持つ者は、あの世でも《富》を持つことができる[2]」と。

それは、彼がこれまでにないほどに最高の世俗的な幸福と思われた時に起こったことであった。ある朝早く、エトナ山、つまりモンジベッロ山の方を見やると、その大きな山はいつになく激しく大量に炎をあげているのが見えた。

彼は多くの立派な宮廷人を従えていたが、その宮廷人たちを呼んで、こう言った――「きっと強大な権力と多大な財産をもった者の死が近いに違いない。わしはモンジベッロ山が噴火してそれを知らせる合図を見たのだ。モンジベッロ山は死んだその男を受け入れ、彼を地獄に送るのを待っているのだ。」

実際、この地方に言い伝えられている話がある。モンジベッロ山がいつもより大量の火を吐き出した時は、悪辣な犯罪人が死にかかっていて、火山はその男を受け入れる支度をしているという。なぜなら火山は地獄の入り口であると、その住民たちは考えているからである。

噴火の巨大な炎が新たに見えてきた時、彼は、いつも言われていることが、よもや自分のことであるとか、地獄の入り口がまさにほかならぬ彼のために用意されているなどとは、思ってもみなかった。

夜になって彼は愛人と二人で過ごしていた。この日も、平穏で何事の心配もなく、長い間おこなってきた罪深い行為に浸って夜を過ごしていた。しかしそれから彼は息を引き取ってしまったのである。夜、床に就いた時には、何事の心配もなく満ち足りた気分でいたのに、朝になって宮廷の従者が見ると、彼はすでに死んでいたのである。

（1）ピエーロ・ダミアーノを出典に挙げているが、研究者のテキスト分析から、実際にはアルノルドゥスの『例話目録』である。
（2）このサレルノの君主は"bene"（『善』）と"beni"（『富』）の文字の類似を悪用してこのような勝手な解釈をしている。

＊　不遜にも、この世で《富》を持つ者は、あの世でも《富》を持つことができると豪語する者は、神の怒りによって地獄の入り口に導かれる

この例話のなかでパッサヴァンティは地理的なミスを犯している。パッサヴァンティは、サレルノから見える火山のことを「エトナ山」と呼んでいるが、これは間違いである。「エトナ山」は、シチリア島にある火山である。サレルノから見える山は、古代にポンペイの町を埋没させた「ヴェスヴィオ山」である。このミスから、パッサヴァンティが基本的な事実を知らないとともに、パッサヴァンティがこの例話の冒頭で出典先として挙げているピエーロ・ダミアーノ（ペトルス・ダミアニ）の本（『砂漠の聖人師父の生涯』）を実際には参照して書いていないことがわかるの

である。すなわち、この例話の冒頭でパッサヴァンティが出典先として「ペトルス・ダミアーヌス」を挙げているが、もし本当にそれを出典にしていたら、そこには「ヴェスヴィオ山」の名前が載っているのである。パッサヴァンティが実際に出典として利用したのは、ほかの多くの例話がそうであるように、アルノルドゥスの編纂した『例話目録』（アルファベット順の例話目録）であった。その目録には火山の名前が書かれていないのである（なお、「エトナ山」は別名「モンジベッロ山」とも呼ばれた。「モンジベッロ山 Mongibello」（イスラーム支配下の呼称）は、ラテン語の mons（「山」）とアラビア語の gebel（「山」）の合成語）。

当時、人びとは死後の地獄のあり様に深い関心を抱いていたが、この例話から、火山は地獄の入り口と考えていたことがわかる。そして、この例話に登場するサレルノの君主は、この世とあの世の幸・不幸の反比例の法則を無視して、不遜にも、この世とあの世の両方で快楽と富を得ることができると信じていた。すわなち、「この世で《富》を持つ者は、あの世でも《富》を持つことができる」と豪語した。そして、神の怒りを買ってそのまま死んでみずから地獄の入り口である火山に向かったのである。

第一三話　悪魔に殴打された聖アントニウス

ある時、聖アントニウス[1]が棺桶のなかで一眠りしようと思ってそのなかに入ったところ、その棺桶のなかで悪魔に殴られてしまった。[2]そしてアントニウスは悪魔から受けた多くの切り傷と打撲のために、死んだかのようにそのままに放置された。その傷と打撲は、神の許しのもとに悪魔が負わせたものであった。――その時、突然にまばゆく輝く大きな光がひとつ現れた。そしてその光は悪魔を追い払い、アントニウスの傷をことごとく治してしまった。

それから聖アントニウスは意識が戻ったが、その時、その光の中に神の姿を認めて、大いなる慰めを感じた。そして声を大にして叫んだ――

「良きイエスよ、あなたはたった今どこにおられたのですか。」

これにキリストはこう答えた――

「アントニウスよ、私はここにいた。だが、私は、悪魔がお前にしかける戦いでお前の勇敢な姿を見るのを待っていたのだ。」

（1）　聖アントニウス（アントニオス）（(ラ) Antonius（ギ）Antonios）（二五一頃～三五六頃）（「修道院長アントニウス」「エジプトのアントニウス」）（二五一頃～三五六年）は、中エジプト生まれの隠修士。修道院制度の創始者のひとり。パッサヴァンティは出典を『砂漠の聖人師父の生涯』としているが、これも研究者のテキスト分析から出典は『説話目録』によるとされている。

（2）パッサヴァンティは出典を『砂漠の聖人師父の生涯』としているが、これも研究者のテキスト分析から出典は『説話目録』によるとされている。

Ⅱ-13　悪魔に殴打された聖アントニウス

＊封建社会を背景にして成立したカトリック世界において、「とりなし」の考え方が重要な要素をなした。「とりなし」の役割として、とりわけ「聖人」が崇敬され、さらに、ペストの周期的発生による市民的キリスト教の高まりのなかで、広く美術作品として視覚化されて聖人が崇拝されていった。それから宗教改革者によって「とりなし」の考え方は否定された

一　キリスト教におけるとりなしの形成
（一）キリスト教世界における「聖・俗二分割」——とりなしの考え方の成立
（二）聖人は身近なとりなしの存在であった
（三）とりなし役のヒエラルヒー——聖母と聖人
二　ルネサンス美術と聖人崇拝
（一）ペスト期の「市民的キリスト教」と聖人へのとりなしの祈願——サン・ジミニャーノでの絵画制作の事例
（二）中近世の聖人は分業した——聖人の機能と信仰のあり方
（三）聖人のデパートとしての大聖堂
（四）ルネサンス期における聖人の視覚化の流行
（五）市民的キリスト教における聖人崇拝の高揚
三　宗教改革の勃発——民間信仰・とりなし・ヒエラルヒーに対決する神学者ルター
《ミニ・コメント》（一）　地域主義のもとの聖人——強い地域主義は地域固有の聖人を欲した
第一の事例　地域と結びつく聖人——ピエモンテと聖ルムナルド
第二の事例　地域と結びつく聖人——トゥールと聖マルティヌス
《ミニ・コメント》（二）　ペストと聖人——ロクスとセバスティアヌス
ロクスとサン・ロッコ大信心会——ヴェネツィアの疫病

ペストの流行／ペストのメカニズム
《ミニ・コメント》（三）「市民的キリスト教」の時代のフィレンツェ大司教アントニーノ
《ミニ・コメント》（四）ペストの影響としての活版印刷の発明

一　キリスト教におけるとりなしの形成

このパッサヴァンティの例話集には、実に多くの聖人が登場する。ここでは聖アントニウスについてコメントするだけにとどまらずに、もっと広い観点から、カトリック世界における聖職者や聖人の機能——とりなし——について歴史的に展望してみたい。

聖アントニウス（アントニオス）は、古代末期のキリスト教の「隠修士」（砂漠や岩窟などで、単身で修行に励む者。「隠者」）であった。現世を捨てて孤独な禁欲生活を開始したことから《修道生活の父》と呼ばれる。二五一年頃、エジプトの富裕な農家に生まれ、終生隠修士として暮らして約一〇五歳（三五六年）まで生きたといわれる。

一八歳の頃、両親を失い、妹の面倒をみていたが、ある日、「マタイの福音書」のなかのキリストのことば、「もし完徳をめざすなら、行って持ち物を売り払い、貧しい人々に施しなさい」（第一九章第二一節）ということばに感銘を受け、自分の持ち物を人びとに施し、妹を施設に預けて、初めは故郷、ついでリビアで隠遁生活、さらにナイル右岸の砂漠の岩窟で約二〇年間、孤独のうちに修行した。さらに紅海北西端に近いコルジム山に移って隠遁生活を実践した。そうした修行のなかで、この例話にあるように、悪魔から仕掛けられた数々の攻撃や誘惑に打ち勝ったという。キリストが断食の苦行（四〇日四〇夜）をおこなったように、アントニウスも「苦行」をおこなった。そして、それによって獲得した「聖性」（霊性）のゆえに、敬愛され、多くの人が彼を訪ね、その周囲に多くの俗人・聖職者が集まったという。これは後の共住修道制につながっていく。アントニウス以後も、岩窟はしばしば修行の場として利用されつづけた。イタリアの南部のバジリカータ州のマテーラなども岩窟が多い地形から、修道士が住み着いて修行したところである（図13-1）。私は、マテーラがまだ世界遺産に指定される以前の冬に訪れたが、その時、観光客には誰一人とも出会わなかった。全くの寂寥の世界であった。

（一）キリスト教世界における「聖・俗二分割」——とりなしの考え方の成立

キリスト教の歴史におけるアントニウスの重要性は大き

図 13-1　マテーラの洞窟住居
イタリアのバジリカータ州にあるマテーラの不気味な岩窟住居

い。というのも、「完徳」（徳性・霊魂の完全さ）を目指し、そのために孤独の禁欲生活を実践し、そうして獲得された「聖性」に対して、人びとは、神とつながる仲介的存在――聖職者としてのとりなし役――を認めるようになったからである。それまで霊媒を通じて「神託」という、神からの一方的なお告げによって神（神々）と触れていたのに対して、この時代のキリスト教において、「完徳」という宗教的人格を得た者、すなわち「完徳者」を人間と神の仲介役（とりなし役）と認め、人は神につながろうとしたのである。研究者ピーター・ブラウンによれば、人間（「地上」）と神（「天国」）との間にそうした仲介役を求める傾向は、古代末期の注目すべき新しい傾向であり、それ以後のキリスト教の社会と制度の形成に大きな影響を及ぼしたという。初期キリスト教の時代において、こうした隠修士のほかに、使徒（一二使徒）、殉教者などが、地上と天国の二極を結びつける「超自然の代理人」（ピーター・ブラウン）と見なされた(*1)。

こうして、隠修士や修道士が神に近い「聖性」の存在として認められ、それがさらに広く聖職者全般に及ぶようになる。つまり、欲望・悪徳によって汚れた世俗世界に生きる「俗人」から切り離されて、「聖職者」そのものが神に近い聖なる存在として位置づけられるに至るのである（聖

図 13-2 《天国へ入る鍵を手渡されるペテロ》
オルテ（ラツィオ州）のサン・ピエトロ教会

俗二分割）。ここに、神と俗人との間に立つ中間的存在として、キリスト教聖職者の地位の宗教的根拠が認められるようになったのである。

おそらくこうした考え方は、聖職者のなかの最高位を「教皇」とする見方にも作用したのであろう。新約聖書にもとづく解釈として、キリストは、ペテロ（初代教皇）を指名して、ペテロに天国の門に入る「鍵」を委ねたとされるに至る（「ヨハネ福音書」第二一章第一五節〜一七節）（図13-2）。こうして代々の教皇は、この世の「神の代理人」として、聖ペテロから天国の門に入る「鍵」を手渡され、その「鍵」を握っているとされる。教皇は、この霊的な鍵を通じて、信徒を天国へ導く権限を下位の聖職者に委ねているとされる——その聖職者が、司教、修道院長、司祭、修道士などといったカトリックの階層的組織（ピラミッド型体制、「ヒエラルヒー」）を形成する人びとである。教皇が神の代理人であるならば、その他の聖職者もまた間接的な神の代理人、つまり代理人の代理人である。そうした代理人が司牧活動をおこなっている時に、その場には天から聖霊が降りてきていると考えられていた。こうしたピラミッド的な上下関係は、いかにも中世の主従関係——すなわち上位の者による「保護」と下位の者からの「忠誠」からなる封建社会をそのまま反映しているように思われる。さらには、このように聖界と俗界とを区別して、人が分業するという固定的な考え方は、中世の職能の三分割の考え方、すなわち、「祈る人＝聖職者」、「働く人＝農民」、「戦う人＝騎士」の分業の考え方と極めて類似した考え方である。

（二）聖人は身近なとりなしの存在であった

この世における「神のとりなし役」が聖職者なら、この世を超越した霊的世界にあってとりなしをするのが「聖人」であった。聖人が、人と神の間に立って、人の祈願や庇護のとりなし役を務めるのである。ここにおいて聖人が圧倒的な人気を博した――それというのも、聖人のとりなし役の「身近さ」のゆえにである。すなわち、中世の人びとにとって天界の最高位たる神は、あまりに偉大で近づきがたい存在であった――神こそは、天地を創造し、この世の森羅万象すべてを支配し、《最後の審判》によってこの世を終末にまで導く、絶大な存在であった。このことについて、聖人伝の著者は語っている――

すなわち、一三世紀後半の聖人伝である『黄金伝説』（一二七五年）の著者ヤコブス・デ・ヴォラギネ（一二三〇～九九頃）によると、神の存在は、人間にとって偉大であまりに大きすぎる、遠い存在であった。ヴォラギネは、こう述べている――「人間は、その不完全さから、愛を感じる力が乏しいために、神よりも聖人の方にいっそう大きな愛を感じるのである。神の愛はあまりに大きすぎて受けとめることはできないのである」(＊2)。その神に比べて、ずっと身近な存在が聖人であった。日々、大小様々な願い事を直接祈願し、神を通じて身近に叶えてくれるのが聖人であった。信徒は、聖人に「保護」を求めるために、中世封建社会において下位の者がそうしたように、日頃から「忠誠」を尽くして、聖人に捧げた（奉納した）教会をつくり、その教会に供え物をしたのである。仮に聖人を冒瀆するような行為をする者がいたら、その者は、都市政府などの公的権力によって通常の刑罰より重く罰せられた。中近世フィレンツェでは、都市の特別の守護聖人の日に犯罪をおこなった場合、いつもよりも二倍も重い刑が与えられた。また、特別の聖人の日に牢獄の罪人を処刑して血を流すことは、その聖人を汚すことになるとして禁止されていた(＊3)。

(三)　とりなし役のヒエラルヒー――聖母と聖人

中世という時代においては、《とりなし役》そのものが、封建制の「身分社会」を反映して、上から順に段階的に位置づけられていたように思う。まず神（キリスト）への直接的な《とりなし役》として「聖母マリア」がいる。これは最高のとりなし役である。そして、聖母に次ぐものとして、守護天使のほかに、「聖人」が存在した。聖人は完徳を獲得し、奇跡を起こし、今や霊界に生きる人たちである。

ここで図13-3aを見てみよう。これは、アレッツォ市（トスカーナ地方）の「信心会」（兄弟会）――すなわち、ひとりの崇敬する聖人のもとに俗人が自主的、日常的に信仰を実践する団体――の会員たちが一五世紀に注文した絵である。彼らは、疫病の守護聖人の聖ロクスを描いて庇護を祈願している——まず、会員たちは、直接的には疫病の聖人ロクスに、《疫病にかかりませんように》と祈願する。次に、ロクスは、それを受けて、とりなし役として、聖母に彼らの祈願を伝え、最後に聖母は、みずから最高位のと

図 13-3a　バルトロメーオ・デッラ・ガッタ《俗人信心会の前の聖ロクス》国立中世・近代美術美術館　アレッツォ

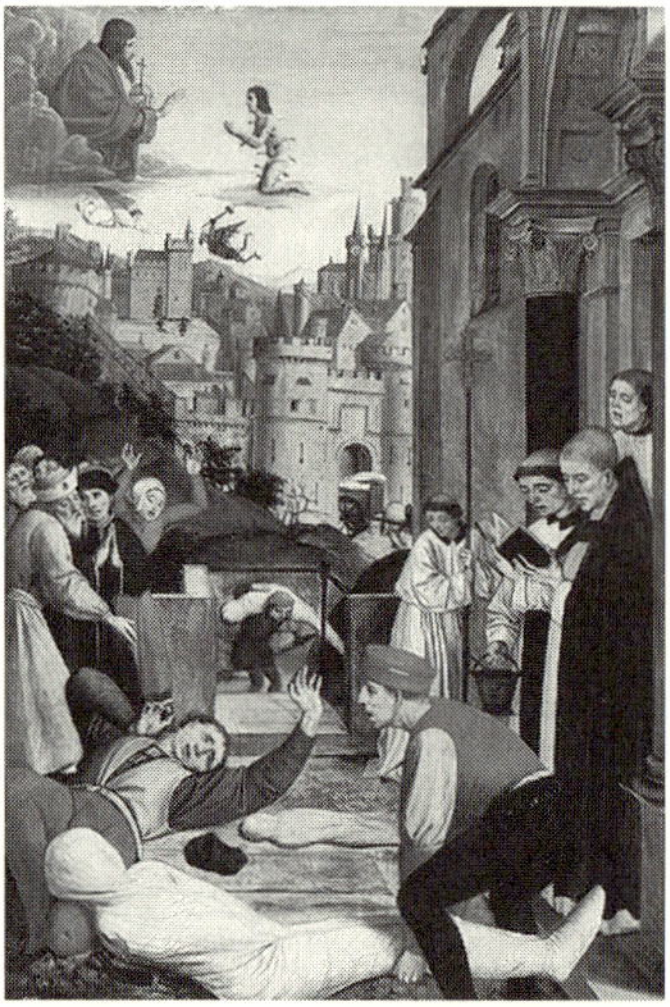

図 13-3b　ホセ・リーフ《聖セバスティアヌスは疫病患者のとりなしをする》

りなし役として、神であるキリストにその祈願を伝えるのである。さらに、キリストと神とが別個の存在と見るなら、キリスト自身もとりなし役となる（「ヨハネの福音書」第一六章第二三節）。ここでは、聖職者を通じた祈願のルートは意識されていないように思われるが、聖職者のルートも聖人のルート（霊的ルート）も併存したのである。つまり、この世に「聖職者」を中心とするヒエラルヒーがあり、それを介して祈願するルートがあったが、さらに、それとは別に、聖職者抜きの霊的世界にもヒエラルヒーがあり、それを通じて祈願するルートが存在したのである。ただし、あくまでも祈願が神に伝わることが大切だったので、二つのルートの区別はあまり意識されていなかったかもしれない。両者はしばしば一体化することがあった。

二　ルネサンス美術と聖人崇拝

（一）ペスト期の「市民的キリスト教」と聖人へのとりなしの祈願——サン・ジミニャーノでの絵画制作の事例

さらにいえば、私見では、この「霊的なルート」（聖人のルート）こそは、ペスト期（ペスト発生以後）において、市民社会において、一層重要な庇護の方途となったと思わ

れる。このルートは「市民的キリスト教」と呼ぶべき都市の集団的運動の中心をなした[*4]。そもそも、都市民は、聖職者・教会を尊重しつつも、もはやそれだけでは十分とは思えずに、「信心会」という俗人独自の団体（以前からあったが）、さらに、しばしば都市政府や都市協議会や組合（アルテ、ギルド）とも一体となって、孤児や病人・貧民に慈善を施すとともに、聖人への崇拝などの宗教的活動を展開する。この聖人崇拝は、キリスト教の歴史とともにあったが、今や神がここにおいてあまりに峻厳な存在になったことによって活性化した側面が強く認められるようになったと思われる。すなわち、神は、罪深い人間に対して疫病や飢饉など過酷な罰を科す存在となり、今ではあまりに遠い存在となってしまった。だから、人間は仲介者を立てねば、神にはもはや近づきえないと感じるようになったのである。以前から聖人崇拝があったにもかかわらず、かなり違った意味で担ぎ出されたのである。

ここで、こうしたなか、彼らのそうした活動や聖人を視覚的に「象徴化」する動きが出てきても少しも不思議ではない。つまり、絵画等によって、慈善行為や崇敬する聖人を美術として視覚化する動きが出るのである。実際、現在残っている絵画の量も一五世紀から大いに増加している（「聖人の視覚化の増加」）。絵画による視覚化が好まれたのは、聖遺物が目に見えるがゆえに説得力があり、人気があったのと同じ道理である。「市民的キリスト教」は、文字通り、市民的な集団による動きを特徴とする。ここには神に対して集団で動くことが神からの高い評価を得る方法であるという共通認識が作用していた。象徴化の最たるものは、集団がプロセッションして神に祈る、訴える時に先頭に掲げてもつ「のぼり」の絵である。

一方において、ペストは「集団活動」を刺激するとともに、他方で一人ひとりの個人の「個人的な活動」を刺激した。信心会の動きとは対照的に、ペストを個人で私的に受け止める動きも現れた——それは、ひとりの個人が、時禱書を用いて私的に祈禱に没頭するやり方である。《時禱書》とは、聖書の「改悛詩編」や聖人のとりなしの祈りなどを掲載したものである。それによって俗人があたかも修道院にいるかのように、一日一日を、日課に従って規則正しく、祈禱に捧げて一年一年を過ごすのである。そのようなことができるのは、ふつう富裕な階層（貴族・王侯など）、それも女性であり、そうした富裕な人のための時禱書には、しばしば豪華な挿絵が挿入された。例えば、ランブール兄弟（一四一六年頃没）の描いたミニアチュール（装飾挿絵）の入った『ベリー公のいとも豪華な時禱書』（一五世紀）がそうである（図13-4a、図13-4b）。この絵の豪華さは、

図 13-4b　フランドルの時禱書
《賛歌 旧約聖書　詩篇第54章「神よ，私の祈りを聞いてください」》 1450年頃
仔牛製の羊皮紙

図 13-4a　ランブール兄弟『ベリー公のいとも豪華な時禱書』より「4月」

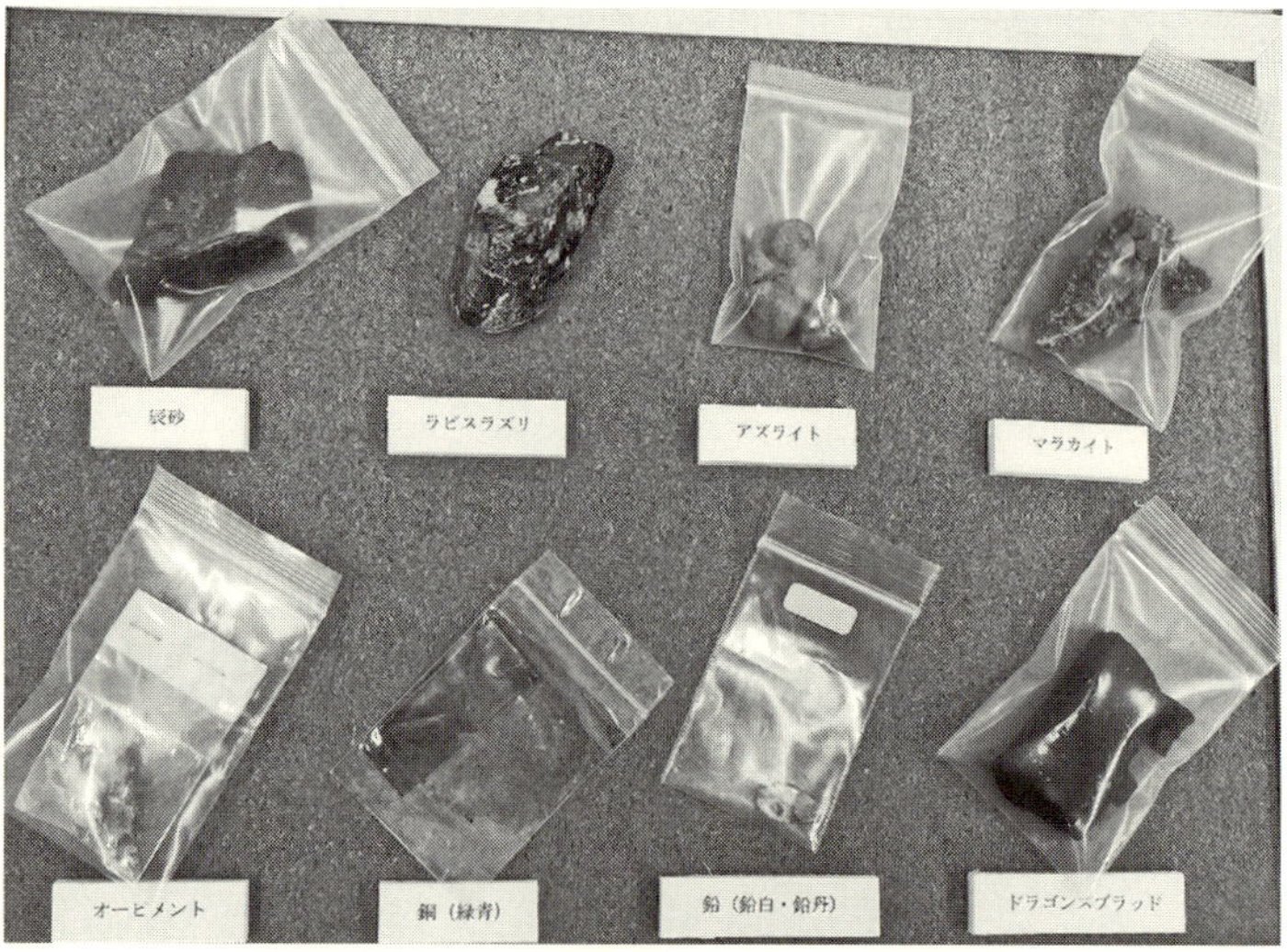

図 13-4c　羊皮紙を華やかに彩色のための顔料
2014年度西洋中世学会「特別展示」（同志社大学）より

宝石に匹敵する貴重な顔料によるものである――すなわち、青色顔料は、盛んな交易の成果であり、中近東のラピスラズリ、赤色顔料はスペインのコチニール、黒の顔料はアフリカ象の象牙を焼いた炭によるものである。しかし、この豪華さと、修道女のように清貧のこころで祈りに没頭する精神とは、何ともちぐはぐなものに思われる。

主として俗人が集団でおこなった聖人への祈願の動きは、ペスト期の疫病への恐怖――「峻厳な神への恐怖」――のなかで盛んになったものである。これをトスカーナ地方のサン・ジミニャーノの事例から見てみよう。ここには聖人へのとりなしを祈願したことを示す貴重な史料がある。

サン・ジミニャーノは、市部で約七三〇〇人あった人口が一三四八年のペストでその人口の五八・七パーセント（E・フィウーミ）が死亡するという大打撃を受けたコムーネ（都市）であった。その後は、疫病に対しては比較的安全な場所であったことから、フィレンツェのルチェッラーイ家などによって、ペストの避難先としてよく利用されたという。[＊5]

ところが、一四六二年頃から疫病が発生。この疫病は一時的に終息したり、再び発生したりと、微妙な動きを見せた。このペストは、イタリア全体から見ると、北部と中部を中心に、さらには、南部にも及んで、流行と終息を繰り返し、結局、一三六八年まで七年間に及んで、夏を中心に発生した。都市の協議会と都市政府は、そのペストの動向に合わせるかのように、一方で、ピエーヴェ教会（現コレッジャータ教会）においてセバスティアヌスにとりなしを祈願し、ミサを挙行し、礼拝堂を建設したが、さらに画家に《聖セバスティアヌス殉教》のフレスコ画の注文をしようと決める。――その一方で、疫病が（一時的に）終息するや、その絵の注文の動きを中断してしまう。

それに対して、サンタゴスティーノ（聖アゴスティーノ［アウグスティヌス］）信心会は、疫病が終息した際に（それは一時的であったが）、直ちにセバスティアヌスに自分たちが生き残ったことを感謝して、サンタゴスティーノ教会に奉納のために設置する絵画の制作依頼を進めた。

以下、サン・ジミニャーノのコムーネが、聖人へのとりなしの祈願に向けて取った措置の流れ――サン・ジミニャーノにおける《聖セバスティアヌスの殉教》の制作過程――を概略する。これはサン・ジミニャーノの古文書館に残された貴重な史料（ラテン語史料一三点、イタリア語史料一点。全一四点）[＊6]からわかることである（この史料はすべて翻訳して私の史料集に掲載されている（図13-5a、図13-5b））。

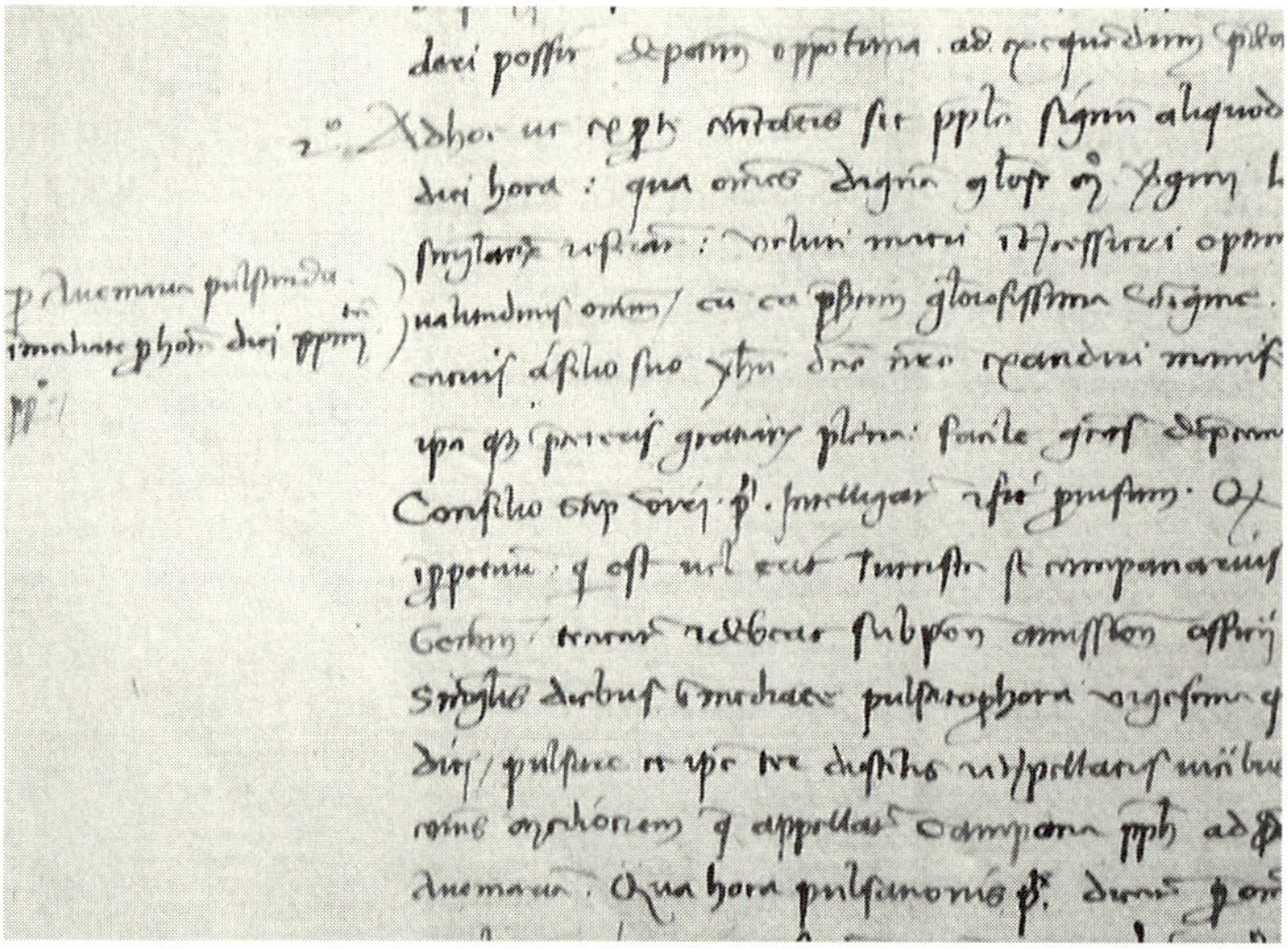

図 13-5a　サン・ジミニャーノのセバスティアヌス関係史料（部分）（1463年1月4日決議）　発生した疫病のためにサン・ジミニャーノは，市費でセバスティアヌスによる庇護を祈願して絵画を注文する

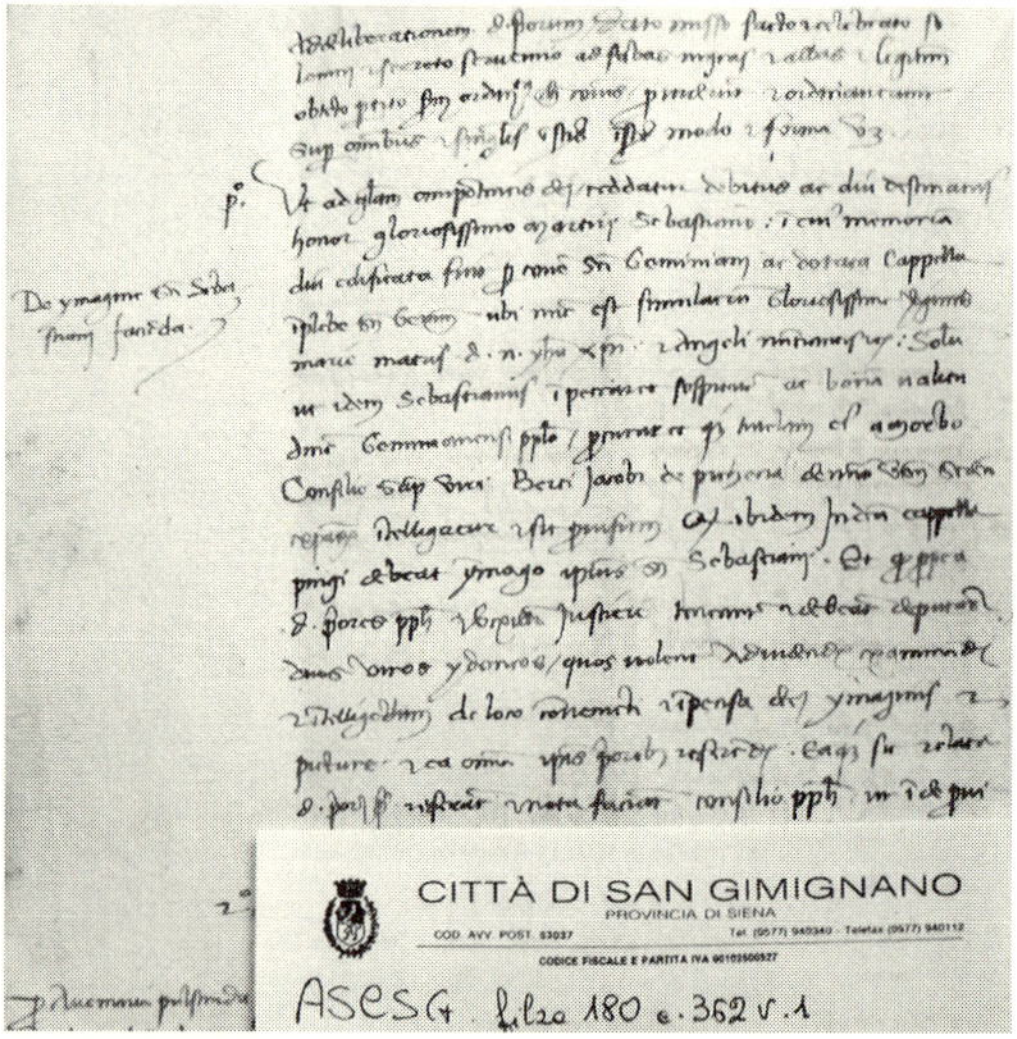

図 13-5b　同

一四六二年一二月
サン・ジミニャーノに疫病による死者が発生。それも教会の司祭であった。
↓
一四六三年一二月二〇日
コムーネの協議会は、疫病死した司祭の埋葬料をコムーネが支払うことを決めるとともに、以下の決議をおこなった。

「我々の罪と過ちに対してまさに当然の報いであるこの悪疫の罰を遠ざけて下さるように、ミサと祈禱によって、神にして我らが主イエス・キリストに祈願すると決議する。すなわち、コムーネの名の下にサン・ジミニャーノのピエーヴェ教会において、ミサを厳粛に、またあらゆる宗教的栄誉を添えて、決められた日に、しかし、できるだけ早い時期に、神にして我らが主イエス・キリストに向けて、最高の栄光と至福に輝く聖セバスティアヌスを記念して挙行させるものとする。」

一四六二年一二月二三日　←

さらに都市政府は以下の決議をおこなった。

「協議会の決議にもとづいてコムーネの全ての修道会の教会とピエーヴェ教会は今月三〇日に聖セバスティアヌスの記念式典を挙行する。」

一四六三年一月四日　←

協議会は、セバスティアヌス礼拝堂を設置した上で、以下のように殉教図の制作に向けて決議した。

「最大の栄光に輝く殉教者聖セバスティアヌスのために、聖セバスティアヌスを記念してサン・ジミニャーノのコムーネは、聖セバスティアヌスのためにそのピエーヴェ教会にひとつの礼拝堂を建設し、奉納した。この礼拝堂の建設は、聖セバスティアヌスがサン・ジミニャーノの市民のために、病気の治癒と健康を導き、疫病から庇護してくださるように願っておこなわれたものである。さらに同礼拝堂にはセバスティアヌスの絵が設置されるべきであることを決議する。」

一四六三年一月一〇日　←

ペストが終息し、聖セバスティアヌスの絵画制作に向けた取り組みは中断。

一四六三年八月　←

サン・ジミニャーノのコムーネは、疫病の恐れが消えたと判断して、市壁の門の監視人を解雇。

一四六四年三月　←

ペストが再発。同じトスカーナ地方のピサとリヴォルノを襲う。

一四六四年六月初頭　←

表 13-1　1330-87年の夏３か月と冬３か月におけるサンタ・マリア・ノヴェッラ聖堂の埋葬者の数

	死亡者	夏	冬	男	夏	冬	女	夏	冬
1330	5	4	1	3	2	1	2	2	0
1331	14	13	1	8	7	1	6	6	0
1332	3	1	2	2	1	1	1	0	1
1333	21	6	15	6	3	3	15	3	12
1334	6	4	2	4	3	1	2	1	1
1335	11	2	9	4	2	2	7	0	7
1336	17	9	8	8	4	4	9	6	3
1337	18	9	9	10	5	5	8	4	4
1338	6	4	2	5	4	1	1	0	1
1339	7	2	5	6	2	4	1	0	1
<u>1340</u>	**70**	**64**	6	46	41	5	24	23	1
1341	14	12	2	6	6	0	8	6	2
1342	1	1	0	1	1	0	0	0	0
1343	11	4	7	8	5	3	3	1	2
1344	4	2	2	3	2	1	1	0	1
1345	11	1	10	3	0	3	8	1	7
1346	9	3	6	5	1	4	4	2	2
1347	22	22	0	14	14	0	8	8	0
<u>1348</u>	**72**	**71**	1	55	54	1	17	17	0
1349	5	5	0	4	4	0	1	1	0
1350	1	0	1	0	0	0	1	0	1
1351	2	1	1	2	1	1	0	0	0
1352	6	4	2	3	1	2	3	3	0
1353	5	2	3	3	2	1	2	0	2
1354	0	0	0	0	0	0	0	0	0
1355	11	8	3	4	2	2	7	6	1
1356	3	1	2	2	1	1	1	0	1
1357	6	6	0	4	4	0	2	2	0
1358	7	4	3	6	4	2	1	0	1
1359	2	2	0	1	1	0	1	1	0
1360	10	7	3	6	2	4	4	3	1
1361	5	5	0	1	1	0	4	4	0
1362	9	6	3	5	2	3	4	4	0
<u>1363</u>	**99**	**96**	3	77	74	3	22	22	0
1364	5	4	1	3	2	1	2	2	0
1365	3	1	2	2	1	1	1	0	1
1366	8	7	1	5	5	0	3	2	1
1367	7	4	3	2	2	0	5	2	3
1368	2	2	0	2	2	0	0	0	0
1369	10	1	9	8	0	8	2	1	1
1370	11	6	5	4	3	1	7	3	4
1371	7	5	2	2	0	2	5	2	3
1372	12	1	11	4	0	4	8	1	7
<u>1373</u>	**19**	**13**	6	12	10	2	7	3	4
<u>1374</u>	**44**	**36**	8	23	18	5	21	18	3
1375	1	1	0	1	0	1	0	0	0
1376	3	2	1	1	1	0	2	2	0
1377	12	3	9	7	3	4	5	0	5
1378	9	3	6	3	0	3	6	3	3
1379	10	2	8	9	2	7	1	0	1
1380	13	3	10	4	1	3	9	2	7
1381	18	8	10	9	4	5	9	4	5
<u>1382</u>	**27**	**16**	11	12	9	3	15	7	8
<u>1383</u>	**117**	**106**	11	72	67	5	45	39	6
1384	8	5	3	6	4	2	2	1	1
1385	3	3	0	2	2	0	1	1	0
1386	12	2	10	8	1	7	4	1	3
1387	17	5	12	9	4	5	8	1	7
	871	620	251	525	397	128	346	221	125

（石坂史料集７　第21章サンタ・マリア・ノヴェッラ聖堂の『死者台帳』より　72頁）

ペストがサン・ジミニャーノに到来。死亡者が出始める。

↓

一四六四年六月一〇日

都市政府は、聖セバスティアヌスの絵画を制作して礼拝堂に設置すべきと再決議。

「ピエーヴェ教会の礼拝堂のなかに、聖セバスティアヌスを描いた絵を、栄誉と敬虔さをもって描かせる義務を負うものとする。その絵は、より優れた表現で、より優雅に、より美しく描かれるものとするが、一〇フィオリーノの費用を少しでも越えてはならないものとする。」

↓

一四六四年七月末

サン・ジミニャーノにおいてペストが終息する。

↓

一四六四年七月二八日

サンタゴスティーノの信心会は、疫病の終息に感謝してサンタゴスティーノ教会に奉納として《セバスティアヌス像》を制作させた。

「一四六四年七月二八日、七月最後の日曜日、ここサン・ジミニャーノにおいて聖セバスティアヌスのとりなしのおかげで疫病が終息した。そこでコムーネは、感謝の念から、毎年、我々の教会の聖セバスティアヌスの祭壇に向けてミサを挙行させることにした。……さらに、コムーネは、疫病から救われた三八人の人びとをそばに伴う聖セバスティアヌスの祭壇画をベノッツォに描かせた。」

↓

（この頃のサン・ジミニャーノの疫病の様子を伝える史料はないが、ペストは一四六四年の夏を中心に、ヴェネツィアからローマまで、イタリアの北部・中部、さらにサン・ジミニャーノの周辺部一帯で記録されている〔翌年の一三六七年にはシエナでペストが発生する[*7]〕）。

↓

一四六五年一月一四日

都市政府は《聖セバスティアヌスの殉教》の注文を改めて決議した。

「協議会にもとづいて、ピエーヴェ教会の聖セバスティアヌスの絵の注文を二名の者とピエーヴェ教会の建物管理部の聖具室の聖具管理人に委託する。」

↓

一四六五年二月二五日

サン・ジミニャーノのコムーネは、画家ベノッツォ・

ゴッツォリに対して、聖セバスティアヌスのフレスコ画の作品を一一フィオリーノで注文すると決議。

「サン・ジミニャーノの習慣にしたがい、黒豆と白豆による無記名投票に訴えて、「可」を表す黒豆の九個と、反対に「不可」を表す白豆の一個をもって投票が合法的に行われ、その結果、契約書において定められた事柄にしたがって、先の絵が実際に完成した暁には、フィレンツェのベノッツォ親方に対して、財務官から支払われるべき一一フィオリーノのいずれについても一フィオリーノにつき四リラの割合で、財務官によって割り当てられたコムーネのお金、すなわちその同じ契約書において支払うと個別に決定され、契約書に記載されたお金を支払うものと決定する。」

←

一四六五年一〇月二六日

親方に支払う金の拠出先が財務官によって確認された。

「サン・ジミニャーノの財務官は、先のベノッツォ親方に対して、先に述べた四〇リラを、私すなわち以下に記した公証人の立ち会いの下に現金にて支払う。それは、七フィオリーノは金貨で、残りは先に述べたようにリラで、財務官から支払われる。」

←

一四六六年一月一八日

ゴッツォリのフレスコ画がピエーヴェ教会の聖セバスティアヌス礼拝堂に据え付けられた。聖セバスティアヌスの祝祭日の二日前のことであった（結局、最初に制作を決議した日（一四六三年一月四日）から実に三年以上の歳月が流れたことになる）。

←

一四六六年二月六日

ピエーヴェ教会建物管理部の会計官は以下のように記録した。

「私は、聖セバスティアヌス礼拝堂のなかの二本の壁柱の間にある《聖セバスティアヌスの殉教》の仕事として、二〇リラ一〇ソルドの金をベノッツォ親方に手渡し、支払いをすませた。」

以上、疫病の到来と終息の繰り返し、それに対応するセバスティアヌス像の制作をめぐる動きの経過を見ると、当時の人びとの抱いた聖人への真摯な思いが実にリアルに伝わってくる。疫病が神の怒りであり、それをなだめるとりなしの存在としての聖人のイメージは疑いようがない。

（二）　中近世の聖人は分業した――聖人の機能と信仰のあり方

聖人全般について、そのとりなしのあり方を具体的に見てみよう。

聖人の分業と《得意領域》

中世末期・ルネサンス期は、苦難が多発するなかで、聖人への祈願が高まった。これを背景に、おそらく中世後期以降、聖人の「分業化」――つまり、ご利益の分担化――がいっそう顕著になったと思われる。つまり、聖人には得意領域があるとして、祈願の内容によって聖人をいわば使い分けるのである。そして、そのことが絵画等に及んで一層視覚化されて表される。これを導いた主なものは、ひとつに中世キリスト教世界に脈打つ根強い民衆信仰の広がりであろう――

すなわち、ほとんどが農民であったこの時代において、まず初めに最大の願いとして嵐や干ばつなど、天候に関する祈願があったが、聖人はそれを叶えてくれる（と信じられた）。また、家族にとって最も大事なこと、無事に出産ができるように聖人は妊婦を守ってくれる（と信じられた）。一人ひとりの個人に対しては、危急（急死、発熱、頭痛、疫病など）の際にその名を呼べば即座に助けてくれると信じられた聖人――「一四救難聖人」など――がいた。民衆の間では、諸々の願い事や祈願が、諸々の聖人に振り分けられ、それぞれが《得意領域》をもつ守護聖人が数多く存在した。

聖人に与えられた得意領域の振り分けは、極めて民衆的で、非科学的で、根拠に乏しいものである――

例えば、聖ラウレンティウス（伊 ロレンツォ）は、燃える火で網焼きされて殉教したので、やけどや火事から助けてくれる守護聖人であった（図13-6）。聖女アガタは、デキウス帝の迫害時に、拷問の刑具の熱い火鋏（ひばさみ）で両方の乳房を切り取られたと言われることから、火事や火の守護聖人となった（図13-7、図13-8）。聖女アポロニア（伊 アポッロニーア）は、殉教の際に歯を抜かれたことから歯痛の守護聖人となった。また、聖セバスティアヌスは、ディオクレティアヌス帝（在位二八四～三〇五）の迫害の時代に、弓矢によって処刑される時に、体中に矢をハリネズミのように受けたが、（矢が急所を外れていたか、あるいは天使の救いのおかげで）死ななかった。そこで、「矢」は、旧約聖書の「詩編」第七章の神罰の矢、古代ギリシャの『イーリアス』（第一巻）に出て来るアポローンの疫病の矢に示されるように、疫病と病気のシンボルだったので、矢で死ななかったことから、病気・疫病の守護聖人とされた。

このように、色々な種類の病気や祈願のそれぞれに対して、有効な守護聖人がそれぞれ配置された（ここでは、聖人の庇護内容について地域差もあったかもしれない）。さらに職業・身分・都市・地域・信心会など、それぞれが、自分たちの守護聖人を指名し、崇敬した。都市名についていうと、その聖人から、名実ともに絶対的な庇護を期待して、その都市の名前そのものに聖人の名前を付けてしまった場合がある——都市に「サン」や「サント」や「サンタ」がついているのは、そうした都市あり、その数は非常に多い。また、職業集団についていえば、例えば、鍛冶屋は、火を使うことから、聖女アガタや聖ラウレンティウスを守護聖人とし、都市ミラノは、その出身の聖アンブロシウスを守護聖人とした。ひとりの聖人の扱う庇護の分野はひとつに限らずに、その殉教の仕方や生前のエピソードにちなんで、二つか三つか、あるいはそれ以上の庇護が期待されることもあった。同じ一人の聖人であっても、おそらく伝承が様々にあったことから、祈願する人や地域によって、聖人に期待する庇護の内容が微妙に異なることもあった。実際、

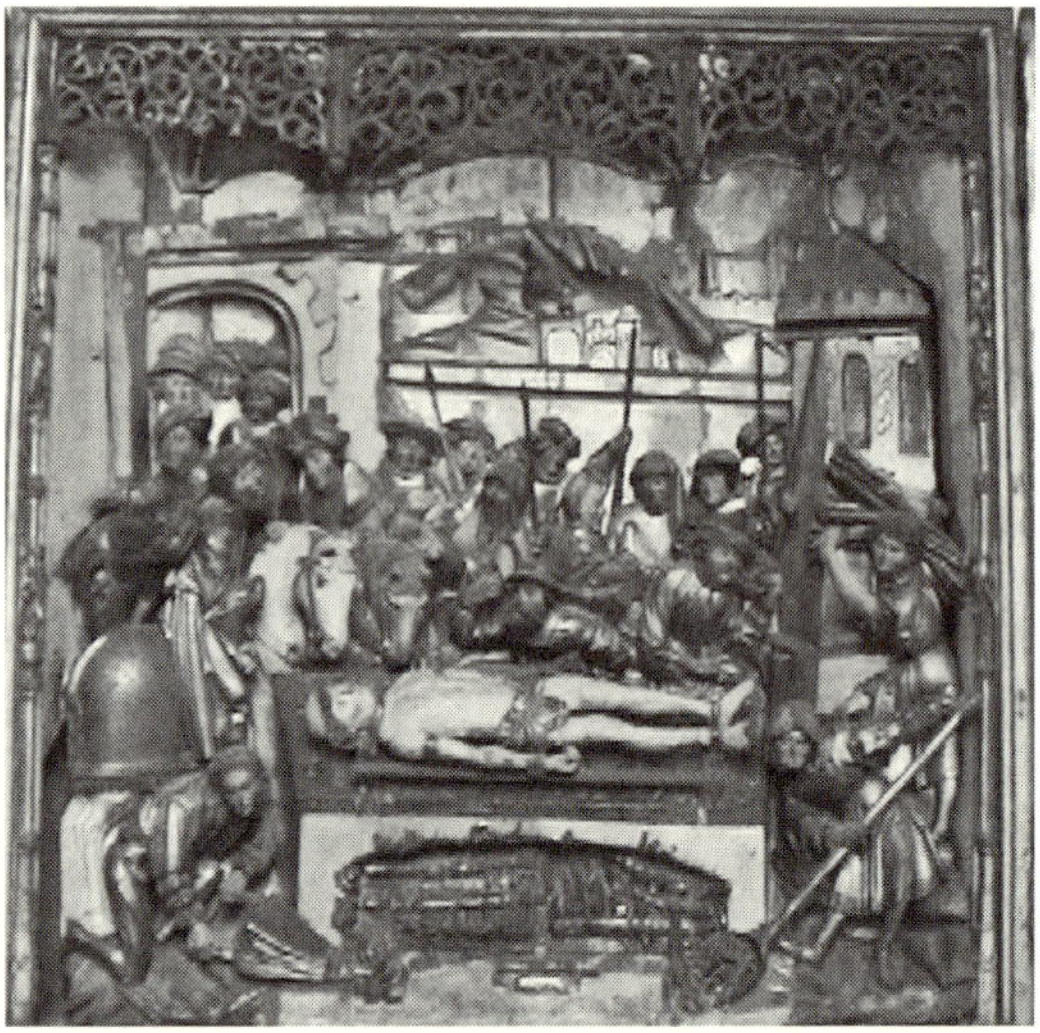

図 13-6　ハンス・コンマー《聖ラウレンティウスの殉教》 1522年　聖アネン博物館

図 13-7　ナポリの不詳の画家《聖女アガタの殉教》 17世紀　バーリ県立絵画館

図13-8　イッポリート・コスタ《聖女アガタの殉教》17世紀　マントヴァ大聖堂

現在出版されているいくつもの聖人事典を見ても、それぞれその聖人の庇護内容がやや異なっている。いずれにしても、あくまで民間信仰的な伝承にもとづくものであり、聖人とその庇護内容との関係に特に深い合理的、科学的な根拠があるわけではなかった。もともとカトリックは、神学理論による理詰めの一本勝負ではなく、ある程度まで民間信仰（風習、習慣、行事、伝承など）を受容して、包容力をもって展開してきた宗教なのである。時に民間信仰で定着したものが、公会議によって追認されることさえあった（「煉獄」の存在など）。

なお、信徒が富裕であるか、貧困であるかなど、階級・階層によって好まれる聖人が異なるようなことは、どうやら認められないように思う。絵画などの注文主が富裕者やその集団だからといって、それで特定の聖人が好まれたということはないように思われる。

（三）　聖人のデパートとしての大聖堂

こうした聖人の人気の高まりを背景にして、教区や托鉢修道会の教会、とりわけ大聖堂は、地域の信徒の様々な祈願のニーズに応えるために、絵画・彫像・ステンドグラス・タペストリーなど、ありとあらゆるニーズに応えた聖人像を備えようとしたように思われる。信徒は、大聖堂へ赴き、その時の自分の願いに応えてくれる聖人を見つけ、捧げ物をして、その聖人像に向って祈願し、神へのとりなしを乞うたのである。

コモの大聖堂を見てみよう（図13-9a、図13-9b）。コモの町は、湖に面した司教座聖堂の町である（図13-10a、図13-10b）。北イタリアにあってスイスと接し、北隣の町がスイスのキアッソである（バスで一ユーロほどで行ける）。コモは、昔も今も、ひとつの地方の中心的な都市（県都）であり、その大聖堂も標準的な規模である。ルネサンス期に制作されたファサード（正面部）を見上げると、主に聖

図 13-9a　コモ大聖堂のファサード（正面）

人からなる六十数体もの彫像（一五世紀～一六世紀）がずらりと並んでいる。これを見ると、ルネサンス期は聖人が個別的に、網羅的に視覚化された時代であったことがわかる――これによって信徒の様々な祈願に応えようとしているのだ。ロンバルディーアを代表する大都市ミラノの大聖堂（一三八六年起工、一九世紀初頭完成）に至っては、大聖堂の外壁には、尖塔部を中心に三四〇〇以上の彫像が設置されている。このように大聖堂は人が内部に入る前から、人びとの祈願に圧倒的なかたちで応えようとしている。まさに大聖堂は聖人のデパートである。コモも、ミラノも彫像が制作されるようになったのは、ルネサンス期、事実上ペスト期であることは注意していいことである。

誰が「聖人」であるかは基準によって異なる。一三世紀のヴォラギネが『黄金伝説』で扱った聖人だけで少なくとも三九六人もいる。D・ファーマーのコンパクトな『オックスフォード聖人辞典』（一九九七年）は、「聖人を網羅するのではなく選んだ」というが、それでも一三〇〇人の聖人が詳しく記載されている。

本来、キリスト教は一神教だから、どんな祈願でもキリストに祈願すればそれで十分のはずだが、キリスト教会には非常に多数の聖人が存在する。これは、キリスト教以前の多神教的な要素を数多くの聖人に押し込んで、キリスト

図 13-9b　コモ大聖堂の聖人像

コモ大聖堂(司教館)が大聖堂内で販売するリーフレット *La Facciata della Cattedrale di Como* を参考に，コモ大聖堂のファサードに表現された聖人像の名前を示す。しかし，キリスト教世界における聖人のあまりの多さ，聖人を特定するのに役立つアトリビュート(持物)の不足などから，現在となっては，このファサードに彫られた聖人のうちおそらく20名から30名について，その名前が不明である。ファサードでは，まず聖人以外の人びとは次のとおりである。すなわち，キリスト(生誕・復活，永遠の父)(1，13，12)，東方三博士の礼拝(2)，コモ出身の(大・小)プリニウス(4，5)，聖母(被昇天)(11)，割礼(3)，聖霊(9)，受胎告知をする天使(10)，アダム(7)，エヴァ(8)，預言者ダヴィド(38)，チッコ・シモネッタ(学者)(29)などである。そのほか，以下において，一般の聖人像の名前をリーフレットにしたがってイタリア語表記で示す。

6.左からサン・プロト，洗礼者サン・ジョヴァンニ，(聖母と幼子)，サンタッボンディーオ(聖アッボンディーオ)，サン・ジャチント　14.左と右にサン・フィリッポ，サンタ・カテリーナ・ダレッサンドラ(アレッサンドラの聖カテリーナ)　15.左と右にサンタ・キアーラ・ダッシジ(アッシジの聖キアーラ)，殉教者サン・ピエートロ　16.右にサン・ジョルジョ　17.右に最初の殉教者サント・ステーファノ　18.右に洗礼者サン・ジョヴァンニ　19.右に福者ジョヴァンニ・オルドラート・ダ・メーダ　20.左にサンタ・ジョヴァンナ・ダルコ(アルコのサンタ・ジョヴァンナ)　21.福音史家ジョヴァンニ　22.サン・ベルナルディーノ・ダ・シエナ，サン・ジャーコモ　23.サンタゴスティーノ(聖アゴスティーノ)　24.サンタ・マリア・マッダレーナ　25.サン・ベルナルド　26.サンタ・エリザベッタ・ドゥンゲリーア(ハンガリーのサンタ・エリザベッタ)(？)　27.サン・クリストーフォロ　28.サンタ・カテリーナ　30.サン・ジャーコモ・ミノーレ(十二使徒，アルパヨの息子)　31.サン・ジョルジョ　32.サン・ジェロラーモ　33.サン・ピエートロ　34.サン・マルティーノ　35.殉教者サン・ピエートロ　36.サン・セバスティアーノ　37.サン・ロッコ　39.サン・ジュリアーノ・ダ・リミニ　40.サン・マルティーノ(？)　41.サン・グレゴーリオ　42.サン・パオロ　43.サン・ジャーコモ　44.サン・ジャーコモ　45.46.サン・バルトロメーオ　47.洗礼者サン・ジョヴァンニ　48.サン・シスト　49.サン・フランチェスコ　50.サンタントーニオ・ダ・パドヴァ(パドヴァの聖アントーニオ)　51.サンタンブロージョ(聖アンブロージョ)　52.サン・ベルナルディーノ　53.サン・フェデーレ　54.ジョヴァンニ・アダモ・イウヴァルタ　55.サン・クラウディオ

図 13-10a　コモ湖（ヴィッラ・ジェーノより）

図 13-10b　コモ湖　中央やや左にクーポラ（丸屋根）をもつコモ大聖堂が見える

教との調停をはかったものと思われる。例えば、キリスト教以前に自然世界に生きていた精霊（「泉の精」など）や、キリスト教以前に活躍していた神話の象徴的な英雄は、キリスト教の聖人や聖人伝のなかに吸収され解消されてしまう。研究者P・ディンツェルバッハーは、「カトリシズムは《多神教的なシステム》として包括的なかたちで記述できる」と述べている[*8]。

このように聖人が取り込まれる動きは中世の開始とともにあったものの、それが最初から視覚化されていたかというと、必ずしもそうではないように思われる。視覚化はルネサンス期の産物であったように思われる。

例えば、セバスティアヌスを例に取ると、セバスティアヌス崇敬はすでに四世紀から存在した。四世紀の教父アンブロシウスもその生涯について記述している[*9]。また、特に六世紀にヨーロッパで最初のペスト（「ユスティニアヌスの疫病」）が流行した時に、大いに崇敬された。しかし、それはあくまで絵画・彫刻の表現——視覚化——のかたちでは現れなかったようである。私が調査したイタリアに限定して見てみると、私が美術作品のかたちでセバスティアヌス像を確認できたものは非常に少なく、わずか五点だけであった。なお、次の表（表13-1）で「人」とあるのは、セバスティアヌス以外に何人いるかを示す。単身像は「○」となる。

これら五点の図像の主な傾向は、一五世紀以降のセバスティアヌス像の主要な傾向と異なっている。すなわち、これらの絵は、セバスティアヌスの体に矢が射さっていたり、セバスティアヌスが手に矢を持っていたりしていないこと（セバスティアヌスであることを文字で示している）、殉教図が一点しかないこと（⑤のみ殉教図）、そしてルネサンス期と異なってセバスティアヌスの容姿がほとんどの場合、青年ではないこと、モザイクの作品が多いこと（②・③・④）などである[*10]。一方、一五世紀以後のペスト以後の作品の特徴は「持物（じぶつ）」——アトリビュート——としての「矢の登場」、「殉教図の多さ」、「青年（それも多くの聖人伝に従って貴族の青年）の裸体像」に特徴がある。もちろん①～⑤以外にも実際に制作されたものの、失われた作品もあるかもしれない。しかし、ここで示した数のあまりの少なさから推測するに、おそらく作品そのものがあまり制作されていなかったように思われる。

一方、ペスト以後のセバスティアヌス像の作品の量は圧倒的である。一五世紀以後はイタリアのセバスティアヌス像だけで数千点の作品が制作されていると私は判断している。私が美術館の目録から画像として入手したり、みずから教会で撮影したセバスティアヌス像は、イタリアだけに

表13-1　初期のセバスティアヌス像

	制作期	所蔵地	所蔵先		基本形	人	矢の数
①	5世紀	ローマ	サン・カッリストのカタコンベ		諸聖人	4	0
②	6世紀	ラヴェンナ	サンタポッリナーレ・ヌオーヴォ	図13-11	諸聖人	26	0
③	7世紀	ローマ	サン・ピエトロ・イン・ヴィンコリ	図13-12	単身図	0	0
④	8世紀	ヴェネツィア	サン・マルコ聖堂		単身図	0	0
⑤	11世紀	ローマ	スカーラ・サンタ教会	図13-13	殉教図	13	0

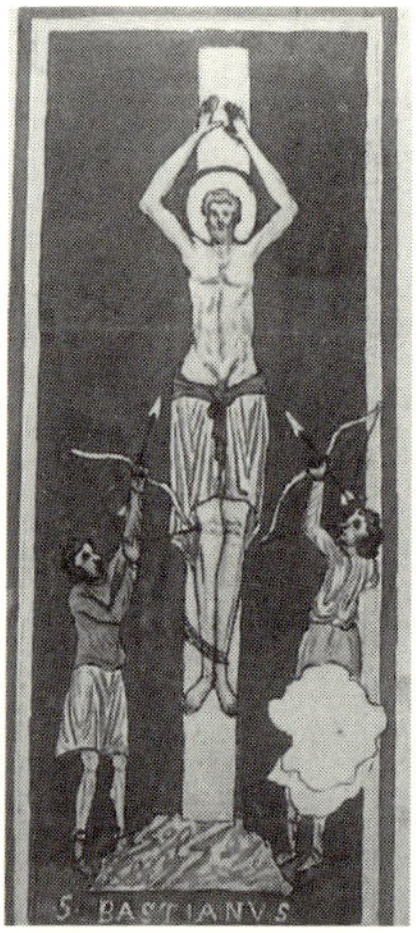

図13-11（右）《聖セバスティアヌス》部分　6世紀　モザイク　サンタポッリナーレ・ヌオーヴォ聖堂　ラヴェンナ

図13-12（中央）《聖セバスティアヌス》7世紀　モザイク　サン・ピエトロ・イン・ヴィンコリ教会　ローマ

図13-13（左）《セバスティアヌスの殉教》11世紀　スカーラ・サンタ教会　ローマ

限定しても、六〇〇点に及ぶ。上記の五点以外、すべてペスト後に制作されたと確認できるものである。セバスティアヌスの有無については、私はイタリアのすべての大聖堂に郵送で問い合わせをした。回答のない大聖堂には電話で質ねた。

一四世紀半ばにペストが到来した時、セバスティアヌスへの崇敬は、大いに高まったが、その時は、崇敬は美術作品のかたちとしてはまだ表現されなかった。仮に表現されたとしても、極めてわずかしか表現されていなかった。制作年代がはっきりしている作品でいうと、セバスティアヌス像が見出されるのは、ようやく一三七〇年前後である。すなわち、パドヴァ市立美術館にあるニコレット・セミテーコロの連作（一三六七年）（図13-14）とフィレンツェのドゥオーモ博物館にあるジョヴァンニ・デル・ビオンドの連作（一三七〇年代）（図13-15）の二点だけである。私は、かつて「イタリアにおけるセバスティアヌス像の制作年代順一覧」と題して、イタリアで制作され、制作年代の把握できているセバスティアヌスの絵画一一九点について制作年代順に一覧にしてみた。それによると、「大規模ペスト期」（一三四八～一四〇〇）の時代には、ペストが次々と猛威を振るい、まさにセバスティアヌスへの強い思いに駆られたはずなのに、セバステ

図 13-14　ニコレット・セミテーコロ《聖セバスティアヌスの殉教》部分　1367年　市立美術館　パドヴァ

図 13-15　ビオンド《セバスティアヌスの殉教》三翼祭壇画　1370年　ドゥオーモ博物館　フィレンツェ

ィアヌス像を実際に絵画作品として描いて崇敬する動きは認められなかったのである。人びとは、主に宗教的な歌や詩のかたちで崇敬していたのである。例えば、年代記作家によると、黒死病の荒れ狂う一三四九年にセバスティアヌスへの祈りの歌が謳われていることがわかる。(*11)

　おお、セバスティアヌス様よ、私のこころがしっかりしている間は、朝も夕もあらゆる時に私を守り給え。あなた様、殉教者よ、脅威である悪しき疫病の強さをどうか鎮めたまえ。この疫病から私と友と守りたまえ。私たちは、神と聖母と、そして聖なる殉教者であるあなた様を信じています。

(四) ルネサンス期における聖人の視覚化の流行

これは、試論であるが、この詩や歌のかたちを中心とした信仰様式が、一五世紀になると様相が一変する。信仰生活に画像など美術作品がこれまでになく重視され、聖人像(美術品)が多く表現されるのである。ルネサンス美術の制作の隆盛と平行して、目に見える聖人像を通じても聖人崇敬がなされるようになったのである。ここにおいて、聖人への祈願は、聖歌・賛歌などにとどまらずに、広く視覚世界に及んだと考える。

相次ぐペストによって人口が激減したにもかかわらず——多くの地域で一三世紀の初頭の人口の三分の一にまで減少したと考えられる——一五世紀になって絵画そのものの制作量とともに聖人画の生産量が増加したのである。絵画や聖人画の増加に作用した理由は何であろうか。第一に経済的理由、第二に信仰心の高揚を仮説的に挙げて考えてみよう(第三に、画家の工房の制作体制の刷新があるが、これについてはここでは述べない)。

一四世紀半ばは、ペストの大量死のために、ペストで没落した家がある一方で、合法ないし不法な相続で急に浮上した家など多数あり、都市では勢力変動は激しかった。フィレンツェでは、激動のなかで下層階級が一時期的に政権を掌握する(一三七八年のチョンピの乱)。こうしたペスト後の流動的な勢力争いのなかで、自分の一家の権勢を示そうと、「世間に見えるかたち」で出費を惜しまない家が多く出てきた。多くの都市で奢侈禁止令が頻発されたことからわかるように(*12)、彼らは、豪華な結婚や大々的な葬儀、さらに、衣類や宝飾の奢侈品に金を惜しみなく費やした。有力な家柄の父親は、結婚する娘に対して、より高額の嫁資をもたせて、世間に自己の家柄の高さを誇示しようとした。既にダンテ(一三二一年没)が嘆いていたように(『神曲』第三部第一五歌)、従来から持参金は高いものであったが、これが一層加速された(これを数値で実証した研究が望まれる）。嫁入りの娘に非常に高価な「カッソーネ」（長持ち）などの家具（これは応接間に置いて見せびらかせるものであった）を持たせるとともに（それほどペストで失われた人口の回復、直接的には結婚と出産による家族の増加を切望した）[*13]、宗教的な事柄、すなわち、喜捨として礼拝堂建設や祭壇画制作や貧民救済などの慈善活動など、宗教生活上の出費にも惜しまなかった。貧民への慈善は人気取りの策でもあった。都市での世俗的名声・権勢を得るための一環として、まさに宗教の世界に目が向けられたのである。それは、自己の救済とも結びつくという二重の効果があったから、一層惜しみなく金が注がれた。こんにち、多くの教会に残り、際だった美術館的要素を示す「何々家礼拝堂」は、その多くが一五世紀以降のものである。名家は、都市でのみずからの家の権勢を宗教的世界においても発揮した。教会の礼拝堂の祭壇画は、「目に見えるかたち」として大いに出費に値した。

　この家族礼拝堂について、有名なフィレンツェのサンタ・マリア・ノヴェッラ聖堂を例に取って見てみよう（図13-16）。この聖堂は格式が高く一家の名声を誇示するにふさわしい教会であった。西正面入口から入ったとして、突き当たりに聖堂の中心となる「大礼拝堂」（主祭壇）がある。その左右に豪華な「小美術館」というべき家族礼拝堂

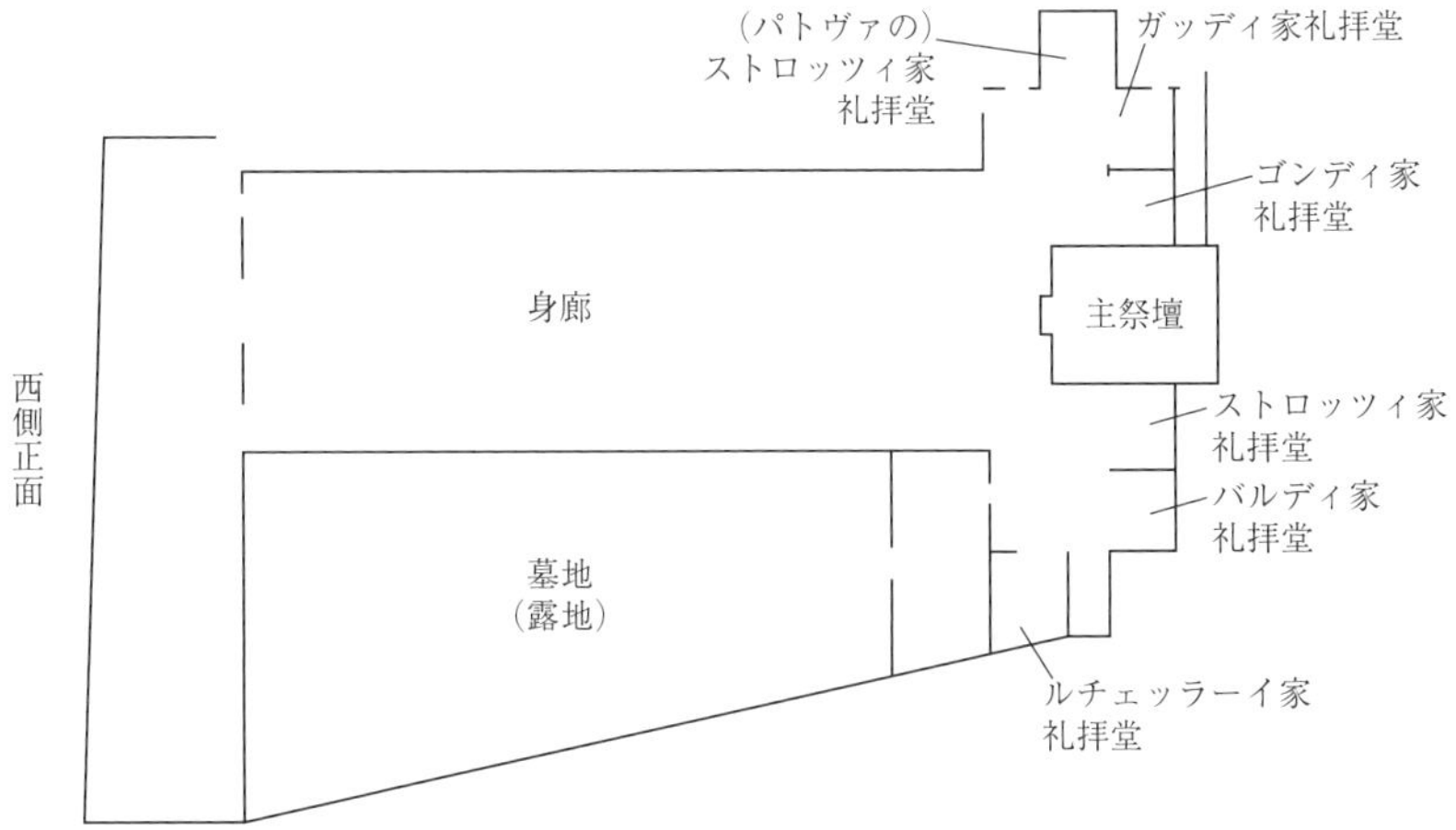

図13-16　サンタ・マリア・ノヴェッラ聖堂の平面図――家族礼拝堂の位置――
家族礼拝堂は，教会堂の中心部である「主祭壇」の左右それぞれに名門の一族が出費したものである。そこには当代一流の画家の大作が飾られた。ここでの平面図はこの修道院の南側のみを示した（*Santa Maria Novella*, a cura di Aldo Tarquini, o. p., Becocci Editore, Firenze, 2000, p. 4.）

が次々と並ぶ。大礼拝堂の右端から、「ルチェッラーイ礼拝堂」「バルディ家礼拝堂」「ストロッツィ家礼拝堂」、そして左側に、「ゴンディ家礼拝堂」「ガッディ家礼拝堂」「ストロッツィ・ディ・マントヴァ家礼拝堂」などがある。ほとんどの場合、ギルランダーイオ（一四四九～九四）のような当代の第一級の画家の手になるフレスコ画が色彩豊かに描かれている。こうしたことは、フィレンツェの他の教会や、他の都市の多くの教会に認められる。注文するからには、名声を獲得している画家の立派な作品を望むのが当時の一般的な思いであった。

　こうした権勢を示そうとする一族は、都市において最高の有力者として認知されることを目指して、世間的に目立ったものに出費を惜しまなくなった。フィレンツェの場合、その最も大きなものが、パラッツォ（館、邸宅）のような建築物であり、それは一五世紀、特に後半には、ランドゥッチが日記のなかで述べているように（一四八九年七月二一日）、建築ラッシュが起こった。見栄と誇示の念から外観重視のスタイルであった。しかし、外観は立派な大きなパラッツォでも、中には人はほとんどいなかった。広すぎて、中に住む生活者には、適度な空間とはいえなかった。その背景のひとつにペストによる人口激減があった。また、人口減によって人件費が高騰し、使用人も以前のように多く雇えなかった。

　何事においても彼らは、他の有力市民に負けないように、競うように――いや本当に競っていた――出費をした。研究者によると、その客観的な証拠は、遺言書からも示されるという。美術史家オマリーは、黒死病期の遺言書による絵画の遺贈について先行研究を展望して、こう述べている――「一四世紀の最後の二五年間には、遺言者によって遺贈された美術作品の総数は再び増加し、一五世紀にも増加しつづけた。実際、一般に絵画の総遺贈件数は、一四〇〇年以降、三倍にまで増加した[*14]」。

　次に「信仰心の高揚」――というよりも、厳密には信仰様式の変化（信心会活動などの活発化）――という理由。何度も襲うペストによって人びとは宗教的刺激を受けて――多くの日本人がルネサンスについて想定するのとは違って――大いに信仰に向かった、神を恐れるがゆえに信仰に向かった。宗教活動は以前と比べて、形こそ違うかもしれないが、活発になったのである。ルネサンス美術は、ある種の宗教的高揚のなかでもたらされた面が強いのである。一般の信徒は、一方で、個人的に巡礼に励んだり、教会との関わりを強めたりしたが、他方で、所属する都市の信心会の一員として、「市民的キリスト教」の信仰実践（祈りや慈善の邁進）に励んだ。

どの信心会も必ず聖母マリアまたは聖人の名を擁して、とりなしを祈願して信仰に励んだ。そうして集まった彼らの中心となる象徴的なもの、目に見える「形」こそが、彼らが制作依頼した「絵画」や「祭壇画」、行列の際の「のぼり」であり、そこに描かれた「聖人像」であった。彼らはむずかしいことを考えなかった。彼らの民間信仰的形態においては、認識の容易なもの、目に見えるもの、これが優先される。そこでは人びとは、観念的なもの、観想的（瞑想的）なものより「形」と「行動」を重視する。D・ノーマンは、信心会の俗人の信仰形態について述べて、それは、《典礼中心でもなければ、観想中心でもない》と述べて、「祈ること、巡礼の旅に出かけること、節食すること、行列に参加すること、苦行衣を着ること、善行を施すこと、説教を聞くこと、その他の敬虔な活動をすること」が重視されたという[*15]。

聖人の「視覚化」（美術作品化）の現象の要因は、名家の誇示のほか、ひとつに民衆主体の信心会において先行したと考えられる。一般信徒は、聖遺物のように、視覚的に確認できるものによって信仰を刺激された。もともと「視覚化された対象物」として聖遺物崇拝は、古代キリスト教の時代から民衆に広まっていたようである（おそらく異教の伝統の継続であろう）。四世紀の教会史家エウセビウス（エウセビオス）（二六〇頃～三三九）は、こう記している[*16]――

「ローマ人は、リヨンの町のキリスト教殉教者の遺体を焼き払い、灰になった遺骨をまき散らした。このようなことをするのは、殉教者の復活を妨げるためであり、また、殉教のしるしとして崇拝する価値のあるものなら何でもかき集めようとする［キリスト教徒の］おこないを防ぐためであった。」

信心会の会館に掲げられた視覚化された絵画は、聖遺物と同様に、信仰の象徴的な中心となった。信心会は、必ず特定の聖人を擁していたことから、そこから聖人画があることが望まれた。美術品、それも「優れた作品」、「名声のある画家の作品」が好まれた――これはすでに一三〇〇年前後にジョットがイタリア中から引っ張りだこになったように、既成の価値観であった。こうして、信心会での聖人画や聖人像への人気は、ますます高まっていき、教会においては、例えば、先に見たように、大聖堂における聖人のデパート化の現象と平行現象となった。

ここで信心会館をひとたび離れて、一般の教会に目を向けてみよう。教会へ行くと、そこにはもうひとつの違った顕著な美術的現象が認められようになる。すなわち、一五世紀の後半になると、一枚の祭壇画には、数人の聖人が横並びにずらりと並んで「諸聖人の肖像」（「聖会話」、サク

図 13-17　ギルランダーイオ《聖母子と諸聖人の肖像》 1518年頃
ピストイア市立博物館

ラ・コンヴェルサツィオーネ）としてお披露目をする絵が増えていくことである（図13-17）。このはっきりした傾向と現象は、私のおこなったセバスティアヌス像の成立年代の研究からも数量的に認められる[*17]。

この現象は、人びとが欲ばりになって、ひとつの祭壇画で数人の聖人から様々な庇護を求めようとする傾向が強まったことによるものである。一般に人気のある様々な聖人が大聖堂に描かれて、大聖堂が聖人のデパートになって、そこへ行けば、多種多様な聖人があらゆる要望に応えてくれるのと同じ現象である。厳密には、こうした聖人の視覚化は以前からあったものだが、時代の経過と共にいっそう顕著となった。時代とともに、一枚の絵に諸聖人を横並びにして、数多くの聖人像を制作依頼する傾向が目立っていくのである。こうしたことから、絵画のなかのどの人物がどの聖人かを分からせるために、それぞれの人物にその象徴して「持物（じもつ）」（アトリビュート）を持たせる必要がこれまで以上に強まったと考えられる。

J・ホールは、一枚の絵に聖人が横並びに並ぶこの現象がどうして起こったか、その理由をあげている。

まず、その「教会」の守護聖人を描く必要性、その注文主の住む「町」の守護聖人を描く必要性、修道会の教会の場合は「創設者」の聖人を描く必要性、寄進者を示すために「同名の守護聖人」を描く必要性、さらに、その妻子と「同名の聖人」を描かせることの必要などが作用したと述べている(*18)。さらに、J・ホールは、ひとりの聖人は、もうひとりの聖人とセットとすることでその庇護内容を、誤解ないように、明確化させる必要があったことも加えている。つまり、聖人には二つ、三つの守護する守備範囲があったが、それから生じうる曖昧さを避け、祈願の内容を特定のひとつに絞るために、画面の反対側、つまり右側か左側に、もうひとりの聖人を置いて、祈願の内容を明確化したという。例えば、シエナのカタリナの場合、シエナのベルナルディーノと並んだ場合、この二人の並列によって「シエナの都市」を守護する役割が明確化される。シエナのカタリナのそばにドミニクスが並んだ時は、ともにドミニコ会士であったことから、「ドミニコ会」を守護する役割が明確化されるのである。セバスティアヌスやロクスのような、誤解されようのない疫病の守護聖人でさえ、二人を並べるのは、制作依頼の者にとって、よほどの強い祈願があったのだろう。

こうして一五〇〇年前後の時期、すなわち、聖人の絵画が全盛を極めつつあった時に、まさに宗教改革が起こり、これによってヨーロッパでは、北方を中心に、聖人の「分業化」と「視覚化」と「並列化」の傾向、そして何よりも聖人そのものの存在が、急に遮断されてしまうのである。しかし、イタリアなどにおいては、相変わらず継続・持続されたのである。現在、数人の聖人を一枚の絵に擁したルネサンス期の大作（多翼祭壇画）は、美術館の華である——

例えば、フェッラーラ国立絵画館では、ドッソ・ドッシ、ガローファロの共同作品は、数人の聖人を擁する大作として、美術館の一室の一角を完全に占領している（図13-18）。迫力がある。宗教画には、個人の家に設置されるものもあり、その場合には必ずしも大きいとは限らないが、教会に

図 13-18　ドッソ・ドッシ，ガローファロ《諸聖人（コスタービリ祭壇画）》 1510年代 960×577cm　国立絵画館　フェッラーラ

設置される場合の祭壇画となると、ふつう大きなものであった。私は、その大きさをイメージしてもらうために、ここでは敢えて教会や美術館の絵画の見学客も含めるかたちで撮影した（ヨーロッパの美術館では、フラッシュを使用しなければ、写真撮影が許可されている場合が多い）。これなら、見学客と比べて、祭壇画の大きさがイメージできるであろう。ここでは三枚ほど紹介する——図13-19、図13-20、図13-21a、図13-21b、図13-21c。

（五）市民的キリスト教における聖人崇拝の高揚

ペストの周期的流行のなかで俗人は、不安な気持ちになり、教会だけ頼って祈願しても救済には十分ではないと思うようになったのだろう。都市では、特に市民がみずから集団をなして主体的に宗教的行為に励むようになったのである（市民的キリスト教）。そこで人びと（信心会やパトロンなどの注文主）は、聖人に崇敬の念を示すために、精力を込めてひとつの祭壇（多翼祭壇画など）を飾った。彼らは、祭壇画に描くべき聖人について詳しく画家に指示していた。画家はその指示・要望に応えて制作した。絵画制作は、大作であるほど、注文主の意向を確認するために、契約書やそれに準じた文書が残っている場合がある。そのために制作過程の実態がわかる場合が少なくない。先のサン・ジミ

図 13-19　アンドレーア・ダ・フィレンツェ《教会の伝道と勝利》 サンタ・マリア・ノヴェッラ聖堂のスペイン人礼拝堂　1366～68年

図 13-20　ベノッツォ・ゴッツォリ《聖セバスティアヌスの殉教》 1464年　527×378cm　コレッジャータ教会　サン・ジミニャーノ

図 13-21a（右）　ピエロ・デッラ・フランチェスカ《サンタントーニオ祭壇画》 1459～68年　338×230cm　国立美術館　ペルージャ
図 13-21b（左）　同　部分

図 13-21c　同　部分

ニャーノのセバスティアヌス像の制作の場合がそうである。なお、ルネサンス美術の「舞台裏」にいるパトロンについて論じたコンパクトな本がある[*19]。

ケルンの場合、現在の大聖堂（聖ペテロ大聖堂）には、そのなかの最も有名な祭壇として、ケルンの守護聖人の祭壇（シュテファン・ロホナー制作、一四四二年）がある。この祭壇画は、閉帳した状態のままでは受胎告知の絵であるが、開帳すると、中央図の「東方三博士」の左側に、伝説にしたがって、婚礼に旅立つ聖女ウルスラに同伴した一万一〇〇〇人の乙女、その他の騎士・兵士がずらりと並べられている。この聖女への強い崇敬ゆえに、このようにこの祭壇の制作に対して示した市民の意気込みは驚くべきものがある。ウルスラ伝説によると、聖女ウルスラは、ローマからの巡礼の帰途、一万一〇〇〇人の同伴の娘たちとともに、ケルンにおいて、ディオクレティアヌス帝の迫害（三〇三年）による虐殺にあって死んだというが、それをそのまま絵画のなかで視覚化してしまう。市民たちが、どうにかして神への聖女のとりなしを獲得しようと、必死に制作に意気込んでいたことがうかがえる[*20]。「ケルンは、一万一〇〇〇人の乙女、六六六六人のテーベ軍の兵士、一万人の騎士――すなわち、ケルンの住民は、神の前に全部で二万七六六六人のとりなしを数えることができた――これだけのとりなしをそろえて、聖女ウルスラへの崇敬をおこなっていたのである。ケルンのこの崇敬は誠に際だったものであった」[*21]（グレーヴィチ）。

三　宗教改革の勃発――民間信仰・とりなし・ヒエラルヒーに対決する神学者ルター

中世末から始まる苦難は知識人や庶民に様々な思案と対処を強いた。

すでに述べたことを繰り返して述べよう。疫病などの繰り返される終末的な苦難のなかで、托鉢修道会の神学者などの知識人は、《小さな終末》と《大きな終末》を思案した。また、ドミニコ会修道士は『往生の術』を執筆して、もはや終油の秘跡が安住できる秘跡ではないことを示唆し、悪魔の誘惑に負けるなと教え、それは、多くの人びとに受容され、一般の人びとの間では、『往生の術』は当時としては破格の流行を見た。教会には、《ダンス・マカブル》や《死の勝利》の絵画が次々と描かれ、聖職者は《メメント・モリ（死を思え）》を繰り返した。理性の象徴である学問に対して、《信仰》が強調され、大きく膨らんだ。さらに、疫病の流行のなかで、人びとは、新たな深刻な煉獄観を抱いた。この世においてすでに（疫病によって）煉獄の贖罪が科されているのだから、いわんや本当の煉獄の厳しさはいかばかりであろうか。それまで人びとは、死後に科される劫罰への生前の対処として托鉢修道会のとりなしのもとに、慈善や善行に励んだり、膨大な数の追悼ミサを依頼したりして、死後の救済を求めた。贖罪としての巡礼がいっそう刺激され、ガイドブックが出回った。さらに、こころのそこからの真の改悛のあり方が問われた（パッサヴァンティの第二〇話「地獄に堕ちた大聖堂参事会員」）。また、免罪符が売られた。しかし、ここで、それでは償われない神の峻厳さが提起されたのである。

すなわち、苦難が募るままに時代が経過するなかで、いっそう厳しい神観念と対処を打ち出す神学者が現れた。ルターである。人びとが苦難のなかでそれまですがっていた聖人崇拝という民衆信仰やその他の対処法は、この新しい神学者の厳格な神学理論によって否定されてしまう。すなわち、聖遺物や奇跡を追い求める民衆の傾向や、それが前提としていた聖人崇拝、さらには、慈善と善行・巡礼、煉獄観の存在が否定されてしまう。それを推し進めていたはずの托鉢修道士から否定された。さらに、ここにおいて、聖人の《とりなし》のみならず、聖職者の《聖性》による《とりなし》、聖職者の特権的な地位に対して、ルターによって異議が唱えられたのである。

「神」と「個人」とは、聖書のもとに直接結びつくものであり、人は裸で厳粛に神に向かわねばならない。そこでは仲介役は無用であると主張された。それまで俗人が依存する媒介であった伝統的な教会ヒエラルヒーや聖職者や《とりなし役》は、新しい神学的な考え方においては拒否されるのである——その新しい考えは、ルターやカルヴァンの宗教「改革」者の「革命」的な考えである。

この考え方は、突如として現れたものではなく、《デヴォティオ・モデルナ》(新しい信心)と呼ばれる神秘主義的な運動やウィクリフの宗教思想、さらには、部分的ではあるが、市民的キリスト教の運動など、一四世紀から頻発するペスト、飢饉などの苦難に直面して、新たな峻厳な神観念から生まれた広汎な考え方に類似したものを見出すことができる。ルターの思想の支持とその広がりは、以前と違って、非常に厳しい神のイメージに強く共鳴する層が大きく厚みを増したという社会的背景にもよるのであろう。

なお、そうしたプロテスタントの新しい考え方がうまれた背景には、私の想定する疫病・飢饉などの反復のほかに、それを支える新しい時代の社会的状況が作用するようになったと見る認識がある。これは研究者ブリックレによって指摘されていることである。(*22) ドイツの宗教改革運動において、実際に大きな力となったのは、都市・農村の共同体の自治の担い手、一人ひとりの庶民、平民であったという。それは上位の権力や仲介的な権力を排除した自治社会であったという。改革運動が広まった一五二〇年代はじめには、

図 13-22 フランチェスコ・アントーニオ・ファサーニの聖遺物
ルチェーラ (Lucera) プーリア州

平民こそが、真に直接的に聖書を読み、理解することができる存在であると考えられ、その結果、わざわざ大学で学ぶ必要はないとして、学生は学問を放棄し、大学の講義室は空になったという(*23)。今や、聖書や神や聖性は、ピラミッドのような階層制（位階制）のなかに位置づけられない。つまり《とりなし》の存在を経ずして、直接的に人びとの眼前に存在するようになったと理解されるわけである。

しかし、一方、カトリック世界では、宗教改革以後も、かえって、むしろいっそうカトリック信仰を再確信して、反宗教改革の運動を展開した。トレントの公会議は、揺らいだカトリック勢力を総結集して、巻き返しに転じた会議であった。そこでは多くの信仰形態と教義が再確認され、反撃ののろしをあげている。それは宗教美術の領域においても同様であり、そこでは、カトリックの姿勢と立場が端的に表現されているという。美術史家エミール・マールは、『ヨーロッパのキリスト教美術』（下）の第Ⅳ章のはじめのところにおいて次のように述べている――「反宗教改革の美術は新教徒が攻撃したすべての教義を擁護する。そして、聖母を讃美する。」

さらには現代においても、聖人のとりなしを信じて、聖母や聖人を信じてその聖遺物を保存している。ピオ神父のサン・ジョヴァンニ・ロトンド（デル・ロトンド）の町の巡礼と聖遺物については、後に触れるが（第一六話の《ミニ・コメント》）、長く伝統的な民衆の信仰を抱擁したカトリック信仰、教父以来の神学者に理論的に支えられたカトリック信仰もまた根強いものがある。それは、田舎の小さな町にも認めることができる――私が南イタリアのプーリア州のルチェーラの教会を訪れた時のことである。この地に生まれ、この地に死んだひとりの聖人の遺体と彼が着用していた服がウィンドウに大切に並べられているのを見ることができた（図13-22）。

《ミニ・コメント》

その（一）　地域主義のもとの聖人――強い地域主義は
地域固有の聖人を欲した

一般的に、その中近世の地域（都市）の住民は、生前その地域と関わりの深かった聖人こそが、その死後に自分たちを最も庇護し、住民に奇跡をもたらしてくれると信じた。そのためにその聖人の聖遺物を所有することを切望し、その聖人を名実ともに地域固有の聖人にしようとした。地域（都市）固有の聖人を望むこの姿勢には、中央集権体制とは無縁なものが作用していたのかもしれない。次にこれについて二つの事例をあげよう。

第一の事例　地域と結びつく聖人——ピエモンテと聖ロムアルドゥス

何と驚くべきことに、聖遺物を手に入れるためなら、聖人を殺すこともやむを得ないとまで考えられた例がある。伝記作家ペトルス・ダミアーヌス（一〇七二年没）は、カマルドリ会創設者の聖ロムアルドゥス（九五一頃〜一〇二七）について書いている。それによると、ピエモンテの山岳地方の人びとは、厳格な修道生活で聖性の誉れ高いロムアルドゥスが住んでいたことに大きな誇りとある種の期待（聖遺物獲得）をもっていたが、ある日に、《ロムアルドゥスが村を立ち去る》という噂が流れた時に、死後の聖人の遺体——聖遺物——ほしさから、村人は彼を殺してしまい、その遺体を聖遺物として地域の所有にしようと真剣に画策したという。(*24)

第二の事例　地域と結びつく聖人——トゥールと聖マルティヌス

次はトゥールとカンドの町が聖人の遺体をめぐって争った事例である。

トゥールの聖マルティヌス（三一六／三一七〜三九七）は、イタリア各地で隠修士生活をし、三六〇年頃にガリ

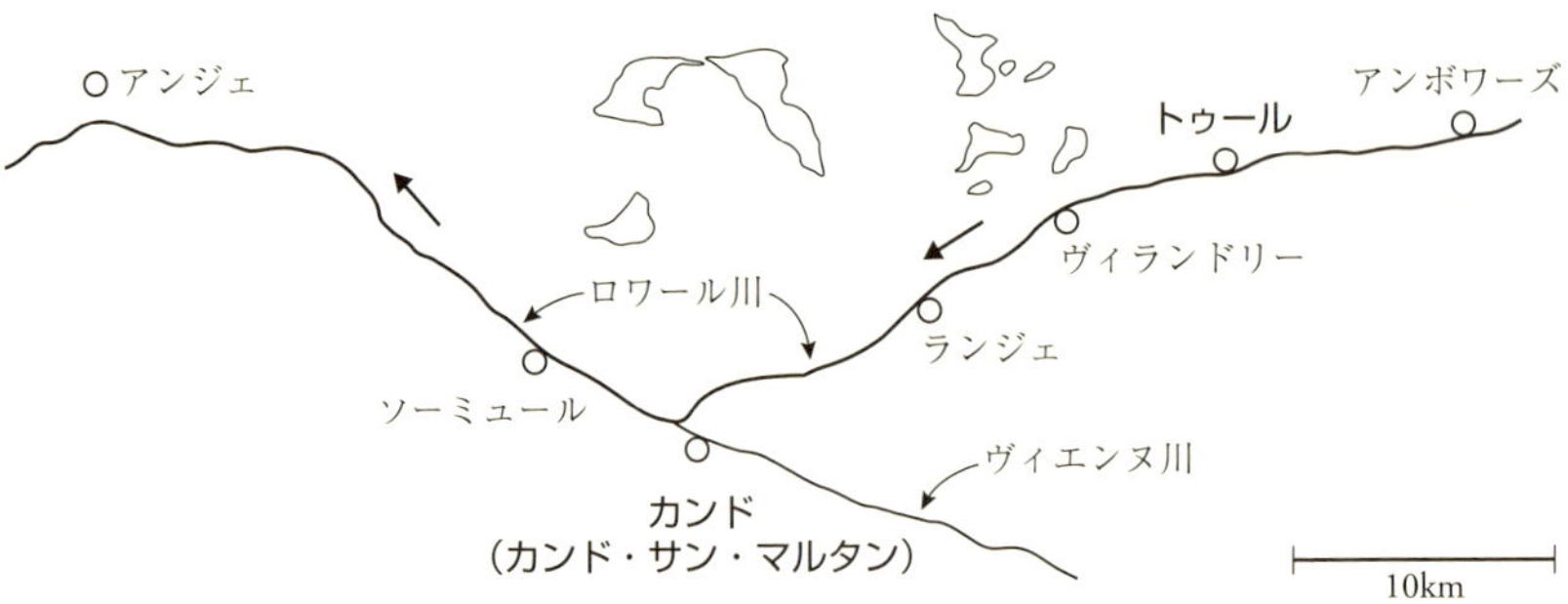

地図 13-1　トゥールとカンドの位置

アに来てリギュジェでヨーロッパの最初の修道院を創設した。それから三七〇年にトゥールの司教になった。修道生活もつづけながら、司教としてガリア各地で巡回説教し、病人を治癒した。修道生活重視の姿勢はベネディクトゥスにまで影響を及ぼした。数々の奇跡を起こしたといわれ、生前から非常に人気の高い聖人であった。実際、今も彼の名前は多くの子どもに付けられている（英マーティン　独マルティン　仏マルタン）。ルターも生まれた翌日に洗礼を受けたが、その日がマルティヌスの祝日であったことから「マルティン」という名前が与えられた。[*25] この聖マルティヌスについて、トゥールのグレゴリウスはこう伝える――

彼がカンドの町で臨終にあった時に、ポワティエ（トゥールの南八〇キロメートル）の市民とトゥールの市民が、カンドの町に来て、この聖人の死去に立ち会った。聖人の死後すぐに聖人の遺体の引き取りをめぐって、二つの都市の住民の間で激論が交わされた。ポワティエの住民は、トゥールの住民に向かってこう言った――

「この修道士の遺体は我々ポワティエの住民のものだ。彼は、我々のポワティエの町で修道院長に任命されたのだ。遺体は我々が引き取る。あなたたちは、彼がこの世でトゥール司教を務めている間、その説教を聞き、食事をともにして、祝福を受けることで力を与えられ、とりわけ奇跡によって喜びに満たされた。それで満足すべきである。遺体は我々が受け取ろう。」

これに対してトゥールの住民はこう言い返した。

「我々が奇跡を十分に受けたというが、知っておいてもらいたいことがある――すなわち、彼は、我々の町トゥールでおこなった以上に多くの奇跡をあなたたちのポワティエでおこなったのだ。というのも、あなた方の町では、死んでいた二人の人間を生き返らせたのに、我々の町ではひとりしか生き返らさなかった。彼がみずから一度ならず話していたように、奇跡を起こす力はトゥールで司教になってからよりも、司教になる前の方が大きかった。だから、生前我々のためにトゥールで果たせなかった奇跡を、死後我々に果たしてくれるだろう。」

このように日が暮れるまで言い争った。こうして、遺体の安置されている教会の門は閉められて、それぞれの陣営は番人を置いた。ポワティエの人たちは、朝になったら力ずくで遺体を持ち出すはずだった。ところが、トゥールのグレゴリウスがいうに、「全能の神は、ポワティエの人たちによって守護聖人が奪われることを許さなかった」。深夜になると、ポワティエの住民は睡魔に負けてしまった。トゥールの人びとは、こっそり教会の窓からマルティヌスの遺体を持ち出し、船に載せてトゥールまで運んでしまった。こうしてポワティエの人たちは、監視していた宝物を手に入れることができずに、無念に町に帰って行った。

この語り手トゥールのグレゴリウスは、みずからトゥールの司教であったから、トゥール市民の肩を持って話しているが、当時理解されていたことは、聖人はその亡骸が、永眠している特定の都市や地域の財産であり、それによって奇跡を期待できるということである。聖遺物の所有こそが、みずからの町がご利益を得る鍵と考えられていたのである。

このように、トゥールのグレゴリウスの記述からわかることだが、徳の高い聖職者（聖人）が生前、その地域で暮らし、その地域で有徳のおこないや奇跡をおこなった場合、その地域とその聖人とは密接不可分の関係にあることから、その聖人が死んだ場合、その遺体はその土地に帰属すべきであると理解されていた(＊26)。そして、固有の遺体——すなわち聖遺物——を崇敬することで、その地域の住民に対して聖人から格別の守護と庇護がもたらされ、奇跡がもたらされると信じたのである（だからその聖人のおかげで発生したと（考えられる）「奇跡」が伝えられると、それはたちどころに崇敬を深め、巡礼者が増えた）。

こうしたことから、聖人の遺体は、その所有をめぐって地域で熾烈な奪い合いが起こったのである。すなわち——

フランスのある町の人びとは、修道院長の聖ルピキヌス（五世紀後半）が死んだ時、《この聖人の遺体は我々のものである。なぜなら、彼は我々の川から水を汲み、我々の土地から天国に送り込まれからだ》といって遺体の所有を主張した。それに対して近隣の町に住むある女性は、この聖人に食べ物を与えていたのは私だ、といって、夜、埋葬された遺体をこっそり掘り起こして、人に運ばせて自分の町に持ち去ってしまった。そして、聖遺物の窃盗はしばしば許された——というのは、窃盗が成功した訳は、ほかならぬその聖人の許しがあったからだと考えられ、正当化されたからである(＊27)。

また、おもしろいことに、そうした地域の固有の聖人は、その地域特有の聖人であったから、信徒が旅に出てその地を遠く離れてしまうと、その聖人の庇護やご利益は消えてしまう。地域限定の御利益というわけである。

（二）ペストと聖人——ロクスとセバスティアヌス

（ⅰ）ロクスとサン・ロッコ大信心会——ヴェネツィアの疫病

先に述べたように、中近世においては、美術作品は、ふつう公証人を介して、正式な契約書を作成して、制作が開始された（だから、契約違反があれば、訴訟の対象になり、その訴訟からさらに詳細な制作の経緯さえわかることがある）。このことから、残存した契約書から作品の成立の背景がわかる。例えば、聖人に「とりなし」を祈願したり、祈願成就に対して聖人に感謝した信心会が、画家にどのように制作依頼したかがわかる。ティントレットが制作したヴェネツィアの「サン・ロッコ大信心会」の会館の作品群もそうであった（図13-23）[*28]。ふつう富裕層は、制作するからには、みずからの名声を高める立派な出来映えの作品を望んだ。その大信心会館のなかの殆どあらゆる壁面・天井がマニエリスム美術の巨匠ティントレット（一五一八〜九四）の大作で埋め尽くされる。そこは一種の《ティントレット美術館》であり、我々は、ヴェネツィアの富裕層が富を結集させて画家に制作依頼した世界、美の圧倒的な量と質の世界を前にして、《ティントレット体験》（マニエリスム体験）を余儀なくされる。この信心会の名前の「サン・ロッコ」（イタリア語）とは「聖ロクス」――疫病除け聖人――のことである。

ヴェネツィアには「美」と「死」が併存した。ヴェネツィアは、その運河を中心とする奇抜で格別に美しい景

図 13-23　ヴェネツィアのサン・ロッコ大信心会（Scuola Grande di San Rocco）1516〜1560年　サン・ロッコ（聖ロクス）はペスト除け聖人。この建物の隣もサン・ロッコの教会。この信心会の内部の広間はすべてヤコポ・ティントレットの大作で埋め尽くされている。ティントレットが1564〜1587年に描いた数々の大作で見学者は圧倒される。ヴェネツィアにおけるペストの存在なしにはこの建物の設立と絵画の制作は考えられない

観から、現代の画家や絵描きにも、多くの描くべき美しいポイントを与えるが（図13-24）、また同時に、もの悲しい雰囲気のなかで、ゴンドラの船頭（コンドリエーレ）の歌う歌声でさえも、「死の歌」のインスピレーションを与える——それはワーグナーがみずから認めるように、《トリスタンとイゾルデ》の第三幕冒頭の牧人の角笛のうら悲しい思いを象徴する。それは死を待ち望むトリスタンのメロディーに結実した。(*29) 実は、ヴェネツィアには、地理的、風土的、社会的要素から疫病と深いつながりがあった。地中海の中継ポイントとなる港町として、他の港町から商品とともに疫病を流入させやすい上に、じめじめした風土と、さらには、狭い街区に貧民が多数密集する不潔さなどから、ヴェネツィアではペストが多発した。

ペストは、決まって貧民街から発生した——というのも、クマネズミは不衛生な場所を好んだ上に、貧民は栄養状態が悪いために、抵抗力がなく、ペストの最初の餌食になったからである。それから次にペストは市民・貴族の階層に広がることになる。この状況に対して、「聖ロクス」は、それを防いでくれるはずのペスト除け守護聖人として崇敬されたのである。伝説によれば、ロクスは、モンペリエまたはミラノの出身で、疫病にかかった

図13-24　サン・ジューリオ島からサン・マルコ大聖堂を描く

ものの、治癒して、疫病患者の治癒に生涯を捧げた献身的な聖人として知られる。杖を持った巡礼者として描かれ、太股（ふともも）には疫病のできものがあり、時にみずからそれを指さしている。時にそばに、疫病に苦しむロクスにパンを与えて助けた犬がいることがある。描き方にあまりバリエーションはない。

　聖ロクスと並んで有名な疫病除けの聖人が、既に述べた（第一三話コメント二の（二））聖セバスティアヌス（伊セバスティアーノ）である。この二人の聖人は祭壇画等では、左右対になって描かれることが非常に多い（図13-25）。これにもう一人加わるとすれば、急死除けの守護聖人（疫病死は急死であった）の聖クリストフォルスなどであろう（図13-26）。

（ii）ペストの歴史と感染のメカニズム[*30]

ペストの流行

　一三四八年を中心にヨーロッパを襲った黒死病（ペスト）は、もともと中国の元の河北で流行したもの（一三三一年）が伝播して来たものであり、中国の史料によると、このペストは元朝末期の内乱と重なり、この二重の不幸によって中国では人口の三分の二が死んだという[*31]。その後、体内にペスト菌を含ませた「ペストノミ」は、「クマネズミ」（人間との接触度が高い）に寄生した。クマネズミは、隊商の荷車の穀物・商品等に潜んで、ひたすら西方へと、東西通商路に沿って進んだ。中央アジアのバルハシ湖（一三三八年）、タシケント、アストラハン（カスピ海沿岸）を経由して、ついにヨーロッパ人（ジェノヴァ人）の商業の拠点、黒海に突き出たクリミア半島の東部の町カッファ（カファ、ケファ）に達した（一三四六年）。当時、ジェノヴァ人は、モンゴル人からの包

図 13-25　ジョヴァンニ・アンドレーア・デ・マジストリ《聖母子と聖セバスティアヌス，聖ロクス》1504年　サン・フェデーレ聖堂　コモ

囲攻撃を受けてカッファの城塞で苦闘していた。この時、モンゴル人の兵士の間でペストが流行し、この疫病でパニックに陥ったモンゴル人は、「茫然自失に陥り、もはやそれから逃れる希望はないと悟った。しかし、その疫病の悪臭が都市のなかにいる者を残らず殺戮してくれることを望んで、投石機に疫病で死んだ遺体を入れて」ジェノヴァ人の要塞内に投げ込んだのであった。[*32] こうして

図 13-26 《聖母子と聖セバスティアヌス，聖ロクス》
1523年頃　元ミラノのサン・ロッコ教会蔵
現ミラノ市立美術館

今度はジェノヴァ人の間でペストが流行した。この苦境でジェノヴァ人は、ガレー船（一二艘）に乗りカッファを逃れ、故国ジェノヴァを目指し、黒海を南下した（なお、中世の恐るべきほどの強力な投石機を再現した生々しい動画はインターネットでみることができるだろう――*medieval trebuchet* などで検索）。

　ジェノヴァ人の疫病患者を運んだガレー船は、地中海に出てイタリアのシチリア島のメッシーナに立ち寄った（一三四七年九月）。まずそこでシチリア島全体に広がることになるペスト菌をまき散らした。ジェノヴァ人のなかには、飛沫感染させる「肺ペスト」（致死率が高い）に罹病していた者もいたようで、メッシーナの人びとはジェノヴァ人と「話を交わすだけで」すぐにペストに感染し、疫病死したという。すぐにメッシーナを追い出されたジェノヴァ人は、同じ年の一三四七年の末から四八年の初頭に、ピサ、ジェノヴァ、マルセイユ、マヨルカ島の港に次々と寄って、それぞれの港でたちどころにペストを蔓延させた。それから、次々と追い払われて、地中海を西進した。一方、先の各港から上陸したペスト菌やクマネズミは、内陸を進んでペストを流行させた。こうしてペストは、ヨーロッパを海陸両方から北上し、一三四八年を中心に大流行した。ヨーロッパ全体の死亡率に

ついては、従来は主に「三分の一」と考えられていたが、今世紀の総合的な研究によって、死亡率は、四五パーセントから六〇パーセントの間と修正されている。[*33] この恐るべきペストは、一三四八年の大流行から数年経ってようやく終息した。

ところが、その後、ペスト菌はそのまま北ヨーロッパで風土病として定着してしまった。それは「腺ペスト」と呼ばれるものであった。人は、ペストノミに噛まれ、ペスト菌を注入されることでペストに感染する。北ヨーロッパで周期的に発生することになる最初のペストは、どうも一三六〇年頃にイングランドで発生したようである。以後ペストは北ヨーロッパで二年から一〇年程度の周期で発生した（一五三〇年代以後から周期はもっと長くなる）。春になるとペストノミは卵から孵り、まずクマネズミに寄生。その後クマネズミはある条件を求めてヨーロッパを南下し、アルプスを越えて南ヨーロッパへと移動した。南下の途中で冬になると、流行はそこで一時的に収まり（あるいはわずかながら流行をつづけ）、春を待った。ペストノミは冬には活動が弱いので、ペストはひどくはなかった。ペストが発生しなかった年と比べて、ペストの流行した年の夏季（六月〜八月）の死亡率は圧倒的である（グラフ13-1）。

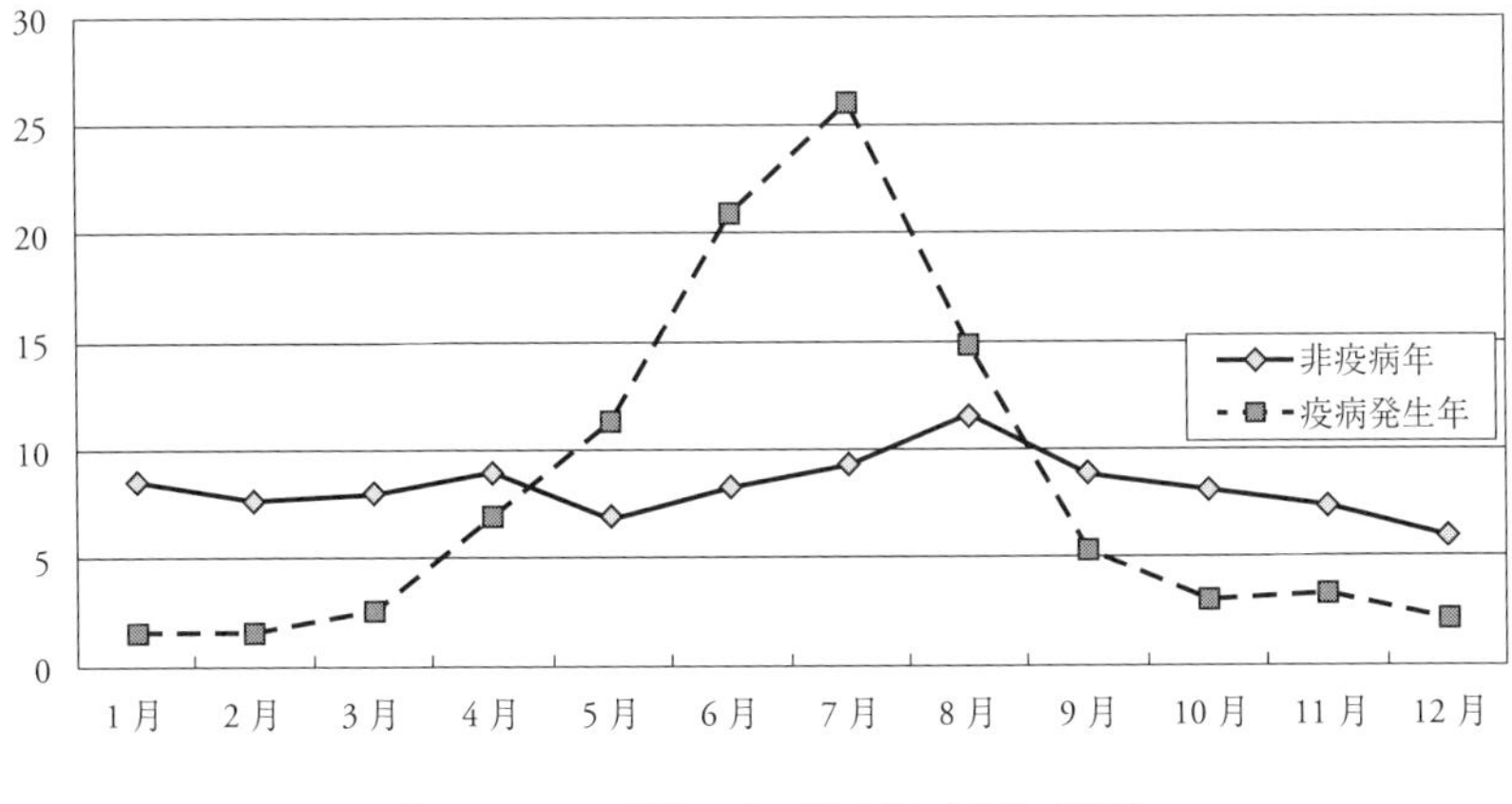

グラフ13-1　夏季の高い死亡率（1251-1500）
疫病の来ない年に比べて疫病の年には夏季の死亡者が非常に高くなる。当時の死亡記録や覚え書きから多くのデータを得て割り出したもの（Herlihy and Klapisch-Zuber, *Tuscans and their Families*, p. 84. これは表であったものを石坂がグラフに直して提示している）

疫病が夏に猛威を振るったという事実は、別のデータからもわかる。そのデータは、私がフィレンツェのサンタ・マリア・ノヴェッラ聖堂の夏と冬の八七一人の埋葬記録をデータベース化して得たものである。これによると、疫病年の夏に発生した驚くべき、悲劇的な死者の数は、冬になると激減し、何事もなかったかのようになる。表16-1の左端の年号のなかで下線を引いた年が疫病の流行した年（「疫病年」）である。この疫病年の夏と冬の死亡者（埋葬者）の数の歴然とした違いは、疫病が夏の病気であることを示している。サンタ・マリア・ノヴェッラ聖堂は、当時フィレンツェにあった五〇から一〇〇ほどあった教会（埋葬先教会）のひとつに過ぎないので、この五〇倍から一〇〇倍の人びとが疫病年の夏にフィレンツェで死んでいたのである。

このようにペストは、一四世紀半ばから四世紀間に及ぶ長期間（一八世紀の二〇年代まで）、ヨーロッパで反復して流行した。ペストのなかには、南に進むなかで、冬季になって終息し、時に消滅する場合もあった。

イタリアの場合、ふつうペストはアルプスのから南下してイタリア北部に達する。そして、ふつう弱いペストの場合、イタリアの北部で終息し、中部には及ばない。また、北部から中部に進んで、中部おいて流行するものの、南部や島嶼部（シチリア島・サルデーニャ島）に及ばないペストもある。その一方で、イタリア全土と島嶼部すべてに及ぶ広域のペストもある。ふつう少しずつ南下してそれぞれの地域で順に流行するので、同じ年に一斉に流行するわけではない。それを表にしたものが表13-2「イタリアにおけるペスト発生の年と地域」である。これは、一六五七年まで調査した研究者の資料[*34]をわかりやすく、少し単純にして視覚化したものである。したがって、一番ペストにさらされる地域は北部、次が中部、三番目が南部、そして、一番ペストの流行が少ないのが島であった。

ここでおもしろいことがわかる。私は、二〇〇〇年から二〇〇八年まで九年間にわたってイタリアの教会をまわって内部調査をした（表13-3）。その数は「六〇二」に及んだ（二〇一五年春現在では約七〇四）。イタリアの中近世の人びとは、ペスト除けの聖人として聖セバスティアヌス（セバスティアーノ）を崇敬していた。ペストが迫ってきた時、危ういと感じたとき、人びとはセバスティアヌス像の絵画や彫像を制作させた（ペストを生き延びたときは奉納として制作させた）。そして、この調査からわかることは、ペストが多く発生した地域ほど、疫病除けの守護聖人である聖セバスティアヌス像のそこで

表 13-2　イタリアにおけるペスト発生の年と地域

発生年	発生地域
1347	北部 中部 南部 島
1348	北部 中部 南部 島
1349	北部 中部 南部 島
1350	北部 中部 南部 島
1351	
1352	
1353	
1354	
1355	
1356	
1357	
1358	
1359	
1360	北部 中部 南部 島
1361	北部 中部 南部 島
1362	北部 中部 南部 島
1363	北部 中部 南部 島
1364	
1365	
1366	
1367	
1368	
1369	
1370	
1371	北部 中部 南部
1372	北部 中部 南部
1373	北部 中部 南部
1374	北部 中部 南部
1375	
1376	
1377	
1378	
1379	
1380	
1381	北部 中部 南部
1382	北部 中部 南部
1383	北部 中部 南部
1384	北部 中部 南部
1385	
1386	
1387	
1388	北部 中部
1389	北部 中部
1390	北部 中部
1391	
1392	
1393	
1394	
1395	
1396	
1397	
1398	北部 中部 南部
1399	北部 中部 南部
1400	北部 中部 南部
1401	
1402	
1403	
1404	
1405	
1406	
1407	
1408	
1409	
1410	北部 中部
1411	北部 中部
1412	北部 中部
1413	北部 中部
1414	
1415	
1416	北部 中部
1417	北部 中部
1418	北部 中部
1419	北部 中部
1420	北部 中部
1421	
1422	北部 中部 南部
1423	北部 中部 南部
1424	北部 中部 南部
1425	北部 中部 南部
1426	
1427	
1428	北部 中部 南部
1429	北部 中部 南部
1430	北部 中部 南部
1431	北部 中部 南部
1432	
1433	
1434	
1435	北部 中部 南部
1436	北部 中部 南部
1437	北部 中部 南部
1438	北部 中部 南部
1439	北部 中部 南部
1440	
1441	
1442	
1443	
1444	
1445	
1446	
1447	
1448	北部 中部
1449	北部 中部
1450	北部 中部
1451	北部 中部
1452	
1453	
1454	
1455	
1456	北部 中部
1457	北部 中部
1458	
1459	
1460	
1461	
1462	
1463	北部 中部 南部
1464	北部 中部 南部
1465	北部 中部 南部
1466	北部 中部 南部
1467	北部 中部 南部
1468	北部 中部 南部
1469	
1470	
1471	
1472	
1473	
1474	
1475	
1476	北部 中部 南部 島
1477	北部 中部 南部 島
1478	北部 中部 南部 島
1479	北部 中部 南部 島
1480	
1481	
1482	
1483	
1484	
1485	北部 中部
1486	北部 中部
1487	北部 中部
1488	
1489	
1490	
1491	
1492	
1493	北部 中部 南部 島
1494	
1495	
1496	
1497	
1498	
1499	北部 中部
1500	北部 中部
1501	北部 中部
1502	北部 中部
1503	北部 中部
1504	北部 中部
1505	北部 中部
1506	北部 中部
1507	
1508	
1509	北部
1510	北部
1511	北部
1512	北部
1513	北部
1514	北部
1515	
1516	
1517	
1518	
1519	
1520	
1521	
1522	北部 中部 南部 島
1523	北部 中部 南部 島
1524	北部 中部 南部 島
1525	北部 中部 南部 島
1526	北部 中部 南部 島
1527	北部 中部 南部 島
1528	北部 中部 南部 島
1529	北部 中部 南部 島
1530	北部 中部 南部 島
1531	
1532	
1533	
1534	
1535	
1536	
1537	
1538	
1539	
1540	
1541	
1542	
1543	
1544	
1545	
1546	
1547	
1548	
1539	
1550	
1551	
1552	
1553	
1554	
1555	北部
1556	北部
1557	
1558	
1559	
1560	
1561	
1562	
1563	
1564	北部
1565	
1566	
1567	
1568	
1569	
1570	
1571	
1572	
1573	
1574	
1575	北部 島
1576	北部 島
1577	北部 島
1578	北部 島
1579	北部 島
1580	北部 島
1581	
1582	
1583	
1584	
1585	
1586	
1587	
1588	
1589	
1590	
1591	
1592	
1593	
1594	
1595	
1596	
1597	
1598	北部
1599	北部
1600	
1601	
1602	
1603	
1604	
1605	
1606	
1607	
1608	
1609	
1610	
1611	
1612	
1613	
1614	
1615	
1616	
1617	
1618	
1619	
1620	
1621	
1622	
1623	
1624	島
1625	
1626	
1627	
1628	
1629	
1630	北部 中部
1631	北部 中部
1632	
1633	
1634	
1635	
1636	
1637	
1638	
1639	
1640	
1641	
1642	
1643	
1644	
1645	
1646	
1647	
1648	
1649	
1650	
1651	
1652	
1653	
1654	
1655	
1656	北部 中部 南部 島
1657	北部 中部 南部 島
回数	北部 26 回 中部 22 回 南部 13 回 島 8 回

の教会所蔵率が高いということである。すなわち、ペストが一六五七年までに「二六回」来た北部の教会では、セバスティアヌス像の平均所蔵率が、「三四パーセント」、「二二回」来た中部では「二五パーセント」、「一三回」来た南部では「一五パーセント」、「八回」来た島嶼部では、「一〇パーセント」であった。これを地図で示したのが地図13-1「イタリアにおけるペストの発生頻度とセバスティアヌス像の所蔵率の対応」である。この調査は、もっと精緻におこない、調査した教会の数を一〇〇〇にまで増やしたいと思っている。

表 13-3　石坂によるイタリアの教会調査報告（計602教会）
—セバスティアヌス像所蔵率—

	州	調査した教会の数	所属する教会	教会の所蔵率
北部	ロンバルディーア	81	23	34%
	エーミリア＝ロマーニャ	25	11	
	ヴェネト	39	19	
	トレンティーノ＝アルト＝アディジュ	15	4	
	リグーリア	11	2	
	フリウリ＝ヴェネツィア＝ジュリア	5	2	
	ピェモンテ	11	2	
	ヴァッレ・ダオスタ	3	1	
	計	190	64	
中部	トスカーナ	89	20	25%
	ウンブリア	58	16	
	ラツィオ	62	15	
	マルケ	24	5	
	計	233	56	
南部	モリーゼ	6	0	15%
	アブルッツォ	18	4	
	プーリア	31	5	
	カンパーニア	21	3	
	カラブリア	16	2	
	バジリカータ	4	0	
	計	72	10	
島	サルデーニャ	29	2	10%
	シチーリア	60	7	
	計	89	9	
全体計		602	143	23.8%（20.5%）

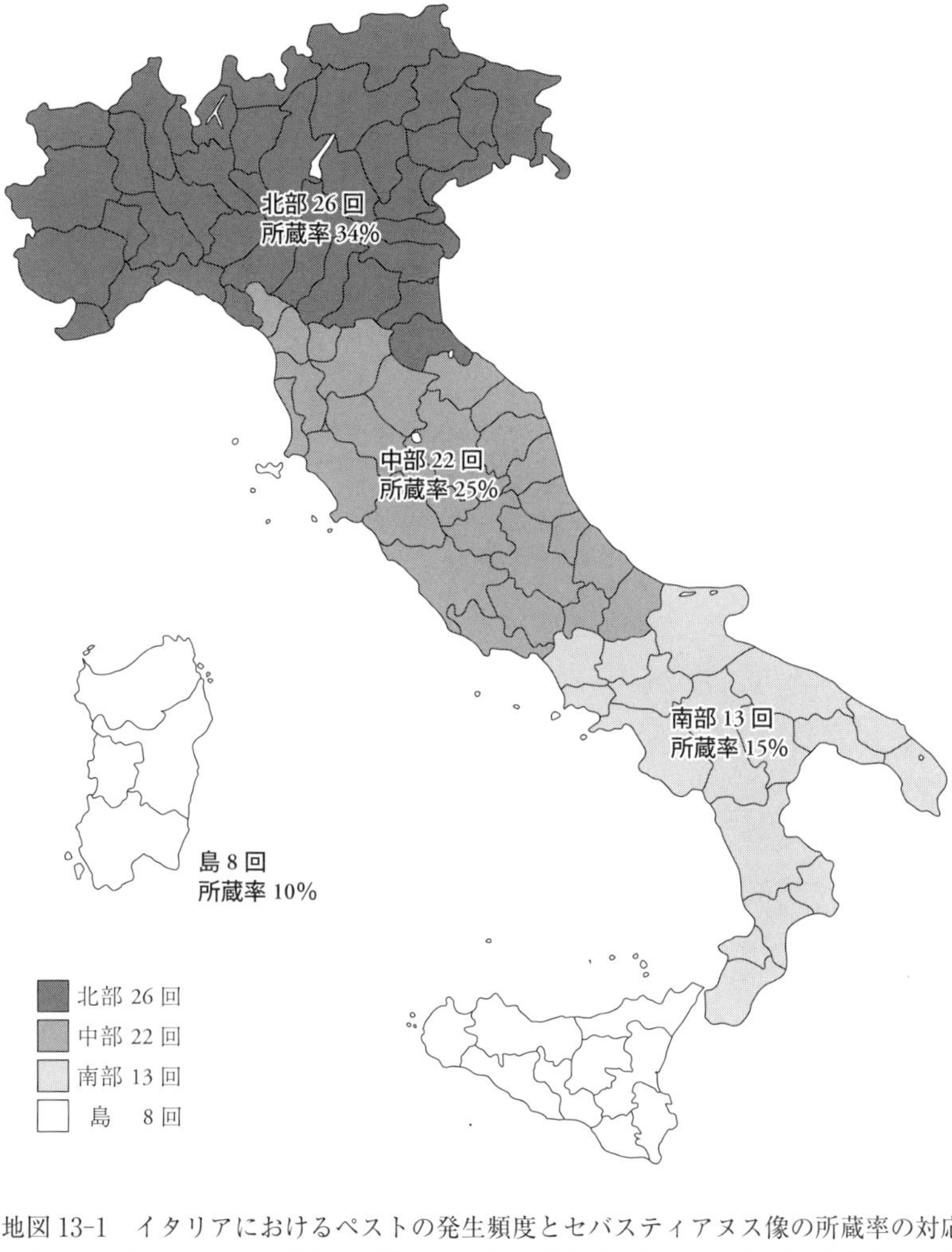

地図 13-1　イタリアにおけるペストの発生頻度とセバスティアヌス像の所蔵率の対応

ふつうペストはアルプスの側から南下して北部に達する。そして、北部から南下する途中で消滅することがあり、北部より南へいくにつれて発生頻度は少なくなる、石坂はイタリアの602の教会についてセバスティアヌス像の所蔵を調査した。それによると、ペストの発生頻度の高さ・低さは、そのまま疾病除け聖人の画像・影像の所蔵率の高さ・低さとなって現われている。地図の中に示したように、発生頻度とセバスティアヌス像の所蔵率は対応した。(拙稿「西欧の聖人崇拝のあり方と疾病の守護聖人セバスティアヌス」『説話・伝承学』第16号　2008年　68～69頁)

ペストのメカニズム

ペストノミは、クマネズミに寄生してその血を吸うが、その時、クマネズミもペスト菌を注入されるわけであり、実際その多くがペスト死する。つまりクマネズミもペストの立派な犠牲者である。そこでネズミノミは、養分の取れない死んだクマネズミを離れて、新たな養分を得るべく次の寄生先として人間にとびつく。だが、ペスト菌のためにネズミノミも罹病者であり、消化器官（前胃）も冒されており、前胃にはペスト菌とその血のかたまりによって塞がれてしまっている。そしてネズミノミは人間の皮膚に刺咬した時に、前胃のなかで塞がれてしまっていたペスト菌とその血のかたまりを一気に逆流させて、それが人間の血管に吐き出される――こうして第三の犠牲者として人間はペスト（腺ペスト）に感染する。

時にクマネズミの大量死があまりにひどく、その地域で絶滅に近い状態になった場合、ペストノミにとって孵化する場所や寄生先が失われることになる。この場合、ペストは長期間流行しなくなる。生き残ったわずかなクマネズミやペストノミが次第に増加してその数を回復するまで流行しないことになる。これがペストの周期性のゆえんである。この周期性には気候や生態学、生物学的な条件その他のものが関係していると考えられる。

ヨーロッパにおけるペストの終焉についていえば、一七二〇年代以降、幸いにも、ペストがヨーロッパで発生しなくなった。そのひとつの大きな理由は、ヨーロッパにおいて、体が大きくどう猛な「ドブネズミ」が新たに登場し、それが繁殖し、クマネズミを絶滅させたことによると見られている。このネズミの世界の新しい支配者ドブネズミの場合、その生活空間は人間と離れており、人間との接触度が低く感染の度合いが少ないのである。ヨーロッパにおけるペストの終焉について、ただこれはひとつの見方にすぎず、マクニールは、この見方を否定している。（＊35）

（三）「市民的キリスト教」の時代のフィレンツェ大司教アントニーノ

サン・ジミニャーノの市民に与えた疫病への不安は、フィレンツェの市民に対しても、同じように強いものがあった。死後、一五二三年に列聖されたドミニコ会士の神学者、フィレンツェ大司教のアントニーノ・ピエロッツィ（一三八九～一四五九）がフィレンツェに慈善を軸にして市民的レベルの宗教生活を展開したのは、こうした疫病の猛威を振るう背景と深く結びついている。

大司教アントニーノ（一三八九～一四五九）は、都市で疫病が流行している時、疫病にかかった貧民ほど悲惨な状態に置かれた者はいないと訴えた。というのも、彼によれば、疫病時には、市民の非常に多くの人びとが、疫病を恐れて都市から逃げ出し、そのため都市には稼ぐ仕事もなく、パトロンや富裕な人びとからの慈善的配給もなくなり、貧民は飢えと、かかった疫病に苦しみもだえるからである。アントニーノは、そうした貧民のみじめな生活に胸を痛め、この窮地の事態こそ、まさに慈善が最も必要とされる時であると考え、隔離病棟設立という新しい取り組みを企画したのである。アントニーノは、その設立の費用に三〇〇〇フィオリーノを都市協議会に要請し、トスカーナで初めて隔離病棟の設立を果たしたのである（病棟はピサとリヴォルノに設立されたが、これは、いずれの都市も海洋都市であり、疫病にさらされやすく、フィレンツェに先行して疫病患者が発生するからである）。

　なお、ヨーロッパで知られている最も早い隔離病棟は、一四世紀末のものである。それは、当時ヴェネツィア支配下にあったラグーザ（ラグーサ）（現ドゥブロヴニク。現クロアチア）図13-27「ドゥブロヴニク遠景」のムリェト島に築かれたものである[*36]。これは古くからあった修道院を利用して作られたものであった。このラグーザ（シチリア島の「ラグーザ」とは別）は、通商に恵まれたアド

図 13-27　ドゥブロヴニク遠景　南側に位置するプロチェ地区からの眺め

リア海の地理的位置によって繁栄した海洋商業都市であった。この都市国家は、盛んに往き来する大量の商品のなかに潜り込んだクマネズミや、ペストノミ（単独で毛織物などに潜むこともあった）によって疫病の感染にさらされやすかったので（もちろんその原因は当時知られていなかった）、疫病の発生率が高かったのである。ヴェネツィアも、ドゥブロヴニクに引き続いて、隔離病棟の導入をおこなっている（一四〇三年）。

なお、歴史的に見ると、「隔離病棟の設置」とともに、「検疫制度の導入」も、海洋商業都市の知恵であった。一三七七年、ラグーザの協議会は三〇日間の検疫の義務を法制化した。それは「疫病の流行する地域から来た市民または来訪者は、一カ月間の停泊期間が済むまではラグーザには入れないものとする」というものであった。この三〇日間の検疫期間は後に四〇日間に延長された。それは、すぐに続いてヴェネツィアやマルセイユ、ピサ、ジェノヴァなどの海洋都市にも採用された。「検疫」——英語 quarantine——の語源は、当時の検疫期間が「四〇日間」（イタリア語の「約四〇」quarantina「クァランティーナ」）であったことから来ている。では、どうして「四〇日間」なのだろうか。ひとつに、ヒッポクラテス（前四六〇頃〜前三七五頃）が「四〇日目」を病気の危機から脱する日と見たことによる。つまり四〇日間生き延びた者は、治癒されていると見なされたのである（このように、近代的と思われる措置にも古代ギリシャの医学論が作用していたのである）。また、ユダヤ教やキリスト教では、四〇日間が浄化されるのに必要な期間と考えられていたことから、その考えも作用したのかもしれない。[*37]

（四）ペストの影響としての活版印刷の発明

一般の人びとと同様に画家もまた多数疫病死した。その一方で絵画の制作依頼が増加したわけであるから、画家は従来の制作の仕方では対応できなくなったはずである。そこで人手不足に対処した新たな制作工程が考えられるようになり、共同作業や制作の合理化がおこなわれたと指摘されている。[*38] 実際のところ、人手不足はあらゆる領域において深刻であった。写本の制作の場合も同様であった。グーテンベルクの活版印刷の「発明」（実は先人の色々な技術の統合）は、ペストなどによる人口減を背景に、やむにやまれぬ状況下で、必要上考案されたものであり、いわばペストの産物であるといえるかもしれない。[*39] まさに必要は発明の母であった。

第一四話　聖アンブロシウスと幸運すぎる宿屋の主人

これは聖アンブロシウスの聖人伝に書かれていることである。[1]

ある時、聖アンブロシウスは、大司教を勤めるミラノから、自分の生まれ故郷のローマ[2]まで行くのに、途中トスカーナを通ったが、この時フィレンツェの農村部にあるマルマンティーレ[3]という小さな村にやって来た。彼は、宿泊するために彼の従える仲間たちと一緒にこの村の宿屋に入った。この時、聖アンブロシウスは宿屋の亭主と話を始めた。そして亭主に、暮らし向きはどうかね、と尋ねた。

亭主は、「神様のおかげで、商売大繁盛、不幸なんぞ全く経験したことがございません。」と答えて、さらにこう言った。

「手前どもは、金に恵まれ、体も達者な上に、いい女房が来てくれ、それはたくさんの子どもに恵まれ、わが家は大所帯でございます。人から害を受けたり、恥をかかされるようなこともございません。色々の方々からご贔屓に預かり、大切にしていただいております。害悪や不幸が来ようなどとは考えてみたこともありません。これまでずっと楽しく幸せに過ごして来ましたし、今もまた楽しく過ごしております。」

聖アンブロシウスはこれを聞いてひどく驚いて、彼の部下を呼んですぐに馬に鞍をつけ、全員にさっさと出発するように命じた。そしてこう言った――。

「この家にもこの男のもとにも神は住まわれない。神は多くの繁栄をこの男に与えてしまわれた。神の怒りが、ここにいる我々に及んで来ないうちに、今すぐ逃げ去ろう。」

こうしてアンブロシウスは同行者全員を従えてこの宿を出発した。そして彼らがそこからまださほど離れていない時のことであった――突然そこの地面が裂けて、宿屋と宿屋の主、その子供たちと妻、そして宿屋の主が持っていた一切のものが大地に飲み込まれてしまった。聖アンブロシウスはそのことを知って、彼の従える仲間たちにこう言った――

「我が息子たちよ、さあ見てみよ。この世の繁栄がいかにみじめな結果に終わってしまうことか。よいか、決して繁栄を望んではいけない。むしろ繁栄に恐れを抱け。繁栄によって霊魂は地獄に導かれると思え。逆境と不幸に満足して甘んぜよ――逆境と不幸こそは、もし我々が泰然として辛抱強く耐え忍ぶことができるならば、我々の霊魂を天国に導くものと思え。」

(1) パッサヴァンティは出典を『黄金伝説』のなかの「聖アンブロシウス」(第五五章)としているが、これも『説話目録』による。聖アンブロシウス(ラ)Ambrosius(伊)Ambrogio(三四〇頃〜三九七年)はドイツのトリーアで生まれる。教父。ミラノ司教。アウグスティヌスに強い宗教的影響を与える。ミラノの守護聖人。

(2) アンブロシウスの出生はドイツのトリーアなので、これは間違い。

(3) フィレンツェの西方約一五キロメートルにある。

＊ 現世で幸福に満たされた者には、もはや破滅しかないと説かれる

この世の幸・不幸はあの世の幸・不幸と反比例する――この世が幸せなら、あの世は不幸せ

まことに恐ろしい、残酷とも思える話である。また、

我々現代日本に生きる者には、ここで示される考え方は、なかなか理解しがたい価値観である――

アンブロシウス（アンブロージョ）（三三九頃～三九七）は、ミラノの大司教であった（図14-1、図14-2）。アンブロシ

図 14-1 《聖アンブロシウス》（中央）モザイク
サンタンブロージョ聖堂　ミラノ

図 14-2　サンタンブロージョ聖堂　ファサード　11世紀頃　ミラノ

ウスがローマに向けて旅をしていた道中のことである。彼の一行が、ある宿屋に宿泊しようとした。アンブロシウスは、馬から荷を降ろしてから宿屋の主人に暮らしぶりはどうかねと聞いた。すると、主人は、うれしそうに、おかげさまで商売大繁盛でございます。私はお金や女房やたくさんの子どもに恵まれて、ずっと楽しく幸せに暮らしています、と答えた。すると、アンブロシウスはこれを聞いて、びっくりして言った――「神から与えられる多くの繁栄をすでに獲得してしまったこの家に、次に来るのは、神の怒りだけだ。この宿に泊まるのを取りやめ、すぐに出発だ」。そして一行が立ち去るや、予言どおり、地面が割れて、その宿屋と家族は一切もろとも、裂けた地面に飲み込まれてしまった。――あたかもアンブロシウスがそうさせたかのような結果である。そしてこの例話のポイントは、アンブロシウスの最後のことばに凝縮されている――《この世の繁栄は短い。この世での繁栄を望むな。この世で繁栄すれば地獄行きだ。この世の逆境と不幸に耐えよ。そうすれば、来世では天国が待っている》。

托鉢修道士の登場と「天国へのパスポート」

この、来世と現世の幸・不幸の反比例の論理は、これまでに何回か触れてきたものだが、我々現代人にはなかなか馴染みにくいものだ。中近世キリスト教世界では大原則、当然の考え方であった。――では、この考え方は、時代が進むなかで、富裕な都市商人が現世の世界を支配し、富と権力を掌握し、この世を謳歌するなかでも、来世で受ける地獄の責め苦を覚悟していたのであろうか。

実は、ルネサンス期になると、巨大な富・権力を一手に掌握したイタリア都市の大商人は、「はかないこの世の物質的な豊かさ」（世俗的栄光、世俗的繁栄）と、「あの世の永遠の至福」（天国での至福の生）との両方を貪欲に目指した。彼らはそれが可能であると信じた。そして、そう信じる商人に手を差し伸べた聖職者がいた――それが托鉢修道士であった。大商人は、托鉢修道士のいうままに従い、遺言書を作成して教会に巨額の献金、「不当利得の返還」（後述。第一七章）などをおこなった。ここにおいて遺言書は「天国へのパスポート」（ル・ゴッフ）であった。この神との仲介役）である托鉢修道士については第一六話「托鉢修道会――聖ドミニクス――」で詳しく述べたい。

さいごに、地獄に堕ちた宿屋の主人に一言いいたい――宿屋の主人よ、徳の高いお坊さんに、むやみに自分の幸せぶりを口にすべきではなかったね。

《ミニ・コメント》

（一）イタリアのお勧めの旅「中部山岳都市の旅――ウンブリア州とトスカーナ州の一週間の旅」

この例話ではアンブロシウスは、ミラノからトスカーナを経てローマへと、南に向かう旅にあった。これとは逆方向であるが、私が何度も行った魅力的な旅がある。ローマから北上して、宗教性豊かなウンブリア州の南部からトスカーナ州中部を経てフィレンツェに至る旅である。これは、「イタリア中部の地方都市（山岳都市）の魅力」とでも題する旅である。もちろんイタリアはアドリア海やティレニア海に面した多くの美しい都市がある（図14-3ａ、図14-3ｂ）。確かにイタリアの魅力は地中海の美しさにある。しかし、イタリアは同時に半島を背骨のように貫くアッペニン山脈（アペニン、アッペニーニ山脈）の国でもある。その起伏が多くの地域の個別性をもたらしている。

ここでお勧めしたい旅は、イタリアの中部の地方都市を次々とめぐる五日程度から一〇日程度（あるいはそれ以上）の旅である。これは、私がこれまで経験した旅行のうちで最も魅力的で、何度行っても楽しめる旅である。イタリアの魅力はまさに地方都市にある。すなわち、敢えて言うなら、《イタリアの魅力は、ローマ、フィレンツェ、ヴェネツィア、ミラノ、ナポリ、パレルモ以外にある》――そう実感させてくれる旅である。地方都市は、しばしば小高い丘や山に築かれ、それも閉鎖的な外壁、城塞・市壁に囲まれているが、それは、一四世紀間もの長きにわたって、ずっと強力な中央集権国家が不在で、みずからの手で外敵から防御しなくてはならなかった歴史的背景の所以（ゆえん）であり、都市が自治コムーネ、独立国であったことの歴史的象徴であるが、それがすべて地方独自の文化の自負となって現れている。

人びとが好んで山の上や中腹に都市を築いたのは、ひとつに低湿地帯では「マラリア malaria」――「悪い（mal）空気（aria）」の意――が発生しやすく、それを逃れるためであったともいわれる。しかし、近代になるまでは、蚊がマラリアの媒介であったことを知っていたとはとても考えられず、むしろ経験的、直感的に低湿地帯を忌避したのであろう――すなわち、病気を意識して中近世人が高地を好んだ理由は、おそらくはミアズマ **miasma**（「悪い空気」、瘴気）は低い地帯、沼地に発生すると信じたからであろう。そこで発生した悪臭を伴う有害な大気が人間の心臓に達して体液、気質を腐敗させて発病させる。これは古代ギリシャのガレノス、ヒッポク

図 14-3a（右），3b（左）　トロペーアの海岸（カラーブリア州）　エメラルド・ブルーの美しい海岸を見下ろすようにサンタ・マリア・デッリーゾラ教会（「島のサンタ・マリア教会」）が丘の上に位置する。これは中世初期にベネディクト会修道院として創建されたもの。このように，教会は，海や山や絶景等，際だった自然のポイントに建てられている

ラテス、アラビア医学の影響にもとづく考え方であった。この時代、同じ家のなかで寝るにしても、床面は低い場所であり、悪い空気がよどんでいると考えて、寝台など高いところを好んで寝たのも、同じ考え方によるものであろう。

見上げる山に際だった町があるイタリアの景観は、昭和初期にイタリアを旅した和辻哲郎の気を随分引いたようである。『イタリア古寺巡礼』（昭和二年〜三年のイタリア紀行文）のなかで、「豊沃そうな平野に、村が一つも見えないこと」、「平野に臨んだ山の上には、時々、村というか町というか、人家の塊がある」こと、それが「ちょうど城のような感じの、いやにがっしりした姿をとってくる」ことに驚いて、それをポリスの伝統やマラリアの回避、敵からの回避をあげて思案し、かなり本質をついた考察をしている。(*1) しかし、持参した英語のガイドブックにそう書いてあったのかもしれない。

私のお勧めの旅では、ローマ空港（フィウミチーノ空港［レオナルド・ダ・ヴィンチ空港］）からローマ市内に出て、早めにローマを脱して北へ進む。主にウンブリア州とトスカーナ州を中心とする旅で（なかにはラツィオ州もある）、時刻表を片手に、電車やバスで（時にタクシーで）少しずつ（例えば、一日で一〜二時間ずつ）北上す

る。次に列挙するどの町も魅力的なので、現地の電車やバスの具合で、その日、乗り物の都合で行きやすい町に進んだら良い（ここでは大きな都市と違って、日本人をねらったスリはまずいないので安心した旅ができる）。また、もし電車を乗り間違えたら、それが北上するものであれば、そのまま進んでしまう（電車の向かう方位を確認するために磁石は必携）。すなわち——

ヴィテルボ（ラツィオ州）、オルヴィエート（図14-4a、図14-4b）、ナルニ、スポレート、スペッロ、トーディ、モンテファルコ（図14-5）、ピエンツァ、モンテプルチアーノ（図14-6）、シエナ、ヴォルテッラ、アッシジ、ペルージャ、グッビオ（図14-7）、コルトーナ、アレッツォ、サン・ジミニャーノ、ピストイア、ルッカ、ピサ——などである（地図14-1「中部山岳都市の旅」）。乗り物の都合や、乗り換えミスなどで行き損ねた町は、こだわらずに流す。次回の旅に回したら良い。男のひとりや二人の旅なら、状況にもよるが、ホテルなど予約をせずに、行き当たりばったりでみつけたらいい（予約をするとそれに拘束されてしまう）。旅に疲れた場合やその都市が気に入った場合、連泊してしまう（洗濯日）。原則的にこの旅で留意するポイントをあげると、「一日一都市」（同じ町の夜と朝の両方を体験する）か、「一日二都市」程度を心掛けること、夏は暑いので、午後はホテルで数時間ゆっくり休養（昼寝）すること（夕方になったら、その日に泊まる町をぶらぶら散策、食事）、次の日に利用する電車・バスについては、前日の夕方に駅などで切符を手配しておくこと（イタリアは「お客中心」でなく「労働

図14-4a　オルヴィエートの岩盤

図 14-4b　オルヴィエートの岩盤
ローマ巡礼のポイント地点であったオルヴィエート（ウンブリア州）の大聖堂は，イタリア・ゴシックのなかでも圧巻の美を誇る。オルヴィエートは，周囲との標高差60メートルの凝灰岩からなる岩盤の都市である。東西1.4キロ，南北690メートル程度という中世都市にほどよい広さの岩盤の地形が，防御として恰好の中世都市を形成した

図 14-5（右）　モンテファルコの朝　ウンブリア州ペルージャ県。奥深い山岳都市の静かなたたずまいと中世都市の雰囲気が魅力。ここでは，おそらく日本人には会わない（会えない）であろう
図 14-6（左）　モンテプルチアーノのサン・ビアージョ教会　1518〜45　円形・正方形を重視した整然としたルネサンス様式の作品。アントーニオ・ダ・サンガッロの傑作

図 14-7　グッビオ（ウンブリア州）
アッペンニン（アッペンニーニ）山脈の中腹にあるコムーネ。中世の建築物がコンパクトにまとまる純度の高い中世空間の都市。この写真は，鳥かごのような一人乗りリフトに乗って，町を見下ろして撮影したもの

者中心」のダイヤであることから、日曜日・祭日は電車・バスの本数が少ないことや、あるいは皆無のことがあるので要注意。インターネットで事前に、また道中で把握できる）、タクシー（バスもそうだが、駅前に待っているとは限らない）を利用したい場合、ホテルを見つけてそこで呼んでもらうこと、などである。基本的なガイドブックとしては『（地球の歩き方）フィレンツェとトスカーナ』がコンパクトである。また、絶版で中古でしか入手できないが（それも無理かもしれない）、NTT出版『フィレンツェ　イタリア中部』（イタリア旅行協会公式ガイド　第三巻）（イ

地図 14-1　中部山岳都市の旅

図 14-8　ヴァッロ・ディ・ネーラ（Vallo di Nera）
スポレート（ウンブリア州）から車で30分ほど西方に行く「イタリアで最も美しい村」のひとつ。人口400人程度

タリア語ガイドブックの翻訳）がコムーネを網羅した詳しい記述で、ホテル情報（古い）もほぼ網羅して便利である（イタリア語版なら最新のものがある）。なお、イタリアの旅行については、基本的には、駅とホテルは英語（簡単な）で間に合う。行き先は紙に書いて渡して、誤解のないようにしたい。

美しい山岳都市や村は、テレビ番組の《イタリアの小さな村の物語》のシリーズのように、イタリア中に非常に多く存在する。[*2] 例えば、シチリア島の南部ラグーザ（図14-9）、ラツィオ州のカルカータ（図14-10a、図14-10b）、マルケ州のウルビーノ（ルネサンス期傭兵隊長のモンテフェルトロの拠点。画家ラファエロの出身地）、イエージ（図14-11）、多くのロマネスクの教会・修道院があり、中世の塔の林立するアスコリ・ピチェーノ、マルケ州とエミーリャ・ロマーニャ州に囲まれた小独立国、ティターノ山（標高七五〇メートル）にあるサン・マリノ共和国（人口三万人程度の独立国）などである。

イタリア旅行の「マニア」向けガイドブック（イタリア語）がある。それは「山岳都市のガイドブック」というよりも、それを含めて、約二〇〇のイタリアの「最も美しい村」を集めたものがある。これは「二〇一四年度版」というように毎年、版を変えて出版されるものであ

図 14-9　ラグーザ（シチリア州）の夕焼け

図 14-10a　カルカータ（ラツィオ州）

る（*I Borghi più Belli d'Italia : il fascino dell'Italia nascosta*）。このなかには日本のガイドブックにない第一級の観光スポットさえ載っている。例えば、ラツィオ州のチヴィタ・ディ・バニョレージョなどは、天空の城ともいうべき奇観である（図14-12 a、図14-12 b、図14-13）。しかしこれも急に有名になっている。とにかくこのガイドブックを見ると、地方主義のイタリアの層の厚さが深く実感できる。なお、断っておくと、地方主義や、村落や都市が山岳地帯に築かれる景観は、イタリアにおいて特に強い傾向と思われるが、ある程度までは広くヨーロッパの中世都市に共通する傾向かもしれない。

図 14-10b　カルカータの美しい内部空間

図 14-11　山岳都市イェージ（Jesi）（マルケ州）の遠景

図 14-12a　チヴィタ・ディ・バニョレージョ

（二）　中近世イタリアには七つの元旦があった！――

イタリア地方主義の象徴

イタリアの魅力は地方にある

敢えていえば、ローマ帝国が四七六年に滅亡してから一四世紀間、すなわち一八六一年（イタリア王国の成立）まで、中央集権的な体制がなく、さらには、地形的な理由もあって、イタリアはずっと地方分散のスタイル、地方主義によって生活と文化を営んできた。「中心」は「地方」にあった。文化は各地方がみずから担っていた。他地域との交流が少ないなかで、パスタ、パン、ワイン、料理など、みずから自給自足して、独自のものを発展させた。このことが、イタリアにおいて地方と地方文化がいまだに生き生きと脈打っている歴史的背景である。地方の人びとの矜持（きょうじ）の念もここにある。多くが自分の町

図 14-12b　同

図 14-13　チヴィタ・ディ・バニョレージョからの眺め

が一番だと思っている。実際のところ、地方主義の象徴であろうか、イタリアには、その自治体の規模の格差を行政的に示すことば「市」・「町」・「村」は存在しない。すべて「コムーネ」（地方自治体）であり、対等である。八〇〇〇（！）もの「コムーネ」が対等に横並びに存在している（地域を代表するコムーネの「州都」や「県都」は存在する）。この地方主義は、日本のように財政的な理由から、地域の「名」や「実」の個性や、愛郷心を無視して、「市町村合併」（「平成の大合併」）をおこない、「合理化」するようなことはしない。イタリアよりずっと広いにもかかわらず日本は、平成の大合併によって三二三二あった自治体を一八〇〇にまで減少させてしまったのである。

　こうした歴史風土のなかで、文化と生活が各地方中心であったことの象徴的な事柄がある。それが「一年の始まり（元旦）をどの日に置くか」ということに現われていた。これはどういうことであろうか――

　驚くべきことに、研究者A・カッペッリによれば、中近世のイタリアでは、地方によって「一年の始まりの日」――元旦――が都市によって異なっていて、全部で七種類あった。これについては、かつて私は拙稿で詳しく紹介したことがある。[*3] 我々は、一年の始まりは「一月一日」のほかにないと信じている。「一月一日」になってこそ、元旦、つまり新年、新しい年号が一斉に始まると思って疑わない。しかし、イタリアの中近世において、一年の始まり（元旦）は、そうとは限らなかった。近代になってようやく最終的に「近代型」である①「一月一日型」に統一されたが、それまでは、「一月一日」を新年の開始とする「近代型」の暦のほかに、以下の六種類があった。②「降誕祭型」（クリスマス）は、一年の始まりを「一二月二五日」にする。これは近代型よりも一週間早く新年が来る。年代記・公文書などでは「主の生誕から～年」という言い方をする。この型を採用していたアレッツォ（トスカーナ地方）の場合、一七四九年からようやく近代型に切り換えた。

ヴェネツィアを中心とするヴェーネト地方は③「三月一日型」を採用し、この日に新年となった。ヴェネツィア共和国は、滅亡する一七九七年までこの型を使用した。ヴェネツィア共和国とその象徴である「三月一日型」の暦を消滅させたのは、ナポレオンである。次にビザンツの流れを汲む④「九月一日型」がある。ヨーロッパの学校は現在もこれをもって新年度が始まる。南イタリアのバーリでは一六世紀までこの型がつづいた。

次に、聖母マリアの受胎告知（受肉）の日である「三月二五日型」を一年の開始とする型がある。これは⑤「フィレンツェ型」と⑥「ピサ型」の二種類があり、フィレンツェは、近代型より約三カ月遅れて新年が始まった。ピサの場合は、年号が変わるのはフィレンツェよりさらに丸一年遅れた。「三月二五日」という時期に元旦が来るのは奇異に思えるかもしれないが、現代日本の学校や会社の「年度」の開始時期である「四月一日型」とはわずか一週間の違いでしかなく、花咲く春の開始をもって新年の開始とするもので、それなりに合理性がある（私のある友人は、相手の女性（日本人）とはフィレンツェで知り合ったことから、帰国後この日を選んで結婚し、結婚記念日としている）。フィレンツェでは、一七四九年までこの型が採用されていて、続いて近代型に転換した。

最後に⑦「復活祭型」（これはフランスと同じ型）がある。毎年、復活祭は変わることから（移動祭日）、毎年新年の開始が変わる。「復活祭」は「春分の日の後の最初の満月の直後の日曜日」である。これは非常にややこしいものである。キリストの復活を祝う「復活祭」という、キリスト教で最も重要な日を新年の開始とするので、宗教性が強く感じられる。これは春の到来をもって新年とするという点で「三月二五日」（「受胎告知（受肉）型」）に近いものではあるが、早い年と遅い年とでかなり幅がある。この型の場合、最も早い場合で「三月二二日」、最も遅い場合で「四月二五日」である。一時、南イタリアのナポリでは、ナポリ王カルロ一世（在位一二八二〜八五）のもとでこの「復活祭型」が採用された。

なお、イタリア語の場合（ヨーロッパの言語全般もそうだが）、「一月」つまり《gennaio〔ジェンナーイオ〕（英語のJanuary）》には、文字通りの意味として、そこに「一」の意味はない。それは、過去と未来を司る古代ローマの神「ヤヌス神」を意味するものである。だから一年が「ヤヌス神」から始まらなくてもあまり抵抗はなかったのである。

第一五話　立派な騎士と裏切られた悪魔

カエサリウスの書いたものによると、ザクセンに勇敢な騎士がいたという[1]。名前はアルベルトと言って、世に知れた騎士であった。彼がたまたまある地方を通った時に、そこに悪魔憑きの少女が住んでいた。少女は騎士に向かって大声でこう叫び出した[2]。

「ほら、私の友達のアルベルトがやって来たわ。」

そして騎士が、少女のいる場所に立ち入った時、さらに少女はこう言った。

「よくお出でくださいました。この方に道を譲りなさい。こちらにお通ししなさい。この方は私の友達ですからね。」

騎士は、「友達」というこの言葉を聞いてあまりいい気持ちはしなかったけれども、笑ってこう言った。

「ばかな悪魔よ、どうしてまたこのようなあどけない女の子をいじめるのだ。それよりも私と一緒に馬上試合に行かないか。」

すると悪魔は答えた。

「そうだね。行ってもいいよ――もし、私をお前の体の中のどこかに入れてくれたらね。鞍とか馬具のはみとかその他の場所でもいいけど。」

騎士はこの女の子のことがかわいそうになって、こう言った。

「お前が今の場所から出たいなら、私の服に入ってもいいぞ。ただし決して私に傷つけるようなことをしてはならないぞ。」

悪魔は騎士を傷つけないと約束し、女の子の体から出て来て、騎士の服の裾(すそ)のなかに入った。そして時々その裾の端を妙にちょこちょこと動かしたり、そこから声を出して自分がここにいるぞ、と存在を示した。

それ以後、騎士はこの悪魔の取り憑いた服を着た時、馬上試合でも戦でもずっと連戦連勝し、この騎士に向かって剣で衝いてくる者は誰でもみな倒してしまった。そして騎士がその服を着なかったときは、悪魔は悔しくて、その服を家中あちこち引きずりまわし、服を歯でずたずたに破ってしまうように思われた。

その騎士が教会で祈りを唱えることがあったが、このとき悪魔はこう言った。

「もうひとりごとはいいかげんにしてくれ。(3) さっさとずらかろうよ。」

騎士が指先に聖水を浸したとき、悪魔はこう言った。

「おい、気をつけろ。わしに聖水がかからないようにしてくれよ。」

騎士は最後に十字架に祈る所に来て、立ち止まった。そこで騎士が祈りを唱えるのが聞こえたとき、悪魔はこう言った。

「お前は何をしてるんだ。さっさとここをずらかろうよ。」

それに対して騎士はこう答えた。

「私はお前をここに置き去りにして神に捧げようと思っているのだ。」

悪魔はこう言い返した。

「なんでまたお前はわしを置き去りにしようというのか。わしがこれまでに何か嫌なことや気に障るようなことをしたというのか。お前の気に入らないことなど言った覚えはないぞ。それどころか試合や戦いではお前をずっと勝たせてやって有名にしてやったぞ。」

騎士はこう言った——。

「私は十字軍兵士として遠征に行くのだ。お前はとっとと消えうせて、もう二度と私のところに戻ってくるな。これは十字架のキリストの名にかけてお前に命ずることだ。」

悪魔は非常に怒って服の裾（すそ）を引き裂いて立ち去って行ってしまい、それからもう戻ってこなかった。そして騎士は十字軍遠征に出掛けて、聖地イェルサレムに二年間留まった。それから帰って来てから施療院を建てた。そしてそこで貧しい人びとや病人に金品を施し、みずから彼らの世話や看護をしたのであった。そして死ぬまでずっと彼は聖人のように生きたのであった。

もうおわかりのように、人間の方からみずから進んで悪魔に力を譲ってしまうようなことさえなければ、悪魔は人間には何の力も及ぼしてこないのである。また人間が悪魔に立ち向かってこの世から追い出すなら、悪魔は退散しまうのである。(4)

（1）これも直接の出典はアルノルドゥスの『説話目録』で、アルノルドゥスがハイスターバッハのカエサリウスの書を出典にしたものと考えられる。
（2）このことばは悪魔が少女の口を借りていっている。
（3）悪魔にとって祈りの言葉は極めて不快な、耐え難いものである。聖水に触れることも同様に耐え難いことである。
（4）この例話は比較的ユーモラスなところがあり、パッサヴァンティの例話のなかでも異色のひとつといえよう。ここに出てくる悪魔は軽薄な悪魔であるが、悪魔にも色々な種類のものがいたということであろう。

＊　カトリックの考え方では、悪魔は一人ひとりの人間の自由意志を試す存在として許容された

パッサヴァンティの例話における悪魔の役割

この例話は、他の例話と少し様子の異なるものである。ここでは悪魔を手なずけるなど、ユーモアがある。

ドイツのザクセンにいた勇敢な騎士が、まず、少女に取り憑いた悪魔を追い払い、少女を救ってやり、次に、悪魔を利用して、戦いで百戦百勝したあげくに、悪魔を追い払い、十字軍遠征に出掛ける――。人が悪魔に対して毅然と対処すれば、悪魔は、我々の世界から、のこのこと退散してしまうものだと教える。悪魔と組んで悪魔を利用するのは、いただけないはずだが、ユーモラスな話の流れや十字軍の遠征、施療院の開設の話で許容されてしまう。

全能の神が支配する完全なはずのこの世界に、一体どうして悪がはびこり、悪魔がのさばるのか――。これについてカトリックの聖職者は、色々考えた結果、基本的にひとつの考え方に収まったようである――

すなわち、中世キリスト教の考え方では、神の支配のもとに悪魔がいる。神の支配下で悪魔は泳がされている。悪魔は、人間のなかでも、しっかりした自由意思をもたず、罪に流されやすい者に目をつける。神はそうした隙のある人間に悪魔が取り憑くのを許している。そして、その人が悪に取り憑かれ、悪事に暮れて死ぬと、地獄行きとなる。一方、しっかりと自由意思をもった人間は、それによって悪を回避し、善行をおこなうことができ、天国への道を歩むことができるとされる。

そうは言っても、本来、人間は罪に陥りやすい存在である。大事なことは、犯した罪をできるだけ早く告解で改悛してしまうことが大切だとされる。パッサヴァンティが教えるように、悪魔にささやかれ、意志の弱さからつい罪を犯しても「告解」でそれを早く打ち明け、神の赦し（赦免）を受けていれば、悪魔に取り憑かれる心配はない。もし打ち明けずにいると、悪魔が取り憑き、その人間を支配してしまう。時には、悪魔はその秘密を周囲の人にばらして、その人に恥をかかせる。告解をして清算した者には悪魔はもはや関係ない。そして、悪魔は、人の悪の累積、人の悪事をこまめに記録しておき、その人が死んで裁きを受ける時、その記録の台帳を広げて、地獄に引っ張るための判断材料にするという。

それにしても、この世に悪がはびこる現実を前にして、いつの時代においてもキリスト教徒のなかには、神がどういうおつもりなのか、疑問を抱かざるを得なかった人たちがいたようである。自分が神を愛しているのに、神の方は

必ずしも自分に愛をもって応えてくれない現実――。一七世紀のスピノザ（一六三二～一六七七）は、たとえこうした現実にあっても、神が愛をもって我々人間に応えてくれるとは期待してはいけないと諭した。

また、ドイツ文学者カロッサ（一八七八～一九五六）は、みずみずしい回想的著作『美しき惑いの年』（一八九七年）のなかで、旅の途中で出会った善良な農夫について述懐している。この年老いた農夫は鬱病にあったが、そうした苦しい日々のなかで、カロッサにどうしても教えてほしいことがあると訴える。《いったい我々の主は本当に全能なのか、主がサタンより強いということは証明されうるのか》――この問いに対して若い医学生であったカロッサは、わかりやすくこう回答した。カロッサらしいヒューマニティーのある説明であろう。

――すなわち、《地獄の大王は、神への道を歩もうとする人間にはおよそ何らの支配力ももっていない。もし地獄の大王が、そんなに強力であるとしたら、空にはとっくに太陽も月も星も影を没しているはずである。なぜならただ神の力と愛とによってのみ、宇宙は維持され、永遠に新たにされているのだから。悪魔は何事をも建設することはできない。何事も成就させることはできない。彼はただ破壊というたくらみを心中にもっているだけである。それは人間の魂の破壊ということだけではないのだ。この美しい世界全体も、悪魔が破壊しようとたくらんで、破壊できないでいるのだ[*1]》。

第一六話　托鉢修道会――聖ドミニクスの幻覚――

これは我々の修道会の創設者についての伝記のなかに出てくる話である(1)。我々の聖ドミニクス(2)は公会議(3)のあるローマに来ていた。聖ドミニクスは、この公会議でその頃彼が始めたばかりの「托鉢修道会」と呼ばれる修道会の認可を申請しようとしていた。そのようなある時のこと、聖ドミニクスはサン・ピエトロ教会で神と聖母マリアに熱心に祈ったが、聖母には格別に心を尽くして祈禱を唱えた。彼はこの祈りのなかで、まずこの世の罪人が真理と救済によって導かれることを祈願した。さらに、教皇と枢機卿の心が動いて彼の生まれたばかりの修道会が認可を授かるようにと祈願したのであった。そもそも聖ドミニクスがこの新しい修道会のあり方を考えつき、それを組織した理由は、道を踏み外した異端者ども(4)もと罪人たちを再び救済への道に導き入れるためであった。

聖ドミニクスが熱心に祈っていた時、彼は突然、法悦状態に襲われた。そして彼は、この世を越えた高みに引き上げられる幻覚を見たのであった。イエス・キリストが宙に舞う姿が見えた。キリストは、最後の審判の日に取るようなしぐさで手に三本の槍を持っていた。そして音を立てて槍を振り回し、下界とそこに住む人びとに向かって今にも槍を投げ降ろし、この世界を破滅させるぞ、というそぶりであった。

するとキリストは向かい側から聖母マリアの姿が見えた。マリアは息子であるキリストに向かって、あなたは一体何をなさるつもりですか、と尋ねた。するとキリストは、この三本の槍を振り降ろしてこの世界を破滅させ、三つの悪徳(5)で腐り切った罪深い人びとを殺してしまうのだ、と答えられた——それを聞いてマリアはキリストの前にひざまずき、腕を交差させ、主キリストに向かって哀れみを乞うように祈りを捧げ、どうぞあなたの大きな慈愛の心で裁きの厳しさを和らげて下さい、と懇願したのであった。

するとキリストは答えてこう言われた——

「私はこの世の人びとには我慢に我慢を重ねてきた。彼らは預言者の警告に対しても、おのれの過ちを改めようとしなかった。私がこの世にやって来たことに対しても、おのれの過ちを改めようとしなかった。また使徒にも、またその後やって来たそのほかの聖人に対してもそうであった。聖人たちは世の人びとを改心させ、そのこころを神に向けるのにあらんかぎりの力を尽したのだ。」

するとマリアは心を慈愛と慈悲で満たして、再び優しく嘆願して、こう言った。

「母である私への愛とやさしさから、後生ですからもう一度だけ罪人たちを赦してやってください。彼ら罪人を救うために、あなたは私を母にして生まれ、受難と死に耐えることを望まれたのです。そこで私はあなたに敬虔で忠実な僕をひとり紹介します。あなたの恩寵を受けて、彼は説教と徳の高い活動によってこの世の人びとを回心させ、彼らを真実の道に連れ戻すでしょう。」

イエス・キリストはその僕がその大役にふさわしいかどうか見てみようと言われた。そこで聖母マリアは聖ドミニクスの頭の上に右手を伸ばした。そして聖ドミニクスをキリストに見せた。キリストはそれを受け入れて、彼をほめながらこう言われた――。

「この上なく優しい母よ、あなたへの愛ゆえにこの度(たび)はこの世の人びとを赦し、忠実な僕ドミニクスに私の恩寵と聖霊を与えよう。聖霊とともに彼はこの世の至るところを巡って悪徳を根こそぎし、彼とその弟子たち、そしてその霊的な末裔たちは福音史家や使徒と同じように、この世に徳を広め、説教と活動によって永遠の生の実りを摘むだろう。私は、使徒たちを二人ずつ組みにして教義と説教の使命に当たるように命じたが、(6)これと同じように、この同じ使命にはドミニクスの他にもうひとりの同志がいた方がよかろう。」

するとと聖母マリアは、もうその用意は出来ています、と言った。イエス・キリストがそれを見ようとすると、マリアはもう片方の側から聖フランチェスコ(7)を差し出した。フランチェスコはその頃ローマに来ていたのである。イエスはドミニクスと同じようにフランチェスコのこともほめた。そして彼にも同じ使命を与えるのを認めた。聖母は二人を一緒に連れて来たのである。そして二人で協力してこの選ばれた大きな使命を忠実にかつ真摯に遂行し続けるように命じたのであった。

この幻覚を見た聖ドミニクスは、同志として与えられたその人物を見据えてみたが、彼がこれまで一度も会ったことのない人であった。そうこうするうちに幻覚は消えてしまった。――次の日、聖ドミニクスは聖フランチェスコに出会ったが、(8)この聖フランチェスコこそ、彼がまさしく幻覚のなかで見た人物その人であった。このことを認めてから、聖フランチェスコを優しく抱いて彼にこう言った――

「あなたは私の同志です。ともにやっていきましょう。そうすればどんな敵も我々の力には及ばないでしょう。」

それからドミニクスは聖フランチェスコに自分が見た幻覚のことを打ち明けた。そして二人はそのままそこに留まって、自分たちに託された使命を果たすためには、いったいどのようにしていったらいいかということについて、意見を出し合いながら話し合ったのであった。

二人は修道会をひとつだけ創設して、そこで共に活動することについても何度か論じた。しかし聖ドミニクスはその時にはすでに自分の修道会の活動を始めていた。そして聖ドミニクスは、神が彼の修道会の活動に同意を与えてくれた幻覚に確信を抱いていたのであった。またローマ教会も後にこの修道会の活動に同意と確認を与えてくれるということ――事実しばらくしてそうなった――に疑いを抱かなかったのである。というのも、時の教皇(9)もある幻覚を見ていたのである――その幻覚では、サン・ジョヴァンニ・ラテラノ教会が崩れかかって、聖ドミニクスが崩れる側に来て、彼の肩にかついで、その倒壊をくい止め、再び持ち上げていたのであった。教皇はそれから後、托鉢修道会を創設した人びとに従うようになったのであった。聖フランチェスコがフランチェスコ修道会を創設したのは、それから間もなくのことであった。

ここで述べたイエス・キリストの三本の槍と聖母マリアの幻覚は、聖ドミニクスと聖フランチェスコに現れたものであった。そして幻覚となって現れたことはすべて実際に起こったのであった。同志の聖フランチェスコは、聖ドミニクスがその幻覚を見たのと同じ時にその幻覚を見たのであった。

（1）　パッサヴァンティが出典としているのは、『黄金伝説』と『説話目録』の両方と考えられている。

（2）　聖ドミニクス（Sanctus Dominicus）（一一七〇頃～一二二一）はスペインのカレルエガの生まれ。ドミニコ修道会の創設者。

(3) 一二一五年のラテラノ公会議のこと。インノケンティウス三世（在位 一一九八～一二一六）が召集。教会改革、アルビジョア派の異端宣告、修道会の設立規定等が決定された。この公会議でキリスト教徒に年一回の「告解」の義務が課された。聖ドミニクスはこの公会議に出て自分の修道会の設立の申請をおこなった（認可は一二一六年にホノリウス三世による）。

(4) アルビジョア派の異端のことを指している。聖ドミニクスは、一二〇六年から一五年まで南フランスにおいてアルビジョア派の教化に尽力した。また彼は、トゥールーズで、貧困から売春をしている少女を見て、その救済のために施療院を開設した。

(5)「三つの悪徳」とは高慢、貪欲、色欲。おそらくあとの二つの悪徳は中世後期に強まったヨーロッパの都市化によっていっそう問題視されるようになったものであろう。アッシジの聖フランチェスコの「清貧」の教えも、中世後期の都市化による富の蓄積、「貪欲」の支配を背景に逆説的に強調されるようになったものであろう。

(6) 二つずつの組み合わせとは、ヤコブとヨハネ、アンデレとピリポなどであろうか。

(7) 聖フランチェスコ（San Francesco d'Assisi）（一一八二頃～一二二六）はアッシジの生まれ。托鉢修道士として清貧を説いてまわる。インノケンティウス三世からフランチェスコ修道会の認可を得る。

(8) ドミニクスとフランチェスコの出会いについては、それぞれの伝記作家によって異なって記述されている。その年は、一二一六年、一二一八年、一二二〇年であるが、いずれの記述も二人が出会った場所がローマである点は一致している。

(9) インノケンティウス三世のこと。

＊ 托鉢修道会は、経済的豊かさが増す時代にあって、伝統的に「富」を「悪」と感じる人びとに、富裕者であっても広く救済される方法や道筋を明確に指し示した

一三世紀の托鉢修道会の影響力と考え方

ここでは、広く托鉢修道会の考え方と運動の本質的な傾向を見てみよう。(＊1)

ドミニクス（ラテン語）（スペイン語「ドミンゴ」、イタリア語「ドメニコ」）（一一七〇頃～一二二一）は、スペインのカスティーリャ地方の貴族の家に生まれ、オスマの司教座聖堂参事会員（一一九六年）になった後、オスマ司教と南フランスに赴いて、「異端」のカタリ派（アルビ派、アルビジョア派）をカトリックに改宗させることに努めた。そして、一二一五年に新しい理念と使命を抱いてドミニコ

会――正式名「説教者兄弟修道会」――を設立した（一二一六年に正式に認可）。

ドミニクスは、フランチェスコ会（正式名「小さき兄弟会」）（一二二三年、文書によって認可される）を設立したアッシジのフランチェスコ（一一八一頃～一二二六）と同時代の人であり、ともに「托鉢修道会」を設立した人である（ドミニクスもフランチェスコも、いずれも死後早く列聖されたことからわかるように、存命中からその徳の高さから崇敬されていた）。二人がそれぞれ設立した托鉢修道会は、特に一三世紀から一五世紀の時代において、宗教的、社会的、文化的にヨーロッパで最も大きな影響力を及ぼした。そのことは、両托鉢修道会から輩出された神学者や説教師の錚々たる人物を見ればそれがわかろうというものである。二人の創設者の名前（「フランチェスコ」、「ドミニクス」）は、例えば、アメリカの都市「サン・フランシスコ」やカリブ海の「ドミニカ共和国」などの名前にも採用されており、さらに個人の名について言えば、一三世紀からこんにちに至るまでずっと、二人を守護聖人として名前を付けられた子どもは非常に多く、そのことからも人気のほどがわかる。なお、フランチェスコの墓はアッシジのサン・フランチェスコ聖堂にあるが、ドミニクスの墓は、死去した都市、ボローニャのサン・ドミニコ聖堂にある（図16-1、図16-2）。口絵1・2からわかるように、この二つの托鉢修道会は、一三世紀の二〇年代からその世紀の終わりまでの八〇年間ほどの間に驚くべき勢いで広がり、その関係の教会は、ヨーロッパ中に（さらに、それを越えて）至るところに建築されたのである。(*2)

その活動の特長は、神だけに頼り切り、全くの無所有の清貧の表現として、《托鉢》を重要な要素として位置づけたことであり、その活動は、「赤貧の中で誕生し、十字架上で死んだイエスのまねび」（英隆一朗(*3)）をおこなうものであった。それまでの修道会が一つの地に定住し、そこで働き、喜捨や利得によって富裕化したのに対して、托鉢に

図16-1　ボローニャのサン・ドミニコ聖堂　13世紀

図 16-2　同教会のドミニクスの墓

よって定住や仕事から解放され、移動自由な生活のなかで使徒的な活動、説教に励んだのである。キリストにならった無所有と清貧の実践は、富みつつあった時代に強いインパクトを与え、たちまち広く人気を得たのである。フランチェスコの場合、その人間性と実践の強烈なインパクトから、すでに公認前からその福音主義的な教えは、広く人びとに受け入れられてしまっていた。もはや教皇は、それを異端と宣告できず、追認せざるを得なかった面が強いかもしれない。フランチェスコは、カタリ派と違って、教皇への服従を示していた。

過去にも多くの修道会が存在していたが、それらは、例えばシトー派の修道士のように、世俗とのつながりとして、開墾・製粉などの技術指導にも関わるなど、ある程度まで世俗と関わったもの(＊4)の、原則的には、修道士は世俗社会から一定隔絶した存在であった。一方、托鉢修道会には、部分的に観想的生活を重視する要素もあったが、托鉢修道士は世俗社会、それもその中枢である新しい都市世界（貧困と悪徳が蔓延していた）に積極的、日常的に関与・指導したことで、それまでの修道会とは比べものにならないほど都市生活に大きな影響力を及ぼしたのである。さらに彼らは、都市社会に女性の宗教的集団をも積極的に組織づけた。こうして、信仰生活は、個々人のレベルで救済を求めてい

た「ロマネスク期」から、都市生活と密着し、団体のレベルで救済を求める「ゴシック期」へと移行したという。[＊5]

このドミニクスとフランチェスコの二人が、一二世紀末、その青年期に強く影響を受けたのは、その時代に広がった福音主義的、使徒的運動であった。考え方自体は、当時において少しもオリジナルなところはなく、まさに二人は福音主義という精神の時代の子として活動した。一二世紀から一三世紀の時代は、教会当局の規制に反して、新約聖書の福音のことばが俗語などによって庶民に広まり（教会は、聖書をラテン語でなく俗語で読むことを許そうとはしなかったが）、その教えを広げ、実践しようという機運が高まった時代であった。その教えとは、例えば、キリストの教える隣人愛（病人や貧民への援助）の実践、清貧を重んじた禁欲的な生活の尊重、都市内の暴力を否定する平和の思想などである。その機運に作用したのは、その時代の新しい精神的状況であったと考えられる――。

経済的な豊かさを背景に、キリスト教的見地から、逆説的に宗教的不安が広がった

この一三世紀という新しい時代（中世後期）においてその宗教的、精神的状況とは、いかなるものであっただろうか。

まず、この富と発展の時代を経済的安定の時代として一面的に見るのはよくない――すなわち、一二五五年、フランチェスコ会士ボナヴェントゥーラ（一二一七頃～七四）は、《飢饉は過去の遺物である》と豪語したが、実際には、その一方で、飢饉や食糧難から都市で暴動が起こっていた。[＊6]暴動は、北イタリアでは、一二五〇年にピアチェンツァ、一二五五年にパルマ、一二五六年にボローニャ、そして一二六八年にはヴェネツィアで起こっていた。また、同様に中部イタリアでは、一二六二年にシエナで、一二六六年にフィレンツェで、暴動が発生している。[＊7]そうしたなか、托鉢修道会の運動は、フランチェスコとドミニクスが生前みずから実践したように、こうした飢饉に苦しむ貧民と寄り添う運動であった。自然災害に襲われた都市では、それに乗じて、高利をむさぼる者、買い占めに益する者、少女に売春を余儀なくさせる者が数多くいた。一三世紀初頭に巻き起こった至福千年の運動やハレルヤ運動は、托鉢修道会と深く結びついて、托鉢修道会は、罪深い都市の浄化を叫ぶ中心となった。[＊8]托鉢修道会は、決して農奴制や貨幣経済そのものを拒否するものではなかったが、高利貸しの糾弾などには手を貸して、都市条例の改善に尽力したのであった。

そうはいっても、相対的に見ると、一三世紀という時代は、気候に恵まれ、さらに鉄製農具によって農業技術が高まり、農作物がよく収穫されて、それに呼応して商業も広域に、ヨーロッパも越えて、活発化した。こうしたことから、それまでと比べものにならない位に経済的に豊かな時代となった。その脈打つ全般的動向についての説明は他書に譲りたい[*9]。ゴシック建築のポピュラーな解説書、図16-3『カテドラル――最も美しい大聖堂のできあがるまで――』を書いたD・マコーレイは、ゴシックの大聖堂の背景の経済的な状況についてこう記している[*10]――「一三世紀は神の恵みにあふれる時代でした。戦争もなければ、流行病も過ぎ去ってしまい、気候が良く農家は豊作で食物は十分にあり、町の商人たちも繁盛していました。人びとは、このしあわせに対して、またこれからもとくに神に目をかけてもらえるよう、神に感謝したいと思いました。そして、神のために新しい大聖堂を建てようと考え始めました」。すなわち、一二世紀と一三世紀には、神は「主に慈愛深い、愛に満ちた穏やかな神、一言で言えば、善き神」（P・ディンツェルバッヘル）であった。（一方、一三四八年に疫病死した同時代の人のことばを借りると、「神は、鶏を絞め殺すように、人びとを絞め殺すのである[*11]」）。

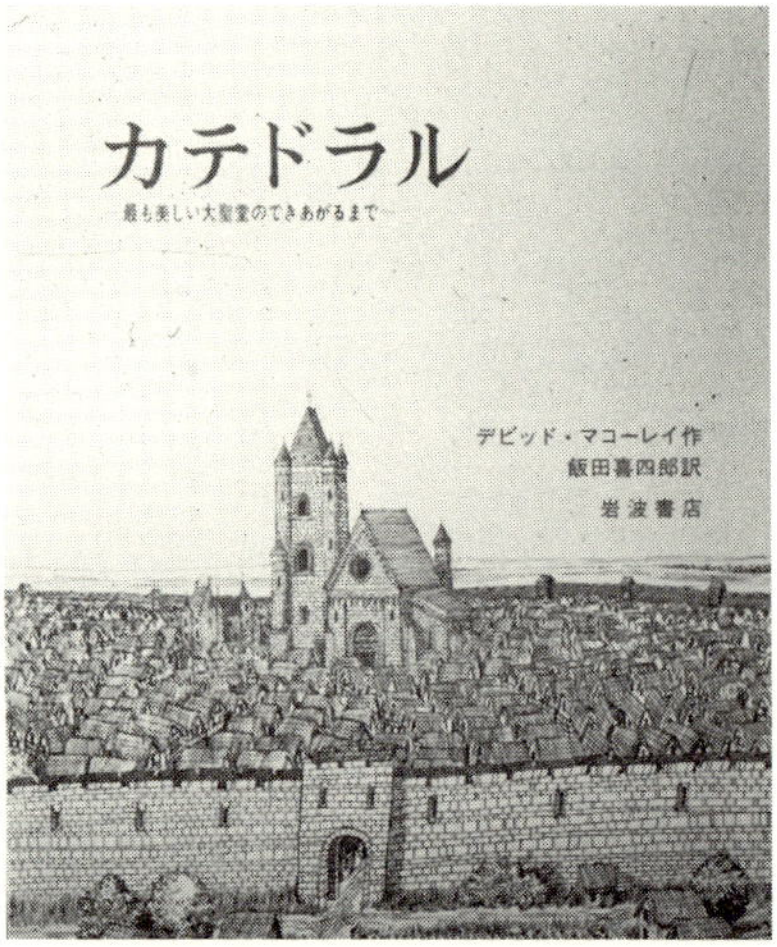

図16-3　D・マコーレイ『カテドラル――最も美しい大聖堂のできあがるまで――』の本の表紙

広域の商業活動から利益を得ることの多かったイタリアについて見ると、ヨーロッパ全般の繁栄とほぼ一致する。「ジョットとダンテとマルコ・ポーロの時代ほど充実し、豊穣で、活発で、しかも力強い歴史的時代は、いまだかつてなかったのである。事実、一三世紀末はコムーネ文化の最盛期であった。一三世紀末から一四世紀初頭の時代がコムーネの最盛期であった[*12]」（G・プロカッチ）。

グラフ16-1「中央ヨーロッパの都市の設立」からわかるように、概して一三世紀における中央ヨーロッパでの都市の建設のラッシュはすさまじいものがあり、これはある程度までヨーロッパ全般に言えることであっただろう。この建設ラッシュの背後には、人口増加とそれを支える都市の富の蓄積があった[*13]。都市で金持ちとなった者は大いに富

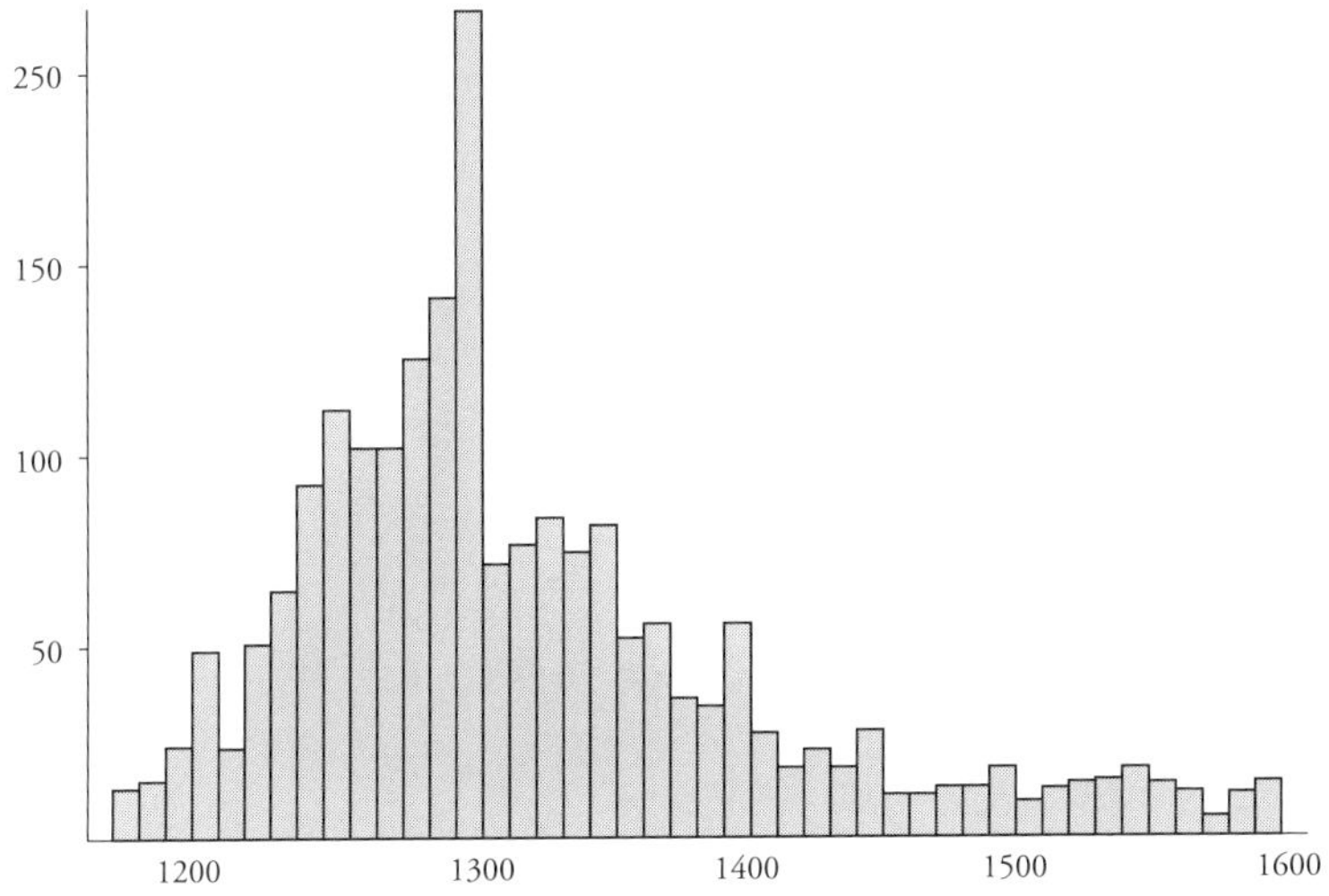

グラフ 16-1　中部ヨーロッパにおける都市の建設
（M. L. Bacci, *La popolazione nella storia d'Europa*, 1999, Roma－Bari, 34. (Source: W. Abel, *Geschichite der Landwirtschaft,* Stuttgart, 1963, S. 46.)

を蓄積・消費したのであった。

しかし、私見によれば、こうした背景ゆえにこそ、先のアンブロシウスの「この世の幸・不幸とあの世の幸・不幸の反比例の法則」の考えは重くのしかかったように思われる。キリスト教的には、必要以上の所有は、貪欲の罪を犯しているのではないかという不安に常に駆り立てるものでもあった。この都市化・富裕化という現実は、市民に「大罪」のひとつ、「貪欲」の罪を自覚させるものであった。「清貧」を至上とする伝統的なキリスト教の教えから、それは救済を妨げるのではないかと思われたのである。というのも、キリストの教えでは、「富の所有」と「天国へ行くこと」とは相いれない、水と油の関係と思われていたからである。すなわち、――

「はっきり言っておく。金持ちが天の国に入るのは難しい。重ねて言うが、金持ちが神の国に入るよりも、らくだが針の穴を通る方がまだ易しい。」（マタイ第一九章二三―二四ほか）

「だれも、二人の主人に仕えることはできない。一方を憎んで他方を愛するか、一方に親しんで他方を軽んじるか、どちらかである。あなたがたは、神と富とに仕えることはできない」（マタイ第六章二四ほか）

そうしたなか、逆説的であるが、富を背景にしてこそ、人びとの間に「清貧」を訴える福音主義の運動が、南フランスや北イタリアを中心に広がり、さらに北ヨーロッパにも飛び火して、人びとのこころをつかんだのである（口絵1・2参照）。なかでもその先頭を切ってカタリ派（清浄派）と呼ばれる人びとは、徹底した清貧と禁欲を説いた。彼らは、天国に達し得る者は、唯一カタリ派に入信して、教会や社会を捨てて、徹底した戒律に従った者のみであると説いた。これは一種のエリート主義である。ここにおいて彼らカタリ派は、カトリックの教え、すなわち一般信徒が、その罪を聖職者や聖人の「とりなし」によって神から赦しを得て、それによって救われるとする考え方を根本から否定したのである（とりなしの否定）。また、この世の悪の存在を「悪神」に帰せて、悪神が支配する世界がこの世であり、あの世は善神が支配すると考えた（善神と悪神の二元論）。それは、キリストを神とする一神教から根本的に逸脱したのであった（なおカタリ派には様々な立場があり、これらについては日本でも詳細な優れた研究がある[＊14]）。

托鉢修道士がカタリ派と共有したもの

こうしたエリート主義、とりなしの否定、異質の神観念にもとづく立場のカタリ派に対抗して、ドミニコ会などの托鉢修道会は、カタリ派から容認できるものと、容認できないものとを区別した。容認できるものは、時代精神として、広く浸透していた考え方——福音主義——であった。フランチェスコは南仏（フランチェスコはその名が示すようにフランスと関わりがあった）に広がったこの福音主義に大いに刺激された。例えば、カタリ派がおこなったように、みずから直接に福音書のことばに触れて、さらにそれを市井で説く、それも俗語で説く姿勢は、新しい運動を展開する托鉢修道会に部分的に受け継がれたものである。この托鉢修道会の姿勢は、当時、保守的で伝統的なカトリックの聖職者のなかには、非常に違和感があり、強く反発される部分であった。そうした従来の聖職者のなかには、俗語で福音書を説くことそのものを許容できないものとして非難した者がいた。カタリ派と托鉢修道会との間で共有されたもの、それが福音のことばの重視であった。これは福音に引かれていた民衆と托鉢修道会との接点をなしており、彼らを導き入れる需要な要素をなした。「托鉢修道士たちは、福音的な完徳にコミットしており、それはカタリ派・ワルドー派などと同様であったゆえに、異端者に引きつけられていた一般信徒たちの宗教的熱誠を正統の轍に引き戻すことができた」（池上俊一[＊15]）。

カタリ派に対して托鉢修道会が訴えたもの――広い救済の道

他方で、托鉢修道会は、《救済はごく一部の者に限定される》というカタリ派のエリート主義に対決して、それを否定した。むしろ神の慈悲は大きく、寛大で、天国は、もっと広く一般の多くの信徒にも開かれたものであると主張した。これには、それまでに形成され、人びとに開かれつつあったカトリックの救済の道筋が作用していたであろう。そして、托鉢修道会のこの姿勢は、民間信仰をも受容する姿勢とも結びつくものである。すなわち、托鉢修道会は、カトリック教会において歴史的にごく普通に受け入れられていたもの、つまり、聖母崇拝、とりなし、巡礼、追悼供養、聖遺物・聖人崇拝、聖像への祈りなど、ある意味で民間信仰的な要素に導かれたもの、民衆の信仰様式を認めたのである。ことによると、カタリ派との対決ゆえに、ここでカトリックの大きな包容力を示して、この民間信仰の要素を大いに許容し、認知した側面があるのかもしれない。

一方、カタリ派は、理詰め重視の神学理論の要素が強く、それら民衆的な信仰様式の多くを否定したのである。カタリ派によれば、「物」そのものには何の価値をも認めないことから、聖遺物の効力も、それにもとづく巡礼も妄想であるとして、禁止する。キリストのために努める生者にとって聖人・聖母の崇拝は無効である。聖人が生者のためにとりなしをして祈るようなことはない。救済される者、されない者はすでに決まっている。煉獄は存在せず、死者の供養は無効である。そもそも生前の罪が死後に赦されることはありえないと断じた。[*16] 煉獄については、一六世紀のルターも聖人や聖遺物や巡礼を否定した。また、ルターによると、結局、煉獄の存在を否定した――すなわち、ルターも「煉獄の火はどこにも考えられない。煉獄の火については認めるべきではない。なぜならそれはキリストの恩恵とよき行いを覆い隠すからである」といって存在を否定する。[*17] まさしくこうした個別の事柄について、ルターは、カタリ派とは極めて類似した考え方を展開する。

しかし、カタリ派は、ルターと違って、修道士や隠修士の禁欲主義を推し進める。この禁欲主義は、かたちとして現れた一定の行為を要求したり、否定したりする。つまり、この禁欲主義によって、例えば、結婚は嫌悪すべき生殖行為を伴うことから誰に対しても否定された。また、肉食も禁じられたが、それは、動物は交尾によって生まれることから、その肉は不浄とされたからである。そして、結婚という行為も、肉食を断つという行為も、あくまでかたちとして表面に現れた《行為》であるが、このように、カタリ派は《行為》を問題とする教えである。この点で、カタリ派の考え方は、ルターの考え方、すなわちかたちとして現実に現れた《行為》そのものに価値を置かずに、あくまで《内面》と信仰そのものを重視したルターの考え方（内面主義）とは本質的に異なる。カタリ派が、カトリック以上に戒律の生活、一種の修道的生活（修道院主義）を強く押し進めたのに対して、ルターは修道的生活こそ、それは行為主義として、そこに最も偽善的なものを見て否定したのであった。さらに、ルターは、「聖」と「俗」の垣根を取り払って、神の前で人間を公平に一元化（一様化）したが、それはカタリ派の一種の聖俗の二分割（「完徳者」と「帰依者」）の考え方とは全く異なる。カタリ派は、救済は「完徳者のみ救済される」として一種のエリート主義を取ったが、ルターはその人が救済されるかどうかは不可知として、ひたすら信仰することのみを説いた。

ドミニコ会から具体的な贖罪と赦免の方途が提示された

さて、ドミニコ修道会は、富の蓄積についても、フランチェスコとともに、隣人愛を実践することで有効に活かすことができると考えた——すなわち、蓄積した富は、隣人愛の実践として、貧民・病人などの援助にお金を使うことや、教会に喜捨するという代償行為によって正当化され、それは贖罪として罪の浄化に有効であるとしたのである。

さらに、ドミニクスの考え方において、民衆を取り込むのに有効で、大きな役割を果たしたのが、「聖母マリア」の存在であった。罪を犯しやすい人間は、常に神に赦し（赦免）を乞わねばならない存在であるが、神と人間の間に立って、慈愛をもってとりなしをしてくれる最大の存在こそが、聖母マリアであると考えたのである。聖母マリアは民間信仰的にも根強く信じられていたことから、マリアにすがることで神から広く赦免が与えられ、それが天国に通じることになると考えた。——実際、中世後期によく描かれた絵画の主題に《ミゼリコルディアの聖母》があるが、この絵画こそ、ドミニコ修道会の活動に先立って、広く聖母の象徴的なあり方を示していた。信徒は、聖母のマント＝マリアの慈悲（ミゼリコルディア）によって保護されることを祈願して制作の注文をしたのである（図16-4、図16-5、図16-6a、図16-6b）[*18]。

この例話（第一六話）においても、神キリストは、三本の槍を振り回して、「貪欲」などの悪徳に染まった、赦しがたい人間の世界を破滅させようとするが（これは一種の終末論である）、それに対して聖母が人間への慈愛からキリストをなだめているのである（そしてこの例話では結局この腐敗した世界の再建の仕事がドミニクスとフランチェスコの二人に託される）。こうしてドミニクスとその弟子たちは、人間が集中する都市に入って、説教を通じて人びとを回心さ

図 16-5　《ミゼリコルディアの聖母》（ケルン大聖堂）

図 16-4　アレマンノの工房《ミゼリコルディアの聖母》 中央画　15世紀後半　司教区博物館　アスコリ・ピチェーノ

せる仕事に励んでいくのであった。

ドミニコ会とフランチェスコ会の使命

この例話では、ドミニクスとフランチェスコは同じ使命を与えられ、提携しあう指導者として位置づけられているが、ドミニコ会とフランチェスコ会とは、その後の歴史では、ライバル関係、さらには敵対関係となることがあった。

図 16-6a　1333年のイタリアの画家《磔刑》三連祭壇画　中央画《磔刑図》 右《受胎告知》 左《ミゼリコルディアの聖母》 ルーヴル美術館　パリ

例えば、一四九八年、ドミニコ会士サヴォナローラの失墜と処刑を導いたのは、フランチェスコ会士であった。[*19]
ドミニコ会は、その当初から異端思想に対決した。設立の初期から教義の面から南フランスのカタリ派などの異端

図 16-6b　同《ミゼリコルディアの聖母》部分

思想に対決した経緯をもつ。こうした背景もあってドミニコ会は、神学研究や異端審問に多大なエネルギーを払うようになった。そして、托鉢修道士の一人ひとりが、正統な宗教思想を身につけ、その上で民衆を知的に啓発する説教ができると考えた。そして宗教思想の基礎を形成するものとして、若い托鉢修道士の「観想生活」と「研究生活」を重視した。フィレンツェのサン・マルコ修道院の建築構造からわかるように、従来の修道士 monaco と比べて、托鉢修道士 frate には、独居房が特に重視して与えられ、そこで観想と研鑽が保証されたのである。[*20] こうしたことから、ドミニコ会の豊かな人材からは、トマス・アクィナス、エックハルトなどの優れた神学者が輩出され、内部的にも思想的にも比較的高い結束が認められたのである。ドミニコ会修道士は、一三三七年に約一万二〇〇〇人を数えた。[*21]

一方、ジャック・ド・ヴィトリは、早くても一二一六年に「フランチェスコ修道会はまさに貧者のキリスト教である」と記述している。フランチェスコは、一二二一年の会則の終わりの言葉が示すように、説教と司牧の対象者はドミニクス以上にずっと広かった。すべての苦しむ者を含めようとしたのである。その人びととは――「すべての赤子と幼い子供、貧者と富者、王と君主も、職人と農民と農奴と主人、すべての乙女と寡婦と既婚女性、すべての子ども

と青年、老いた者と若き者、健康な者と病気の者、すべての人びと、すべての人種、あらゆる言葉を話す民族、すべての国々、この世のあらゆる地方の人々」であった。[＊22]そして、この強い姿勢と清貧の聖人らしい説教と実践の強いインパクトからであろうか、非常に高い人気を得た。一二二一年の総会に三〇〇〇人以上が集まり、創設者フランチェスコの亡くなった一二二六年一〇月三日の時点の会員の数は、すでに一万人に達し、一三世紀末には六万人を越えており、ヨーロッパ全般においてドミニコ会よりもかなり多かった。特にイタリアでは人気は絶大であり、（私の試算であるが）一三世紀末の時点で、イタリアの両托鉢修道会すべてのうち、約四五〇がフランチェスコ会であり（約八四パーセント）、ドミニコ会はわずか約九〇（一六パーセント）でしかなかった。一二七〇年の時点のフランスでのフランチェスコ会は、ドミニコ会が二つの地方で九〇の修道院があったのに対して、五つの地方で二〇〇以上の修道院があった。托鉢修道士に秘跡を依頼した初期の者としてトゥールーズの司教フルクに始まる司教がいた。一七～一八世紀には、最高の会員数に達した。すなわち、フランチェスコ会系のすべての会員（次に示すようにいくつかの派にわかれていた）は、すべて合わせると、一五万九九〇〇人であった。[＊23]

托鉢修道士の出身の階層について見ると、フィレンツェの一四世紀の場合、ドミニコ会の方が、出身階層に大きな偏りがあるのに対して、フランチェスコ会の方は、中下層から多くの出身者が出ている。[＊24]フランチェスコ会の活動は、幅広い階層に開かれていたが、そうしたなかでも特に中下層の民衆を中心に据えていたようだ。というのも、実際、特に貧民救済に対しては、フランチェスコ会の説教師は強い関心を示し、積極的活動を展開した。すなわち、イタリアの多くの都市で貧民救済の一環として「公益質屋」を設立させたのである。[＊25]これは、極めて低利な貸付をすることで、「高利を貪る」ユダヤ人から下層民を保護しようとするものであった。[＊26]一方、ドミニコ会の場合は、設立された托鉢修道会の数そのものが少ないこともあってか、傾向として都市においてその中枢部、すなわち有力な大商人などに直接に関わって都市での影響力を得ようとした（例えば、フィレンツェでは、サンタ・マリア・ノヴェッラ聖堂やサン・マルコ修道会を拠点にドミニコ会士はメディチ家と深い関わりをもった。そこからサヴォナローラなどが頭角を現した）。

フランチェスコ会には、創設者のことばの解釈をめぐって、創設者の死後すぐに内部的抗争が発生し、それが絶えることなく、分裂の危機にさらされた。創設者フランチェスコの清貧の教え――「一切のものを持つな」――を文字通りそのまま厳格に守るべきだという厳格派（それが高じた過激派のなかには、そのあまりの過激さから、「フラティチェッリ派」のように教皇によって異端のレッテルを貼られる一派も出た）と、他方でその教えを実際の時代状況と組織に合わせて柔軟に適合させたらよいという穏健派とが長く対立したのである。[*27] その後、「会則厳守派」（オブセルヴァンテス派）が優勢となり、一五一七年に完全に独立し、「小さき兄弟会」と称した。穏健派は、「コンヴェントゥアル派」と称したが、両派は一九世紀末に統合された。

分裂・内部対立の少なかったドミニコ会

フランチェスコ会が常に複雑な内部的な抗争と分裂の歴史をもっていたことに対して、ドミニコ会の場合、もちろん対立はなかったとは言えないが、はるかに団結力に優れていた。その理由は、研究者ウィリアム・フッドの説明によると、その本来の名前「説教者修道会」からわかるように、まず、あくまで説教をおこなう集団としてのまとまりと絆が修道会内部において自覚されていたこと、そして、会則にもとづく修道会への修道士の高い従順の意識によるという。[*28] ドミニコ会の絆の強い意識は、修道会の絵画によっても強化されたといわれる。ドミニコ会修道士フラ・アンジェリコ（一三八七～一四五五）の絵画の主題――模範としてのドミニクスが示した八つの祈禱法――は、ドミニコ会の修道士たちの絆を視覚的に、象徴的に強化することに貢献したといわれる。――両修道会の具体的な活動については、次の例話「第一七話　浪費家の青年騎士と聖母の憐れみ」のコメントで述べよう。

《ミニ・コメント》

カプチン会士ピオ神父と現代の巡礼

修道士としてその頭にかぶった長く尖った「頭巾」（伊 カップッチーノ、英 カプチン）からその名前が由来するカプチン会は、一五一七年に完全独立した「会則厳守派」（オブセルヴァンテス派）から、一五二九年になってさらに独立したものである。イタリアで好んで飲まれるコーヒーの一種の「カプチーノ」（カップッチーノ、カプッチョ）は、濃いめのコーヒー（エスプレッソ・コーヒー）に砂糖を入れて、泡立てた生クリームにシナモンを添えたものであるが、この名前の由来は、その色がカプチン会の修道士の服の褐色の色と同じことから来ている。

イタリアで非常に人気の高いピオ神父（一八八七～一九六八）（二〇〇二年、列聖）もこのカプチン会士である（本名フランチェスコ・フォルジョーネ）。ピオ神父は、サン・ジョヴァンニ・ロトンドの町のガルガノ山のサンタ・マリア・デッレ・グラツィエ修道院で厳しい修行を積んだ（図16-7）。この町は、もともとモンテ・サンタンジェロのアルカンジェロ・ミケーレ教会を目指す巡礼路にあった。そして、世界各地の信徒から慈善の寄付を募って、一九五六年に病院「カーサ・ソッリエーヴォ・デッラ・ソッフェレンツァ（苦痛を軽減する家）」（図16-8）を設立した。ピオ神父は、霊的な超能力をもっていたとされ、キリストやアッシジのフランチェスコと同じように、両手の甲に聖痕を受けたといわれる（その正当性について賛否両論あった）。現代イタリアにおいてピオ

図 16-7　ピオ神父が修行したガルガノ山。修道院の入り口　サン・ジョヴァンニ・ロトンド（プーリア州）

図 16-8　病院《苦痛を軽減する家》 1956年　左手がカプチン会の修行した山ガルガノ山。手前にはたくさんの巡礼者が集まる（サン・ジョヴァンニ・ロトンド）

神父への崇敬は高く、そのゆかりの修道院「サンタ・マリア・デッレ・グラツィエ修道院」とそのそばの新教会には多くの巡礼者が集まる（図16-9、図16-10、図16-11a、図16-11b）。一九六八年九月二三日の死去に伴う葬

図 16-9　サン・ジョヴァンニ・ロトンドに来た巡礼のグループ

図 16-11a　みやげ店のたくさんのピオ神父

図 16-10　ピオ神父の銅像と巡礼者

儀には、死を悼む約一〇万人の会葬者で小さな町は溢れかえった。この葬儀で、棺に入れられたピオ神父が、先の病院、日本語にすると「苦痛を緩和する家」の前を通る様子、慟哭する人たちに囲まれる様子は、インターネットの動画サイト「ユーチューブ（YouTube）」（padre pio funerali で検索）で見ることができるかもしれない。

図 16-11b　同

第一七話　浪費家の青年騎士と聖母の憐れみ

カエサリウスによって書かれた例話として、もうひとつ例話がある[1]。

それによると、ルーヴェン[2]の農村部に貴族の家柄の青年騎士がいた。彼は馬上試合やその他の俗世の空しい事柄に身上（しんしょう）をつぶしてしまい、貧乏になってしまった。そのため以前のように、他の騎士と並んで人前でいい格好をすることはもはやできなくなった。そのため憂鬱のあまりほとんど絶望的な状態に陥ってしまった。

この青年騎士はひとりの農業管理人を雇っていた。管理人は、悲嘆に暮れる騎士を見て、慰めの言葉をかけてからこう言った。

「私の助言に従ってやっていけば、あなたを金持ちにしてあげ、最初のような名誉ある状態に戻してさしあげますよ。」

そこで騎士はそれに承諾した。すると、ある晩、管理人は騎士を森に連れて行った。そしてそこで悪魔を呼び出すのに使う呪文を唱えた。すると、一人の悪魔が出て来て、管理人に向かって、お前はいったい何を望んでいるのだ、と聞いてきた。

それに対し管理人は悪魔に答えた――

「私のご主人様である、こちらの貴族の家柄の騎士をここに連れて来たのは、あなたの力添えで彼に富と名誉を与えて、最初の頃の生活に戻してほしいからです。」

するると悪魔は、

「そんなことはすぐに喜んでかなえてあげよう。だが、まずキリストとその教えを否定しなくてはならんぞ。」と言った。それに対して騎士は、そんなことをするつもりはないと言った。そこで農業管理人は言った。

「それではあなたは、豪勢な生活や以前の名誉ある地位を取り戻したくないのですか。じゃあ、ここをずらかりましょうや。では、いったいどうして私にこんな無駄骨を折らせたのですかい。」

騎士は、一方で金持ちになる場合に従わなくてはならない条件をよく考えた。また一方で大きな財産を取り戻してもとの状態に戻りたいという欲求についてもよく考えた。あれこれ考えた末に、管理人の悪しき助言に屈し、それに同意をしたのであった。そして彼は不本意ではあったけれども――怖くて体をぶるぶると激しく震わせながら――キリストとキリスト教を否定したのであった。騎士がこれを済ませた後、悪魔はなおもこう言った――。

「さらにお前は、神の聖母も否定せねばならんぞ。それが済んだ後、直ちにお前のお望みのものがかなえられるというわけだ。」

ところが騎士は、

「そのようなことはどうしてもするわけにはいかぬ。」

と答え、話を打ち切って、振り向いて帰ってしまった――。

青年騎士は、帰り道を歩き続けながら、神を否定してしまった自分の罪のあまりの大きさについて考え込み、後悔の念に苛(さいな)まれていた。そしてある教会に入って行った。そこには彫り込まれた木製の腕に幼子を抱いている聖母マリア像が置かれていた。騎士は、その聖母像の前に恭しくひざまずき、そこで激しく声をあげて泣き崩れ、聖母に向かって、自分が犯してしまった大罪の赦しと憐れみを乞うたのであった。

その時、教会にはその騎士とは別に、もうひとり別の騎士がその教会に入って来た。その騎士は、貧乏になった青年騎士の全財産を買い取った騎士であった。神を否定してしまった青年騎士は、聖母像の前で悲嘆の涙で泣き濡れて熱心に祈っていたのだが、これを見てこのもうひとりの騎士は、これは何事かとひどくびっくりして、教会の柱の陰にこっそり隠れた。そして後悔に苛まれた騎士の涙の祈りが済むのをじっと見守っていた。そしてもうひとりの騎士は、この青年騎士のことをよく知っていたのである。

このようにして二人の騎士が教会にいたのだが、その時、聖母マリアはその聖母像の口を借りて、二人の騎士がはっきりと聞き取れるような声で、幼子（おさなご）キリストにこう言った――。

「優しい息子よ、後生だからこの騎士を憐れんでやっておくれ。」

幼子は、この言葉には答えずに、顔だけ聖母に向けた。慈愛にあふれた母は、なおも幼子に嘆願して、この騎士がどのようにして惑わされたかを話した。すると幼子キリストはこう答えられた――。

「あなたが赦すように嘆願しているこの男は、私を否定したのですよ。私がこの男をどうすべきかいうまでもないことです。」

この言葉を聞いて聖母の像は立ち上がった。そして幼子を祭壇の上に降ろして、その前に身を投げてひざまずいた。そして幼子にこう言った――。

「私の優しい息子よ、あなたへの私の愛に免じて、後生だから、自分の罪を悔悟したこの騎士を赦してやっておくれ。」

聖母のこの嘆願を聞いて幼子キリストは母親の手を取って、上に挙げて

「愛する母よ、私はあなたの求めることを拒否することはできません。あなたに免じて、騎士のすべての罪を赦します。」

と言われた。それから聖母は幼子を再び抱き上げて、座っていたところにもどした。それから青年騎士は聖母と幼子の赦しの言葉に安心してその場を去って行った。騎士の心には、まだ罪を犯した痛みと悲しみは残ってはいたけれども、神から赦免が認められたという安らぎと慰めがあった。

この騎士が教会を出た後、教会の柱の陰で、ここで起こった一切のことを目にし、立ち聞きしていたもう一人の騎士は、この騎士の後をこっそりと追った。そして彼に声をかけて挨拶し、「おやまた、どうして目にいっぱい涙をためているのですか」と尋ねた。すると青年騎士は、これは風のせいだ、と答えた。

するともうひとりの騎士はこう言った――。

「私に隠してもだめです。私は、教会で話していたことや起こったことは全部わかっているのです。またどのようにしてあなたが神の恩寵を受け取ったかもわかっているのです。あなたこそは、聖母から強い愛を授かり、その愛によって神から恩寵まで賜わったお方なのです。そのあなたを見込んで、私はあなたに力添えがしたいと思います。私には一人だけ子どもがいます。それは娘です。生娘です。もしあなたが気に入れば、あなたと結婚させたいと思います。私たちがあなたから買い取った全財産を持参金の名目でお返しします。そしてあなたを息子としてお招きし、私の全財産をあなたに相続させたいと思います。その財産は多額のものです。」

これを聞いて青年騎士は結婚の申し込みを受け入れた。それから先の騎士は青年騎士に約束したことをすべて果たした。青年騎士は、神の恩寵も、妻も、財産も、そして自分が受け取ったもの、その一切の恵みが聖母マリアに負うことを認めて、聖母マリアに感謝したのであった。

（1）パッサヴァンティの直接の出典はアルノルドゥスの『説話目録』による。アルノルドゥスがカエサリウスを利用しているのである。ここで「もうひとつ」とあるが、これは先の第一五話の例話を指している。

（2）現在のベルギーの都市（ブリュッセルの東方約二五キロメートル）。

＊　托鉢修道会は、人びとに救済への道を指し示した

聖母崇拝は非常に根強かった

人は本当に困った状態に陥ると、悪魔との契約に導かれてしまう——まさに「魔が差す」のだろうか。ゲーテの描いたファウストやウェーバーの作曲した《魔弾の射手》の主人公マックスのように、やむにやまれずに、最後に切札を切って、悪魔との契約に出てしまう。この例話では、ある若い騎士が金を使い過ぎて身上をつぶす。絶望状態に陥り、悪魔との契約に臨む。悪魔から、《金持ちにもどしてやるから、キリストとその教えを否定せよ》と迫られる。これについては、ためらいながらも了解したのであった。まさに悪魔に魂を売ったのであった——

ところが、さらに、悪魔から「聖母マリアも否定せよ」と言われると、これには騎士は何の躊躇もなく即座に拒絶し、さっさと立ち去ってしまう。幼い頃から日々、マリアとその崇拝、その恩恵に深くなじんでいたせいであろうか、聖母マリアの否定となると、全く話にならず、悪魔との契約は直ちに破棄された。この例話は、中世において聖母マリアが信徒の間でいかに大きな存在であったかを示す興味深い例話である。

プロテスタントは、聖書のみにもとづくものを信仰する。したがって、プロテスタントの考え方においては、聖人崇拝も聖母崇拝も、それが伝承によるものであることから否定される。だが、ルターその人においては、「聖母」は、「聖人」とは区別されていた。ルターは、『卓上語録』のなかで、聖人伝を厳しく批判して、これは司教どもが持ち込んだものであり、この結果、聖書が失われ、そのため神の怒りの時代がやって来たのだ、と述べている(＊1)。だが、そういうルターでさえも、聖母については、幼い頃から聖母

崇拝の心性がすっかり染みついていたことから、別格の存在であった。ある日、まだ若いルターが一人旅で野原を進んでいる時に、うっかりして自分で腿（もも）に短剣を突き刺してしまった。誰からも手当てが受けられず、出血多量で瀕死の状態に陥ってしまった。この時、ルターが叫んだことばは、聖母崇拝のことばであった――「マリア様、お助け下さい。マリア様のお助けがなければ、死んでしまうでしょう」と叫んだのである。聖母崇拝は、聖書から正当な根拠を導くことはむずかしいはずであるが、ルターは瀕死の状態では、幼い頃からなじんだマリア様にすがったのである（*2）。さらに、聖母崇拝はルターにおいて生涯ずっと生き続けた。なるほどルターは、宗教改革者として多くの新しい理論を打ち出したが、こと聖母マリアについては、そのハート（心性）は民間信仰のままであったのだ。いわば心性は、そう簡単に切り替えできないものであり、それ以前の心性を引きずる――いわば「慣性の法則」が作用するのである。これについて聖母マリアの存在は別格であった。

　聖母マリアに奉納された建築物や、聖母マリアの慈愛深さを描いた絵画や彫像など、人びとの抱いたとりなしの祈願の強い思いから、中世・ルネサンス期の建築・絵画において聖母の関係の作品は、多くの優れた作品が認められる。この例話（第一七話）において聖母子像が登場するが、そ

図 17-1　《聖母子像》　1340年頃　カタレイネ修道院博物館　ユトレヒト

図 17-2　《聖母子像》　1280年頃　トスカーナ地方

れはおそらく図17-1や図17-2のような彫刻作品であったように思われる。また、シチリアのエリチェのマードレ教会の内陣は、聖母の慈愛と品位を表しているように思われる（図17-3a、図17-3b）。また、同様に、聖母の慈悲と気品を象徴している典型的な例として次のようなものがあげられるであろう――すなわち、パリのノートルダム大聖堂のファサードの聖母子像（図17-4a、図17-4b）、ピサの大聖堂のファサードの聖母子像（図17-5a、図17-5b）、メッシーナの大聖堂のファサードの聖母像（図17-6）などである。また、聖母の気品を湛えた個性的な教会もある

図 17-3a　エリチェのマトリーチェ教会　1314年

図 17-3b　同教会のゴシック様式の交差ヴォールト
優雅な暖かみのある色彩である

（図17-7、図17-8）。絵画・彫刻・建築のほかに、教会のバラ窓にも優れた聖母マリアの表現があることも忘れてはならないだろう。なお、初期キリスト教美術の聖母子像のプリミティフな表現として、既に触れたサンタンティモ大修道院の外壁の聖母子像（図7-1）がある。

図 17-4a　パリのノートルダム大聖堂のファサード　1260年

図 17-4b　同《王のギャラリー》の聖母戴冠

図 17-5b　同　聖母子像

図 17-5a　ピサの大聖堂　12世紀

図 17-6　メッシーナの大聖堂（「被昇天の聖母の大聖堂」）　12世紀

時代の反映としての聖母マリア

一三世紀頃から、キリスト教世界では、「キリスト」その人よりも――おかしな話だが――むしろ「聖母マリア」の方が、身近で人気のある存在として定着したようだ。そ

図 17-7　ラクィラのサンタ・マリア・ディ・コッレマッジョ教会　1287年

図 17-8　ブリストルのサンタ・マリア・レッドクリッフ教会
15世紀

れは、キリストの「父性的な厳しさ」より、聖母マリアの「母性的な優しさ」の方が一般の信徒にとって近づきやすかったからだろう。一方、先立つ一二世紀に制作されたチェファル大聖堂のモザイク（図17-9《全能のキリスト》）を見てみよう。ここでは神は威圧的に信徒を見下ろしている。聖母の醸し出す雰囲気の世界と対照的である。

図17-9《全能のキリスト》1148年　モザイク　チェファルの大聖堂（シチリア州）

確かに宗教には、厳しさだけでなく、他方のバランスとして、優しさもまた求められるのかもしれない。また、古くキリスト教以前から存在した地母崇拝の底流も作用したのかもしれない。しかしながら、新しい側面がここに作用したのである。中世前期と比べて、中世後期、それも一三世紀そのものを歴史的に見ると、聖母崇拝が前面に強く打ち出されたのは、この時代を反映したもの、すなわちこの時代が新たにかもしだした精神と心性の大きな流れに沿ったものとわかる。すなわち、一三世紀という時代の傾向を総合的に展望したなかで聖母崇拝を位置づける必要がある。

一三世紀になってキリスト教徒の救済の道筋が確立された

一三世紀という時代になって、人びとにとって、何か明るい光が射し込んできて、世界が開かれてきたように思われたような気がする。具体的には、救済の光がはっきりと見えてきたのである。後述する時代状況が作用して、どうすれば天国へ達することができるか——その道筋を実感できるようになったのである。そしてその道筋をたどることは、それほどむずかしいことではなく、普通のキリスト教徒なら誰でもどうにかして天国に到達できると思われてきたのである。

まず、道筋として、七つの秘跡が定着し、信徒は、生まれて洗礼の秘跡を受けて、その後、堅信や結婚の秘跡などを受けて、最後に終油の秘跡を受けて死ぬ――。生涯において宗教的になすべき事柄が、レストランのコース・メニューのように自然に差し出される。教会暦の一年間もキリストの生涯に合わせて行事がおこなわれる。教会暦は、キリストの生涯の主な出来事を、一年を通して記念するものである。待降節の最初の日曜日（主日）から始まり、受肉と降誕、受難と死と復活、昇天、聖霊降臨、来臨の待望と続く。これらには、ユダヤ教やキリスト教以前の農業中心社会の習慣・風習が作用している。

教会暦は、キリスト降誕祭を待つ時期、「待降節」（英アドヴェント　羅アドヴェントゥス）から始まる。「アドヴェント」は、「到来」の意味で、降誕祭前の四番目の日曜日から始まる。一一月一一日は、「聖マルティヌスの日」であるが、これが一年の終わりと冬の始まりである。教会暦では待降節前日の土曜日が一年の終わりである。

教会暦の主なものをあげると次の通りである――

待降節→降誕祭→謝肉祭（《灰の水曜日》に先立つ三日間）→灰の水曜日（「四旬節」の第一日目）→四旬節（四〇日間の改悛強調の期間）→復活祭（伊　パスクア）→聖霊降臨節（五旬節、伊　ペンテコステ）

謝肉祭（英　カーニヴァル。伊　カルネヴァーレ）は、肉を断つ前に、肉を与えた神に感謝する三日間であるが、むしろ羽目を外したお祭り騒ぎになっている――これはキリスト教以前の異教的要素のはけ口であった。今日のイタリアの家庭では、カルネヴァーレ（謝肉祭）では、親は子どもに様々に仮装させて楽しんでいる（図17-10 a、図17-10 b）。文字通りは、「carne《肉を》+ levare《断つ》」の意で、謝肉祭の後から「食肉断ち」が始まることから、こういう。その直後の行事、晩冬（初春）の時期にあたる四旬節は、キリストが荒れ野でおこなった四〇日の断食と試みに合わせて、信徒に回心と改悛が促され、食事の制限が課された（肉は食べてはいけなかった）。この四旬節の最初の日は「灰の水曜日」と呼ばれ、信徒は、額や頭に灰を十字のかたちで塗られる（図17-11）。この灰は、前の年の「受難の主日」（復活祭の一週間前の日曜日）に祝福された枝を燃やしてできた灰である。

教会暦と農事暦との関わりを言えば、九月二九日は「大天使ミカエルの日」である。秋分の日を迎えて間もないこの頃、ヨーロッパの地域にもよるが、冬小麦が蒔かれた。このように、一年間、聖職者から宗教的になすべきメニューが差し出されて、それが自然と受け容れられるようになったのである。

一週間のサイクルにおいても、日曜日は「主日」として、キリストの死と復活を記念する最も重要な日である。日曜

図 17-10b　同　ミラノのドゥオーモ広場

図 17-10a　カーニヴァルの子どもの仮装　ヴェローナのエルベ広場

日には労働はしてはいけなかった。明治時代の一八七二年（明治一二年）、日本のキリスト教徒（プロテスタントの会衆派）である新島襄（一八四三〜一八九〇）も、ジュネーヴに向けてフランスを旅行している時、その日が日曜日であ

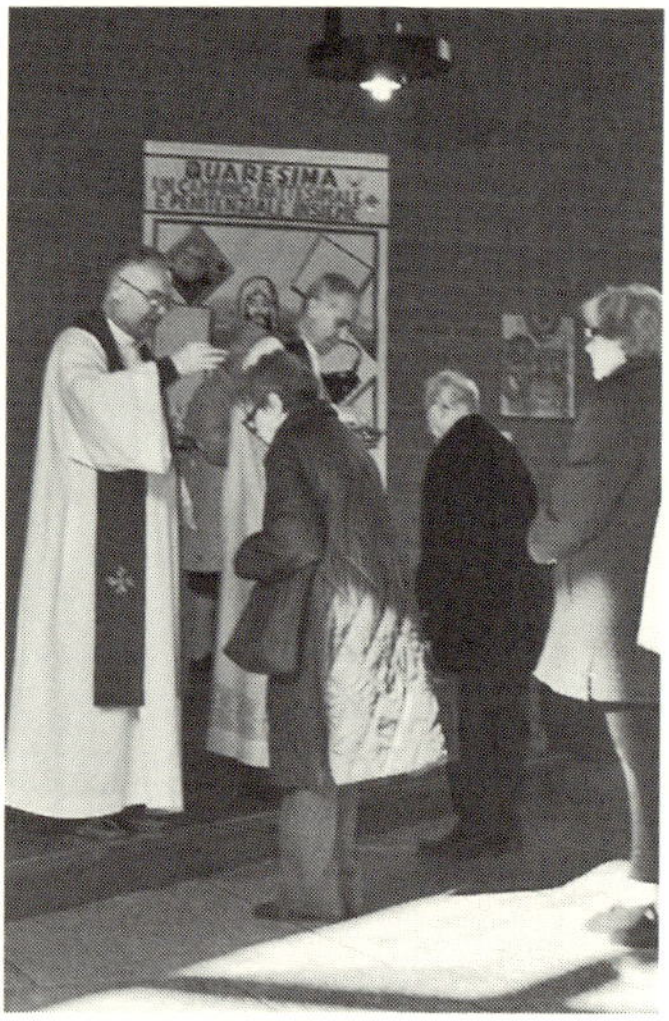

図 17-11　灰の水曜日
ミラノの教会「マリア・マードレ・デッラ・キエーザ」　四旬節の最初の日。復活祭の１週間前の日曜日（枝の主日）に祝福された枝を燃やしてできた灰を額や頭に受けて改悛のしるしとする。灰は古代から改悛の象徴であった

ったので、「私は安息日には旅行しない」と記して、マコンで途中下車して安息日を過ごしている。(＊3)

死は「飼い慣らされた」

人の命が極めて短く、「死」が身近であったこの時代において、「死」をどう受け入れるかは、最大の課題であった。そうしたなかで、一週間、一年間、一生において、おこなうべきことのメニューが決まっており、それに従えば、来世に向けて、動じることなく、人生最大の課題である「死」を「永遠の生」として受容することができると（原則的に）考えられた。既に述べたように、中世後期において救済への道を進むことのできるシステムが確立されたのである――いわば、何をしでかすか分からぬ、じゃじゃ馬のような「野性的な」存在であった「死」を、人びとは、例外はあっただろうが、今や、こうした一連のセレモニーや考え方のなかで見事に「飼い慣らして」しまったのである（アリエス）。(＊4)

このような一三世紀に確立された宗教的な傾向を背景にしたこの時代の美術表現について、研究者エミール・マールは、次のようにうまく表現している。(＊5)

キリスト教は生以外のものを信じない。そして墓の前でも、大胆に死を否定する。何も滅びるものはない、魂も肉体も。墓にわずかばかりの灰しか納められていなくとも、そこにあるのは単なる外観に過ぎない。……死者はすべて救済されると私たちは信じなければならない。なぜなら、私たちの救霊にせよ、他者の救霊にせよ、諦めるのは不信心であるから。すべての墓像が至福の人に似ているのはこのためである。

煉獄の誕生と「天国へのパスポート」としての遺言書

ここに確立されたシステムを具体的に見てみよう――。まず、人は洗礼の秘跡に始まり、日常的なミサ・告解などの秘跡や行事への参加を経て、生涯の最後の終油の秘跡に至るのであるが、このシステムと密接に関連するものとして、一三世紀には「煉獄の観念」が人びとの間で定着しつつあった――

すなわち、以前なら、ほとんどの人にとって、天国は遙か遠い世界であった。ある例話によると――

一一七〇年一二月二九日、カンタベリー大司教トマス・ベケットが貴族に殺害されたが、ちょうどこの日、ベケットとともに、世の中で三〇三三人が死んだが、そのうち天国に行けたのは、ベケットとほかの二人だけで、残りのうち、三千人は地獄行き、三〇人は煉獄行きであったという。(＊6)

この救済率、わずか「一パーセント」という、ほとんど光の見えない、かなり絶望的な数値が、一三世紀が進むうちに、次第に逆転してくるのである。煉獄という世界は、中間的、過渡的、段階的世界であるが、死後そこに滞在して浄罪、つまり現世で犯した罪の浄化(贖罪)を徐々におこなう時間的経過によって、晴れて天国へ導かれるはずであった。滞在の長さには個人差があるにしても、明るい見通しとして、いつか必ず天国へ導かれるはずであった——

この明るい見通しは、生きている間にみずから積極的におこなう具体的な贖罪行為、すなわち日常的におこなう慈善・寄進・善行によって、また、ミサなどの秘跡に参加することによって、さらに死を意識して作成された遺言書による慈善的な遺贈によって、「実感」として感じられるようになったのである。そして、贖罪行為としての寄進・遺贈は、イタリアや北方の、ルネサンス美術のうまれる根源である。多くの研究者は、宗教改革の運動は、「世俗的な」ルネサンスの運動への反発ゆえに生まれた「宗教的」運動と見るが、これは再考する必要がある。ルネサンスの運動において、俗語とともにラテン語が重視されていたように、世俗画とともに、いやそれ以上に贖罪と救済のための宗教画もまた重視されていたのである。宗教画はルネサンス美術の源泉であり、鉱脈であり、花園である。ヨーロッパの美術館のルネサンス・コーナーへ行くと、ほとんどが宗教画である。

遺言書は、事故死など、万一の事態に備えて、元気なうちに作成しておくことが教会から勧められた。そして一旦遺言書を作成しても、個人や家族の状況の変化によってその変更・書換えがなされた。旅に出る前には——この時代では一歩市壁を出ると、外界の治安は非常に悪く、旅は危険な行為であった——遺言書がよく書かれた。疫病の流行時も、死を意識して遺言書が書かれた。遺言書の作成は、公証人を必要とする立派な法的行為であり、親類以外の証人を伴うことが要件であった(一三世紀のローディでは、現存する遺言書から常に少なくとも五人以上の証人が確認できる)。遺言書の作成は、相続行為として、法的、世俗的なものであるとともに、贖罪による慈善・寄進として宗教的なものであった。死を前に遺言書の作成は、それがどこまで徹底していたかはわからないが、原則的に義務であった。「遺言書を書かずに死んだ者は、原則として教会にも墓地にも埋葬してもらえなかった」[*7](アリエス)。

臨終、すなわち死への旅立ちにおいて不可欠な《終油の秘跡》は、ふつう《遺言書の作成》と密接に結びついており、両者はひとつのセットとして理解され、実施されていた(どちらを先にすべきかについても議論された[*8])。司祭は、終油の秘跡をおこなう場合、すでに遺言書が書けているかどうかを尋ねたが、それは、遺言書による慈善的遺贈や教会への寄進が《贖罪行為》であり、終油の秘跡の前提であったからである。ふつうの場合、《死》と《贖罪》と《遺言書の作成》と《終油の秘跡》とは、一連のものとしてセットになっていたといえる。図17-12を見ると、病人の部屋には、衰弱して死を間近にした遺言者が、公証人と証人（立会人）を招いて、必死に遺言書を作成しようとする様子がよくわかる。[＊9]

　慈善を記載した遺言書は「天国へのパスポート」であった。こうしたことは、基本的にはもともと以前から存在したが、托鉢修道士によって、都市空間を中心にして（次第に周辺に波及していく）、より日常的に、より幅広い層から、これまでになく精力的に展開された点においてキリスト教史において画期的な傾向であったといえる。実際、遺言書による慈善がどのような事柄に向けられたかについては詳しい研究がなされている。[＊10]

　この時代の人びとは、感触として、来世の救済に向け、はっきりと見通しをもつことができたように思われる――例えば、この時代の代表的な著作、トマス・アクィナスの『神学大全』について、トマス研究者G・K・チェスタートンは、この著作全体には、雰囲気として《オプティミズム》の光が輝いていると述べているが、[＊11]もしそうなら、トマスはこの時代の人びとが抱いていた明るい宗教的な見通しに通じるものであり、それをまさに共有した存在なのかもしれない。

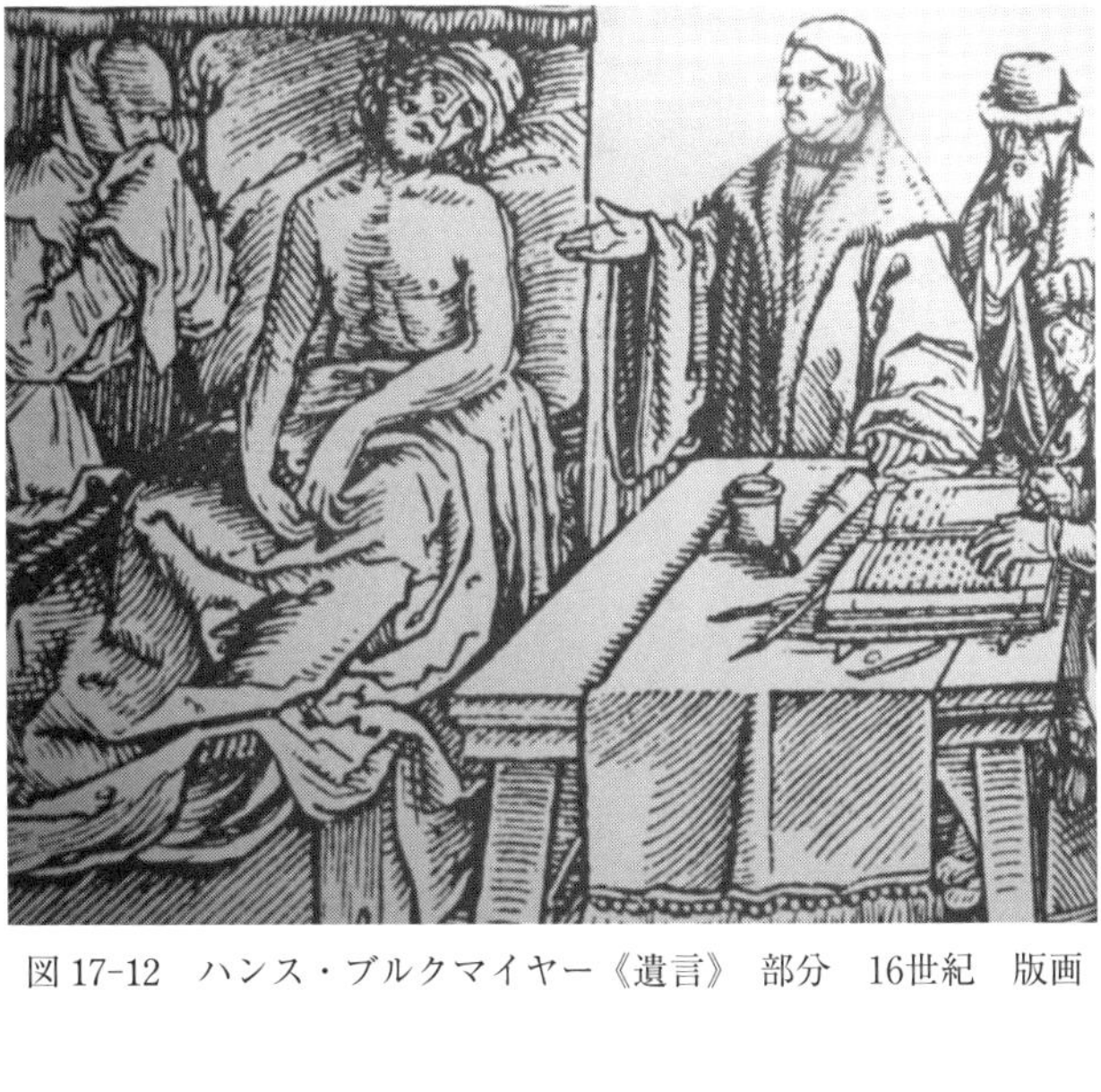

図17-12　ハンス・ブルクマイヤー《遺言》部分　16世紀　版画

「絶望」が登場する一四世紀に対して希望の一三世紀

また、本書が多くを負う例話の研究者グレーヴィチによると、一四世紀になると、人びとの世界観は、主に飢饉・疫病の頻発によって大きく変わり、一四世紀は「中世的世界像が変貌し、かつての価値観が崩れ始めた」（グレーヴィチ）世紀であるという。「絶望という言葉は頻繁に使われ重要性をもつようになる」という[*12]。研究者ジャン・ドリュモーのいう「絶望的な宿命観」が支配するという。これに対して、先立つ一三世紀の時代は、生産性が高く、それを背景に人口が急増した時代であり、そうしたなかで、都市の社会と文化が発展し、宗教的にも道筋として救済が一定保証されるのを感じることができた時代であった――それは（バベルの塔を忘れて）高々と天空の神を目指すゴシック大聖堂に象徴されている[*13]。基本的には、一三世紀は絶望とは無縁の時代であった。私は、疫病から見える心性史を研究しているが、こうした見方は正しいと思う。

救済に向けて托鉢修道会はどのような役割を果たしたか

一三世紀は托鉢修道会の世紀であった。

確かに都市には一般の聖職者である教区の司祭も存在し、霊魂の治癒に関わったが、その人気と勢いにおいて圧倒的であったのは、何より托鉢修道士であった。托鉢修道士は、都市の広い階層を取り込んで、説教により信徒に贖罪の行動を具体的に実践させた。その指示によって救済への道を実感させた点が新しかったのかもしれない。良心に呵責（かしゃく）のある人びと、例えば、商人や銀行家などの人びとによる「高利」（キリスト教は「高利」を禁じた）などの「不当利得」（「汚れた金」）の業務に携わった者に対しては、終油の秘跡などの際に、その返還額（贖罪額）を具体的に「金額」（！）で示した。その支払いで罪を清算してやったのである。――それで当人はすっきり清算されたと安心感を得ることができたのである。その提示の仕方と提示額が正当なものであったかは問われなかった。これこそ、本質的には一種の免罪符であった。ヨーロッパがキリスト教化したのは、ようやく一三世紀になってからであるという指摘があるが、もし本当にそうなら、それは托鉢修道会の活躍とカトリック教会に浸透した救済システムによってであるといえるかもしれない。

以上のように、一三世紀は、救済の道筋が一層はっきりと開けた時期であった。それまで形成・蓄積されてきたものを含めていうと、（一）「行為による贖罪の仕方の定着」、（二）「告解や終油などの七つの秘跡の定着」、（三）「死の飼い慣らしの考え方の定着」、（四）「人びとへの煉獄の意識の定着」、（五）「とりなしの普及」――そうしたものがひとつとなって（実際、相互に結びついていた）、天国を指し示す明るい一筋の光となって、実感をもって人びとを救済意識へと導いたように思われる。ごく普通のキリスト教徒でも天国に到達できると実感できたのである。こうして見ると、「とりなし」の重要部分であった聖母崇拝もまた、ドミニコ会のような托鉢修道会の旗印となって、救済（天国）への見通しを照らす光の重要な不可欠の一部を構成したのである。

一三世紀のそうした傾向は、すでに一二世紀やそれ以前から少しずつ認められるもので（ル・ゴッフは、煉獄が誕生したのは、どんなに早くとも一一七〇年以前にはさかのぼらないというが[*14]）、決して突如として現われたものではない。

こうして、一三世紀には、ヨーロッパのかなりの地域において、都市の繁栄と大学の設立、ゴシック様式の教会の大々的な建設とその内装としてのステンドグラス等の美術や音楽や国民文学などの形成・発展、そして教会暦に沿った典礼の普及が認められた。――そうした事柄も、この頃の時代の人びとの精神や心性の前向きな側面と相互に密接に関係したものであり、文化史的に見るならば、すべてひとつの文化的統一体を形成したものと見ることもできるだろう。

聖母の人気は圧倒的であった――大聖堂と絵画から見る

話を聖母そのものに戻そう。聖母は、神と人との間に立つ、最も高い地位のとりなし役である。先に見たように、聖母は、個人、信心会、組合、都市、国家などの守護者として崇敬された。人と聖母の間には、聖人と同様に、ギブ・アンド・テイクの関係があり、人が聖母に祈れば祈るほど、見返りとして、人は聖母から多くの御利益が得られると考えられた（このことを示す説教例話は非常に多い）。この基本構造は、一三世紀が済んで、苦難の増す時代に入っても（いや、それゆえに）一層強化されたように思われる。疫病が流行すると、聖母は、マントを広げて疫病の矢から防いでくれる存在として描かれ始め、絵画の制作が増大したこともあって以前と比べて数多く描かれるようになった（図4-31「バルナバ・ダ・モデナ《疫病から守るミゼリコルディアの聖母》（一三七〇年代 ジェノヴァ）」）。

ふつう教会を新たに建設する場合、それを奉納する特定の聖人を決め、その聖人名を教会の名前につけるものである。例えば、「サン・パウロ教会」とか「サン・ロレンツォ教会」などである。教会の名はほとんどが「とりなし役」（守護する聖人・天使・聖母）の名である。では、そうした数多くの教区教会を従える上位の「司教区」の中心的教会、つまり「大聖堂」（司教座聖堂）の場合はどうだろうか。大聖堂においては、最も好まれた守護者（守護する聖人・天使・聖母）は誰だったか。

司教区は、大まかにいえば、日本の江戸時代の「藩」程度のレベルの教会行政区である。日本の江戸時代の藩は「二五〇」ほど存在したが、イタリア（日本の国土の約八割）には、司教区――そこに大聖堂（司教座聖堂）がある――は、私の数えたところ（これは試算であり、絶対的な数値ではない）、二一六ほどある。イタリアには全部で州が二〇、県が一〇三あるので、ひとつの州は平均して五つの県から成っていることになる（イタリアの場合、「廃藩置県」などせずに、地域固有の歴史・地形・風土・文化に応じてそのまま一つの県が構成されているように思える）。「一〇三」の県に「二一六」の大聖堂があるわけだから、ひとつの県に平均して二つ大聖堂があることになる。この二一六の大聖堂のうち、「被昇天のマリアの大聖堂」「サンタ・マリア・デル・フィオーレ大聖堂」など、何らかのかたちで「聖母マリア」を意味することばを戴いている大聖堂、つまり聖母に奉納された大聖堂が、「九五」も存在しているのである（四四パーセント）。第二位が大きく差をつけられて、ペテロの「一八」（八パーセント）で、あとは乱立状態である。このことからも、とりなしとしての聖母マリアの圧倒的な存在の大きさ、人気のほどがわかるだろう。

同様のことは絵画の主題についてもいえる。一定の留保が必要だが、イタリアの一六世紀の絵画の主題を解析した私の大学のゼミの二〇〇六年度卒業論文、小澤望「一六世紀イタリア絵画の主題」（非公開）は、一六世紀に制作された絵画「五八七点」を色々な地域から集めて、その主題をパソコンで解析した。まず、グラフ17-1は、絵画の主題が「宗教画」であるか「世俗画」であるかを分類したものである。これによると、全絵画五八七点のうち、「五二五点」が宗教的主題であった。すなわち何と「八九パーセント」にも及ぶ。次に、グラフ17-2を見る。宗教的主題のうち宗教的人物を扱ったものは「四七四点」あり、このうち①「聖母を扱った作品」が「二四五点」、②「キリストを扱った作品」が「九三点」、③「聖人を扱った作品」が「一三六点」あった。これからわかるように、聖母を扱った主題が断然多いのである。これによると、「二四五点」（四七・六七パーセント）が「聖母マリア」、「九三点」（一七・七一パーセント）がキリスト、「一三六点」（二五・九〇パーセント）が「聖人」である。すなわち、「キリスト」教でありながら、「キリスト」はトップではないのである。

さらに、どのような聖母が好まれたかについては、グラフ17-3にあるように、「聖母子像」が群を抜いて多く、「五一パーセント」である。人びと（注文主、パトロン）は、母親として子を抱く聖母の姿に親しみと慈愛を感じたのであろう。人びとは、聖母（聖母像）に暖かさや慈愛や

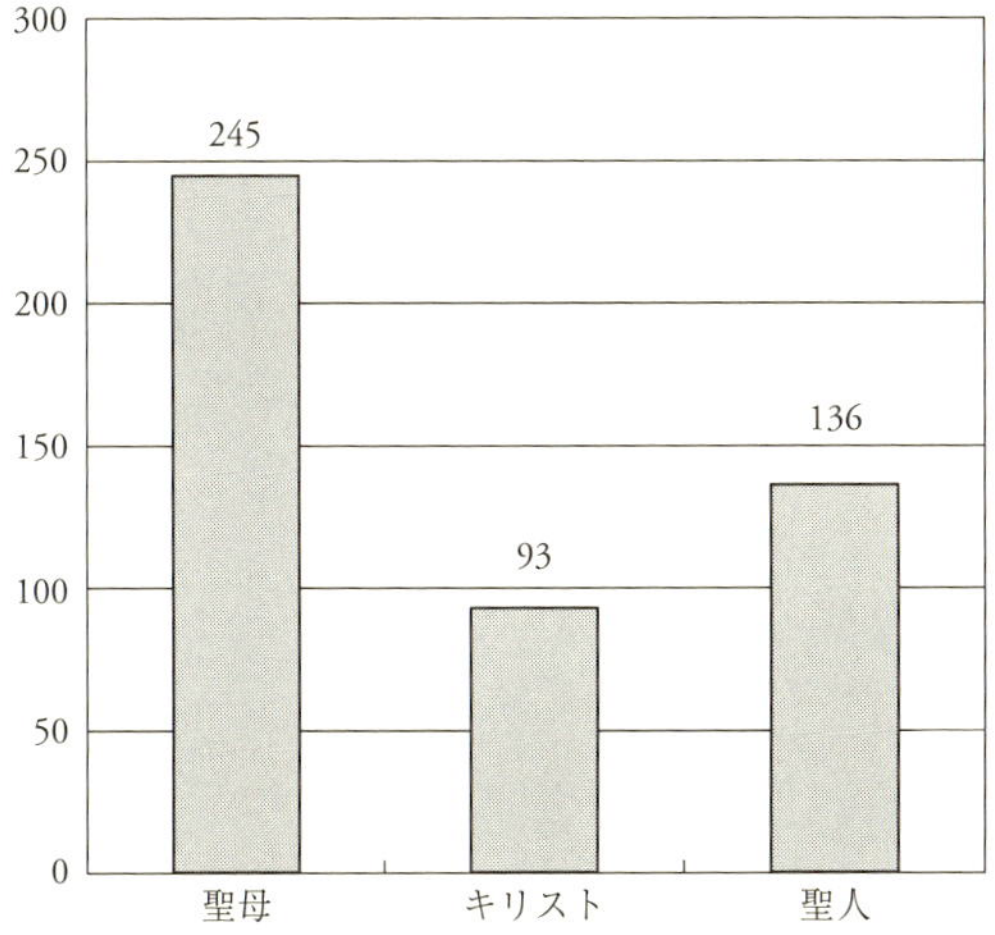

グラフ 17-2　宗教的主題の内訳

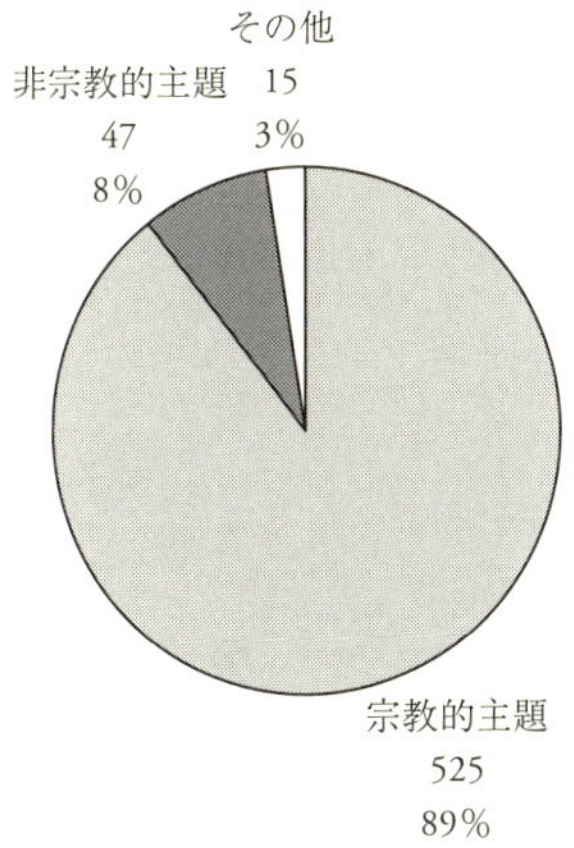

グラフ 17-1　宗教的主題

母性を求めたのであろう。キリスト教の本質に二つの側面、すなわち「やさしさ」と「厳しさ」（「飴」と「鞭」）があるとすると、やさしさ（「飴」）を求め、それが聖母崇拝に象徴されているといえるだろう。——この卒業論文は一六世紀に関するものであるが、それに先立つ世紀は同じかそれ以上に強い聖母志向を示すだろう。

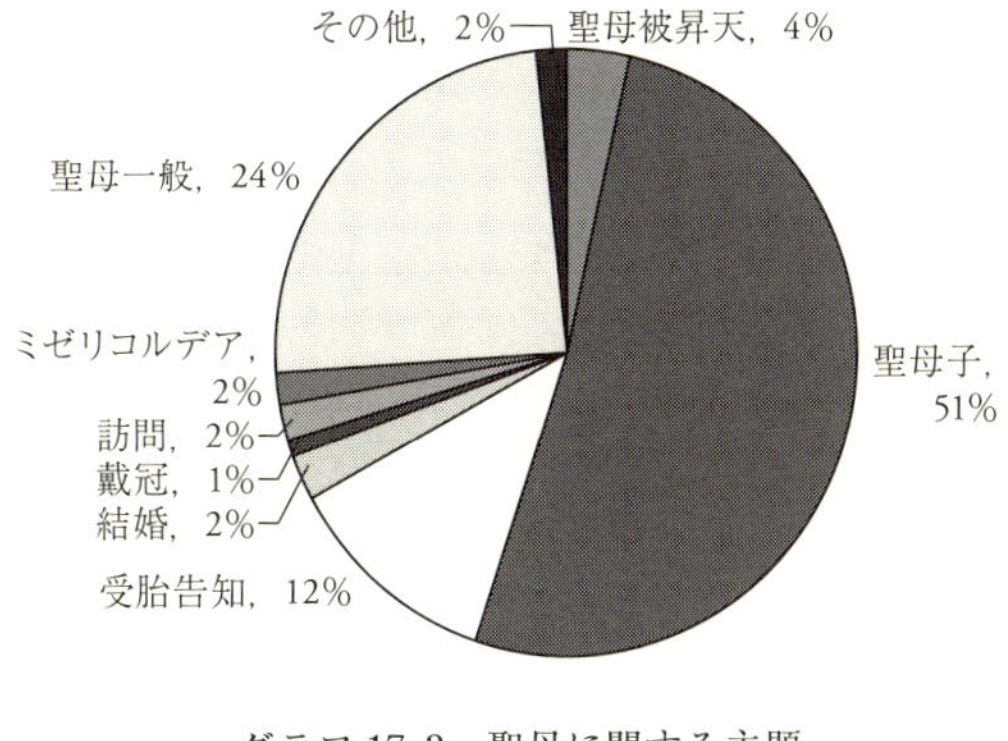

グラフ 17-3　聖母に関する主題

実際、今日でも、聖母への祈りの思いは深い。夕暮れ時に、イタリアのカトリック教会を訪れると、教会の奥の祭壇に近いところで熱心にロザリオの祈り（「アヴェ・マリア」等を唱え、ロザリオをつまぐる信心業）に没頭する、高齢の女性をよく見かける。私は、以前、初春の夕暮れ時、南イタリアのブリンディジ（プーリア州）にあるロマネスク様式の教会堂（サン・ベネデット教会。一一～一二世紀）を訪ね、そこで一〇人近い女性による、厳かに響き渡るロザリオの敬虔な歌声を聴いたことがある。この崇高な宗教的空間に響く歌声の敬虔な世界に私のこころは、（仏教徒にもかかわらず）大いに打たれた（図17-13）。このような厳かな宗教的経験は、ヴェズレーのサント・マドレーヌ聖堂の《荘厳ミサ》を聴いた時以外には、これまでなかったことである。いずれも死ぬまでに是非もう一度体験しておきたい崇高な世界である。それはバッハの《マタイ受難曲》の与える崇高でやさしさのあふれる感動の世界と同じく、それを思い出すだけでこころが洗われる感動の世界である。あのサン・ベネデット教会に行けば今でも体験できることだろう。

図 17-13　ブリンディジのサン・ベネデット教会
夕暮れ時に比較的高齢の女性たちが厳かに聖句を歌い，
堂内は敬虔な雰囲気に包まれる

《ミニ・コメント》

国鉄駅に設置されたカトリック礼拝堂

イタリアの公共の建物である国鉄の駅のなかにカトリックの礼拝堂が設置されているのを見て、私は驚いたことがある。日本ではあまり考えられないことである。しかし、イタリアではカトリックは国教であるから、そうしたことがありうるわけである。図17-14a、図17-14bは、イタリア中部のアンコーナの駅で見かけたものであるが、なかをのぞくと男性がひとり祈りを捧げていた。こうした駅の礼拝堂は、旅に出る人や、自宅の近くの教会で朝ゆっくり礼拝できない人のために設置されたのかもしれない。私は、駅に限らず空港（マルペンサ）にも礼拝堂を認めた。

図 17-14a　駅のなかに設置されたカトリック礼拝堂

美術様式と地域の様式
——この作品が何世紀の作品か当てよう

ふつう我々はある美術様式は地域を越えて広がりをもって伝わるように思っている。ロマネスク様式からゴシック様式へ、さらにルネサンス様式へと展開していくように思っている。しかし、地域には独自の根強い様式が染みこんでいて、必ずしもそのようには展開するとは限らないことも認識すべきかもしれない。というのも、私はエミーリア・ロマーニャ州のリミニで見た作品に驚ろかされたからである。図17-15a、図17-15bを、ご覧戴きたい。これはいつ頃に制作されたと思われるであろうか。何世紀のものだろうか。あるいは何様式の作品だろうか。よく見て当てていただきたい。

すべてを熟知した美術史家には笑われるかもしれない

図 17-14b　同

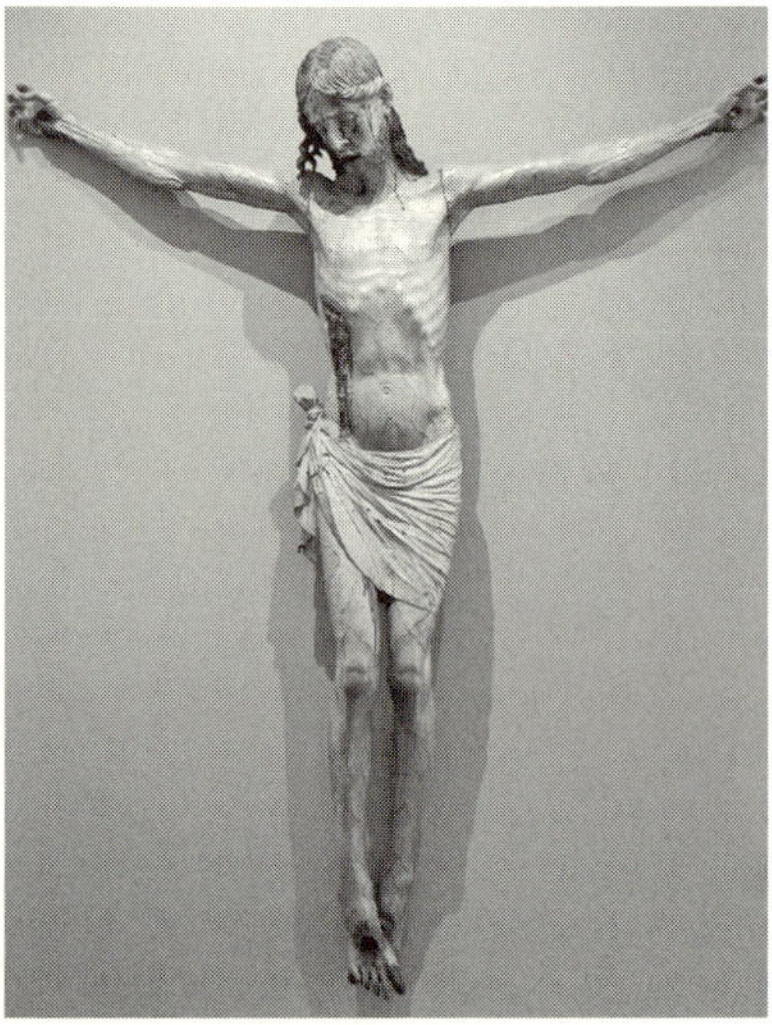

図 17-15a　ジョヴァンニ・テウトーニコ（？）《キリスト磔刑》多色木彫　リミニ市民博物館

が、実は、これはロマネスク時代の作品でもなければ、ゴシック時代の作品でもない。この宗教色の深い地域において、何と、一五世紀の末（一四七〇年頃）、つまりルネサンス期になってこのような様式の作品が制作されたのである。ややデフォルメされた悲劇的な様相は、ドナテッロの《マグダラのマリア》（図18-4）についても認められるが、ペスト期の悲劇性を象徴しているのかもしれない。

なお、磔刑図について、基本的なことを付け加えたい。キリスト教美術で頻繁に登場する絵画が《キリストの磔刑》である。この絵は、ミサをおこなう教会の中心部、すなわち教会の正面入口（西側）から入ってまっすぐ進んだ一番奥の部分、「アプシス」（またはアプス）と呼ばれる部分の上に掲げられる。教会によっては、《聖母子像》を掲げて《慈悲》のキャッチフレーズを訴えるとこ

図 17-15b　同　部分

ろもあるが、この《磔刑》によってこそ、キリスト教の教義の根幹となる厳しいキリスト受難を訴えるのである。《磔刑》の場合、キリストの頭の上（十字架の上部）に

図17-16　I·N·R·I（フラ・アンジェリコ《十字架を崇める聖ドミニクス》1438-50　サン・マルコ美術館）《INRI》とは，「ユダヤ人の王，ナザレのイエス」の意

文字が書かれていることがある。それが図17-16である。《ＩＮＲＩ》とは、ラテン語で Iesus Nazarenus Rex Iudaeorum の省略であり、《「イエス」「ナザレの」「王」「ユダヤ人の」》、すなわち、「ユダヤ人の王、ナザレのイエス」の意味である。これはヨハネの福音書の記述にもとづくものであり、その記述によると、総督のピラトは、イエスの罪状書きを書いて、それを十字架に掛けたのである。その罪状書きには、ラテン語のほかに、ヘブライ語とギリシャ語でも書かれていたという。

さらに基本的な事実をひとつ。ウルガータと呼ばれるラテン語聖書は、原典ではなく、あくまで翻訳でしかない。ヘブライ語やアラム語やギリシャ語こそが、聖書が記述された言語であった。ところが、キリスト教（カトリック）がローマ帝国で広がったことから、いつの間にか、西欧の人びとはラテン語こそが、神の真理を人間に伝える特別の言語であり、人が神に語りかけることのできる特別の言語であると信じてしまったのである。[*15] ミサはラテン語でおこなわれ、磔刑には《ＩＮＲＩ》というラテン語の略語が刻まれたのである。

第一八話　ある娼婦の改悛と贖罪

これは、『砂漠の聖人師父の生涯』に書いてある話である。[1]

ヴァレンティニアヌス一世[2]の治世の時代のギリシャにひとりの娼婦がいた。彼女は不徳な母親のために少女の時から売春をさせられたのであった。その娼婦の名をタイスと言った。そして非常に美しく評判のよい娼婦だったので、男たちが様々な地方から彼女を訪ねてやって来た。そしてその多くの男たちは、それがもとで身も心もぼろぼろに損なわれてしまったのであった。

パヌンツィオ[3]は、非常に徳の高い修道院長であった。彼は、この罪人の名声、いや悪名を聞いてその女や、その女に導かれて罪を犯す男たちを非常に遺憾に思い、この女や男たちがこれ以上罪を重ねることを食い止めようと考えた。そして彼は、神の恩寵と格別の庇護を大いに信じて、商人の身なりをして、金の入った巾着を脇に携えた。そしてタイスが娼婦をしている町にやって来て、罪深い女を名指しして呼び出した。そしてその女が求める金額を支払った。

師父パヌンツィオは、それから部屋に入っていった。部屋には優雅な寝台が整えられていた。そこで師父は、彼女から、さあどうぞ、といかがわしい行為をするように誘われた。その時、師父は、この宿にはこれよりほかにもっと奥まった場所はないものかね」と尋ねた。すると女は、「はいございます」と答えてから、こう尋ねた——。

「でも、またどうしてもっと奥まった部屋をお求めなのでございましょうか。もしお客様が人目をはばかるというのでございましたら、この部屋はきちんと閉め切られていて、誰からものぞかれることはございません。もし神の目を恐れておいでのでしたら、どのような場所に行っても神の目はさえぎることはできません。」

そこで修道院長パヌンツィオはこう言った――

「お前は神の存在を本当に信じているのかね。また、神がどんなことでもごらんになっているということも信じているのかね。」

罪深い女はこう答えた――

「はい、神を信じております。また天国があることも信じております。神は義しい人びとを天国へ導かれるでしょう。また、地獄落ちした人たちは、地獄で苦しむことでしょう。」

そこで聖パヌンツィオはこう言った――

「お前がそのように信じているなら、どうして罪にまみれて生きているのだね。そのために地獄に落ちて罰を受けることになるのだよ。」

この言葉を聞いて、罪深い女の胸には悔恨の念が極まった。そして目に涙をいっぱいためて修道院長の足元に身を投げ出して、どうかご慈悲と贖罪をお願いします、と乞うた。

それに対してまずパヌンツィオは、罪を犯すことで稼いだ服と家具は、皆が見ている町の広場の中央で、燃やしなさいと命じた。女はすぐにそうした。

それからタイスは、すべての罪の告解をすませた後に、小さな独房に入れられた。そして外から閉じ込められて、入り口の錠前には女の指輪で捺印された紙が貼られた。そしてその女を閉じ込めたパヌンツィオ自身が開けるまでは、その錠前を開けてはならないと命じたのであった。

パヌンツィオは、こう言った――

「お前はとても神の名を呼ぶに値しない。だが、お前は自分の罪の憐れみを神に求めねばならない。」

罪ある女はそれから改悛に改悛を重ねた――このようにして三年間、ずっと閉じ込められた。

三年後に、神はパヌンツィオ修道院長に女の罪が赦されたことを明らかにした。

パヌンツィオは独房の封印された錠前を開け、タイスにこの三年間、何をしていたか尋ねた。

タイスは次のように答えた――

「昼も夜も絶えず自分のした罪を思い返しました。そしてその罪は山のように積もりました。そしてそれをはっきりと思い浮かべ、無念の涙を流し、神を冒瀆したことの悔恨をしました。そして祈りながらこう言いました《ここで私を教え導きください。私を憐れみたまえ。》」

タイスはこの時、神の名を呼ばなかった。なぜなら師父パヌンツィオがタイスに向かって、お前はとても神の名を言うに値しない、といったからであった。

タイスはこう言ったのである――

「私をつくられたお方よ、どうか私に憐れみを。」

（1）この例話も直接の出典は『説話目録』による。
（2）ヴァレンティニアヌス一世は、三二一年生まれ。三六四年に東ローマ帝国皇帝に選ばれる。三七五年に没す。
（3）聖パヌンツィオ（Pannunzio, Panuzio, Pafnunzio, Paphnutius）（三〇六年頃没）は、ニケーアの公会議（三二五年）やテュロスの公会議（三三五年）などに権威者として出席。ここではイタリア語表記とした。

＊　キリスト教社会においても娼婦は必要悪として公認された存在であった

タイス伝説

タイス（四〜五世紀）はアレクサンドリアの聖人で、伝説によれば、アレクサンドリアの宮廷娼婦であった。彼女を回心に導いた人物については諸説あり、ここでは修道院長パヌンツィオ（イタリア語名）（ラ）パフヌティウス、（ギ）パフヌティオス）が回心させたという設定になっている。聖パヌンツィオは、三六〇年頃没した人で、大修道院長アントニウスの弟子のひとりで《砂漠の聖人師父たち》のひとりであった。ローマ皇帝マクシミヌス・ダイア（在位三〇八〜三一三）の迫害を受けて、左膝以下を切断され、右眼をえぐり取られた。そうした肉体的困難にもかかわらずニケーアの公会議（三二五年）やテュロスの公会議（三三五年）などに権威者として出席し、人びとから敬慕された。

この話は中世を通じて有名であり、『黄金伝説』でも詳しく語られている。[＊1] タイスを回心に導いたのは、パヌンツィオのほかにセラピオーン（三六二年以降没）やベッサリオン（五世紀）など諸説ある。また、現在、マスネ（マスネー）（一八四二〜一九一二）の作曲したオペラ《タイス》（一八九四年初演）が有名であり、なかでも第二幕終わりに演奏される甘味な、こころを癒すような旋律の〈タイスの瞑想曲〉は有名である。世紀末に上演されたこのオペラは、アナトール・フランス（一八四四〜一九二四）の小説にもとづく。このオペラでは、アタナエルという名の修道士がタイスを回心に導くという設定になっている。この修道士は、魅惑的なタイス一人のおかげですっかり頽廃してしまったアレクサンドリアの町に乗り込み、タイスを説いて見事に娼婦をやめさせて修道女にさせる。しかし、彼もすっかりタイスの女性的魅力のとりこになってしまう。そして、終幕で、死んでいくタイスに愛を告白して絶唱するのである。この終わりの部分が世紀末の趣味に改作されている。なお、ダンテの『神曲』の「地獄編」で糞尿のなかで苦しんでいる「遊女タイス（タイデ）」は、古代アテナイ出身で、アレクサンドロス大王に愛された女性であり、聖女タイスとは別人物である。

パッサヴァンティの例話の魅力

『黄金伝説』に収められた話とパッサヴァンティの例話とを読み比べてみると、わかることがある。パッサヴァンティの例話の方が、ずっと迫力がある。『黄金伝説』は知識をひけらかすために、アウグスティヌスの一節を持ち出すなどして、話が屈折してしまうのに対して、パッサヴァンティの例話では、教会に来た目の前の聴衆を意識しているせいか、余計な神学的なことばを抜きにしてタイスと修道院長の二人をめぐって、ストーリー中心のかたちで話が一気に展開され、独特の現実感と緊迫感がみなぎっている。それは、ひとつに、博識を示す説明文よりも「会話」が中心をなしていることから、二人の人物の会話によってリアリティや臨場感がうまれているからであろう。ちょうど日本の落語のように、説教師が声色を変えて、一人で二役を演じることによって、そこに親しみと臨場感がうまれるのである。それも片方が女性である場合、口調を変えることで二人のコントラストが強く出て、いっそう興味深さがうまれたことであろう。また、おそらくそこにユーモラスな雰囲気も醸し出されたかもしれない。例話は、当時、生きた芸能でもあった。

　ふつう教会は音響効果がよく、説教壇や祭壇などから話される声は、マイクのない時代でもよく響いた（図18-1、図18-2）。教会堂の音響は非常によく響き渡る。実際のところ、例えば二〇世紀の名指揮者ヘルベルト・フォン・カラヤン（一九〇八～八九）も、録音の場所として好んで教会を選んだものである。また、一五世紀のドミニコ会修道士サヴォナローラ（一四五二～九八）（図18-3）も、フィレンツェの都市のほとんどすべての成人男性を広々とした大聖堂のなかに集めた。その数は、ランドゥッチの一四九五

図 18-1　説教壇　バビラ聖堂　ミラノ

図 18-2　説教壇　1256-60　ピサ洗礼堂　ニコラ・ピサーノ

年三月八日の日記によると、「労働日でも毎日一万四千人か一万五千人」であったという。そして、説教壇から発する説教、すなわち、この世の終末の近いことを訴える雷光のような響き渡る説教によって、フィレンツェに一種の神政政治を敷くことに成功したのである。

このタイスの例話の場面設定も民衆を喜ばせたかもしれない。売春宿である！　神聖な教会で売春宿の様子が語られる。この不謹慎とも思われる思い切った場面設定から民衆は大いに話に食いつく。修道院長パヌンツィオは、次々と男を堕落させ、骨抜きにしてしまうことで評判な娼婦タイスに娼婦をやめさせようと考える。そこで商人に扮して、タイスの働く売春宿を訪ねる。そして、一四世紀のフィレンツェでは前払いがふつうだったのだろうか、先に金を支払い寝室に入っていく。それから、売春宿の寝室でふたりの間で会話が交わされるのである。

図 18-3　フラ・バルトロメーオ《サヴォナローラ》 1498年 サン・マルコ美術館

中世ヨーロッパの売春宿

中世ヨーロッパのキリスト教世界において売春宿はどのようなものであったのだろうか。

中世キリスト教世界、とりわけ中世後期・ルネサンス期の都市において娼婦の占める社会的存在は決して小さくなかった。フランスのブルゴーニュ地方やドイツの売春宿について比較的詳しい記録が残っている。ドイツでは、他の地域と同様に、ある程度まで節度が求められており、必要悪から、規則上、独身男性のみが売春宿に出入りが許され、既婚男性の立ち入りは禁止されていた（発覚した場合、罰金刑が科された）。また、同様の見地から、売春宿が設置される場所は、ふつう風紀を乱さない目立ちにくい場所が選ばれるなど、一定の規制がなされた（しかし、地域によっては、逆に目立った所に設置されている場合もあったが）。営業日については、フィレンツェなどでは、神聖な日である日曜日や重要な祝祭日は、それが神の冒瀆にあたるとして休業日とされた（同様に高利貸業も同じ扱いであった）。先に述べたように日曜日は、「主日」として週の中で最も神聖な日であった。また、管理面についていうと、入浴などの衛生管理や娼婦の妊娠・生理日の管理もおこなわれていた。

ドイツでは、式典や公の場に娼婦を登場させるほど寛大であったという。都市の公式行事の席に娼婦が一種のアクセサリーとして姿を見せたのである。確かに娼婦の格にも様々あり、下の部類は放浪者が多く、その呼び方も侮蔑的な呼び方がなされた（「あばずれ女」）。そうした場合、すぐに娼婦とわかるように「黄色い布」（ユダヤ人も同じ）を義務づけられることがあった。一方、上の部類の娼婦は都市参事会の会食に参加したり（フランクフルト）、君主や皇帝に敬意を払う大舞踏会に列席したり（ニュルンベルク）、使節と会食したり（チューリヒ）、皇帝ジギスムントの相手をする者もいた（ウルム）。これは、ウィーンのことであるが、聖ヨハネ祭の日に都市の費用で招待され花冠をかざして現われた娼婦もいたという。そうした上の部類の娼婦は、「見目麗しき娘」などと、敬意を払って呼ばれたという。[*2]

タイスは、パヌンツィオのもとで回心し、三年間蟄居して贖罪した。そして、赦されて外へ出てから一五日目に死去。神に召されて「天国へ行った」ということだから、祝福すべきことだろうが、見方によっては、あまりに自分に厳しく贖罪を科したことで体を損なって死に至ったとも取れ、我々には哀れにも思われる。しかし、救済されたはずであるから、不幸な女性と見るべきではないのだろう。タイスについては、マグダラのマリア（図18-4）のように、その飛翔するような見事な転身――「性女」から「聖女」へ――が人びとを引きつけ、古来、題材として好まれたのである（「性女」は著者による造語）。

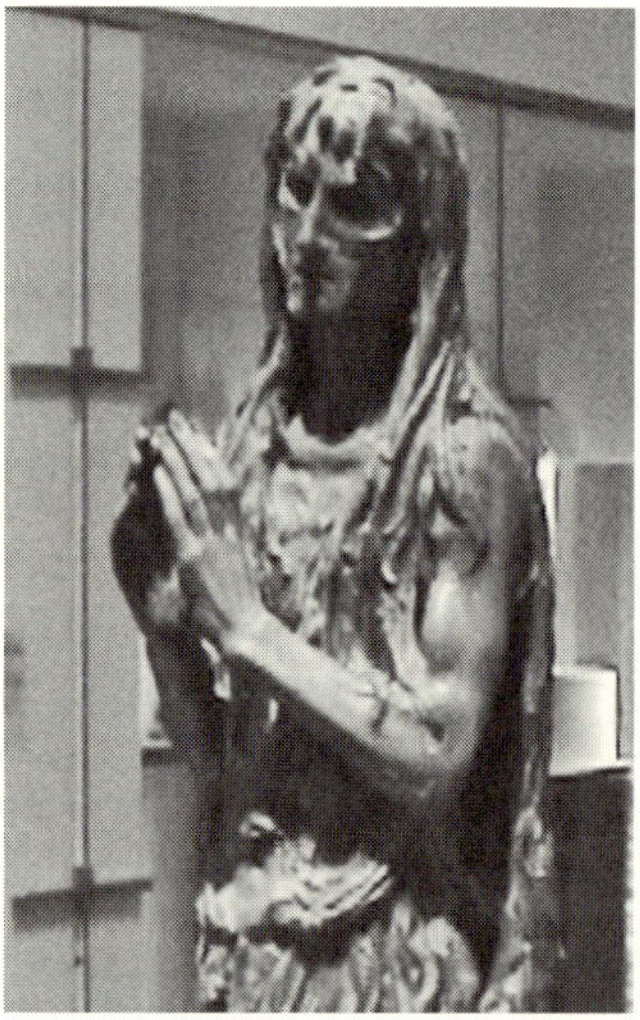

図 18-4　ドナテッロ《悔悟するマグダラのマリア》1453-55年頃　ドゥオーモ付属美術館　サンタ・マリア・デル・フィオーレ大聖堂　フィレンツェ

第一九話　近親相姦と父親殺しの過去をもつ娼婦

これはヴィトリ教授[1]の書いた話である。

昔、悪魔に唆されて、罪深くも、父親と肉体関係を結んだ娘がいた。娘がその悪事を続けていたので、母がそれに気づいて娘を責めた。

娘はそれに腹を立て母に毒を飲ませ、それがもとで母は死んでしまった。

父親は、このことを聞いて娘を怒鳴りつけた。それに憎しみを抱いた娘は、怒って父親が夜寝ているうちに父親の喉を切って、家にあった一切の家財道具を盗み出し、遠く離れた所に逃れてしまった。そしてそこで公娼になった。

その娼婦は祝祭の日にたまたま説教を聞くことがあった。そして説教師が言った多くのことのなかで、神の慈悲は大きく、それは限りなく大きいものであるということばがあった。その托鉢説教師によると、その神の慈悲の大きさは、どんなに悪辣な罪人であっても決して拒絶されることはない。それどころか改悛しようとするどんな罪人をも受け入れる——というものであった。

そのことばを聞いて娼婦は悔恨の念が極まった。そして説教が終わるや、托鉢修道士の足元に身を投げ出して、慈悲と改悛を求めた。

そこで托鉢修道士は、女が犯した罪がどのようなものであるか、その罪の告白を聞いた。すると、女は托鉢修道士に向かって、神の慈悲はあなたが言われるほど、それほど大きなものですか、と尋ねてきた。すると説教師は、然り、それは限りなく大きなものである、と答えた。すると女はこう言った。

「では私に贖罪を与えてください。私がどんなにひどい罪人であっても、神の慈悲はそれ以上に大きなものであるというのでしたら、私は神の慈悲を信じます。」

そこで托鉢修道士は、女の告白した罪の数があまりに多く、またあまりにも悪辣なものであったので、すぐに贖罪を与えることはできないと思ったので、食事をすませて、二度目の説教が終わってからまた戻ってくるように言った。

すると女はこう言った。

「わかっております。私のような者が救済されることなど、とてもあなたの望まれることではないのです。だからあなたは私に贖罪を課するつもりなぞ、毛頭ないのです。」

托鉢修道士はこう言った。

「私は、お前が救済される望みを捨ててはいない。それどころか神がお前のことを赦されて、きっとお前の有効な贖罪をお受け入れになるはずだ。私は、今から贖罪を待つように命じる。二度目の説教がすむまで待ちなさい。それから私のところに戻って来なさい。」

——女は教会のなかに残って、その告解聴聞師を待っていた。その間、女は自分の罪を悔い、心痛に苦しみ、あまりの懊悩に心はきつく締めつけられ、涙はとめどもなくあふれ出て、もはや自分で自分の体を支えることもできず、倒れてしまった——それどころか、悲嘆のあまり悶死してしまったのであった。

告解聴聞師はその罪人に起こった事柄について胸のうちで考えてから、大きな憐憫と哀悼の念を抱いて、彼が説教していた人びとにその女のなきがらを委ねた。それから女を埋葬する前に、皆で女のために祈った。すると、その時に、天から声が聞こえてきたのであった――

「この女のために祈る必要はない。なぜなら女は今、天国にいて神の目の前にいるからだ。そして今では、この女はむしろあなたがたの救済のために祈っているのだ。」

かくして、人びとは神を称えたのであった――神は、その大きな慈悲のこころによって罪人たちを救われるからである。

（1）ジャック・ド・ヴィトリ（一一七〇頃～一二四〇）フランスの説教師、作家、教師。司教、枢機卿を歴任。パッサヴァンティの直接の出典は『説教目録』による。

＊**「告解の秘跡」には、その宗教的効力とともに様々な問題があった**

「種まき」と「刈り入れ」――都市における托鉢修道士の活動

地獄に突き落とされてしかるべき悪事をした女が、むしろ逆に《天国に直行》するという思い切った展開を見せる例話。これはすべて、痛切な、死ぬほどの改悛をおこなった罪人（つみびと）に対する、神の無限の慈悲によるはからいである。

この例話に登場する女性は、その過去において恐るべき大罪――父親との近親相姦、両親の殺害、売春――を犯していたが、ある日、突然に彼女に転機が訪れる。ある日のこと、女がたまたま托鉢修道士の説教を聞くと、《神の慈悲は限りなく大きく、どのような罪でもお赦しなる》という。自分が犯した罪のあまりの大きさに、自分は決して赦されないとあきらめていたところに一条の光を見たようであった。さっそく托鉢修道士に自分の罪を打ち明け始める。托鉢修道士は、その罪の大きさに簡単には贖罪の申し渡しはできないと考えて、次の説教が済むまで教会のなかで待つように指示する。女は教会で待っている間に、自分が過去に犯したあまりに大きな罪に責め苛(さいな)まれ、深い悔恨と心痛の念に苦しみ、そのあまり、ついに倒れ、悶死してしまう。そこで教会にいた人たちが女の救済を祈ろうとしたまさにその時に、天から声が聞こえ、「女はすでに救済されて天国にいる」という。女は、この世から天国へ、煉獄での劫罰の苦しみの一切を経ずして(!)、一気に舞い上がったのである。これは、悶死するほどの改悛をした女に対する、神の無限の慈悲によるものであり、人びとはこのはからいにこころから神を称えたのであった――

悪にまみれたこの女性に転機となるべく現われたのが、托鉢修道士であった。彼女を改悛に導いた托鉢修道士とは、当時いったいどのような活動をしていたのだろうか――。

托鉢修道士の主要なおこないは、「説教」と「告解」である。両者は深く結びついている。すなわち、托鉢修道士は教会や広場でまず「説教」をおこなう（図19-1）。――これは「種蒔き」――全体指導――である。そしてその説教の成果が出るのを待つ（図19-2）。そして、罪を自覚した者が「告解」を受けに来る――これは蒔いた種が実をなす「刈り入れ」――個別指導――である。告解場（懺悔室）にやって来た一人ひとりの信徒に対して托鉢修道士は、告解聴聞師として、罪の告白を聞いてやり、改悛した信徒にその罪に応じた贖罪を示し、信徒はそれを実行すること

図 19-1　サーノ・ディ・ピエートロ《カンポ広場で説教をおこなう聖ベルナルディーノ》（部分）　1445年　ドゥオーモ聖堂参事会室　ベルナルディーノが掲げている銘板には《IHS》と刻まれているが，これは《Iesus Hominum Salvator》（救いの人イエス）の略称あるいは，イエスのギリシャ語でのつづりの最初の３文字を示す。イエズス会も《IHS》を教団銘にした

を誓う――こうして托鉢修道士は、神に代わって信徒に赦免を与え、信徒は晴れて再び神に近づいていく。
　現在も、カトリックの教会堂に入ると、司祭や托鉢修道士によって告解がおこなわれている場面をよく見かける。ふつうは、罪の告白はなかなか恥ずかしいものである。そのため、網や仕切やカーテンで相手の顔が見えにくくされている（図19-3a、図19-3b）。よく日本でも電話による相談やカウンセリングがあるが、電話の場合、相手の顔が見えないことが、かえって話しやすさをうむ。しかし、少年や青年などは、幼いときからのおきまりの聴聞師であろうか、恥ずかしがらずに聴聞師と面と向かって、罪の告白

図 19-2　告解を受けに来る信徒を待つ司祭　ベルガモ

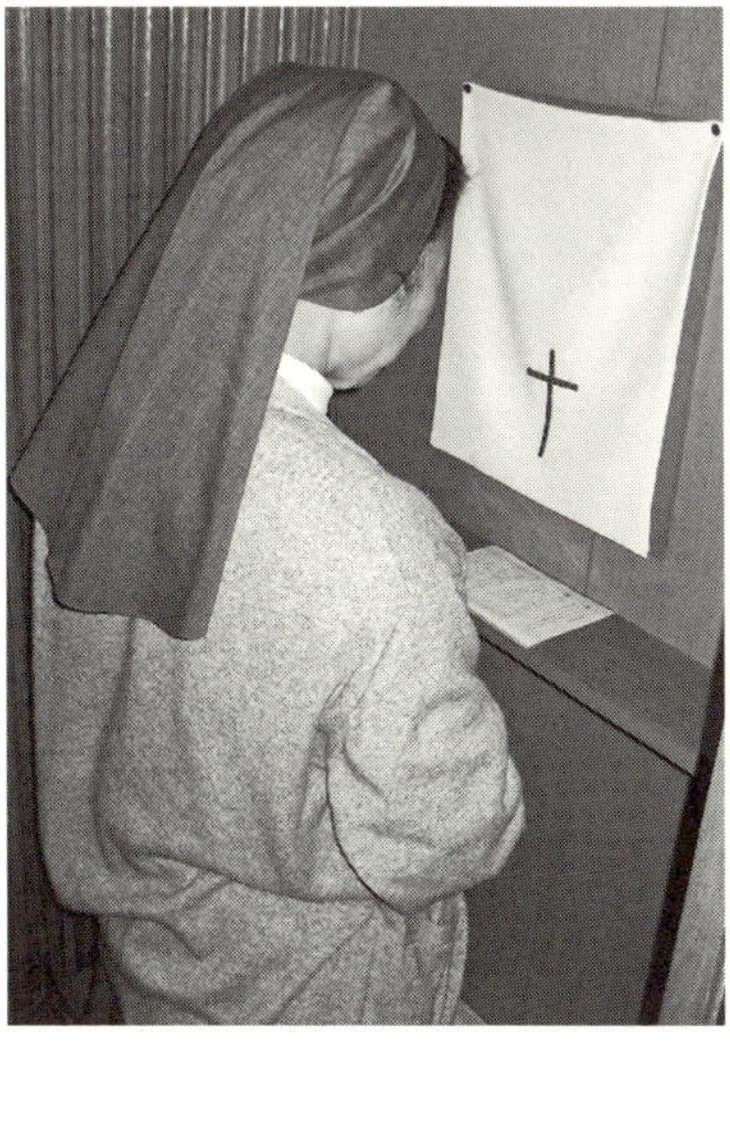

図 19-3a
告解場の仕切り（日本）
信徒側から見たもの。仕切りで司祭の顔が見にくくなっている。これは依頼して撮影した。この告解場では当初は布はなく，磨りガラスだけだった。それでは相手の顔が透けて見えてしまうという指摘があり，布をつけたという（星美学園の協力による撮影）

をしている場合がある（図19-4、図19-5、図19-6）。イタリアの教会を見て回ると、現在ではほとんど使用されずにいる告解場がずらりと並んでいるのをよく見かけるが（図19-7）、おそらく以前はかなりの需要があって、それに応えるべく設置されたのであろう。なお、スペインのサンティアゴ・デ・コンポステーラやヴァチカンのサン・ピエトロ大聖堂など、色々な国から巡礼者が来る教会では、やって来た巡礼者が告解を受ける場合に、使用できる言語が記載されている場合がある（図19-8a、図19-8b）。

はるばるやって来た巡礼地でカトリックの人が、ミサや告解を受けているのを見ると、そこに観光の意味（だけ）ではなく、当然ながら、実質的な、宗教的な意味もあることを改めて感じる。

このように、托鉢修道士は、はじめ信徒の集団に対しては、広場や教会で説教や例話などによって宗教的啓発をして、次に個々人に対しては、彼らが告解場に自主的にやって来るのを告解聴聞師として待つ。そこで信徒の改悛と贖罪に携わる。こうしてふつうの場合、信徒は、罪を悔いて、次いで神（神の代理人）から贖罪（例えば、中世などでは「三日間パンと水だけで暮らすように」。「貧者に施しをせよ」など）と赦しを受け、再び神に近づき、信仰を深める。

このように中世キリスト教の「罪と罰のメカニズム」が

図 19-4　告解を受ける少年と告解を待つ少女　コモ

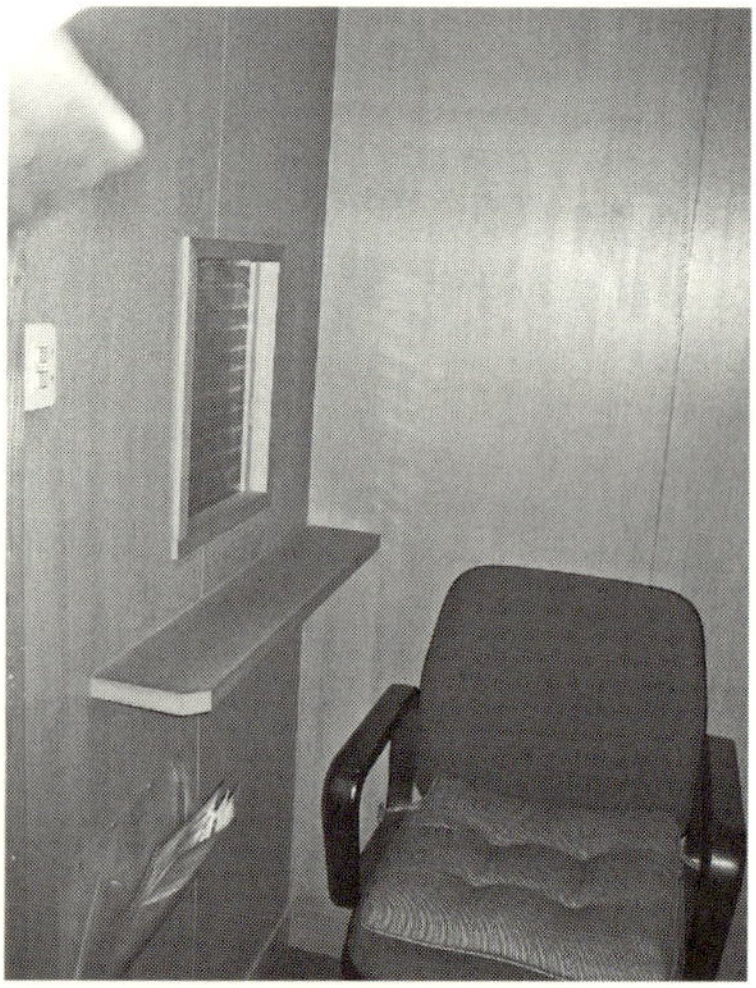

図 19-3b　同　告解聴聞師側から見たもの

図 19-5（右）　告解を受ける少年
図 19-6（左）　告解を受ける青年　おそらくこの青年は，少年時代からこのように司祭と面と向かって告解を受けていたのであろう。気軽に告解に臨む習慣ができているのであろう　ベルガモ

図 19-7　ずらりと並ぶ告解場　ウルビーノ大聖堂

図 19-8a（右） 巡礼先での告解 サンティアゴ・デ・コンポステーラ大聖堂
図 19-8b（左） 使用できる言語が明示された告解場 ローマのサンタ・マリア・マッジョーレ聖堂 ここでは，告解においてイタリア語とフランス語が使用可能であると明示されている

説教と告解と贖罪を中心にまわっていることがわかるであろう。

一二一五年の第四回ラテラノ公会議の規定により、信徒は少なくとも年一回の告解の秘跡が義務づけられ(*1)、ここに秘跡の権限を与えられた告解聴聞師の需要が高まったと考えられる。奇しくもヨーロッパで一世を風靡しつつあった托鉢修道士（「司祭修道士」として告解聴聞師も務める）が、都市を中心に、この秘跡に大いに関わることとなった（もちろん教区の司祭も告解に関わったが、托鉢修道士の人気の勢力に圧倒され、信徒を奪われて実入りが少なく、そのため多くが空位となっていった）。

こうして一三世紀からヨーロッパの都市を中心に、托鉢修道士によって《説教→改悛→贖罪》の宗教的刷新の運動が展開された。贖罪は、教会への喜捨（教会の増改築費等）、貧民や弱者への救済、施療院の病人への金品の援助——などの施しの「行為」によってなされた。施しが贖罪に有効なことはアウグスティヌスも認めていることであった。こうして果たされた贖罪は、煉獄での浄罪による責め苦を軽減し、そこでの滞在期間を短縮するものと信じられたのである。特に都市の有力な富裕層が、救済をめざして惜しみなくおこなった寄進は、まことに巨額のものであり、教会のなかの新しい礼拝堂の設置（家族礼拝堂）、そこを飾る美術品（フレスコ画）の制作などに注がれた。例を挙げればきりがないが、サンタ・マリア・カルミネ教会のブランカッチ礼拝堂（マザッチョのフレスコ画）が美術史的な好例である（図19-9a、図19-9b）。一四～一五世紀においては、都市では必要な教会はすでに設立されてしまっていたことから、注がれる贖罪の金は内装、とりわけ絵画の制作に集中した。贖罪はまさにルネサンス美術の原動であった。

ただ、断っておくと、寄進には、贖罪としての寄進だけではなく、聖人や神への祈願や感謝を示す《奉納物》（ex voto）として差し出される場合もあった。この時、まさに教会堂そのものが奉納されることがあった。ヴェネツィアでは、ペストの終息の祈願として、あるいは終息して救われたことへの感謝――奉納――として、実に第一級の建築物が築かれた。すなわち、一五七五年から七六年に猛威を振るったペストは、ヴェネツィアで四万六〇〇〇人もの人びとの命（人口の二五パーセントから三〇パーセント）を奪ったが、ヴェネツィアの元老院は、この疫病の終息を祈願して教会の奉納の献上を決定した。それが一六世紀の大建築家アンドレーア・パッラーディオ（一五〇八～八〇）の設計したルネサンス古典様式の傑作レデントーレ聖堂である（図19-10）。

さらに一七世紀に入ってからもペストは容赦なく、人び

図 19-9a（右）　ブランカッチ礼拝堂　サンタ・マリア・カルミネ教会　フィレンツェ
図 19-9b（左）　同　マザッチョ《楽園追放》 1425年頃

とを襲った――一六三〇年のペストでは、ヴェネツィアの死亡率は三二パーセントであった。こんにち、ヴェネツィアの大運河からの眺めとして最も代表的な建築物サンタ・マリア・デッラ・サルーテ教会（一六三一～八七）（図19-11）そのものが、そのペストの終息に感謝して、元老院によって建造され、聖母マリアに奉納されたものである。この教会にはティツィアーノによって描かれた疫病除けの諸聖人とマルコの絵画が収められているが、これは一五一〇年に発生して大量の犠牲者を出したペストの奉納品であり、もとはヴェネツィアのサント・スピリト・イン・イーゾラ教会のために制作されたものである。中央にいるヴェネツィアの守護聖人マルコ以外はみな疫病の守護聖人である。すなわち、左に双子の医師コスマスとダミアヌス、右端に

図 19-10　パッラーディオ《レデントーレ聖堂》 1577年着工　ジュデッカ島　ヴェネツィア

図 19-11　サンタ・マリア・デッラ・サルーテ聖堂　1631-87　ヴェネツィア　カナル・グランデ（大運河）の象徴であるこの教会はペスト除け聖人への「奉納」であった

裸のセバスティアヌス、その隣に右手で疫病のでき物を指さすロクスが描かれている（図19-12）。

ドイツには、ペストを免れたことへの《感謝の奉納》の驚くべき事例が認められる。ドイツ南部のバイエルン州のアルプスの麓の村オーバーアマガウの《キリスト受難劇》の上演がそうである。一六三三年、オーバーアマガウの地域の周辺でペストは猖獗を極めていて、危機が迫っていた。そこで村人は、神に向かってもし自分たちがペストに生き延びることが許されたら、その感謝の奉納として《キリスト受難劇》を上演すると誓った。そして幸い疫病死した者がわずかで済んだことから、その誓い通りに、一六三四年に受難劇を村人の手作りで始めた。それから一〇年毎（原則一〇、二〇などゼロで終わる年）に村人は受難劇を上演し続けた。それは五世紀にまたがるもので、今では四〇回を越えている。上演の年、例えば、二〇一〇年には、この村の人口五三〇〇人のうち、二千人がみずから俳優や合唱や道具係などを分担して上演に関わり、聖霊降臨祭にあたる、主として五月から始めて五カ月にわたって一〇〇回を越える上演をした（延べ観客数はドイツ内外から五〇万人）。この受難劇はすでに一九世紀には国民的行事となっていて、ファシズムが支配的であった一九三四年には、ヒトラーが村に来て、反ユダヤの宣伝に利用したという。

なお、奉納物にも色々あり、教区の庶民が差し出す奉納物は地味なものであった。彼らの場合、聖人を描いた小さな絵や、木や粘土でできた彫刻を柱につり下げるなどした。これは、教区民から示された聖人のとりなしへの感謝の奉納物であった(＊2)。

およそルネサンスやバロックの時代の《贖罪としての寄

図 19-12
ティツィアーノ《玉座のサン・マルコと聖コスマス，聖ダミアヌス，聖ロクス，聖セバスティアヌス》 1511年頃　サンタ・マリア・デッラ・サルーテ教会　ヴェネツィア

進》こそ、美術作品のうまれる源泉であったが、しかし、実は、非常に長い歴史的スパンでみると、こうした喜捨や、慈善による贖罪がそのようなかたちとしてヨーロッパに定着するまでには、時間がかかり、一種の試行錯誤があった。例えば、キリスト教の初期の時代には地域によっては、贖罪者が金持ちや権力者である場合、彼らは自分が犯した罪の贖罪のために、集団を雇って、信じがたいことに、彼らに贖罪として労苦や苦役を負わせて、その代替行為によって自分自身の贖罪の実践とみなしたという。

　一四世紀半ばから始まるペストの周期的な流行と大量死は、人びとに神罰の意識を高め、人びとはどうにか神に赦されようと、臨終時の遺言書による贖罪のほかに、元気に生きているうちにおこなう日々の贖罪行為に励んだ。フィレンツェのサンタ・マリア・ノヴェッラ聖堂のファサード（アルベルティ制作）は、銀行家ジョヴァンニ・ルチェッラーイがおこなった寄進であるが、ちょうど現代の大きな看板やネオンの広告塔のように、実に目立つように記されている――すなわち「パオロ・ルチェッラーイの息子ジョヴァンニ、贖罪、一四七〇年」とあり、ここでは、この寄進が「贖罪行為」であることがしっかりと銘記されているのである（図19-13a、図19-13b）。しかし、考えてみれば、これこそ、まさにキリストのことばに正面から対峙するものでさえある――すなわち、「マタイの福音書」のなかのキリストは、「見てもらおうとして、人の前で善行をしないように注意しなさい」。「あなたは施しをするときには、偽善者たちが人からほめられようと会堂や街頭でするように、自分の前でラッパを吹き鳴らしてはならない」（第六章第一・二節）と言っているが、このファサードは、みず

図 19-13a　サンタ・マリア・ノヴェッラ聖堂ファサード
アルベルティ設計　1458-70　フィレンツェ

図 19-13b　同　ジョヴァンニ・ルチェッラーイの《贖罪》「パオロ・ルチェッラーイの息子ジョヴァンニ　贖罪　1470年」の意

からの善行をひけらかして、まさに高々と吹き鳴らすラッパである。これも托鉢修道会のドミニコ会の指導のもとによっておこなわれたものである。

自爆した托鉢修道士ルター

だが、こうした寄進、善行、慈善などの従来の贖罪に異議を唱え、「贖罪」という「行為」による「赦し」（赦免）の与え方に疑問を呈したのが、すでに何度か述べたように、一六世紀初頭の宗教改革者ルターであった。信仰は「行為」の実践そのものにあるのではなく、「祈り」（信仰）そのものにある。神から赦しを得るにはひたすら祈るしかない。告解による改悛や贖罪によっても神は赦しを与えない、あるいは、赦しを与えるかわからない、と主張したのである。秘跡の有効性に対する拒否である。ルターは、こころから祈るだけで神は我々を「義とする」（赦す）と主張した（信仰義認論）。こうしてカトリックの慣習に反旗をひるがえしたのである（といっても、当時のカトリックの人びとのなかにも祈りを重視した神秘主義者も多くいたのだが）。

　ともかく免罪符――贖罪の方法――の販売が導火線に火を付ける契機となった。このルターの主張に同意した多くの人びとが「告解」と「贖罪」を否定し、ここに宗教改革運動が展開されたのである。告解による「贖罪行為」を否定したルターは、「托鉢修道士」（アウグスティノ会、一三世紀に成立）であったので、彼は贖罪の行為の世話人という自らの本質的な立場を否定して――まさに「自爆」して――宗教改革を開いたのである。

第二〇話　地獄に堕ちた大聖堂参事会員――その告解と改悛――

これはカエサリウスによって書かれた話である[1]。

それによると、ひとりの聖職者がいた。彼は豊かな聖職禄を支給されるパリの大聖堂参事会員であった。彼は悪徳にまみれた生活を送り、絶えず肉欲の罪を繰り返して暮らしていたが、その後、重い病の床に臥してしまった。それから敬虔な思いを抱いて教会のすべての秘跡を受けられるように依頼した。そして告解と終油の秘跡を授かり、大きな改悛のしるしを示して、大粒の涙を流して、この世を去っていった。

――数日後のこと、彼は、地獄堕ちした恐ろしい姿をして友人のところに現れた。そして自分は地獄に堕ちてしまったと、痛々しく、嗚咽(おえつ)して話したのであった。

友人は深い哀悼の念を抱いて、またどうして地獄に堕ちたのか、その原因を尋ねてこう言った。

「確かに君は罪人であった。世俗の事柄を愛した。しかし、それでも告解の秘跡を受けて、聖体や終油など、教会のその他の秘跡を授かって、罪の痛恨と改悛を示したではないか。それにもかかわらず、地獄に堕ちたのだ。一体なぜなのだ。」

こう答えた――。

「ああ、何ということだ。私には必要なものが欠けていたのだ。それがなかったらほかのどんなものも無用になってしまうような、もっと必要なもの、それが私には欠けていたのだ――確かに私は死の病にあって涙を流し、罪の痛恨を示した。しかし、それは真の痛恨でもなければ、真の涙でもなかったのだ。

罪を犯した時、私は涙を流したが、それは神を怒らせてしまったからではなかった。また、私が改悛による痛恨の念を示したといっても、それは救い主である神に対して愛を抱いていたからというのではなかったのだ。さらにまた、もし私が病気で死なずにこの世に生き延びたなら、その時はきっぱり罪を捨て去るという決心を抱いていたわけでもなかった。――私が泣いたのは、ただ地獄の罪を恐れたからにすぎなかったのだ。私が嘆いたのは、こよなく愛した俗世の事柄を捨てて、死んでいかねばならなかったからだ。」

このように言うと悲痛な叫び声をあげて消え去った。

(1) この例話の出典は『説教目録』とカエサリウス『対話』の両方による(*REP*, p. 575.)。

＊ パッサヴァンティは、地獄行きを恐れてかたちだけで受けた改悛は無効と考えた

パッサヴァンティの例話が世に出されてから約二〇〇年後、一六六七年の五月五日の教皇庁検邪聖省の教令では、霊魂の救済には秘跡の行為で十分とされたという。その形式の絶対性を保証したのである。しかし、この例話「大聖堂参事会員」から見ると、パッサヴァンティは、霊魂の救済には、秘跡の行為、すなわち「形式」だけでは十分ではなく、それとともに秘跡を受ける側の精神的要素が不可欠であると考えた。たとえ臨終の際に告解を受け、終油の秘跡等を受けたとしても、それで地獄に堕ちないという保証はないと考えた。ただ死が恐くておこなっただけの改悛は本物ではなく、そのうわべだけの改悛のために地獄へ堕ち

た者もいると、この例話は教える。心底からの改悛が大事である。典礼や形式に安住することを戒める例話である。なお、「大聖堂参事会員」とは、大聖堂でおこなわれる祭式に参加する聖職者であり、司教を補佐し、司教の空位の時に司教の代理を務める聖職者である。叙階の秘跡や堅信の秘跡などの重要な典礼には、数多くの聖堂参事会員が参集する（図20-1）。

このパッサヴァンティの例話は、ストーリーにおいて、カヴァルカの例話集『十字架の鑑』の第二話「真の改悛」――次に「参考」として本文を紹介する――と同じである。しかし、やや違いがある。まず、叙述の詳しさが異なり、それは例話の長さに現われている――イタリア語テキストで見ると、カヴァルカの例話が一三行からなるに対して、パッサヴァンティの例話はその二倍の二七行になっている。具体的には、カヴァルカの例話は、地獄に堕ちた者がどのような職業であるかについて一切触れていないのに対して、パッサヴァンティの例話では地獄に堕ちた者が大聖堂参事会員であると明示される。次に、パッサヴァンティの方が、内容的に純度が高いといえる。カヴァルカがアウグスティヌスのことばの引用文を紹介し、ここで話の流れがやや阻止されているが、パッサヴァンティはそのような引用をせずに、話が直線的にそのまま進む。そして地

図 20-1　叙階の秘跡に向かう大聖堂参事会　コモ大聖堂前　後方にコモの司教の姿が見える

獄に堕ちた登場人物（大聖堂参事会員）の言うことばが詳しく述べられ、地獄に堕ちた人間の無念さが切実さに伝わって来る。

――おそらく、パッサヴァンティの方が教会堂に集まった民衆を強く意識し、息をつかせずに、彫の深いことばと話術で引き込もうという配慮が強いように思われる。

参考　ドメニコ・カヴァルカ「真の改悛」（『十字架の鑑』の第二話(*1)）

時々、疾病を患って泣く人がいる。その涙は、「死への愛」からと言うよりも「死への恐れ」によるものである。だから、その涙が罪を悔い改めた涙であると思う人の多くは、間違いを犯している。聖アウグスティヌスはこのことについてこういっている――「死を目の前にしてようやく改悛した者が、本当に天国に行けるか、私は確信が持てないでいる」。

このことばから、聖アウグスティヌスがそのような改悛の仕方をした者が、果たして天国に行くことができるものかということに、大きな疑いを抱いていたことがわかる。

それだからある人はこう書いている――ある男が死ぬ時になって大泣きをした。それから彼は地獄に堕ちた姿で友人のところに現れた。それに驚いた友人は彼にいった。「いったい君はどうして地獄に堕ちたのだ。君は強い改悛の情を示し、あれほどまでに涙を流したのに。」

するとこう答えた。――「私が泣いたのは、改悛の念からではなかった。また神を冒瀆したことの痛恨の念からでもなかった。私は、この自分が死ななくてはならない哀れさから泣いたのだ。」

第二一話　フランスの貴族と地獄の永遠の罰

フランス王国でのこと、あるひとりの貴族がとても裕福な家で育てられたと書かれている。[1]

彼は、この俗世の空しい物事を愛したという。

しかし、ある日のこと、彼は、ひとつのことについて考え始めた――

「地獄で科される責め苦は百万年後には解かれるものか」

と、そのように考え始めた。そして思案した末に、その責め苦は解かれないと結論した。そして今度はこう自問自答した――

「では、一千万年後には解かれるものでろうか。」

「いや、解かれない。」

それから、では百億年後に解かれうるものかと、そのように考えた。そして否と答えた。そして――

「では、百億年を何度も重ねた歳月、つまり海にある水滴の数ほどの歳月の後に地獄から抜け出せるものか――」

と思案した。そして否と答えた。

このように考えると、心は動転し、怯え、戦いた。それから沈痛と改悛の念から涙した。そして彼は、この世の空しい事柄と罪に見切りをつけて、こう言った。

「この世の人びとは何と愚かで哀れであろうか。というのも、彼らは、この世において目の前のささいな喜びに飛びつき、そのためあの世で永遠に続く刑罰を受けてしまうからだ。」

（1）　パッサヴァンティが直接利用したのはアルノルドゥスの『説教目録』である。アルノルドゥスはヴィトリを利用している。この主人公の青年貴族は後にトゥールーズの司教となった人である。

＊　この世で快楽に走れば地獄の永遠の責め苦が待っている。それがわからぬ人間はいかに愚かであることか――この世とあの世の幸・不幸の反比例が説かれる

この現世を罪深く、安逸に暮らす、ひとりのフランスの裕福な家の貴族が、ある日、ふと地獄で受ける責め苦の長さが一体どの程度のものか思いを巡らせてみた。地獄の責め苦は、百万年後や、一千万年後、さらに百億年の何倍もの歳月の後に終わるものでもなく、はるかにそれ以上の、海の水滴の数ほどの歳月を経ても終わるものでもなかった。これを知り、愕然として改悛の念から泣いた。そして現世で空しい目の前の快楽に飛びつく人間の愚かさを悟ったのであった――。

この世の非常に短い安逸な生活の方を選んだ場合、その結果として、永遠に続く地獄の責め苦の生活が与えられる。一方、現世のささいな快楽の生活を断ち切れば、至福の永遠の来世の生活が与えられる。いずれの生活を目指すべきか、答えは明らかである。ここでも、この世とあの世の幸・不幸の反比例、死後の永遠が説かれる。来世の永遠の罰を思って、この世では快楽や幸福を避けよ、罪を避けよ、苦行せよ等々。この主題は、パッサヴァンティの例話集で繰り返し現われる。ここまでの例話だけでも――

第一話「死から蘇生した男と地獄の罰」、第二話「裕福に育てられた若いドミニコ会士」、第六話「聖アンセルムスの見方と人間の愚かさ」、第一〇話「地獄で苦しむ学生、教授の前に現わる」、第一四話「聖アンブロシウスと幸福すぎる宿屋の主人」

など、ほぼ同じ主題である。この主題は、パッサヴァンテ

ィの例話に限るものでもない。また、ペスト（一三四八年）以後に限るものでもなく、ペスト前から聖職者によって説かれてきたものである。すでにずっと以前から、キリスト教の成立とともに説かれてきた教えであり、また、「メメント・モリ」（死を思え）のことばに凝縮された教えである。しかし、ここで何度もパッサヴァンティが繰り返すのは、それなりの深い背景があるだろう。それはペストによる①「フィレンツェでの大量死」と②「その後の生き残った者たちの生活ぶり」である。すなわちまず、一三四八年春から夏にかけて襲った数カ月間のペストによる死者の数は恐るべきものであった。もともとフィレンツェは、高いレベルの行政組織にもとづく資料（租税関係、食糧配給等）の資料に恵まれていているのだが、研究者ベネディクトヴ、それらとともに、従来の研究を踏まえて、さらに人口学的な調整を加えて、最終的に打ち出した精緻な研究によれば(*1)――

フィレンツェの都市の黒死病による総人口死亡率

黒死病直前（一三四七年末）の人口	九万二〇〇〇人
黒死病直後の人口	三万七二五〇人
総人口死亡率	五九・五％

である。誤差を考慮しても、六割前後の住民の命が短期間に奪われたのである。まことに未曾有の大惨事であった。しかし、この不幸極まりない事態は、生き残った者たちにとって、必ずしも悪いことばかりではなかった。肉親・友人を多く失って悲しみに打ちひしがれたかもしれないが、生活そのものは、むしろずっと豊かになったのである。人口の六割が死んだが、動産・不動産はほとんどそのまま残って、生き残った者に渡されたのである。身分や地位に関していえば、生き残った者たちは、多くの場合、空白になった上の地位に昇ることができたのである。こうしたことから、人々の暮らしは豊かになり、しばしば奢侈に走った。そのため都市政府は奢侈禁止令を発布した。ペスト前の五〇年間に発布した回数が一一回であったのに対して、ペスト後の五〇年間に発布した回数は、二三回に及び、二倍である。また、実際、年代記作家マルキオンネ・ディ・コッポステーファノ（一三三六～八五）やマッテーオ・ヴィッラーニ（一三六三年没）も、ペスト後の激変した様子と、生き残った人びとの奢侈ぶりについて語っている――

「この疫病はすでに述べたように、一三四八年の五月に始まったが、その年の九月に終息した。人びとは都市に戻り始め、家のなかに入って家具の具合を調べ始めた。しかし、財産がいっぱいありながらも、そこに主人のいない家が数多くあった。それを見て人は茫然自失に陥った。間もなく財産を相続する者が姿を見せ始めた。こうして疫病前には一文なしだった者が、相続人として金持ちになった。このため疫病の前には何も所有していなかった者が金持ちになった。それらの財産は実は彼らのものでなかったように思われたのだが。こうして相続人として不適格と思われる人が、男も女も、衣服や馬に金をかけて贅沢な暮らしを始めた。[＊2]」（マルキオンネ・ディ・コッポステーファノ）

パッサヴァンティがこの例話集を執筆していたのは、ちょうどこの頃、一三五〇年代であった。パッサヴァンティは、多くの人びとが来世の永遠の責め苦を思わず、転がり込んできた金で現世の快楽を追求するのを目の当たりにしていたのである。フィレンツェの人びとのこうした精神状況からパッサヴァンティは、この例話集『真の改悛の鑑』のなかで、人びとの、贅沢を追うだけの現実の生活に対して、こころから改悛して、来世に備えよと、そう繰り返し言いたかったのであろう。

第二二話　改悛のもたらす効力——学生の犯した罪とその不思議な赦免——

これもまたカエサリウスが書いた話である[1]。

パリに一人の学生がいた。彼は自分がおこなった悪事と大罪のために非常に大きなこころの痛みを感じていたが、恥ずかしくてどうしても告解には行けなかった。しかし、ある日、罪の呵責の念の方が恥ずかしさに勝(まさ)って、サン・ヴィクトル修道院[2]の修道院長のもとに告解を受けに行ったのであった。

修道院長の足元にひれ伏してから、胸のうちから痛切な呵責の念が沸き起こり、悲嘆の念が高じて、おいおい泣きじゃくり、目からとめどもなく涙が溢れ出て、そのあまり、声はか細くなってしまった。このため自分の罪を告解するはずのことばが全くことばにならなかった。

告解聴聞師はその様子を見てからこう言った。

「しばしこの場を離れて、そこで自分の罪をすべて書きなさい。」

それから学生はそのとおりにした。そして告解聴聞師は、学生がそれを読んだ時に、最初と同じように呵責の苦しみのために、告解でものが言えなくなってしまうかどうか再び試してみようと思った。

「書いたものを私に渡しなさい。」

それを手にしてから恥ずべき大罪を読んだ。だが、告解聴聞師は、自分ひとりの判断で彼に贖罪を与えることができないと思ったので、大修道院長に依頼して学生と話してもらうように依頼した。この大修道院長は学識豊かな人であった。

そして大修道院長に相談を求めて、彼に書いたものを渡した。その紙には悔悟したその罪人のすべての罪が書かれてあった。

大修道院長はその紙を開いた。そして紙を見ると、そこにはまったく何も書かれていなかった。そして修道院長にこう言った。

「あなたがくれたこの紙には文字は書かれていない。だから、わしはいったい私は何を読んだらいいのかね。」

修道院長はそれを見てみた。そしてこう言った。

「先ほど、この紙にはあの学生のあらゆる罪が書き込まれていました。そして私はそれを読みました。しかし、私がそれを読んだ後に、慈悲深い神は、彼が改悛したことからうまれる効力を、かたちで示そうと望まれたのです。そしてこの若者の改悛が神に受け入れられたのです。そこで彼のすべての罪を赦されたのです。」

大修道院長も修道院長も、ともに、学生に起こったことを語り合った。そして学生は、自分の罪が赦されたことに喜んで、神のご慈悲に感謝したのであった。

（1） 間接的にはハイスターバッハのカエサリウスに依拠しているが、パッサヴァンティが直接的に依拠したのは、これもまた『説教目録』である。
（2） パリにある有名な修道院。一二世紀に神学研究が花咲いた。

＊ 深い改悛に対しては、神は奇跡を起こし、犯した罪を　　赦免することがある。パッサヴァンティは、神の深い慈悲

を強調する

改悛が引き起こす奇跡的な効力を扱った例話である。パリのある学生は大罪を犯しながらも、羞恥心からずっと告解には行けずにいたが、ある日、罪の呵責の念が羞恥心に勝って、サン・ヴィクトル修道院長のもとに行き、告解を受けた。そこでは罪の痛切な呵責と悲嘆さの念があまりに強く込み上げてきたので、学生は激しく泣きじゃくり、声はほとんど聞き取れなかった。そこで修道院長は、犯した罪を紙に書かかせた。そして、それを読んでみたが、一体どのような贖罪がいいか判断できずに、大修道院長の助言を仰ごうと思い、その紙を大修道院長に渡した。ところが、大修道院長がその紙を広げてみると、何と、罪を書いた文字が消えていたのである。慈悲深い神は、深く改悛した学生に対して、贖罪なしにそのまま赦すことを形で示されたのである。これは改悛――「涙」に象徴されている――が起こした効力の驚くべき現われ方である。深い改悛は奇跡をも引き起こすものなのであろうか。――犯した罪は神によって、まさに「水に流された」のである！

ただ、少し気になることがある――修道院長がうっかり間違えて、別の紙を手渡してしまったのでなければいいのだが。

第一三三話　改悛のもたらす効力——人殺しの学生と罪を悔悟した妹——

これはカエサリウスによって書かれた話である。[1]

フランス王国のアラス[2]の町に貧しい学生の若者がいたが、彼は貧しさからしばしば悪辣な行いをした。ある日のこと、彼は知り合いの金細工師のところへ行って彼にこういった——。

「ほかの金細工師ではなく、お前のところにひともうけさせてやりたい。私の家に金と銀を大量に含んだ皿を買いたがっている金持ちの商人が来ているのだ。その皿をもって私と一緒に来たらいい。」

金細工師は金儲けがしたいと思って、たくさんの皿を携えた。そして家族の者に「私はその品をもってあの学生の家にいく」と言った。こうして彼は出て行った。ところが、金細工師が家に着いて中に入るや、学生は彼を殺してしまった。そして皿を奪って、それをしまい込んで、それから、妹を呼んで手伝うように呼び付けて、一緒に金細工師の体をばらばらに切り裂いてしまい、汚水だめに投げ捨ててしまった。

金細工師の家の者たちは、主人の帰りが遅いのでどこへ行ったかと思い、学生の家にやって来て尋ねた。学生は金細工師が家に来たことを否定した。しかし、金細工師の家族は疑いを抱いて役人に訴えた。役人は学生の家にやって来て、彼と妹を捕まえたので、犯行を否定することができなくなった。そして殺人と盗みの科で二人とも火刑を言い渡された。

そこで妹はこう言った——

「お兄さん、これはお兄さんのためにやったことです。でも、もう死刑から逃げることはできないのですから、せめて霊魂だけでも死刑から免れるようにできるだけのことはしましょう。私たちの罪の告解を受けましょう。そうすれば神が私たちに憐れみをくださるでしょう。」

しかし学生は告解を拒み、頑として心を閉ざしたままであった。妹の方は数多くの改悛をして告解を受けた。そして二人とも火の中に置かれた。ともに同じ柱に縛り付けられた。全く自暴自棄になっていた学生はすぐに火に取り囲まれて焼けてしまった。ところが、妹の方は、柱に結び付けられた綱が燃えただけで、火の中から無事に救われた。妹は、奇跡が起きたことのために死刑は許された。妹はそれからというもの、まるで聖人のような生涯を送ったのであった。

（1）　パッサヴァンティはハイスターバッハのカエサリウスを出典としているが、実際は『説教目録』による。
（2）　アラス Arras はフランス北部のアルトワ地方の町。中世においてサン・ヴァースト大修道院を中心に発展した。

＊　深い改悛は奇跡を起こし、命をも救うと説かれる。火刑は最も厳しい刑であった

アラスは、フランス北部アルトワ地方（ノール＝パ・ド・カレー地域圏）の中心都市（県庁所在地）である。ベルギーとの国境も近い。このアラスの町に、貧困からしばしば悪辣なことをする学生がいた。ある日のこと、この学生は金細工師に嘘をついて、《今、金持ちの商人がうちの家に来ていて、金製・銀製の皿を買いたがっているから、皿をたくさん持って家まで来てほしい》と言って家まで呼び出した。そして皿を持って家までやって来た金細工師をすぐに殺害し、皿を奪い、死体をばらばらに切り裂いて捨てた。これには妹も手伝わせた。しかし、犯行がばれて、学生とその妹は火刑に処されることになった。妹は、神の慈

悲を求めて数々の罪について改悛し、告解を済ませた。しかし、学生はこころを閉ざしたままで告解には応じなかった。火刑が始まり、学生の方はすぐに火が回って焼けたが、妹の方は縄が燃えただけで無事救い出された。妹は、告解の効力のために奇跡を起こしたことから、罪は赦された。それからは聖人のような生涯を送ったのであった――。

カトリックにおいて、処刑として「火刑」を採用するのは、強い意味があった。火刑の場合、ただ単に罪人を死に至らしめるだけでなく、罪人の遺体は灰になってしまうことから、霊魂は帰る場所がなく、最後の審判の時に復活できないことになる。そのためふつうかなり重罪の者に適用された。だから、しばしば、火刑は異端や魔女の場合に用いられる。

では、ここでは殺人と盗みと死体遺棄に対して、断首でなく、火刑という最も厳しい刑を科したのだろうか。その はっきりした理由はわからないが、アラスはカタリ派が強かった地域であり、火刑という刑の適用がそれほど特別なものとは思われていなかったのかもしれない。あるいは、ことによると、学生――すぐに焼け死ぬ――と、その妹――縄が燃えただけで体に火がつかない――との間に、差をつけて、改悛をした妹を救い出そうという意図が作用したのかもしれない。

第二四話　告解を回避した罪と聖フランチェスコの祈禱による蘇生

ある女について次のような伝説が語られている[1]。

その女は告解を受ける時に、ひとつの罪だけについては、恥ずかしさと、それを忘れてしまいたい思いから、触れずにずっと後回しにしておいた。その罪については、いつかは折を見て告解すると言いながらも、それでいてその罪の告解を避け続けたのであった。それから、その女は、命を落とすことになる病に陥ったが、その際もほかの罪は告解で話したものの、その罪だけは告解で触れなかった――こうして女は死んでいった。

死んだ女の遺骸はまだ教会に置かれ、葬儀がおこなわれていた時のことであった。その時、女の霊魂が肉体に戻って来たのであった。そして目を開けて、霊魂が肉体に戻って来たことを司祭のひとりに示した。そして司祭が柩のそばに近づいたとき、司祭に「告解を受けたいのです」と言った。

そして教会のなかにいた人びとは、聖職者も俗人も皆そばにやって来た。彼らは恐れ驚き、茫然としたまま、告解が終わるのを待っていた。

女は告解を済ませてから司祭にこう言った――

「私は本当に死んでしまったのです。そして暗い牢獄のような場所で待たされていました[2]。すると、そこで聞こえて来たのです――《お前には天国に行ける望みはない。なぜならお前は、犯した罪の全部を告解で話していないからだ》と。

しかし、私が生涯ずっと信仰を捧げてきた聖フランチェスコ様が、私のために神に祈って下さいました。そして《この女がひとつの罪だけを告解で話さないままに残しておいたのは、悪意というより出来心にすぎないのです》と神に言ってくれました。すると、ありがたいことに、私の霊魂はもう一度肉体に戻って来て、言い残したひとつの罪について、告解を受けることが許されたのです。そして今、その罪を神と神父に告解のなかで話しました。そして罪の赦しがなされ、霊魂は肉体から離れて行きました。これで私は、救済と天国への望みを抱いて、これから煉獄へまいります。」

以上のようなことが起こったのである。

司祭が赦罪のアーメンを言ったあと、女は急にがっくりと身を崩し、息を引き取った。それから葬儀が続けられ、終わったのち、遺骸は墓に納められた。そして女の霊魂は救済に向かったのであった。

（1） 出典は、ボナヴェントゥーラ（一二一七年頃～七四年）のアッシジのフランチェスコの伝記『大伝記』*Legenda Major* によると考えられる（*REP*, p. 582. n.3.）。

（2） 一種の地獄に通じる控えの場のような所を言っている。

＊ パッサヴァンティは、告解は先延ばしにしてはいけないと教えるが、実は、信徒（特に女性）にとって告解での告白には、諸事情から多くの困難が伴うものであった

先延ばしにしがちな罪の告白

ある女性は、告解で告白しておくべき罪がひとつあったのに、その罪だけは恥ずかしさと思い出したくない気持ちから、どうしても告白できずに、ずるずると先延ばしにした。そして結局そのまま死んでしまった。ところが、今ま

さにその女性の葬儀が教会で執り行われている最中のこと、女性は急に息を吹き返して、起き上がり、司祭に「告解をお受けしたいと存じます」と言った。葬儀の参列者の人びとがこれを見て驚き、どよめくなか、女性はすぐにその司祭から告解を受けることができた。告解が済んでから、女性が言うに、死んで牢獄のようなところで待たされているときに、声がして《お前は、告解で全部の罪を改悛していないので、天国に行けない》と言われた。途方に暮れていると、日頃から崇拝し祈りを捧げている聖フランチェスコ様がとりなしをしてくれたおかげで、今生き返って告解を受けに来ることができたと言う。それから司祭が最後に赦免の「アーメン」を言うと、すぐに息を引き取った。それから女性は救済に向かったのであった――。

おかしなもので、人には、その義務を果たそうと思って気にかけていながら、ずるずる先延ばしにし、結局時間ばかり過ぎてしまうことがあるものだ。例話は、人生においてありがちな、そのようなちょっとした心のすきを問題にし、それにむしろ強い光を当てる。この例話では、信徒に対して《死ぬ前に告解で罪の清算をせよ。告解で改悛し損ねたことがないように、こころに一点の曇りもないようにして、晴れて天国へ向かえ》と教える。

これとよく似た例話が、ハイスターバッハのカエサリウスの例話のなかにもある――

ある修道士はもちあわせがなく、渡り船の人夫に一銭も船賃が払えなかったことがあった。彼は死に臨んで改悛したが、このわずかな借金について忘れていた。ところが、あの世に行くと、この小銭は彼の目の前でどんどん殖えて、世界全体よりも大きくなってしまった。この修道士は天使にむかって、どうか自分の霊魂を肉体に戻してくれるようにと頼んだ。こうして生き返った修道士は、修道院長に改悛のやり直しをしてもらって、借りたままになっていたお金を返した。すると、すぐに息を引き取ったという[*1]。

告解を受けることのむずかしさ――聴聞師の側の問題と信徒の側の問題

ここに示した二つの例話には大きな違いがある。ハイスターバッハのカエサリウスの例話の修道士が「船賃」を払うのをついうっかり忘れてしまったのに対して、パッサヴァンティのこの例話の女性は、わかっていながら、告解を後回しにして回避しつづけたのである。この点、女性の罪の方が大きいように思われる。では、どうしてずるずると後回ししてしまったのであろうか。それは「恥ずかしさ」――思い出したくないほどの――からであったという。

思うに、告解の秘跡という制度そのものに、実は、本質的にも、技術的にも、デリケートな要素が含まれていて、やや極端に言うと、「信徒」と「告解聴聞師」の間になされる「告解」は、「綱渡り」のような危なっかしい状態を経てようやく成立しているかもしれないのである。この女性が、罪の告白がしにくく、告白を回避してしまったのは、この女性の個人的な問題のせいだけではないだろう。もともと告解の秘跡の制度そのものに、告白をむずかしくさせるような、極めて困難な要素が含まれているのである。

告解聴聞師の資質・能力の問題

まず告解聴聞師の資質・能力そのものが問題かもしれない。告解聴聞師（司祭や司祭修道士）が、本当に神に代わって――告解聴聞師は「神の代理人」である――有効に告解をおこなうことができるものか、という理念的、本質的な疑問がある。一六世紀のトレントの公会議以後、マニュアルや研修等の技術的な改革がなされて、告解はカトリックの秘跡として揺るぎのないものになったかもしれないが（本書は近現代のカトリックそのものについては、専門ではないので扱わない）、ここで扱う一四世紀においては、どうだったのだろうか。聖職者として「修行」を積んで「聖性」や「徳」を獲得したとしても、告解聴聞師も所詮「生身の人間」である。告解聴聞師は、罪を告白してくる信徒に「神のように」寛大なこころを抱いて、接することができたのであろうか――つまり、信徒の立場から見て言えば、その告解聴聞師にむかって、いつも神に接するように敬虔で謙虚な気持ちを抱いて、すべての罪を打ち明けて赦しを乞うように、話すことができるかという問題がある。――実際は、そこまではなかなかむずかしいことであろう。

　ここには、現代の心理療法のカウンセラーの資質・能力と同じ問題が潜んでいる。カウンセラーのなかには、クライエントが抱いている悩みや思いを吐露しやすい人とそうでない人がいるだろう。クライエントのもつトラウマに光を当てることで自己治癒を導く有能なカウンセラーもいれば、まだそこまでいかないカウンセラー、それどころか、自己実現しておらず、ある種の話題については、負い目や嫌悪感などから回避したがるカウンセラーもいるだろう。また、クライエントの悩みに寄り添うどころか、「もっとしっかりしろ」と言って、叱責し出すカウンセラーもいるかもしれない。告解聴聞師についても同様で、内容、信徒の年齢や性、身分や職業、その人柄や態度、貧富等に左右されずに、公正に接することができたのであろうか――これもまた、むずかしいことかもしれない。当時、信徒の貧富によってお布施の規模もかなり異なったことから、その差は告解聴聞師の意識に上り、その態度の違いに表れたかもしれない。実際、都市の富裕階層の支配的な市民の場合、専属の告解聴聞師がついていたという。また、告解聴聞師によっては、信徒が告白した罪に対して、興味本位から、あれやこれやと尋ねて楽しむ告解聴聞師もいたかもしれない。あるいは、信徒が重大な罪と思って話した罪を取るに足りないと思って、内心で、せせら笑ったりする告解聴聞師がいたかもしれない。あるいは、信徒が犯した罪の大きさに対して、怒りと憎しみをもって罵声を吐いて、告解を拒否する告解聴聞師がいたかもしれない——実際、パッサヴァンティの例話には、そうした告解聴聞師がいたと書かれている（第三一話）。さらに、若い聖職者である場合、人生経験が少ない上に、聖職者としてふつうの場合、結婚生活の経験もないわけであるから、告解聴聞師として、夫婦生活の性的な営みの問題や不倫の告白にうろたえずに適切に対応できたのであろうか。なかには、あまりに潔癖すぎてそうした話題に対して極度に拒絶反応して信徒の告白を閉ざしてしまう告解聴聞師もいたかもしれない。

信徒にとって、有能で優れた告解聴聞師だったら、告白がしやすく、包み隠さずすべての罪を話せたかもしれないのに、たまたま告解聴聞師が資質や技量に欠いていたためにうまく告白できず、結局そのために「天国へ行けない」ことになってしまうのであろうか。もしそうなら、担当した告解聴聞師の出来・不出来の問題は、宝くじのように、運・不運の問題で片付けられてしまうだろう——偶然出会った告解聴聞師によって信徒が救済されたり、救済されなかったりするのは、不合理ではないだろうか。

実際、パッサヴァンティのこの例話集（実話とは限らないが）を読むと、問題のある告解聴聞師が登場する——第三〇話では、告解を求めて来た信徒に向かって、「お前は悪魔の子だ。もう地獄に堕ちている」といって頑（かたく）なに贖罪を与えるのを拒否する告解聴聞師が登場する。第三一話では、海賊だった男の犯した罪があまりに大きいと言って、罪を赦さず、贖罪を与えなかった告解聴聞師が続いて二人登場する。さらに、第三二話では、好色の告解聴聞師が登場し、若い修道女に対して、根掘り葉掘りと《男性経験》の有無をめぐってセクハラの質問をする。修道女はそれで性的に刺激され、それがもとで修道女は堕落の道を歩むことになる。

そもそもキリスト教は、「罪」と「赦し」の宗教である。もしそうならば、「罪」に対して「赦し」を与える秘跡、「告解の秘跡」は、この時代の中世カトリックの制度の中核をなす重要な要素であったと言える——ところが、その秘跡において、告解聴聞師側の問題のせいで信徒が罪の告白をすることができず、赦しが与えられない状況があるとしたら、それは制度とキリスト教の根底を揺るがす大問題となるはずである。

女性の側の心理的な抵抗——性的な罪をめぐって

以上が告解聴聞師の側の問題であったが、それに加えてこの秘跡を受ける信徒側が抱えた深刻な問題があった。それは告白を容易ならざるものにしていたデリケートな心理的な問題である。それは一体どのようなものであろうか。

罪は、どのようなものであっても、告白しにくいものであるが、そのなかでも心理的な問題として、最も告白しにくいものは何だろうか——おそらく「性的な行為」に関するものであろう。性的行為とその告白には常に羞恥心が伴うものである。《七つの大罪》と呼ばれるものを見ても、それを告白して恥ずかしいと感じるような罪は、色欲のほかに、あまりないように思われる——すなわち、「色欲」以外の大罪とは、「高慢」（社会に対してうぬぼれる）、「貪欲」（反社会的になって物欲に走る）、「嫉妬」（他人に対してねたむ）、「貪食」（大食い）、「憤怒」（他人に対して怒る）、「怠惰」（怠けて働かない）の六つである。そのどれもが、確かに恥ずべき悪徳であったとしても、その罪を犯して「羞恥心」を感じることはふつうあまりないだろう。実際、その六つの大罪は、ふつう社会に対して特に隠しておこなう性格のものではない。他方、色欲はまさに陰でこっそりと犯される。こっそりと犯すのは、その行為が心理的に羞恥心を感じる類の行為であるからだろう。

その性的な行為の告白をさらに心理的に圧迫する条件があった。それは告解聴聞師が常に「男性」であったということである。女性にとって、どのような罪でも男性を相手にして自分の罪を告白することは、困難さを伴うことが多かったはずだが、それが性欲と性行動に関する内密な罪の告白となれば、女性にとっていっそう恥ずかしくて話しにくいものであったにちがいない。そもそも、もともと女性は、男性優位の封建的な中世社会にあって、特に厳しい性差による社会的抑圧のもとに置かれていた。都市の多くの中上層市民の女性の場合、外出は、ふつう教会へ行く時以外は許されず、男性そのものと接するも機会もほとんど与えられなかった。こうした背景もあって、女性信徒が、色欲から犯した恥ずかしい罪を、あまり接することのない男性（告解聴聞師）に告白するのは、二重の抵抗感があっただろう（図24-1a、図24-1b）。こころから悔い改めるなら、どのようなことでも包み隠さず話さねばならない。しかし、具体的な話となると、一層話しにくかっただろう。まさに三重の抵抗感があっただろう——例えば、夫と祝祭日に交わった。性交の相手が夫でなかった。近親相姦をした。独身でありながら、男と関係した。寝室で動物のような性交をした、等々。

図 24-1a　告解を受ける女性

図 24-1b　同

スコラ学者は性を危険視し、性行為の罪の軽重のリストをつくった

こうしたことから推測すると、この例話の女性が、「恥ずかしさ」から先延ばしにした罪は「色欲の罪」だった可能性が極めて高いと考えられる。そしてこの「色欲の罪」こそは、中世キリスト教が最も重視した悪徳であった。

「色欲の罪」は、四世紀のアウグスティヌスらの教父に始まって、一三世紀頃の中世後期のスコラ神学者に至るまで、さらに、その他の多くの神学者がそれぞれの著作や数々の神学書のなかで、槍玉にあげて問題視した悪徳であった。人が色欲に支配され、性交による快感に溺れているときは、悪魔に支配されていると見た。色欲を伴わない、妊娠にのみ直結する性交、すなわち合法的な性交のみが許容された。こうしたことから、スコラ神学者は、逸脱しやすい夫婦生活のなかで、「赦される性行動」と「赦されない性行動」とを詳細にわたって検討、分析、分類したのである。[*2] すなわち、この世の一切合切の人間の行為を体系的に説明しようとするアリストテレス的な考え方から影響を受けて、寝室で裸の二人でなされるありとあらゆる性的行為を想定して――彼ら神学者はカトリックの聖職者なので結婚生活を知らないはずなのに――具体的に性的行為を分析した。つまり、考えられるあらゆる種類の性的行為の状況・場面（祝祭日、生理日、妊娠中[＊3]、性的行為の相手（配偶者か同性か近親か）、性交の体位、射精の時期（妊娠を回避したか否か）、そして性交中の意識――たとえば妻と交わるときにほかの女を頭に思い浮かべているか――など）を実に事細かに列挙・分類し、神から離れる罪深さの程度、さらには冒瀆の度合いを、まじめな顔をして、刑法学者のように分析したのであった――「これは《小罪》である」（赦される）、「これは《大罪》である」（赦されない[＊4]）と。ふつう彼らは、体験にもとづく実感・理解からではなく、頭のなかだけで観念的、神学的に分析したのである。罪なき性交、すなわち、一切快感を伴わない性交、妊娠のためだけの純粋に機能的な性交がありうると信じた。

この時代の最も優れた知識人が総力を挙げて払ったその思索のエネルギーたるや驚くべきものがある。スコラ学者にとって「恥ずかしい」行動を論じることは「恥ずかしい」行為ではなかった。彼らは、「性行動」と「性心理」とを悪徳の基準から、ひとつひとつの性行動の罪の軽重を論理的に分類・分析した。まことに微に入り細に入り、あらゆる性行動の可能性を想定して、罪のリストと贖罪を考えようとした。それほどまでおこなったのは、おそらく興味本位からではない。そうしたのは、中世キリスト教神学者から見て、救済に関する最も重大と見なした問題であったからである。性欲と性行動という、人の救済を妨げる最も高いリスクの悪――「悪魔の贈り物」――に対してメスを入れることは、キリスト教的倫理体系を築く神学者にとって、最大の使命であり、最大の仕事であると思っていたからであろう。

しかし、性のスコラ的理論を頭の中だけで観念的に構築する上層部の神学者とは別に、教会堂の第一線で、告解場に来た信徒と面と向かう告解聴聞師は、必死の格闘をしていたのである。彼らこそ、生身の人間であった。彼らが告解場で、現実の性の問題に冷静に対応できたか、それが実は問題であった。すなわち、犯した罪を浄めようとして必死に性的告白をする女性を前にして、告解場の聴聞師の方がそれに興奮を感じてしまうという事態が起こったのである。そのような現場の聴聞師からの悩みを受けて、エクセターのバルトロマエウスは、その告解の手引きのなかで、夫婦の自然に反する罪をあまり詳しく聞き込んではならないと記している[＊5]。このように、性の告白は、話す方にも聞く方にも、非常にむずかしい問題をはらんでいたのである。

結婚の低い位置づけ

キリストは、みずから聖書のなかで「みだらな思いで他人の妻を見る者はだれでも、既に心の中でその女を犯したのである」（マタイ五章二八節）と言っている。つまり、こころで思い抱くだけで、姦淫という行動に出た罪と等しい罪であるというのである。このキリストのことばからも、色欲の罪はキリスト教が最も敵視した罪のひとつであったことがわかる。そして、色欲の延長として結婚が理解されていたことから、キリストは、聖書のなかで、「結婚」について、《できることなら、しない方がいい》とまで言っている（マタイ第一九章第一二節）。パウロも、すでに妻のある人も、妻がいないようにすべきである、とさえいう（「コリントの信徒への手紙」一、第七章第二九・三〇節）。実際、こうした結婚への蔑視から、中世カトリックにおいて「婚姻の秘跡」は「七つの秘跡」のなかで最も低いランクに位置づけられていた。また、同様の考え方から、キリストの四〇日間の苦行に倣った四〇日間の四旬節は、最も厳粛な期間であるとして、肉食が禁じられるとともに、結婚もおこなわれなかった（同様に、神聖な降誕節（降誕祭「クリスマス」の前の四週間）にも結婚は禁止されていたのである(*6)）。――このように見ると、旧約聖書の創世記の「産めよ、増えよ」のことばは、本質的には、ある部分においてキリスト教の考えとは矛盾するものとも思われるが（これも解釈次第であり、ルターなどはそう考えない。第三三話のコメント参照）、まことにその旧約聖書の神のことばのおかげで、人間社会において結婚が正当化されて、新約聖書の教え（または解釈）に対して「カウンターバランス」（つりあい）となったのかもしれない。

ここにおいて、性交を悪とする本質的な考え方から、せめて聖職者だけでも結婚せずに身を清めて、神とのとりなしに向かうという教会制度の発想が出てきたのかもしれない。

《ミニ・コメント》

レッチェ大聖堂のクリプタでの婚姻の秘跡とオルガン演奏

図24-2は、イタリア半島のかかとの南端に位置するレッチェ（プーリア州）で見た結婚式である。式は、地下一階のクリプタ（地下聖堂、地下納体堂）で、まさに四旬節のさなかの土曜日におこなわれていた（中世の四旬節の結婚の抑制の習慣は消えていた）。流れている音楽（オルガン）も、何と、プロテスタントのバッハ（一七五〇年没）のカンタータ《目覚めよと呼ぶ声が聞こえ》（一七三一年）であった。カトリックとプロテスタントの垣根はここでは取り払われている。

なお、中世の教会の音楽は、その楽譜の再現（演奏）

が容易でないことから、こんにち敬遠されがちかもしれないが、中世においても、それ以後においても、極めて重要な役割と地位を占めていたと考えられる。音楽は、古代から整然とした理論にもとづく、宇宙の秩序を反映し、芸術というよりも学問のひとつと考えられていた上に、教会のなかにおいても人間の感性に直接訴え、最も場の雰囲気を高める芸術であったことから、声楽・器楽とともに発展した。特にオルガンは教会音楽とは切って

図 24-2　クリプタでの婚姻の秘跡　レッチェ大聖堂　プーリア州

図 24-3　コモ大聖堂でのオルガンの演奏　オルガン奏者アレッサンドロ・ピッキ氏

も切れない関係にあった（図24-3）。ルターも音楽について「私は神学に次いで、音楽に次の地位と最高の栄誉を与える」といっている。(*7)

性的行為の告白には困難が伴う

ここで、この例話の女性が「恥ずかしさ」から告白を先延ばしにした罪が「色欲の罪」であったと見なして、考察してみよう。中世の場合、この女性がその罪を告白しようというなら、まず教会のなかの告解場へ行かねばならない。そして、そこで自分が犯した色欲の罪について、原則的には、第一段階として、「改悛」（反省）にもとづく「告白」（事実の報告）をしなければならない。そしてそれが済んでから、告解聴聞師から、その罪に応じたふさわしい贖罪が与えられ（この塩梅もまた聴聞師によってかなり個人差が出ただろう）、信徒はその「贖罪を果たす決意」をおこなうことになるだろう（第二段階）。そして多くは、告解の最終の「第三段階」において、「神の代理人」である告解聴聞師から「赦し」（赦免）をもらうことになるだろう。

こうした一連の流れにおいて女性の信徒はまず事実を具体的に報告しなければならない。「事実の報告」（告白）において、信徒は、いったいその相手が誰で、その相手とどのような性的行動を、どのような状況で、どの程度（回数・期間）おこなったかを話さなければならないだろう。それは実際のところ話しにくいことであったはずだが、ふつうそれは避けるわけにはいかないだろう。独身女性が「大罪」（例えば、婚前女性の性交、近親相姦、獣姦）を犯した場合、それに与えられる贖罪として、まずふつうミサ（その核心である聖体拝領）への出席を禁止されることになるだろう。実際、ドミニコ会神学者アルベルトゥス・マグヌス（一一九三頃〜一二八〇）は、間違った性行為を告白した信徒に対して、告解聴聞師は、その信徒に聖体拝領を禁じるべきだと言っている。そうした禁止に従ってミサに来なければ、どうしてミサに来ないのかと周囲から怪しまれることになったかもしれない。また、断食や節食その他の贖罪もまた家庭生活に支障を来たすかもしれない。このように、この時代の贖罪については、改悛に伴う贖罪は告解場だけの狭い空間では済まない場合が多かったのである。

既婚者の方が性的な罪に陥りやすいと考えられた

もしこの例話の女性が結婚生活を営む女性、すなわち既婚女性であった場合、どうだろうか。実は、神学者にとって、男性も含めて「既婚者」の場合の方がはるかに多くの問題をはらんでいると考えられたのである。未婚者よりも既婚者の方がはるかに多くの問題をはらんでいるとは、どういうことであろうか。

ふつう現代日本に生きる我々の感覚では、性の問題は、「既婚者」よりも「独身」の方が大きいと考えられるかもしれない。つまり、夫婦は、性的な欲求不満を日々、合法的に解消して生活していける分、家庭外で問題を起こす心配が少ないが、独身については、いつも欲求不満にさらされることから、性的な問題行動（時には性犯罪）に走りやすいように思われるからである。ところが、中世のスコラ神学者は、そうは考えなかった。「性的快楽」は悪魔の贈り物と考える彼ら神学者にとっては、もともと性交と密接不離である結婚生活を営む者、つまり一年中いつでも性交によって性的快楽に陥るリスクを背負って生活を営む者の方が、ずっと問題であり、この危機にさらされた生活者こそ分析のメスを入れるべき対象であった。まさに一五世紀のシエナの聖ベルナルディーノ（一三八〇〜一四四四）は、こう言った――「一〇〇〇組の夫婦のうち九九九組は悪魔に支配されている、と私は信じる。」[*8]と。

相手が配偶者であってもその相手と「性的快楽」を享受する者は、悪魔に魂を奪われた罪多き者であり、彼らに神の国はない、と考えた。結婚しても、いかにして「性的快楽」にふけらず生きていくか、この問題について、スコラ神学者は、真剣に、甚大なエネルギーを費やして、具体的に様々なケースを想定して、議論した。

例えば、美しい女性との性交と醜い女性との性交とでは、どちらが罪深いかが議論された。[*9]ペトルス・カントール（一一〇七年没）は、美しい女性との性交の方が罪深いと考えた。なぜなら、美しい女性の方が、楽しみが多く、その快楽の大きさこそが罪の大きさを規定するからだ、と主張した。それに対して、スコラ神学者アラン・ド・リル（一二〇二年没）は、ボローニャの法学者パッィアン（一一九七年没）とともに、美しい女性との性交の方が罪はまだ軽いと考えた――「なぜなら、彼は女の美しさに負けたのであり、抗し切きれない力のもとでは、罪は小さくなる」と主張したのである。

放蕩生活を知り尽くし、子どもまでつくったアウグスティヌスは別として（『告白録』第四巻第二章）、ふつうの場合、中世の神学者は、聖職者であることから、「結婚生活」も「性生活」も体験したことがない（はず）なのに、アウグスティヌスの大原則（「子づくりのみを目的とする性交は是認される。快楽を目的とする性行為は赦されない」）を頼りに、頭のなかで必死に思索を巡らせたのである。また、パリの司教であったオーヴェルニュのギョーム（一二四九年没）に至っては、快楽は人間の霊魂を損なうので「あらゆる肉体の喜びは、避けられねばならない」とまで言って快楽を拒否した。[*10]

しかし、結婚しても「性的快楽」にふけらずに生きていく――そのようなことが一体可能であろうか。彼らはどうやらそれが可能であると信じたようである。彼らは、夫婦生活において「赦される性行為」と「赦されない性行為」を峻別し、そして信徒に対して「赦されない性行為」をはっきりと提示してやり、その「赦されない性行為」を戒めて、夫婦がその罪を犯すことで地獄に堕ちてしまわないように警告したのである。こうして「性行為の理論体系」が築きあげられたのである。

神学者の性行為に関する理論体系においては、「神聖さ」を犯す観点から性行為は制限されたり、禁じられた。第一に「性交の動機」が問題視された。すなわち、旧約聖書の「産めよ、増えよ」や、アウグスティヌスの原則にしたがって、性交は、夫婦が生殖行為として、つまり、子どもを生むことを動機とした場合にのみ、正当化された。したがって性的快楽の享受そのものを動機として性交をおこなうことは悪であった。――こうして、快楽と刺激を求めた様々な体位による性交やその他の工夫は禁じられた。性交の形態、性交の動機、性交の時期、このそれぞれについて、一般の信徒が罪を犯しうるリスクが山積みしていると考えられた。

スコラ神学者によれば、正常な体位によらない性交（「動物の場合の交尾」）は、「自然に反する」ものとして、体に傷害のある場合など、特別の事情がない限り「大罪」を犯すことになり、避妊は、生まれてくるはずの者を生まれないようにすることから、「殺人」であるという。また、彼らは、妊娠しないとわかっている時期の性交（例えば、既に妊娠して母体に胎児がいる時期や生理の時期など）、妊娠を回避するための様々な行為、射精の際に精液を外部に出すことは、生まれて来るはずの命を生まれてこないようにするのだから、一種の殺人行為と見なされると考えた。[*11]

性交は子孫をもうけるためだけのものであり、性交にともなう快楽は悪魔のもたらすものとして、霊魂を汚すものと見なされた。したがって、快楽の享受を動機としておこなう性交も悪であった。アウグスティヌスはいう――「じっさい、神を創造主とする自然本性が、転倒した情欲で汚されているときには、神と私たちのあいだにあるべき結合関係そのものが破られているのです」[*12]（『告白録』第二巻第八章）。

年間の行事によっても性欲は抑圧された。すなわち、宗教的に神聖な日や改悛の強調期間を中心に、年間一四〇日前後が夫婦の性交渉の禁欲日に設定していた。すなわち、一年間のうち、日曜日(キリストが復活した週の最初の日、主日)、金曜日(キリスト受難の曜日)、四旬節の四〇日間、降誕祭(クリスマス)前の少なくとも二〇日間、聖霊降臨祭の前二〇日間、聖体拝領前の少なくとも三日間である。[*13]この総数五カ月に及ぶ禁欲日にもし性交渉をすれば、相手が配偶者であっても告解において改悛すべきものとされたのである。

ただ、このように禁欲日が多いことは、元気な若い女性を妻にもつ、老いた、精力のない夫にとって、好都合であったようだ。妻からよく求められる交わりを宗教的な意味であきらめさせる良い口実となっていたようである。ルネサンスの時代には、男性は、二〇歳かさらにはそれ以上も年下の女性を妻に迎えることがよくあったので、老いから負担を感じる夫も多かったようで、この負担は、ボッカッチョの『デカメロン』の第二日の第一〇話の老裁判官とその妻の話に出て来る。そこでは老裁判官は、若い娘と豪華な結婚式をあげ、初夜はどうにか苦労して乗り切ったものの、それからの夫婦生活は、それは大変なものであった——。以下引用する。

彼[老裁判官]は、やせっぽちで、ひからびていて、元気のない男だったので、翌朝は、白ぶどう酒や強精剤やその他の数々の品で体力を回復しなければなりませんでした。そこでその裁判官殿は、今までよりも自分の体力に気をつかうようになり、彼女に、こども向きの恐らくラヴェンナでつくられていたらしい暦を教えこみました。というのは、彼が示したところによると、一日として、多くの祝日が重なり合っていない日はなかったからです。彼はそれらの祝日を守って、いろいろの理由から、男女はこうした交わりを避けねばならないということを示しました。これに加えて、なお彼は断食、四季の斎日、使徒、千もの他の聖人の祝日の前夜や、金曜日、土曜日、全四旬節、月面の盈虧(みちひき)や、その他多くの例外を数え立てて、彼が時々裁判所で訴訟事件を取り扱う場合には休日を守っているように、女との同衾も休日とする必要があるのだと、教えました。一月に一度、やっと休養日があるだけという、花嫁にとっては憂鬱な戒めを、彼は長い間守ってきましたが、彼は、だれかが彼女に働く日を教えはしないだろうかと、しょっちゅう彼女を監視していました。[*14]

まとめ

以上、告解の成立を妨げる否定的な要素、深刻な諸問題を見てきた。しかし、告解をおこなうに際して、諸条件が整い、司祭と信徒の良好な関係のもとに告解がうまく進んだとき、これほど宗教的満足感を与えるものはないようだ。エラスムス（一四六六〜一五三六）はこれについて、告解の方法を扱った書のなかでこう述べている――「たしかに、救世主自身が告解を制定されたことについては、強力な異論が数多く存在する。しかしながら、徳の高い司祭に告解を行った者が見いだす安心感をどう否定できるのか？」。また、研究者ジャン・ドリュモーも、多くのカトリック聖職者によって告解への賛美がこれまでなされてきたことを指摘して、こう述べている――「告解は救済の〈確実な手段〉であり、〈海のまっただなかのわれわれを救い出す救命板〉なのだ」(*15)。また、『美しき惑いの年』などを書いたドイツの文学者ハンス・カロッサ（一八七八〜一九五六）も、『幼年時代』のなかで、少年時代に受けた告解を思い出して、「神秘の力は直接働き、わたしがひざまずき、告白しているその人は、ほんとうに神の使者としか思えなかった」、「幸福感にひたされ、わたしは燃えるような象徴のさなかに立っていた」と語っている(*16)。

現代日本において告解を扱った、実に感動的なテレビ・ドラマがあった。それは、水橋文美江原作《ＧＯＴＡＩＳＥＴＳＵ》（御大切）である（二〇〇八年、ＮＨＫ総合テレビにて放映）。昔、三歳の息子を捨てた母親（松田美由紀役）は、その罪にずっと苛まれていたが、ある日、山口のザビエル聖堂に来て、たまたま若い司祭（柏原崇役）から告解を受け、その罪を告白する。司祭は女性の話の内容から、また、女性は告解場の網越しにキラリと見えたロザリオに刻まれた息子の名前から、それぞれ実の親子とわかる――幼くして捨てられた思いから、怒りと憎しみが募るが、告解のなかで、名前に込めた母親の深い思いを聞かされ、自分が生まれた時に深く母に愛されていた事実や、当時の母の特殊な事情を知らされる。こうして司祭は、寛大な神の代理人の見地から、「神からの赦し」を与えるとともに、実の息子としての個人的な赦しをも与える。このドラマには、ずっと憎んでいた母を目の前にして、個人として動揺し、神の代理人として自制する神父の心によって、ドキドキする緊張感がある。短いドラマ（四〇分間）であるが、涙なしには見ることのできない大変な傑作である――これこそ、《北の国から》の倉本聰のいう「美しい」ドラマの典型であろう。

《ミニ・コメント》

性的な罪に対する贖罪――『贖罪規定書』から(*17)

性的な罪に対してどのような贖罪が考えられたのであろうか。

中世キリスト教の聖職者は、信徒が性的な罪を犯した場合、そのことを重く捉えた。それというのも、その行為自体が社会的には何ら害悪にならなくても、「一人の個人」と「神」との間の関係において、重大なもの、神への冒瀆と考えたからである。それによってその個人が最終的に天国に行けなくなると考えたので、それについてその都度、贖罪で清算しておくべきと考えた。

聖職者は、宗教的見地から、罪人(つみびと)に対して、その犯した罪ゆえに、どの程度の罰――贖罪――が適当であるか、与えるべき贖罪の軽重を色々と思案した。その考え方も、中世でも、時代や地域や聖職者個人によって様々であっただろう。そして、重要なことは、その贖罪が実際におこなわれたかどうかはわからないということである。以下の贖罪は聖職者が頭のなかで自己の価値判断にしたがって算定したものかもしれない。さらに、重要なことは、そもそも、信徒が、罪を犯した場合、どれだけ正直に告白したかもわからない。そして、残念ながら、その実態はわからない――密室であくまで秘密裏におこなわれ、記録は残されなかったからである。どうにか我々に知られていることは、『贖罪規定書』という文書として残ったことから、聖職者が、「どのような罪に」、「どのような贖罪を与えようとしていたか」ということである。正直に告白してきた場合でも、信徒がいわれるままに、課された贖罪を実行したかもわからない。というのも、もしいわれるままに、それを実行した場合、その贖罪には体を損ねてしまい、家庭生活や市民生活を損なってしまったかもしれないからである。しかし、ここで、少なくともいえることは、その地域、その時代の中世の聖職者が、どのような性的な罪を重く見たかが、ある程度わかるであろう。

繰り返すなら、ここに貫かれている考え方は、「避妊」(妊娠回避)は、生まれてくるはずの子どもを生まれないようにしたことから、「殺人」と同罪であるということである。また、生まれるはずのない時期や状態での性交は快楽目的にほかならないことから、大きな罪であると考えられたということである。

ピュルムの大修道院長レギーノ(九一五年没)の贖罪規定書

日曜日に夫婦が交わった場合→三日間パンと水だけの贖罪。

小斎・大斎（宗教的節食日）の日に交わった場合→一年間パンと水だけの贖罪または二六ソルドの喜捨。

カンタベリー大司教テオドロス（六九〇年没）の贖罪規定書
オーラルセックスの罪を犯した場合→七年ないし一五年ないし生涯に及ぶ告解の秘跡の義務。

堕胎をおこなった場合→一二〇日間の告解の秘跡の義務（なお故意に人を殺した場合は七年間の告解の秘跡の義務）。

八〇〇年頃のアングロサクソンの贖罪規定書
オーラルセックスの罪を犯した場合→七年ないし生涯に及ぶ告解の秘跡の義務。

アナルセックスの罪を犯した場合→一〇年の告解の秘跡の義務。

堕胎の罪を犯した場合→七年ないし一〇年の告解の秘跡の義務。


ヴォルムスのブルカルドゥスの贖罪規定書（一〇一〇年）

夫が、妻と、他の女性と、犬のように後ろから性交をした場合→一〇日間パンと水だけの贖罪。

月経中の妻と性交をした場合→一〇日間パンと水だけの贖罪。

母胎に胎動を感じた後、あるいは出産前四〇日の間に交わった場合→二〇日間のパンと水だけの贖罪。

妊娠が確定した後に妻と交わった場合→一〇日間パンと水だけの贖罪。

日曜日に交わった場合→四日間パンと水だけの贖罪。

四旬節など小斎・大斎（宗教的節食日）の日に交わった場合→四〇日間パンと水だけの贖罪。

酒に酔って性交した場合→二〇日間パンと水だけの贖罪。

降誕祭の前の二〇日間、日曜日のすべて、教会法の定めた小斎・大斎（宗教的節食日）、十二使徒の祝祭日、主の祝祭日に交わった場合→四〇日間パンと水だけの贖罪。

第二五話　告解のもたらす不可思議な効力——アラスの異端者と神の審判——

カエサリウスを読むと次のように書かれている。[1]

フランスのアラスの町で数人の異端者が異端審問官によって投獄された。彼らは死ぬのが怖かったことから、自分たちの抱いていた異端思想を否認したのであった。しかし、なお誤謬の嫌疑があったので、裁きの判断のために彼らの手を熱い鉄に近づけるという、その地方で用いられていた取り調べがおこなわれた。彼らは裏切りのパタリ派[2]であったことから、灼熱の鉄で手が燃えた。その結果、火刑宣告が下された。

彼らのなかにひとり貴族の青年がいた。彼は聖職者に異端思想を捨てるように説得されたが、それに答えて——

「自分が間違いを犯してしまったことはよくわかっているが、改悛するにはあまりに遅すぎます。」

と言った。それに対して聖職者は「真の改悛をするのに決して遅くはない」と言った。そこで青年は司祭を呼んで告解を受け始めた。そして犯した罪について話し始めたとき、やけどが小さくなり始めた。そして告解が進むにつれて、火で焼かれた両手の黒く焦げた色とやけどの痛みが次第に消えていったのであった。告解をすませ、赦免が与えられたとき、やけどの痛みはすっかり消え去り、両手のやけどの跡も、まるで火に触れなかったかのように消えてしまった。

それから彼は審問所に出頭した。そこでは他の者は火刑に処せられたのに対して、彼は正真正銘のキリスト教徒であったことから解放されたのであった。

（1）パッサヴァンティは出典としてハイスターバッハのカエサリウスを挙げているが、この例話も、また『説教目録』による。

（2）「パタリ派」は一一世紀後半にミラノで生まれた政治的、宗教的な異端思想であるが、名称は一二、一三世紀にはカタリ派をも指して使われ、一四世紀中頃にはすべての異端にまで広げて使われた。

＊　ドミニコ修道会は、一方で異端審問によって異端思想を糾弾するとともに、フランチェスコ修道会とともに、広く民衆に向かって、説教と日常的な司牧活動を展開し、この時代に人びとに魅力的に響いた福音の教えと「清貧」の教えを尊重して、異端に傾いた人びとをもカトリックの陣営に引き入れた

既に第二三話で述べたように、アラスの町は、現在は北フランスのアルトア地方の中心都市であり、一二世紀において、この町とその周辺では、南フランスや北イタリアの地域の一部と同様に、「カタリ派」と呼ばれる熱狂的な宗教的一派（「異端」）が勢力を広げていた（口絵1）。この例話では、パッサヴァンティはアラスの異端者のことを「パタリ派」（この名称の由来は、一説にミラノの「パタリア」地区による）と呼んでいるが、これはイタリアでは「カタリ派」のことを「パタリ派」と呼ぶことがあったからである。厳密には「パタリ派」は、一一世紀の時点においては、ローマ教皇とも提携して教会改革（聖職者の帯妻と聖職売買と批判）を推進して、「正統」の域にあったものである。[*1] その後、カタリ派がみずからを「パタリ派」の名を用いるようになり、異端とみなされるようになった経緯がある。

カタリ派の教えは、直接的にはキリスト教の新約聖書に啓発されたものである。一一世紀頃から、教会の規制をくぐり抜けて俗語訳の聖書が巷に出回っており、人びとのなかに、新約聖書の福音書を読み、そこから自分なりに直接に宗教的な啓発を受ける者が出てきたのである。その背景には紀元一〇〇〇年を契機として終末意識が人びとに作用していたのかもしれない。また、教会改革運動も作用したのかもしれない。こうした時代の意識のなかで、聖書からの個人的、直接的な回心から、聖職者の現実の腐敗への批

判意識や、清貧の教えの意識が強まってきたのかもしれない。

この時代の福音主義的な運動は、カタリ派のほかに、ワルドー派やパタリ派、さらに正統とされた托鉢修道会フランチェスコ会やドミニコ会にも共通するものである。アッシジのフランチェスコなどは、当時高揚した「清貧」などの、福音主義的な潮流に触発されたひとりである。ドミニクスもフランチェスコも清貧の重視において何も新しいものはなかった。ただ、「異端」と「正統」を区別する本質的なポイントのひとつは、ローマ・カトリック教会の「認可」を得て活動するか否かであった。これと同じ意味において、研究者ノーマン・コーンはこう言っている――「一三世紀の初頭に入ると、フランシスコ会とドミニコ会という大きな托鉢修道会が誕生し、〈使徒的〉異端派が教会に反抗して行なっていたことを、教会の奨励を受けて実行し始めた。(*2)」

口絵1を見ると、一二～一三世紀においてカタリ派（緑色）もワルドー派（オレンジ色）も非常に広汎に広がっていたことがわかる。しかしカタリ派もワルドー派も、説教の自由と自己の宗教的信念を主張するあまり、ローマ・カトリック教会の統制に反抗して戦闘的にみずからの教えを訴えた。いうまでもなく、「異端」・「正統」はあくまで主観的なものであり、宗教的確信に達したカタリ派・ワルドー派にとって、他ならぬ自分たちこそが「正統」であり、ローマ・カトリック教会は「異端」であった。――なお、ワルドー派の場合、カタリ派の大胆な教義と比べるなら、カトリックとの教義的な違いはまだ知れているように思われる。まず、確かにワルドー派は、腐敗した聖職者の授ける秘跡の効力について疑いを抱いていた（そうした疑念はカトリックの一部の聖職者の間でさえあった）。また、十字軍遠征以降、キリスト教徒の間で流行していた聖遺物の崇敬について、その根拠が聖書に記述がないとして疑問を抱いた。しかし、この二点の疑問は、それほど過激なものとは思われない。結局、カタリ派もワルドー派も撲滅されてしまうが、その撲滅の力になったものは、ひとつに、ルイ九世などの世俗権力による異端撲滅の武力の成果であるとともに、ひとつに、托鉢修道会の運動によるものである。つまり、ドミニコ修道会は、一方で異端審問によって異端思想を糾弾するとともに、フランチェスコ修道会とともに、広く民衆に向かって説教と日常的な司牧活動を展開し、この時代の人びと（異端に傾いた人びとも含め）に魅力的に響いた「清貧」の教えをスローガンとして打ち出して、多くの人びととの共有部分を尊重したからである。

この例話では、パタリ派（カタリ派）に属していたひと

りの貴族の青年の改悛を例にして、改悛には遅すぎること
がないこと、改悛は奇跡さえももたらすこと、このことが
庶民にもわかりやすく説かれている。庶民はいつも奇跡を
欲していたので、ここでパッサヴァンティはその殺し文
句——一種の装置——をもって話を締めるのである。

第二六話　悪魔に憑かれた修道士と告解で隠した罪の暴露

カンタベリー大司教であった聖コンスタンスの伝説を読むとこう書いてある[1]。

聖コンスタンスがミサを執り行ったとき、ひとりの若い修道士がそのミサに出席していた。その修道士はおそらく大罪を抱えたままミサに出ていたのであろう。ミサで福音書を歌ったのだが、その時、悪魔に取り憑かれてしまった。そこで彼が色々言ったことばのなかには次のようなことばがあった[2]——

「たとえお前たちの犯した罪が、これまでばれずにいても、もしその罪の告解をすませていなければ、わしがその罪を皆に暴露していいふらし、追及してやるぞ。」

多くの者たちは恥をかかされるのを恐れて、彼が来ないうちに前に進み出て告解を受けた。そして告解を受けなかったためにその修道士に暴露されて、恥をかかされた何人かの者たちも、それから告解を受けに行った。

ああ、告解の効力の驚くべきことよ。修道士は先に告解をすませていた人びとに対しては何も言わなかった。告解を受けていないために、彼に恥をかかされた人びとも、告解を済ませて戻って来た時には、もうこれ以上恥をかかせる可能性はなかったので、修道士は彼らにはむしろこう言ったのであった。

「私は、あなた方の誇り高く、名誉に満ちた行為しか話すことはない。」

（1）　これも『説教目録』に出ている例話である。ただコンタンスという名前の大司教は歴代のカンタベリー大司教のなかには存在していない。

（2）修道士は、悪魔に取り憑かれているので、言っていることばはすべて悪魔のことばである。

第二七話　悪魔憑きの男と無効な告解

カエサリウスの書いたものによると、[1]ブラバント[2]に悪魔憑きの男がいたという。この悪魔憑きは、罪を犯していながら告解を済ませていない者を見ては、誰彼かまわずにその罪を咎めたてたのであった。

さて、ひとりの男がいて、この男は、この悪魔憑きに会って聞きたいと思っていることがあった。しかし、この悪魔憑きに罪を咎められるのを恐れていた。そこでこの男は、悪魔憑きのところに行く前に、告解聴聞師に自分のすべての罪の告解をすませておいた。――しかしその告解は、心から改悛の念を抱いたものでもなければ、二度と罪を犯さないという強い決意のものでもなかったのである。こうして男は悪魔憑きのところにやって来た。悪魔憑きは男の姿を見て、遠くからこう大声で叫んだ。

「友達よ、よく来たな。お前の罪は真っ白に洗い清められたよ。」

こういったものの、悪魔憑きは、それから彼に口汚いことばを言い始め、男のおこなった罪をあらいざらい咎めた。このため男はすっかり狼狽して、非常に恥ずかしい思いをした。こうして男はひどく落ち込んでそこを立ち去った。

それから告解聴聞師のところに行って、事の次第を話した。そして一体どうしてこんなことになってしまったのか、その訳を司祭に尋ねてみた。すると、その司祭から、「あなたの受けた告解が有効なものでなかったからです」と教えられた。そこで男は、告解聴聞師の助言にしたがって、もう一度、自分の犯してしまったすべての罪について、今度は痛恨と悔悟の念を抱いてあらゆる罪の告解を受けなおした。それからまた悪魔憑きのところに戻ったが、今度は悪魔憑きはもう何も言わなかった。

悪魔憑きの回りには何人もの人がいたが、そのなかの一人が悪魔憑きにこう言った——

「ほら、さっきお前さんがさんざん口汚く言った友達が来たよ。」

すると悪魔憑きの男はこう答えた。

「わしは奴には何も言わなかったよ。奴についてはもう良いこと以外には何も知らないからな。」

人びとは、この悪魔憑きのことばから、悪魔憑きがさっき男に口汚くののしって言っていた話は、実はうそだったのだと判断した。

——こうして告解の効力のおかげで、男は初めて自分の名誉を回復できたのであった。

（1）　この例話は、ハイステルバッハのカエサリウスに基づくものであるが、パッサヴァンティが直接利用した出典はこれまでの多くと同様に『説話目録』である。

（2）　テキストでは「ブラマンテ」Bramante となっているが、今日のベルギーの中部の地方ブラバント Brabant のこと。ブリュッセルがその中心地。

＊　二つの例話では、悪魔憑きの男は、隠した罪をばらすぞと人びとを脅して告解を促す。これは社会が恥を土台とした時代に移行したことを示すものであろう

ボッカッチョは『デカメロン』のなかで「ばれなかった罪は半分だけ許される」——と述べている（第一日第四話）。これの意味するところは、犯した罪がまだ露見していなけ

れば、社会的に責められないわけだから、その罪は現実には半分は許されているということであろう。しかし、残りの半分はまだ許されていない――というのは、すべてをお見通しの神がおゆるしになっていないからだ。パッサヴァンティのこの第二六話の例話は、まだ世間にばれていない罪、すなわち社会的には責められていない罪を問題にし、それを告解の場でみずから進んで正直に白状し、神から赦しを得るべきだというものである。――ただ、神から赦されたら、社会的、法律的に許されるのであろうか、我々には少し疑問が残るが、厳密なことはここではおいておこう。

いつの時代でもそうであるが、犯した罪は、そのまま隠したままで済ましたい――そう思う人はかなりいるだろう。そこで、パッサヴァンティはこうした人びとに罪を告白させるために、この例話集のなかで二種類の、いわば脅しをおこなっている。ひとつが、《罪を隠していると死んでから天国にいけないぞ》というキリスト教的な脅しである。これは先の第二四話「告解を回避した罪と聖フランチェスコの祈祷による蘇生」で見た。

もうひとつが、この例話で示す脅しであり、《世間にばらして恥をかかせるぞ》という脅しである。すなわち、罪を隠したままでいると、「悪魔憑きの男」が寄って来て、その秘密を暴露して、世間に言い触らせて「大恥をかかされるぞ」と脅す。この脅しは、ややユーモラスに、次の第二八話「不倫をした司祭、馬小屋で告解を受ける」でもおこなわれている。もともとキリスト教は、本質的に《罪の文化》を土台にしているはずだが、ここでは、興味深いことに、《恥の文化》という、キリスト教的価値観からやや逸脱した、「古くて」「新しい」価値観を土台にして説教がおこなわれている。「新しい」というのは、これがキリスト教的な価値観から離れた近代的な性質を帯びたものを示すからである。「古くて」というのは、「恥」という、所属する共同体からの評価は、すでにゲルマン・スカンディナヴィアの英雄の名誉や中世の騎士道の名誉に認められるからである。(*1)

この新しい《恥の文化》は、コムーネ(都市)という、一四世紀の市壁に囲まれた狭い世界で形成された価値観(都市的価値観)であり、それにもとづいて脅しがおこなわれているのである。この時代のフィレンツェのコムーネでは、金持ちが世間に対して「見栄」を張っていて、例えば、極めて高額な嫁入りのための嫁資(持参金)を用意して世間の人びとをあっと驚かせ、式や行列や祝宴を豪華にして世間に自分の家柄の高さをアピールしようとしていた。また、権勢を誇る金持ちたちは、「見栄」のために、教会への多大な寄進や豪華な葬儀・埋葬をおこなっていた。この「見栄」は、裏返せば「恥」と表裏一体の心理のものである。いずれも市壁に囲まれた狭い世界（例えば、千人かせいぜい数万人の社会）に同居して存在するはずの性質のものである。このように、中世後期・ルネサンスの「都市化」社会に伴って、身近な世間の人びとから受けるはずの恥を動機づけにして、告解せよ、と説教師によって説かれているのである。

第二八話　不倫をした司祭、馬小屋のなかで告解を受ける

カエサリウスによると、[1]トロサ[2]の村に一人の司祭がいたという。

この司祭は、町に住む騎士の妻のところに足しげく通っていた。ふたりは、良心に勝てぬままに罪に身をゆだね、長い間、この罪深い関係を続けた。とうとうこのことが騎士の耳にまで伝わってきたが、騎士は、これを即座には信じようとはしなかった。かといって、疑惑の念を払拭できぬままにいた。そして司祭にも妻にもこのことには触れずにいた。この疑いを妻にはおくびにも出さずにいた。

こうしてある日のこと、騎士は、司祭に相談があるので、ある場所に来てほしいと言った。

こうして騎士は、一人の悪魔憑きの男のいる村に司祭を連れて行った。この悪魔憑きは、会った者は誰彼かまわずその罪を咎めたのであった。その罪がたとえ個人の秘密のものであっても、遠慮容赦しなかった。司祭は、悪魔憑きがそうすることは耳にしていたので、騎士が自分を連れ出したのは、魂胆を抱いた騎士がふたりの不倫を悪魔にばらしてもらうためだと感づいた。

しかし司祭は、すでに告解をすませてしまった罪については悪魔にも隠せるということも聞いていたことから、ここで告解をすませてしまおうと思った。しかしその場には告解を頼める司祭はいなかった。そこで騎士のお抱えの従者の立っている場所と馬のいる場所の間に急いで身を投げ、従者の足元にうずくまって、熱心に罪の告白をした。こうしてから司祭は従者に贖罪を求めた。その時、従者は司祭にこう言った――。

「贖罪を申し渡します。あなたは自分がおこなった罪をそのまま包み隠さず他の司祭に告白すべきかと存じます。」

それから騎士は司祭を連れて悪魔付きのところに行ったが、悪魔付きは騎士やその他の人の罪を責め立てたが、司祭については何も言わなかった。

そこで騎士は言った――。

「お前はこの司祭には何もいうことはないのか。よく注意して見ろよ。」

悪魔付きはこう答えた。

「奴については何も言うことはない。」

このように言った悪魔憑きのことばは、騎士にも理解できるドイツ語だったが、彼が次に言ったことばはラテン語だった。

「司祭は馬小屋のなかで赦されたのだ（イン・スタブロ・イウスティフィカトゥス・エス）。」(3)

このことばは司祭にしか理解できなかった。

司祭は、騎士の仕返しを逃れることができたのは、神の恩寵と告解の効力のおかげであることはわかっていた。

それから司祭は、騎士の妻との不倫の罪を断って、シトー修道会(4)の修道士になったのであった。

（1）パッサヴァンティは出典をハイスターバッハのカエサリウスとしているが、これまでと同様に実際には『説話目録』による。

（2）パッサヴァンティが出典とした『説話目録』には「トロサ」の名前は出て来ない。ドミニコ・カヴァルカの例話にはこの地名が認められるので、カヴァルカの例話を読んだのかもしれない。「トロサ」Tolosa は、南フランスの「トゥールーズ」

Toulouse の古名。

（3） In stabulo iustificatus es.

（4） シトー Citeaux 修道会は一一〇九八年にベネディクト会修道士によって創設され、それが聖ベルナールによって発展を遂げた。一三世紀末には修道院は七〇〇にも達した。「シトー」Citeaux はテキストでは Cestella と表記されている。

＊ 緊急避難の状況では、司祭によらず俗人による告解も有効であるとユーモラスに説かれる

司祭は馬小屋の中で不倫の罪を赦された

不倫をした司祭は、緊急避難による告解によって、どうにか不倫の発覚を回避することができた。ややユーモラスな話である。悪魔憑きの男は、人が罪を犯しながらそれを隠している場合、その罪を人前で皆に言い触らして恥をかかせる。そこで、ある騎士は、自分の妻が知り合いの司祭と不倫をしているといううわさが本当かどうか確かめようと思い、その司祭を悪魔憑きの男に会わせて真偽を確かめようとする。司祭はその魂胆を見抜き、緊急避難的に、騎士の従者に向かって、その妻との不倫の罪を告白し、従者から贖罪の申し渡しを受けて、告解を済ませてしまう。こうして悪魔憑きの男から不倫の罪をばらされるのを無事に防ぐ。

これはユーモアをねらった例話である。しかし、むずかしく考えると、秘跡が確立された中世の時代において、俗人（ここでは従者）から告解を受けて済ませられるものか、やや疑問に感じられるかもしれない。しかし、もともと中世のある時期までは、俗人同士の告解は以前には実施されていたことである（後に聖職者によって独占化された）。この例話では、不倫が暴露されるのを避ける一種の緊急避難的な措置として、許されている。

ところが、ペストの大流行による大混乱の状況においては、緊急避難的な特別の措置として、司祭を前に告解ができなくても、罪の赦免が認められた経緯がある。すなわち、一三四八年、黒死病がヨーロッパを急襲し、キリスト教徒が司祭を呼んで告解や終油の秘跡を受ける間もなく次々と死去していく緊急事態の時に、アヴィニョンの教皇クレメンス六世（在位一三四二～一三五二）は、英断を敢行した——すなわち、《罪を改悛しつつ疫病死していくすべて

の信徒に加え、病人の看護、死者の埋葬に携わって罪を改悛するすべての信徒に、（告解がなくとも）正式の赦免を与える》という趣旨の教令（一三四八年）を発布したのである。[*1] これは疫病死などのために司祭が不足・不在するという疫病時の緊急避難に即応した措置であったといえる。

なお、この教皇クレメンス六世は、黒死病の大混乱のなかで、さらに、賢明な措置を取っている――ペストが大流行するなかで暴走した鞭打ち苦行の運動を厳しく禁止した上に、疫病の毒をまいたという理由から大量虐殺されていたユダヤ人が無実であるとしてユダヤ人を擁護した公正な判断を下したのである。

第二九話　情事をした司祭――降誕祭ミサと白鳩の奇跡――

カエサリウスによると、(1)フランスに一人の司祭がいたという。

この司祭は、ミサを執り行うために村から村へと巡回していた。ある降誕祭の夜のこと、一人歩きの女と出会った。そしてむらむらとわきおこる欲望に勝てずに、その女と肉欲の罪を犯してしまった。そして神の正義よりも、急にミサをとりやめることで受けるはずの人間の恥の方を恐れた。(2)そこで朝課の祈祷(3)をおこない、第一のミサをおこなうために式服を身につけ、それから厳かにミサを歌った。(4)

そしてキリストの聖体と血を奉納して、人びとにそれを示したが、その時、上から雪のように白い鳩が舞い降りて来て、聖杯のなかにくちばしを入れてそれを飲み込んでしまった。それを見て司祭はただあっけにとられるだけだった。また鳩は祭壇の上に置いてあった聖体(ホスティア)(5)も取ってしまい、それから飛んで行ってしまった。仰天した司祭はこのような場合にどうしたらいいかわからないままに、ただ自分がしでかした大罪がばれたら、恥をかくことになるのを恐れた。そしてとぼけた顔をしてキリストの聖体を食べたふりをし、キリストの血を飲んだふりをした。聖体拝領をしてミサを先にすすめて終わらせた。

そしてずうずうしくも自分の過ちを告白しようとせずに、いつも祝祭日にやるように第二、第三のミサを執り行った。そしていずれのミサにおいても、神は聖なる秘跡が司祭の堕落したこころによって執り行われるのを望まれず、鳩が飛んできて、第一のミサで最初にしたように、キリストの血と聖体(ホスティア)を持ち去ってしまった。

すべてのミサの終了後、司祭は自分の犯した罪のすべてと起こった奇跡を深く考えつづけた末に、呵責に耐え切れず、シトー修道会の修道院長のところへ行った。そして涙を流して罪を告解し、起こった奇跡を話したのであった。

司祭の改悛の姿を見てから、修道院長が贖罪として命じたことは、三度にわたって不正におこなった降誕祭ミサを再びやりなおすことであった。

そこで司祭は、涙をとめどもなく流し、怖くてびくびく震えながら、ミサのやりなおしをおこなった。そして聖体（ホスティア）と聖杯の奉納のことばを述べる段になった時のことであった――それを言うよりも早く白鳩がさっと祭壇の上にやって来た。そのくちばしは三つの聖体（ホスティア）をくわえていた。そして鳩は聖体（ホスティア）を聖体布に置いてから、三度のミサで飲んでしまったすべての血を吐き出して聖杯に注いだ。司祭はその聖体（ホスティア）のひとつで聖体拝領をおこなって、血の一部を飲んだ。

司祭は、残りの血を奇跡の証拠として保存して、満面に喜びをたたえて告解聴聞師の所に戻った。そしてあったことを報告して、修道会に入りたい旨をうやうやしく伝えた。そしてそれは受け入れられた。こうして彼は世俗を捨てて修道院の生活を選んだ。そこで聖なる生活を死ぬまで送ったのであった。

（1）パッサヴァンティはハイスターバッハのカエサリウスを出典としているが、直接的には『説話目録』の例話を利用している。

（2）大罪を犯したのだから改悛して告解をすべきだったが、それをしていないことが神の正義に反していたということ。

（3）「朝課の祈祷」とは「聖務日課」の最初の日課をなす。「聖務日課」は教会の名においてそのために定められたものによって一定の時間におこなわれる祈りであり、次の「定時課」によって成り立つ。「朝課」Matutinum（昔修道院で日の出の前に唱えたので「徹夜」Vigiliae ともいう）「讃歌」Laudes「一時課」Prima「三時課」Tertia「六時課」Sexta「九時課」Nona「晩課」Vesperae「終課」Completorium

（4） ひとりの司祭は、ふつう一日一回ミサをおこなったが、降誕祭（クリスマス）には特別に三度おこなった。なお、（復活祭前の）「聖金曜日」（キリスト受難記念日）には、キリストの「受難の苦しみ」のためにミサをおこなわなかった。

（5） ホスティアは、ミサで用いられるパンのこと。キリストの聖体を表すもの。文字通りには「犠牲」を意味する。

＊ 司祭は身を清めてミサに当たらねばならない。罪を負う司祭もまた告解を受けねばならないことが説かれる

聖職者は常に身を清め、「聖性」を保持しておかねばならないのに、村々を巡回するある司祭は欲望から行きずりの女と情事をしてしまう。そして、その罪を告解で赦し（赦免）を得ずに罪を背負ったまま、ある村の教会で「降誕祭ミサ」を執り行おうとした。すると、飛んで来た白鳩によって聖体（ホスティア、パン）やキリストの聖なる血（ぶどう酒、ワイン）を奪われてしまい、ミサは何度も邪魔されてしまった――ただただ狼狽（ろうばい）するばかりの司祭――。そこで困惑した司祭は、シトー修道会の修道院長に自分の犯した罪と、白鳩の奇跡を話した。そして心を改め、「告解」を済ませたのち、ようやくミサを思い通りにやり直すことができたのであった。この例話は、ミサの絶対的な聖性、ミサの司式司祭の聖性の不可欠さ、そして告解の重要性・効力などを示したものであろう。

なお、「鳩」は、「聖霊」の象徴である。絵画《三位一体》（神・キリスト・聖霊）のなかでは、聖霊は鳩に象徴されて描かれる。旧約聖書のノアの箱船の話では、大洪水が済んで外の様子を知ろうとして、ノアは二度にわたって鳩を放ったが、ようやく二度目に鳩はオリーブの枝を嘴にくわえてノアのところに戻って来る。吉報と平和の象徴となる。新約聖書「ヨハネの福音書」では、洗礼者ヨハネがキリストを洗礼した時に「霊」が鳩のように天から降りてきてキリストの上にとどまったとある（第一章第三二節）。こうしたことから、神聖な鳥としてみなされる。実際、ヨーロッパのカトリック教会のクーポラ（ドーム、円蓋、丸屋根天井）の真下から見上げると、天井の近くに鳩が描かれていることがある（図29-1）。世の中にほとんど同時に起こる神的な事象（赦しやミサや恩寵）を、一人の神の手による直接的なおこないとは考えにくいことから、その命を受けた聖霊が世界の至る所に力を及ぼし、霊的な事象をもたらすと考えるのかもしれない。

なお、この司祭がおこなったミサは《有効》だったのだろうか。これについて考えてみよう。

この司祭は、情事を犯したことによって、そのこころ（霊魂）は汚れているわけであるが、そうした状態で神聖なミサを司式した場合、そのミサが果たして有効なものであったのか、問題になろう。聖職者は、長年に及ぶ修行をおこない、その聖性を高めて、それを維持してようやくミサの司式に臨むことができる。もし司式者が聖なるこころでミサに臨むことが大切なことではなくて、誰が司式してもミサは有効であるというなら、長年に及ぶ修行と聖性の獲得は何だったのかということになろう。――この種の問題は実際のところ論じられたようである。これについて、

図 29-1　聖堂の天井の鳩の絵　サン・ジョヴァンニ・イン・ラテラノ聖堂　ローマ　鳩は聖霊の象徴。これは新約聖書にもとづくもの

図 29-2　ティツィアーノ《聖霊降臨》1555年　サンタ・マリア・デッラ・サルーテ聖堂　ヴェネツィア

ローマ教会は、「ミサの効果は司祭の人格にはよらない」と表明して、信徒を安心させ、権威を保とうとした。つまり司祭はただの「機関」でしかないと考える。この考えによって信徒を安心させようとした。しかし、それで問題が終わったようにも思えない。

司祭がただの機関でしかないなら、司祭の霊魂の聖性は問題にならないのかということになる。ここには、ミサを司式する「司祭の資質」と「機関」のむずかしい問題が潜んでいる。

司祭のためのミサの手引き書は、こうした問題を理解して書かれている。一方で、《霊魂は清くなくてはならない。また、きちんとした服装でミサに望むように。式服を間違うことは、七つの大罪よりももっと重い罪である》とまで規定している。しかし、他方で、《司祭がミサを司式している間に、まだ告解を受けずに赦されていない大罪を思い出したとしても、そこから逃げ出さずに最後までやりきるように。赦免はあとからでよい。どうしても無理ならそばにいる年長の司祭に助けてもらってもよい》と規定している。司祭の霊魂の状態は課題であったようだが、手引き書もそれをどうにかして補助しようと配慮していたのである。(*1)

第三〇話　盗賊となった修道士の臨終の告解と煉獄の罰

一人の修道士がシトー修道会に所属していた[1]。彼はすでに宣誓を済ませた聖職者であったが、その後、修道会をやめて盗賊になってしまった。しかしある村落を襲ったとき、彼は一本の矢を受けて負傷を負ったが、それは致命傷であった。そこで多くの人から告解をしてはどうかと勧められた。初めのうちはその気はなかったが、しだいに気持ちを変えて、ついに司祭を呼んだ。そして自分の罪について話し始めた。神は彼に対して多くの改悛を与えた。そして彼の目から次々と大粒の涙がこぼれ落ち、泣きじゃくって息が切れ、ことばも途切れてしまい、もはや自分のおこなった罪を話すことができなかった。

ようやく呼吸が少し収まり、自分の罪を告白し始めた。そして自分が極悪人であったこと、救いようのない罪人であったことを話した。

「私は修道会をやめてしまいました。山賊になって多くの者を殺し、多くの家々を焼き払い、人妻や娘を犯しました。またそのほかにも生涯に数々の悪事を働きました。」

これを聞いた司祭は知恵に乏しい司祭であった。この司祭は悪辣な罪を聞いて憤りの念から罪人に面と向かってこう言った。

「お前は悪魔の子だ。これほど重大な数多くの罪はとても赦されるべきではない。私はお前には贖罪を課すことはできない。」

罪人はこう答えた。

「何をおっしゃるのです。私は聖職者だから知っているのです。聖書に書いてあるように、罪人は、いついかなる時にも改心することができ、自分の罪を悔いることができるのです。神は、たとえどんな極悪人であっても、その罪人を慈悲のこころで受け入れて赦すとあります。私はあなたに贖罪をお願いします。」

すると司祭は「お前はすでに地獄に落ちてしまって呪われているのだから、どのような贖罪も課すことは許されない」といった。

そこで罪人はこういった。

「あなたが私にいかなる贖罪をも課そうとしないというなら、私は自分で自分に命じます。——私は自分に二千年の間煉獄に留まることを命じます。そのあとで神は私に慈愛を垂れるのです。」

さらにまた罪人はこういった——。

「ただひとつお願いしたいことがあります。私の罪を書き留めてそれを私の叔父である司教に見せてください。私は、叔父に頼んで、私の霊魂が救済されるように神に祈ってもらうのです。」

司祭がそのことを約束すると、罪人は息を引き取った。それから司教は甥のおこなった罪の一覧と甥の死の通知を受け取った。そして涙を流してからこういった。

「私は生前、甥を愛していました。またこれからもずっと甥を愛し続けます。」

そして司教は、自分が司教を務める限りずっと、一年中甥の霊魂のためにミサと祈りをおこなうように手配したのであった。

それからまる一年経ったときのこと、叔父の前に甥が姿を現したのであった。その姿はやつれ果てて顔面は蒼白であった。そして甥は叔父に向かって、「私のためにしてくれたことのおかげで千年分の贖罪がなされました」といって感謝した。さらにまた「同じことが二年目にもなされるならば、贖罪のすべての責務から解放されるでしょう」といった。

司教は二年目になっても一年目と同じようにした。すると二年目が終わろうという時のこと、司教が甥のためにミサを執り行っていると、死者が司教の前に姿を現した。死者は純白の修道服[2]を着て、晴れやかな顔をして司教に言った。

「あなたが私のためにしてくれたことで神が報いてくれました。あなたの善のおかげで私は煉獄の罪から解放されました。そしてこれから天国に参ります。」

（1）この話はもともとハイスターバッハのカエサリウスの例話のなかで詳しく語られているが、『説話目録』にはそれが要約された形で収めている。パッサヴァンティはその『説話目録』の要約された方の話を直接の出典にしている。

（2）純白は無実を取り戻したことを表す（*REP.* p. 596.）

＊　必死の供養は二千年の煉獄期間を二年で済ます！――供養は奇跡を引き起こす

司祭から告解を受けることを許されなかった盗賊は自分から自分に贖罪を与えた

もとは修道士であったが、盗賊に身を落とした男がいた。男は、盗賊として多数の者を殺し、多くの家を焼き払い、人妻や娘を犯した極悪人であった。しかし、ある村を襲った時に、致命傷を受け、死が迫った。そこで、ためらいながら、告解を受けると、深い改悛の情から激しく泣いた。しかし、彼の告解に臨んだ「知恵の乏しい司祭」は、《お前は重大な罪を犯した。だからもう地獄に堕ちている》と言って、贖罪を与えようとしなかった。すると、男は自分自身に向かって「二千年の間、煉獄に留まることを命じます」と言って、自分自身に贖罪を与えた。そして、男は、《私の叔父が司教をしているので、その叔父に私の霊魂の救済のために供養してくれるよう頼んでほしい》と言って、息を引き取った。事の次第を聞いた叔父の司教は、愛する甥のために、それから一年間、必死に追悼ミサと祈りをおこなった。一年経つと、甥があの世から姿を見せ、「千年分の贖罪がなされた」と感謝した。司教が続けてもう一年必死に同じことをすると、甥は再び姿を見せて、晴れやかな顔でこう言った――「私はこれから天国に参ります」。

どんな悪人でも告解の機会を与えられるべきである。与えられなければ自分に贖罪を与えることもありうる

この例話では、パッサヴァンティは思い切った考えを展開しており、それが当時のカトリックの教えに沿うものか、気になるところである。まず、この例話では、盗賊だった男は、告解聴聞師から贖罪を拒否された結果、自分から自分に対して贖罪を与えていることである。すなわち、自分に対して《煉獄に二千年間留まるものとする》と命じている（これも終油の秘跡を断られて、告解聴聞師の不在のなかで、一種の緊急避難として許されるのであろうか）。しかし、死後に自分に与えられる煉獄での贖罪は、神の権限下のものではないのか。もしこの盗賊の煉獄滞在期間を神が決めていたら、それは「二千年間」でなく「二万年間」だったかもしれない。しかし、パッサヴァンティは、集まった目の前の民衆を前にして、カトリックの堅苦しい教義から解放されて、思い切った判断をしてしまう――それこそがパッサヴァンティの例話の「受けた」理由かもしれない。

遺族の供養は煉獄の滞在を縮小できる

ともかく、こうして、話の関心のポイントは、遺族である叔父（司教）による並々ならぬ供養に移ってしまう。死者の自由意思ではなく、残された者の自由意思が死者の救済を支配する。この話では、まさに遺族の供養の力の大きさがものをいう。こうして叔父は盗賊であった甥のために必死に追悼ミサと祈りをおこない、当初二千年間苦しむべきであった煉獄での贖罪が、わずか二年でクリアーされて、甥は晴れて天国に行けたのであった。甥は、盗賊として多数の者の命を奪い、家々を放火し、人妻や娘を強姦したほどの極悪人であったのに、わずか二年間で天国に達してしまう――この考え方も、民衆を前に思い切った展開で引きつけようとするパッサヴァンティの意図であろう。

どうやら叔父が司教であったことも、この男の救済に都合よく作用したようである。そもそもこの例話は聖職者がつくったものである。お布施で生きる聖職者は、この例話

によって、遺族に向かって、よいか、供養ミサのお布施を惜しむではないぞというメッセージを伝えているようにも取れる。これとよく似た例話に、ハイスター＝バッハのカエサリウスが書いたリエージュの高利貸の妻の話がある。[＊1] この妻は、死んだ夫の魂の救済のために昼も夜も苦行や祈禱をして最初の七年間で地獄から(!)煉獄へ、次の七年間で、煉獄から天国へと、夫の魂を引き上げてしまう。ここにも、カトリック神学違反が公然となされている。一旦地獄へ堕ちた者は二度と這い上がれないというカトリックの鉄則をいともたやすく打ち破ってしまう。ここでパッサヴァンティは、教義や鉄則に背を向けて、民衆のこころに向かう。ペストによる衝撃と混乱は、既成の固定観念にこだわることを捨てさせたのかもしれない。このことは次の例話についてもいえる。

第三一話　ある海賊の誓い――告解聴聞師と贖罪――

『七つの贈り物』にこう書いてある。[1]

ある時のこと、海賊たちが大時化(おおしけ)に遇った。連中は死ぬのを怖がり、そこで誓いをした――もし時化(しけ)が止んだら、告解を受けて、悪事から足を洗うと誓ったのであった。

そして無事にその時化の難を逃れることができてから、連中は誓いを果たしに行った。連中のなかでも船長であった男は一人の隠者のところへ告解しに行った。その隠者はその男がおこなった数々の重大な罪を聞いてこういった――

「わしにはお前の罪を赦すわけにはいかない。またお前に贖罪を課すわけにはいかない。お前は教皇様のところに行かねばならない。」

そこで罪人は、教皇のところへは行く気にならないといって、隠者に向かって、贖罪を申し渡してくれるようにと頼んだ。男は自分が神のそばに行くに値すると信じて疑わなかった――ところが、隠者はそれに同意しようとはしなかった。すると海賊は激しく怒って、短刀を突き刺して隠者を殺してしまった。

それにもかかわらず罪人は誓いを果たすために別の司祭のところに行った。そして自分のおこなった罪の数々、それに隠者を殺してしまったことを告白した。すると司祭は目を丸くして驚きこう言った。

「仮に他の罪を一切しなかったとしても隠者を殺したこと、そのことだけでお前は教皇様のところに行かねばならない。また私としてはお前を赦すことも、また贖罪を課すこともできない。」

これを聞いて怒った罪人は、誓っていったのであった――

「たとえ殺した司祭のためであっても、わしが教皇様のところにまで行かなければ、贖罪を課してくれないというのなら、わしはそこまでして贖罪を受けるつもりはない。」

こうして、またしてもこの司祭も殺してしまったのであった。

男は、三番目の告解聴聞師のところへ行った。そして以前犯した罪や最近犯したばかりの罪を告白した。告解聴聞師は、男が告解聴聞師を二人殺したことを聞いて言った。

「わしまで殺すわけにはいくまい。」

それからこの告解聴聞師は男に慈愛深く話をしてやった。そして告解をおこない、それからようやく贖罪を課したのであった――その贖罪とは、もし誰か死んでいく者に出会うようなことがあれば、その人が死ぬまでそばにいてやること、それからその人の死後、その埋葬に手を貸してやり、その人の死について思いを致せよ、というものであった。

罪人は喜んでその贖罪を受け入れ、満足して立ち去った。その後、男は死者の埋葬の手伝いを何度かおこなって、告解聴聞師から与えられた贖罪を忠実に守ったのである。そして死というものがいかに恐ろしいものであるかを悟ったのであった。さらに、すでに罪は解かれたものの、大罪者としての自分の立場を深く考えて、悔恨の念を抱いたのであった。それから砂漠の地に行って隠者として暮らし、死ぬまで聖なる改悛の日々を送ったのであった。

(1) パッサヴァンティが直接利用した出典は『七つの贈り物』ではなく、これまでの多くの場合と同様に『説話目録』である。

* パッサヴァンティは、どんな悪辣な者でも告解の秘跡を施してやるべきであると考えた

海賊は、聴聞師から告解を拒否され、聴聞師を二人殺してしまう

この例話の主人公は海賊である。ある時、海賊船が大時化に見舞われて、海賊たちの命は風前の灯火（ともしび）となった。この時、海賊たちは、時化が止んだら海賊から足を洗って、聖職者から告解を受ける、と誓った。そして時化が止んで難を逃れることができたので、その船長は、その誓いを果たすために船を降りて、ある隠者（隠修士）のところに行って、告解を受けたいと願い出た。しかし、隠者は、その数々の、あまりの大きな罪を聞いて、《お前に告解と贖罪を与えることができるのは教皇様だけだ》と言って、申し出をはねつけた。そこで怒った男は隠者を殺害してしまった。それから男は、さらに別の聖職者のところへ行って、隠者を殺害したことやその他の罪状を話して、告解の申し出をした。すると、司祭は隠者の殺害に驚いて申し出を拒んだ。そこで激怒した男はまたも司祭を殺してしまった。

その罪人の罪に応じた贖罪を与える

こうして男は、告解を求めて三人目の聖職者を訪ねた。告解を依頼された三人目の聖職者は、慈悲深く男に告解の秘跡をおこなってやった。そして、贖罪として「死にいく者の埋葬の手伝いをせよ」と命じた。それからというもの、男は、誰か死者が埋葬されるのを見るとその手伝いをして贖罪を果たした。そうしていくうちに、死の恐ろしさを強く悟るようになった。そして、男は、砂漠に行き隠者として回心の日々を過ごしたのであった――。パッサヴァンティは、この例話によって、どのような大罪を犯した者であっても聖職者はその罪を受け入れ、贖罪を与えてやるべきだと言いたかったのであろう。

地獄の永遠の劫罰は恐れられた

中近世のイタリアなどでは、人殺しをしても、多くの場合、警察権力・裁判権の及ぶ範囲は狭く、犯したコムーネ（都市国家）を逃げ出すことで多くの場合、罰を逃れることができた。ダンテも火刑を宣告されたが（これは都市内の政治抗争に敗北したことによる政治的な判決であった）、刑を逃れるためにフィレンツェを逃亡した。

しかし、殺人の罪を犯した者が、たとえそのコムーネを逃れて、刑法を免れることができた場合でも、神からは逃れられないことは知っていた――つまり、宗教的な罰からは逃れることはできないことは知っていた。そして彼らは、死後に科されるはずの地獄での劫罰の方を真剣に恐れた。それは永遠に続く劫罰であった。そのため生きているうちに告解聴聞師を訪ね、どうにかして告解を受けて贖罪を与えられることを願ったのである。

つまり、「肉体」が犯した罪は、犯した者の「霊魂」を汚染する。そして、それを告解で罪の浄化せずに来世の旅に出るならば、行き先は、言わずと知れた地獄である――と考えられたのである。死後の救済を絶対的なものと考えたことから、ふつうみずから進んで宗教的贖罪を与えられることを聖職者に求めたのである。告解の秘跡の内容は極秘であったから、ふつうそれで犯罪がばれて、刑法の問題に発展することはなかったのかもしれない。

強制巡礼でなぜ逃げないか

中世においておこなわれた「強制巡礼」は、興味深い。事例研究をもたないので一般的なこととしかいえないが、強制巡礼というものが成立したことには、その心性的な背景なしには理解できないことであろう。すなわち、中世では地域や時期にもよるが、罪を犯した者に対して、罰として巡礼を科すことがおこなわれた。[*1] 例えば、一九世紀の音楽家ワーグナーが作詞・作曲したオペラの《タンホイザー》もこの設定となっている（そのヴァルトブルクの歌合戦》一部において聖女エリザベト伝説にもとづいている）。あらすじはほとんど創作であるが、このオペラでは、現在テューリンゲン州にあるヴァルトブルクの城で歌合戦が開催されるという設定になっている（図31-1、図31-2）。そこでタンホイザーが、「純愛」を否定し、「性愛」を賛美して歌ってしまい、それが大問題となった。そこで、領主からローマへの巡礼が贖罪として科されるのである。当時、巡礼そのものは危険と苦難に満ちたものであるから、犯した罪の償いに十分に値すると考えられたのかもしれない。しかし、それにしても、これは現代ではとても考えられない罰の与え方である。なぜなら、今なら罪人は、巡礼に出るふりをして、そのままどこかへ逃亡してしまうに違いないからである。当時、罪人が逃亡せずに、巡礼後、出発点に帰って来たのは、多くは来世の地獄での劫罰を真剣に恐れたことのためにほかならない。それほど来世の劫罰を恐れていたということであろう。

図 31-1　ヴァルトブルク城 12世紀後半 アイゼナッハ ドイツ

図 31-2　ヴァルトブルク城の歌合戦の場

第三二話　ある修道女の堕落と聖母の敬虔な赦免

両親によって、ひとりの七歳の女の子が、ケルンにある修道院に入れられた。その女の子の名をベアトリーセといった。[1]この子はそのまま修道院暮らしを続けて大きくなった。そして修道女として叙階された。[2]それからある時、修道女は、それまで歩んで来た人生で犯したかもしれない罪について告解を受けた。その告解をおこなったのは、知恵と思慮に乏しい司祭であった。

その司祭は、修道女がおかれた状態や歩んできた生活のなかで、ことによると犯したかもしれない罪について尋ねた。とりわけ尋ねたのは、肉欲の罪についてであった。司祭は尋ねた——

「お前はこれまでに肉欲の罪を犯したことはないかね」

そこで修道女は答えた。

「ございません。七歳で修道院の門をくぐり、これまで男の人にはその体にすら触れたことすらございませんから。」

すると告解聴聞師はこう尋ねた——。

「お前は処女かね」

これに女はこう答えた——。

「はい、私は処女のままです。お考えになってみてもください、これまでずっと男の人は私に近づいたことはありませんから。」

もうそれ以上は言うべきではなかったのに愚かな司祭はこういった。

「男がいなければ女は罪の犯しようがないし、処女の失いようがないからな。」

そこで修道女はこう言った――

「もっとはっきりおっしゃっていただかないと、何のことか理解できません。」

そこで、愚かな聴聞師は――それ以上先のことは立ち入るべきではなかったのだが――話すべきでないある種の立ち入った具体的な質問をしていったのであった。

告解がすんでから罪の赦免がおこなわれた。そして聴聞師は立ち去って行った。

女は独房に戻ってから司祭から聞いたことについて考え続けた。すると次々とあれこれと考えが浮かんできた。そこで生まれながらの肉欲がうずいてきたのであった。そしてその肉欲は胸の内で、誘惑へと強く駆り立て、欲望を燃え上がらせた。そして今まで試したこともなければ考えたこともなかったことについて試してみよう、考えてみようという欲望がおこったのであった。

欲望は日に日に強まっていった。これは悪魔が火をつけたものであった。そしてその欲望は抗いがたいものがあった。それどころか、その誘惑に打ち負かされた女は、心に決めたのであった――《今では、一切の希望はついえてしまったのだから、いっそのこと、この修道院を出て俗世で生きていこう。恥ずかしいことだけれど、はかない肉の欲望をかなえよう。》

そこである日のこと、もはや我慢ができずに、長い間管理してきた聖具室の鍵を開けてそこで聖母マリアの祭壇に身を投げた。そこには聖母の絵が描かれていたのであった。そこでこう言った――

「マリア様、私は長年ずっと聖具室の管理のお勤めをして、あなた様の鍵を管理してきました。昼も夜もあなた様にお仕えしてまいりました。私は今、不慣れな戦いでひどく心が乱れて一体どのように身を守ったらいいか全くわかりません。あなた様は私の助けになってくれません。ですから私は聖具室の鍵をあなた様にお預けします。私はもう負けてしまったことを認めます。」

そこで鍵を祭壇に置いて修道院を出て行った。女は、しばらくの間、ある聖職者の所で雑事の奉公をした。その後、聖職者から解雇された。それから公娼になって、以後ずっと堕落していった。

女は、一五年間の罪深い生活をした後、ある日、自分が育てられた修道院の門のところにやって来て門番に尋ねた――。

「この修道院の聖具室管理係をしていたベアトリーセという修道女をご存じでしょうか。」

すると門番はこう言った。

「ああ、ベアトリーセなら知っているよ。賢い敬虔な修道女だよ。幼い頃から今までずっとこの修道院で他の修道女と同じように、聖女のように暮らしているよ。」

この罪人(つみびと)には門番が何のことをいっているのかわからないままに、振り返ってもと来た道へ立ち去った――すると目の前に聖母マリアが姿を見せたのであった。この女は、一五年前に修道院を出る時に聖母マリアにいとまごいをして鍵を預けたのであった。

聖母マリアはこう言った――

「お前が修道院を出てしまったので、私はお前の服を着て、お前の姿をして一五年間ずっとお勤めをしてきましたよ。お前の罪について知っている者は誰もいませんよ。だから修道院に戻り、罪の改悛をしなさい。聖具室の鍵は祭壇の上に置いてあるでしょう。お前がそこに置いたのですからね。」

改悛の念が極まったベアトリーセは、神の慈愛と聖母マリアの恩寵を感じて修道院に戻った。そしてその修道院で死ぬまで改悛して敬虔な生活を送った。

女のこの過ちについては、もし女が改悛して自分のことを司祭に告解をしなかったら誰にも決してわからなかったであろう。女は、自分がどのようにして道を踏み外していったか、司祭にその動機やいきさつを話した。そしてさらに神から戴いた恩寵についても話したのであった。そして女は自分の話が『説教例話集』に書き留められることや、告解聴聞師と罪人のための『神の導きの書』、さらに、罪人をかばってくださるお方である聖母マリアを称えるための『聖母賛美書』に書き留められることを望んだのであった。

(1) この例話は『説話目録』にある二つの例話をパッサヴァンティが一つにまとめたもの。パッサヴァンティにおいては、このように二つの例話を一つにまとめというやり方は他にはない。また聴聞師が愚かな質問をおこなうくだりはパッサヴァンティのオリジナルな部分である。

(2) 「叙階された」ということは、聖職者として正式に叙任されたということ。聖職者を叙任する「叙階」はカトリックの七つの秘跡のひとつ。

＊ キリスト教社会において、どうして売春婦と売春宿の存在が許容されたか——それは人びとの心性から理解される

《修道女》から《娼婦》へ、そして再び《修道女》へ

これは、心温まるいい話である。この例話では、いやらしい「セクハラ告解聴聞師」が登場し、修道女の性欲を刺

激する。そして、それによって修道女は動揺し、娼婦に転落してしまう。最後に聖母マリアが登場して、娼婦だった女性を再び修道女に戻らせる――この例話は、思い切ったストーリーの展開で聞き手を引き付ける、よく出来た例話である。読み終わってからも聖母の慈愛がほのぼのと感じられて、どこか余韻の残る話である。

山賊や海賊の回心とともに、「娼婦の回心」は、ドラマティックな転身として庶民にインパクトがあったことから、例話の話題として好まれた。キリスト教世界では、娼婦の回心は、何よりも新約聖書のマグダラのマリアの先例があった。マグダラのマリアは、「七つの悪霊に取り憑かれた」精神的な病気にあったところをキリストによって治癒されて、回心した聖女であり、キリストの復活を最初に目撃した人としても尊重された。そして、マグダラのマリアは、洗礼者ヨハネとともに、キリストと直接に関わりを持った最初の聖人（聖女）であった。そして、キリスト教世界においで最も問題視された悪徳が「肉欲」であったとすると、マグダラのマリアは、まさにその肉欲に生きていて、キリストによって、回心し、贖罪に励んだ人物として、最も注目すべき人物のひとりとされた。こうしたことから、マグダラのマリアは、実際ヨーロッパで最も人気のある聖女のひとりであり、「マグダラ」（伊 マッダレーナ、仏 マドレーヌ、西 マグダレーナ、独 マクダレーナ）の名前は、女の子に付ける名前として好まれた――例えば、ルター（一五四三年没）は、結婚してから生まれた娘にこの名をつけたし、バッハの妻（一七六〇年没）もこの名前であった。ケーキ、会社、通り、広場、町、州、島など、その他、色々なところで採用されている。

また、九世紀にマグダラのマリアの聖人伝が流行し、一二世紀にその頂点を迎えるなかで、一一二〇年に着工されたのが、ブルゴーニュ地方のヴェズレーの美しい田園（図32-1）のなかの小高い丘に築かれたサント・マドレーヌ聖堂（図32-2、図32-3）である。この教会は、すでに触れたが（第四話第一章、第一七話）、この聖堂は、この聖女に捧げられた教会であり、サンティアゴ・デ・コンポステーラへの巡礼の最も有名な出発点のひとつである。この教会には伝承によると、エルサレムからマグダラのマリアの遺体がここに運ばれたという。その教会堂のロマネスク様式の内部空間は、ヨーロッパの教会のなかで最も敬虔な美しさをたたえた第一級の宗教的空間である。私は、この聖堂で地域の人びとからなる聖歌隊が歌う《荘厳ミサ》の演奏を聴いて感動したが、そのひとつに最高の宗教的空間での演奏がそうさせたのだろう。なお、今は亡き名チェリストのロストロポーヴィチは、この聖堂を選んで、バッハの

図 32-1　ヴェズレーの近郊の田園風景
フランスは美しい村の保存に力を入れる。「フランスの最も美しい村々」のひとつサン・ペール村には美しい民家がある。この村には，かつてヴェズレーのサント・マドレーヌ聖堂でバッハの無伴奏チェロ組曲の演奏のためにロストロポーヴィチが泊まったレスペランス・ホテルがある

無伴奏チェロ組曲の全曲を録画している（一九九一年）。このＤＶＤでは、演奏とともに、ヴェズレーの田園風景と、ピアノを用いた、口頭による彼の明晰で精神的な楽曲解釈がすばらしい。

性女から聖女への転身は驚くべき大転身に思われるが、

図 32-2　ヴェズレーのサント・マドレーヌ聖堂

図 32-3　サント・マドレーヌ聖堂
「気品」と「荘厳さ」と「清明さ」の3つを備えた宗教世界
地域のボランティアの演奏する荘厳ミサが鑑賞できる

しかし、中世後期・ルネサンスの時代において、売春婦と修道女という両極の間の距離は、思ったほど離れたものではなかった。例えば、一四三九年のフィレンツェの史料によると、ある売春斡旋人と女子修道院の間でもめごとがあったことがわかるが、その売春斡旋人は、修道女になった女を再び売春婦に戻し、売春婦として働かせたいので返せと言って、何度も女子修道院にやって来て修道女たちを困らせたというものである。結局、売春斡旋人と元売春婦の間に交わされた契約書が見つかり、それにもとづいて、一五フィオリーノもの大金を斡旋人に支払うことで、斡旋人をフィレンツェから追い出すことになったのである。ここでは女子修道院は、一種の駆け込み寺として機能しているが、契約と金の問題がからみ、解決はそう簡単ではなかった。[*1]

世の中はやはりいつも金であった――この時代、売春婦も、さらには、修道女も、いずれも多くは金がなくてその道を歩まなくてはならなかった女性であった。都市貴族などの高い身分に生まれた娘の場合、その家柄に恥じない、非常に高額の嫁資（持参金）を用意しなくては嫁に行けなかったという背景があったが、親がその金を用意できなかった場合、修道女にならざるを得なかったのである。こうして意思で好んで修道女になったわけでなかったので、修道女のなかには時に風紀上の問題を起こす者も出た。[*2] また、売春婦の出身地については、フィレンツェの場合、フィレンツェ出身の売春婦はほとんどおらず、大半がフィレンツェ以外の出身であったという。一四世紀半ばから一五世紀前半の記録によると、フィレンツェ以外の出身者が多く、それはフィレンツェの娼婦九一六人のうち、五三九人で大半を占める。次いで南スラヴ九六人、ネーデルラント六九人、ドイツ六三人とつづく。[*3] 放浪してやって来るなど、外国での悪しき経済状況が作用していたと思われる。

修道女は世俗の悪のカウンターバランスであった

どの都市でも娼婦と修道女がいた。修道女は「禁欲」で生き、娼婦は「色欲」で生きた。そして、キリスト教的に見て、神に対しては、これによって都市全体でバランスが保てて、ようやく神から赦しが得られると考えていた――つまり、「禁欲」に生きる聖なる修道女の存在は、都市に住む売春婦や都市の男の犯した「色欲」の罪を緩和してくれる存在と見なされていた。罪深い人間がいることは、他方で、都市が修道女を保護して神聖で敬虔な世界を保持し、修道女の日々のとりなしの祈りがおこなわれることで、神の赦しがえられるだろうと考えられたのである。修道女は、いわば悪に対する善として、カウンターバランス（つりあい）として位置づけられたのである。[*4] だから、修道院の世界の神聖さは、どうしても守られるべきものであった。もし不届きな男が女子修道院に侵入して汚され、神聖さを失うならば、神の怒りは、疫病などをもたらすことで都市を罰すると考えられたのである。次にその考え方の具体例を示そう――

フィレンツェの都市が一四三五年に発布した法令は、女子修道院に男子が立ち入ることは、神への冒瀆であるとして厳罰をもって対処すべきであると規定し、こう述べている。「今や修道女は、その色欲によって神への崇敬を失ってしまった」。その結果、神の摂理が損なわれたために、この世は、「戦争と混乱と疫病とその他の災難・騒乱による諸悪に苦しみ喘いでいる」という。これらの諸悪を回避するため、いかなる者であっても女子修道院への立ち入りを厳禁すると規定する。神に対して冒瀆行為をおこなえば、「創造主の激怒たるや、いかばかりであろうか」と極めて強い口調である。(＊5)

神に捧げた、神の花嫁であるあまたの修道女がいる。彼女らはその貞潔をもって神に仕えるために、女子修道院に囲われている。しかし、彼女たちは、色欲によって神への崇敬を失ってしまった。この結果、神の摂理はかき乱され、この世は、諸悪、すなわち、戦争と混乱と疫病とその他の災難・騒乱による諸悪に苦しみ喘いでいる。これらの諸悪を回避するため、フィレンツェの人びとは、その厳格さにもとづいて、何人たりともいかなる女子修道院にも立ち入ることは許されぬものと規定した。そして、それに違反する者には重い罰を与えると規定した。女性は弱い存在であることから、修道女が、安全と栄誉に守られ、女子修道院が自由のなかで栄えるように、修道女との肉体関係はいうに及ばず、女子修道院に近づくことも禁止される。かくして、これらの修道女たちは、邪悪な男たちのあつかましさによって、美徳から不名誉へ、貞節から好色へ、そして慎みから恥辱へと変えられるようなことはもはやないだろう。

必要悪としての売春――性欲の解消とソドミーの防止のために

貧しい家の娘や浮浪者の娘、また、性的な暴行を受けた娘などのなかには、都市の「必要悪」として娼婦にならざるを得ない者がいた。では、それはどのような必要悪であったのだろうか。それは二つある。ひとつは、ふつう考えられるとおり、男性、とりわけ未婚の男性の性欲を満たすためであった。特にこの時代の都市では、現代と違って、ふつう中層および上層市民の女性は教会へ行く以外には家に閉じ込められたままのことが多く、男性が女性と接触する機会に恵まれなかった。さらに、それに加えて、もう一つの必要悪があった。すなわち、同性愛——ソドミー——の防止である。これはどういうことであろうか。

ルネサンス期の都市の男性の結婚はそれまでと比べて遅くなっていった[*6]。一四世紀から一五世紀のフィレンツェの都市の場合、男性が嫁を得て経済的に独立するには時間がかかった。富裕層ほど、嫁資の金額の設定や都市の政治的派閥の問題などから、結婚交渉に時間がかかった[*7]（男性の平均結婚年齢、富裕層三一・二歳、貧困層二七・七歳）。富裕層と貧困層を合わせた初婚年齢の平均は、男性が二〇代後半、女性が一〇代後半であり、ほぼ一〇歳近い年齢差があった。それはあくまで標準であるから、最も富裕な大商人のなかには男性が二〇歳ほど年上であることは珍しくなかった。例えば、四一歳の時に一六歳の女性と結婚したプラートの商人フランチェスコ・ダティーニなど（一四一〇年没）がいる。これは、あくまで都市の現象であり、農村部の場合、人手ほしさから、男性の結婚も早く、結婚率も高かった。農村部では、成人男性の三分の二が結婚しているのに、一方、都市の成人男性の結婚率は半分に達していなかった[*8]。

こうして、都市部では、『デカメロン』でしばしば描かれているパターンの夫婦が多く見られた——「若い妻」と「高齢の夫」の組み合わせの夫婦である。これは実は現実のそのままの反映である。その大きな年齢差のために、四〇歳の女性はその一〇パーセントがすでに寡婦になっており、六〇歳の女性はその五〇パーセントが寡婦であった。一四二七年で都市の一二歳以上の女性について見ると、フィレンツェの都市では、その四人に一人が寡婦になっているのに対して、フィレンツェの農村部では、一〇人のうち寡婦は一人しかいなかった[*9]。こうした背景から、『デカメロン』では、「若い独身の男」が、高齢の夫の留守の間に忍び込んで、美しい若い妻を言葉巧みに口説く場面がよく描かれる——この三者の構図はこの時代の人間の類型の象徴である。

都市的傾向である男性の初婚年齢の高齢化や未婚率の高さのなかで、結婚しない男性は、売春宿に通ったり（しかし、これは金のない若者には容易ではなかった）、人妻を口説く以外にどうしたのだろうか。

彼らの欲求不満のはけ口は、主に二つあった[*10]。第一のはけ口は、都市の政治的暴動への加担である。狭い市壁内において彼らはしばしば集団で騒ぎを起こして憂さ晴らしをした。一四・一五世紀の都市では政争・派閥争いが多く存在した（実際のところ、暴動や私闘・喧嘩や復讐で命を落とす若者は少なくなかった）。第二のはけ口が、一層深刻な問題と考えられた――それがソドミー（伊 ソドミーア）（同性愛、特に男性同士を指す）であった。

売春宿へ行くにはかなり金が掛かったのに対して、ソドミーはただで済んだ。今の日本の未成年の者が喫煙するのにやや似て、広汎にかなり日常的におこなわれていたようだ。例えば、フィレンツェ（人口六～七万人）の一五世紀後半から一六世紀初頭までの七〇年間において、延べにして約一万五〇〇〇人～一万六〇〇〇人が告発され、そのうち約二四〇〇人～三〇〇〇人がソドミーの有罪判決を受けたという。(＊11) 他の都市や国においてもソドミーはキリスト教倫理の見地から問題視されて摘発されており（旧約聖書の「創世記」では悪徳の町ソドムとゴモラは神罰で破滅させられた。ソドムはソドミーの語源）、それはヨーロッパ全般のものと見ることができる。ソドミーの罪で死刑に処されたのは、フェッラーラ（一四四〇～一五二〇）で八人、パレルモ（一五六七～一五四〇）で約一〇〇人、スペインのマドリッド（一五八〇年代～一六五〇年代）で一〇〇～一五〇人、バルセロナ（一五七〇～一六三〇）で一四人であった。(＊12) ソドミーは、喧嘩や暴動と違って、寝室などで内密におこなわれることを考えると、露見されたものは氷山の一角であり、底辺にはかなりの数が想定されるかもしれない。例えば、ルネサンス期の有名な画家にソードマ（一四七七～一五四九）（本名ジョヴァンニ・アントーニオ・バッツィ）がいるが、それはソドミーをおこなう者を指したあだなである。また、ダンテに文学的影響を与えたブルネット・ラティーニ（一二二〇～九四）もそうした一人とされて、『神曲』のなかでその罰を受けている。サン・ジミニャーノのコッレジャータ教会にある絵でも、ソドミーの者は地獄に落とされて過酷な罪を受けている（図32-4）。

自然に反する罪として嫌悪されたソドミーは、都市政府にとって「一層ひどい悪」と見られた。それは、二重の悪を意味した。まず、第一にソドミーは人口の回復と増加にとって悪であった。もともと、フィレンツェは、一四世紀半ば以降、周期的な流行で人口を減少させるペストによって、都市内人口のピーク時（一三三八年）の「一二万人」から、ほぼ一世紀後の一四二七年の時点で「三万七〇〇〇人」にまで激減してしまった――何と六九パーセントの減少である。人口回復を目指す都市政府にとって、同性愛は、結婚・妊娠・出産と結びつかないことから、人口回復にとっても悪であった。そして何よりも、ソドミーは「自然に反する」という点で、二重の悪、赦しがたい宗教的大罪として、神の怒りを招き、それゆえにペストの原因の最大のひとつと見なされていた。ソドミーが神の怒りを招くという認識は、伝統的なものであり、それは、南ドイツのライヒェナウの九世紀の修道士ウェティヌス（八二四年没）の見た夢の物語のなかに認めることができる。その物語は、ほぼ同時代の詩人ヴァラフリードゥス・ストラーボ（八四九年没）によって以下のように書き残されている(*13)――

天使は彼に次のように説明した。人間の犯すありとあらゆる恐るべき悪徳の中で、とりわけ神に背く悪徳は自然に反する罪、男色である、と。……天使は、人間のこうした罪［＝男色］ゆえに悪疫が彼らを襲おうとしていると説き、特に神への奉仕を完全に果たすように忠告した。

図 32-4　タッディーオ・ディ・バルトロ《地獄――姦淫とソドミーの罰》1396年　サン・ジミニャーノのコレッジャータ教会　地獄では，姦淫の罪を犯した者に対して鞭打ちが与えられているが，ソドミーの罪を犯した者（「ソドミー」と書かれた帽子をかぶった男）に対しては，肛門から口まで棒が突き刺されて，棒は別のソドミーの男の口に続いている

一四〇〇年代から一四一〇年代は、ソドミーがペストの原因のひとつであるという認識が強く定着した時期であった。それは、次の史料からわかる。ここにおいて、ソドミー対策として公営の売春宿の増設が法令化したのである。すなわち、既存の一軒の売春宿（一四〇二年）のほかに、さらに二軒の公営売春宿の設立が都市政府によって決定されたのである。信じがたいことに、「それでせめてソドミーが減るならば」という思いから、「まだましな」売春宿の増設が認められたのである。次のフィレンツェの都市政府の条例――公営売春宿を規定した都市条例（一四一五年）――には、神を激怒させ、決して人口増加に結びつかない同性愛（ソドミー）を防ぐ措置として、敢えて売春宿を公営として認める苦渋の思いが読めるものである。そこ

にはこう書かれている。[*14]

> **まだましな悪**によって、**一層ひどい悪**を除去することを強く望んだプリオーレ閣下と協同機関は、フィレンツェの都市において、既にあるひとつの公営売春宿に加えて、さらに二つの公営売春宿の設立を公認すると規定した。ひとつはサント・スピリト市区に、もうひとつはサンタ・クローチェ市区に公営売春宿の設立を公認すると規定した。
>
> その新しい売春宿の設立場所については、他の売春婦が他の売春宿においてそうしているように、彼女たちが金儲けのために働くその地区の人びとの名誉やフィレンツェ市の名誉を守るために、そのような恥ずべき行為を行うことが人目につかない適切な場所に設置されねばならないものとする。適切なやり方でこれらの場所を設立し、必要な物を備え改善するために一〇〇〇フィオリーノを拠出するものとする。

冒頭でいう「まだましな悪」とは「売春」のことである。また、「一層ひどい悪」とは、「ソドミー」のことである。こういえば、当時の人びとには、わかった。「一層ひどい悪」と言って「ソドミー」（ソドミーア）と言わないのは、為政者や市民にとって、そのことばは、口に出すのも、はばかられたからである。それは、非常に不愉快で、使うだけで冒瀆的と思われたのである。例えば、一五世紀にフィレンツェ市民として『フィレンツェの日記』を書いたルーカ・ランドゥッチ（一五一六年没）も、そのなかで、ソドミーを罰する法令に言及した時も、「口にするのもはばかられる悪習」（一四九四年一二月二二日の日記）という言い方をするだけで、「ソドミー」とは言わなかった。同様に、教皇グレゴリウス一一世（在位一三七〇〜七八）も、「全世界においてもフィレンツェ人の間で蔓延している二つの罪よりも忌むべき罪はほかにないと信じている」と言いながら、一つ目については、「高利」であると指摘しながら、もうひとつ（ソドミーの罪）については、あまりにも忌むべきでここでは敢えて口にしないと述べている。[*15]

このように、為政者は、「忌むべき」ソドミーの防止という目的のために売春宿の設置を容認したのである。このことから売春宿の設置は、ここでもまた、二重の意味で必要悪であった。第一は、悪徳である男性の色欲を解消するための必要悪。第二は、ソドミー防止としての必要悪である。

興味深いことに、フィレンツェでは、さすがに売春宿は都市のなかのあまり目立ったところに設立されては、都市の名誉が傷つけられるという思いが働いて、売春宿の設立の法令は、売春宿は人目につかないところへ設立するよう規定している。しかし、このキリスト教社会において、売春もやはり神を冒瀆するものにほかならないと、反発する声も強かったのも事実である。おそらく都市政府の役職に就いた者のなかにも、必要悪としての売春宿の存在を認めず、売春に断固反対という人たちもかなりいたのであろう。次は、そうした人たちによる、売春婦を積極的に規制しようという趣旨の法令のなかの一文である。(＊16)

規制が必要なのは、都市で毎日暮らし、働くこれらの女性［売春婦］の悪しき行為によってフィレンツェの都市におこりうる悪と犯罪を排除することである。なぜなら、彼女らは、恥ずべきことに、神とこの都市の名声を汚す多くの罪を犯し、みだらさにおいて他の住民に悪例をもたらすからである。

《売春は神の怒りを買うものだ》――この見地から、売春宿の営業に対する反発は一般に根強かった。だから、神聖な祝祭日には、神を刺激しないように、高利貸業（聖書で禁じられていた）が営業を禁止されるとともに、同じ意味で、売春宿も営業を禁止された。(＊17) また、一度都市が疫病に見舞われると（疫病は神の怒りであったので）、「それみろ。やはりそれで神の怒りを買ったのだ」とみなされ、売春宿が襲撃されることもあった。いや、むしろ、疫病が流行すると、さっさと売春宿はみずから臨時休業した。そうでなければ、当局の命令の下に臨時休業となったのである。しかし、疫病が去ると何事もなかったかのように売春業を再開したのである。(＊18) 断っておくと、売春に対する都市の扱いは、地域や事情によって異なっている（例えば、日曜日でも売春宿を営業した都市もあれば、都市の最も目立った地区に売春宿を設置した都市もある）。

フィレンツェのように売春宿を必要悪として認める都市は、ヨーロッパの多くの都市で見られた。イタリアの都市に限らず、ヨーロッパの他の諸都市が公営売春宿を次々と設立した時期は、一四世紀のペストが到来してからの一世紀間と合致し、まさに人口が激減する時期と一致するものであった。特に一四〇〇年頃になってから、ヨーロッパの多くの人びとの間で疫病とソドミーの関係について、共通の認識、ものの見方が認められるようになったという。研究者J・ロシオはこう指摘する――

疫病がくりかえしやってきて破局に近い様相になり、独身の労働者は婚期が遅れ、教会分裂と内乱に痛めつけられたキリスト教世界にトルコ人が侵入してきた。イタリア、プロヴァンス、ラングドックの人々はこの敗北を習俗の弛緩のせいにして、人口減少に注意をむけさせた。**自然に反する行為**はもはやますます激しく非難されただけでなく、実際に強く抑圧された。(＊19)

ここに、自然に反して神の怒りを買うソドミーをなくし、結婚による人口増加をねらうという、フィレンツェと同様の背景があったかもしれない。J・ロシオは、「都市が売春を制度として認めたり、また新たな公娼館を建てたのは、一三五〇年から一四五〇年の間のことである」(＊20)と述べて、多くの都市を挙げる（一部を挙げると、ヴェネツィアは一三六〇年、ルッカは一三六〇年の直前。プロヴァンスの場合、タラスコンが一三七四年頃、システロンが一三九四年に企画、一四二四年に完成など）。

さらに、売春宿は、以前のように売春婦を栖にして人妻や処女を守るだけでなく、一種の救済措置の対象としての要素を帯びるようになった。すなわち、都市の有力者が援助して、娼婦たち（多くは貧困家庭の娘）を結婚へと向ける準備の場所にしようとしたのである。また、売春宿の公営は新しい考え方と平行した。つまり、ここではアウグスティヌスやスコラ神学者のいう生殖のための性交のみが赦されるという画一的な考え方が疑問視される。そのスコラ学的な模範解答から訣別して、必ずしも生殖を目的にしない、夫婦に快楽を認める考え方が、神学者でパリ大学の学長J・ジェルソン（一三六三～一四二九）によって暗に提起され、さらに、快楽は娼婦を相手にする独身者にも拡大されたのである。黒死病が猛威を振るう、圧倒的な人口減少の時代において、ソドミーという大敵を前に「自然」は、もはや夫婦間の性交に限定されなかったのである。(＊21)

さて、この例話に話題をもどそう。この例話は、修道女が娼婦に身を落とし、それから立派に回心し、修道女に戻る話だが、どこか真実味のある例話である。ベアトリーセは、まだ七歳の幼い時から修道院に預けられ、修道院生活しか知らずに成長した。この若い修道女は、その修道院で告解（おそらく半生を振り返る「総告解」）の秘跡を受けた時に、愚かな、いやらしい告解聴聞師から、興味本位に彼女の性体験についてあれこれと尋ねられ、処女であったにもかかわらず、付随して話されたいやらしい話のおかげで、むしろ性欲を刺激されてしまう（このあたりのセクハラをする、いやらしい告解聴聞師の設定は、パッサヴァンティ自身の完全なオリジナルである）。それがもとで修道女は、修道院を出てしまい、売春で生きる堕落した生活に陥ってしまう。このあたりまでの叙述はやや真実味がある。しかし、聖母マリアが、その修道女の不在中、修道女になりすまして一五年間もずっと聖具室の仕事をしていたというくだりは信じがたい話である。しかし、最後のところで、この女が、聖母マリアを称えるために、自分の話が「説教例話集」「聖母賛美書」などに書き留められるのを望んだというあたりは、再びどこか真実味を感じさせ、感動的ですらある。また、この例話は、情愛深い聖母が登場するせいであろうか、ほかの例話と違って、どこか優しさと美しさ、ほのぼのとした情感を感じさせるところがあるように思われる。

なお、この修道女のように、親がまだ幼児の時に修道院に預けることは、トレントの公会議（一五六三年終結）で禁じられ、以後、一七歳以上でなければ修道士・修道女になることはできなくなった。トレントの公会議では、カトリックの司牧活動・教義・典礼において多くの変革がなされた。それは宗教的に見ると、中世と近世の教会の分水嶺となった公会議であった。

第三三話　傲慢な修道士、女に化けた悪魔の誘惑に乗る

『砂漠の聖人師父の生涯』にこう書いてある(1)――

一人の修道士が大いなる改悛と数々の徳の実践をおこなうために砂漠(2)に長い間住んでいた。彼はほかの立派な徳は備えていたが、謙虚の徳には欠くところがあった。彼は人びとからその有徳さを高く評価されていたが、彼自身もまた自分を高く評価し、自分こそは誰よりも有徳の人物であると思っていた。そこで神は、彼の高慢を打ち砕き、彼を貶(おとし)めようと考えた。神は、鼻高になった彼を悪の誘惑にさらすことで、その鼻をへし折ることを望まれたのであった。

こうしたわけで悪魔が若い女の姿に変えて、夜、修道士の独房にやって来た。そしてその女は自分の不運を嘆き悲しんで切々と話し始めた。自分がどうしてまたこのような人気のない所にやって来てしまったのか、そのいきさつを話してから、暗い夜道のためにどの道を進んで行ったらいいのかわかりません、と言った。女がつらそうに、ずっとぶるぶる震えていたので、外がひどく寒いことがわかった。そして女は獣を恐れてひどくびくびくしていた。そこで悲しげな声で悲しげなため息をつきながら自分の苦痛を言ってから、師父にこうお願いした――

「どうか私を死なせないでください。後生ですからあなた様の独房の片隅に入れてください。」

聖師父はひどく苦しむ女に同情して、最初は窓を開けて、すぐそばから、この女――というより女の姿をした

悪魔――に向かってその不運な様子を聞いてみた。すると女はますます涙を流してそれについて話した。そこでついに入り口を開けてやって女をなかに入れてやった。

中に入れてから聖師父は、何か食べたいかね、と尋ねた。すると女は、いいえ、と答えた。しかし女がひどく寒気がする様子だったので、聖師父はもう一度かまどの火を点けてやった。

かまどのそばにはこの女に化けた悪魔が座っていた。そして悪魔のそばには聖師父が座っていた。悪魔は、あくびをし、かまどの火に腕をすっと伸ばし、それから両足を伸ばした。そうしながら、甘い口調で師父の様子について質問してきた。そして「いつからこんな砂漠においでなのかしら」とか「あらまあ、どうしてこんなにたくさんの贖罪をなさってご自分を苦しめなさるのかしら」などと尋ねてきた。

女はこう言って少し微笑(ほほえ)んで神の僕(しもべ)の方に恥ずかしげなまなざしを向けて、心地よい言葉使い方をした。このように悪魔の悪知恵は、女言葉の巧みな使い方にも通じていたのであった。そして女は、少しずつ彼の方に身を寄せてきて、ざらざらした修道服に手で触ってきた。それから老人の手や腕――それは老齢と長期の断食のために生気を失い痩せて冷たかった――に手を伸ばしてきた。さらに女の手は白いあごひげに触ってきた。

哀れにも、老人は女の言うこと、なすことに満ち足りた様子を示し、女の行為がもっと先に進んでいくことを待ったのであった。ほかのこまごましたことを述べるのは省くが、老いた肉と乾いた骨のなかで眠っていた生来の欲望がむくむくと目覚め始めたのである。ほとんど消えていた欲望の炎がさっと燃え上がった。初めは死んだように眠っていた冷たい肉体は、今や過剰な高慢さとともに再び目覚めたのであった。

惨めにも、老人は内なるこころの葛藤と外からの攻勢にさらされた。外からの攻勢は四方八方からの攻勢であって、もはやそこからの逃げ道を見つけることができなかった。彼はすでに囚われの身であるかのように屈服してしまった。こうして罪を犯す気になってその魅惑的な人に両手を出して抱擁しようとした――すると、あっと言う間に、女は消えてしまって、もはやその姿はどこにも見あたらなかった。

彼の気持ちは困惑した。そして恥ずかしさのあまり穴があったら入りたい思いであった。――すると、たくさんの悪魔たちが彼の独房の中や彼の回りに群れをなしてやって来て、げらげらあざ笑いながらこう言った――

「やあい、修道士よ。お前は、もうちょっとのことで天国に行けたのにな。恥ずかしくも、まっさかさまに地に堕ちてしまったぞ。お前は、わしらの仲間のひとりが、いやがってとても我慢ができないことを、お前は望んだのだからな。もうお前は人様の前には二度と姿を見せることはできないぞ。それにもう天国を見上げることもできないぞ。」

我に返った修道士は、悲嘆に暮れて悔い、涙した。そしておのれの罪を告白した。すると、神は赦してくれた。彼は、確かに最初のうちは高慢であったが、今や謙虚になり、詩篇作家のことばを借りてこう言ったのであった――

「私は四方八方至るところから貶められてしまいました。主よ、あなたのことばによって、私に生きる力をお与えください。[3]」

（1）この例話はパッサヴァンティの例話のなかで最も有名なもののひとつ。出典はやはり『説話目録』である。

（2）場所はエジプトのテーベの近郊のテバイデ（Tebaide）を指している。テバイデは伝統的に隠者の生活の場として思い出される所（*REP*. p. 603.）。

（3）ウルガータ版聖書の「詩篇」一一八章一〇七節による（107 Humiliatus sum usquequaque, Domine; vivifica me secundum verbum tuum.）。修行中の修道士が女性にこころを奪われるこのパッサヴァンティの話は、ボッカッチォの『デカメロン』の

第三日第一〇話のなかで、いっそう詳しくおもしろおかしく書かれている。その話は、キリスト教に改宗しようという純真な一四歳の美しい娘アリベックと砂漠で修行する隠者ルスティコとの濡れ場の話である。品位のためにここでは引用・紹介しない。

＊　修道士の最大の難敵は性欲であった

性欲観の展開　なぜ聖職者の聖性が追求されたか――アウグスティヌスからルターへ、さらにニーチェへ

男と女――それも老いた修道士と「若い女」――が、きわどい「濡れ場」へと少しずつ迫っていく場面の緊張感は、なかなかのものである。この描写は、同じ場所（フィレンツェ）、同じ時期（一三五〇年代）に書かれたボッカッチョの『デカメロン』（さらには、もう少しあとのサッケッティ（サケッティ）の書（『ルネサンス巷談話集』））と比べても、遜色がない（?）位にエロチックである。いや、『デカメロン』が、その滑稽さやユーモラスな表現によってエロティシズムを軽妙にさらりと流していることを思うと、語られる場所（教会）を思うと、こちらの方が表現法においてそれよりずっとエロチックかもしれない。パッサヴァンティのこうした性的な描写が、神聖な教会のなかで、それも「四旬節」という一年間で最も厳粛で、最も禁欲的であるべき時期に話されたことを思うと、我々現代人は、それを聞いて楽しんだ（?）中世・ルネサンスの聴衆にぐっと親しみを感じてしまうのではあるまいか。――このことから、聖職者が、思い切った話題で一般の庶民を引き付けようと、いかに腐心していたかがわかろうというものである。

しかし、実は、ここで表現されたエロティシズムは、単に説教師が教会に来た人びとを楽しませるだけのものではなかった。ここで提起されたひとつの重要な問題――それが、すなわち、聖職者自身が抱えた「性欲」（色欲）という深刻な問題であった。性欲についてはこれまで俗人を中心に触れたが、ここでは、聖職者の性欲の問題、カトリック聖職者の成立という観点から新たに見ていきたい。聖職者たるものは、いかにしてこの性欲の誘惑に対処すべきか、という問題は、カトリックの聖職者の職分に関わる極めて重大な問題であった。

修道士に立ちはだかる性欲という難敵

修行する修道士など、聖職者の最大の難敵は「性欲」（色欲）であった。

悲しいかな、四世紀頃から、修道士も含めてすべて聖職

者たるものは、この「性欲」との壮絶な戦いを強いられたのである。この戦いに勝ち抜くことこそ、聖職者の重要な使命とされたのである――というのは、四～五世紀のアウグスティヌス（三五四～四三〇年）によって、「性的快楽」が「原罪」の結果として結びつけられて、まさに「悪」そのものとして断罪されたからである。

こうしたアウグスティヌスの思想は、中世キリスト教倫理の形成の基礎となったが、それはもともと古代のストア派の禁欲の思想など、キリスト教以前の古代の道徳哲学からの影響にもとづくものである。キリスト教の考え方は、ヨーロッパ世界に、それまでと断絶した全く新しい価値観を植え込んだわけではなく、むしろ先行する古代の道徳観を摂取し、その土壌に融和性、連続性を見出したのである。例えば、傲慢や色欲などを「悪徳」とする考え方は、キリスト教以前の精神性のなかに存在していた。それを基礎にして、初期のキリスト教徒は、「七つの大罪」――これを最初に誰が提起したのかもわからないが――を提示したのである。

アウグスティヌスにとって、性欲や情欲を伴う「性行為」は、「美徳」とは全く相容れない、忌むべきものであった。これはなぜか。アダムとエヴァが神の掟を破って、禁断の実を食べて「罪」を犯した時、二人は初めて「羞恥心」に襲われた。二人は裸であることに気づき、急いで恥部を隠した。これから明らかなように、「罪」と「羞恥心」とは一体のものであるという。「性行為」に「羞恥心」が伴うのは、それが罪深い、悪に染まった行為であるからという。それだから、その本質が罪と悪である「性行為」は、美徳に反し、完全に有徳な生活、つまり「完徳なる生活」とは両立しえないものであると、そのように導かれていく。

この意味で、アウグスティヌスは、必然的に「性行為」と結びつく「結婚」を、清い神聖な「聖職者」には悪しきものであり、回避すべきであると考えて、新約聖書のなかのパウロの書いた「コリント人への第一の手紙」（第七章第三二、三三節）の一節を引用する（『神の国』第二一巻第二六章）――「妻のない人は、どのようにして神をよろこばせようかと、神のことを考える」。「結婚している人は、どうかして妻をよろこばせようとして、この世のことを考える」。[＊1]

こうして、「貞潔を保つ独身の男性聖職者」と「性的快楽を免れない既婚の平信徒」は二項対立的に捉えられ、ここに「聖」の世界の人間と「俗」の世界の人間との峻別――二元的世界――が強く意識されたのである。[＊2]アウグスティヌスの規定によって、聖なる世界にある聖職者には、性交や性的快楽は本質的に忌むべきもの――それゆえ聖職者は結婚すべきではない――として位置づけられ、禁欲の対象の中核に据えられたのである。もともと、新約聖書のなかのキリスト自身も、一般的な言い方で、「天の国のために結婚しない者もいる。これを受け入れることのできる人は受け入れなさい」(マタイ、第一九章第一二節)と言って、非婚の方が好ましいことを述べている。性欲が日常的に刺激され、満たされる結婚生活より、それから距離を置く非婚生活の方が望ましいということであろう。

こうして、聖職者は、人間が一個の生命体として生まれながら備えた、最も本質的な欲求のひとつを排除しようとしたのである。しかし、この無謀ともいうべき挑戦によって、修道士たちは極めて困難な戦いを強いられたのである。そもそも彼らが修道生活によって達成しようとしたものは「完徳」(「完全」、「完全なる徳」)であった。すなわち新約聖書のことば、「あなたがたの天の父が完全であられるように、あなたがたも完全な者になりなさい」(マルコ、第五章第四八節)に従おうとしたのである。この完徳を目指すことで、(恐れ多くも)神に近づこうと考えたのである。この内面的な目標である「完徳」を獲得するために、当初、修道士は「一人で」修行していたが――「修道士」(英monk 伊monaco)は語源的には、ギリシャ語monachos「ひとりだけ」の意――、目標達成のために多くは共同生活を営むようになった(一方、それでもなお「隠修士」(隠者)という単独に修行を積む者も存在した)。その代表的な修道院は、五二九年頃、「貞潔」「清貧」「柔順」という三つの理念を掲げて、ベネディクトゥス(ベネデット)によってモンテ・カッシーノに設立された(図33-1)。ベネディクトゥスはそれに先立ってスビアーコ(図33-2)で隠修士として修行を積んでいたが、彼を慕う人たちが集まってくることから、共同生活に発展していったのである。ベネディクトゥスはこのスビアーコの洞窟のなかで修行した。スビアーコには一二の修行の場所があったというが、現在残っているのは、サンタ・スコラスティカ修道院だけである。この修道院の入り口には、修道士の本分が刻まれている――すなわち、「祈り、働け」である(図33-3)。なお最初のイタリアの活版印刷機は、ドイツから来た聖職者によってこの修道院に設置された(一四六五年)。またサンタ・スコラスティカは、ベネディクトゥスの双子のきょうだいであったといわれる。

しかし、この三つの理念のうち、「貞潔」の達成はなかなか大変であった。内なる物理的な性欲は、いかんともしがたく襲いかかり、彼らの「貞潔」を汚そうとするのである。そもそも修道士は山に修道院を建て、山にこもることが多いが、それは一種の精神的な条件整備であった。その

図 33-1　モンテ・カッシーノ遠景
標高519m の岩山に建つこのモンテ・カッシーノ修道院への訪問は，私に痛切な思いを残した。初期の修道院（再建）に触れる以上に，ここは第二次世界大戦末期の1944年，独・伊軍と連合国との激戦地であった（モンテ・カッシーノの戦い）として，ここに数多くの遺品・資料が残され，沖縄のひめゆりの塔を見た時と同じ痛切さを感じた。近くには両軍の多くの兵士たちの眠る墓地が見て，これもまた戦争の傷跡心を痛めた

図 33-2　スビアーコの町（サン・フランチェスコ教会から）
スビアーコの丘に雲が湧くすがすがしい朝。私の教会美術の旅には，時に大学院生も同行した。この時の同行者は，現在，静岡の県立高校に勤める牧野一高さん（写真）である。この時の 6 泊の旅は，ローマを出発してから，次のような順で都市をまわった――オルヴィエート，チヴィタ・ディ・バニョレージョ，ティヴォリ，スビアーコ（ホテル「ベルヴェデーレ」泊），パレストリーナ，フィウッジ，フラスカーティ，アルバーノ，ミラノである

図 33-3 「祈り，働け」
スビアーコのサンタ・スコラスティカ修道院の入り口。「祈り，働け」はベネディクト会の修道士のモットー。サンタ・マリア・スコラスティカ修道院は，ベネディクトゥスが修行した13のうち唯一残存するもの。なお，イタリアの活版印刷はここに来たドイツの聖職者によって初めて開始した。その経緯は，以下の書を参照（キアーラ・フルゴーニ（高橋友子訳）『カラー版 ヨーロッパ中世ものづくし』岩波書店　2010年　93～95頁）

整備によって防備し振り払おうとしたのである――それが主に女の想念が及ぼす「雑念」であった。いや、「雑念」ということばは、ここではある意味でふさわしくないかもしれない。というのは、実際は、性欲は敢えていえば「雑念」ではなく、極めて「純粋な」、ストレートな情念であり、雑じり気のないものであるからだ。

なぜ完徳が目指されたか

そもそも修道士がわざわざ苦戦を強いられてまで「完徳」を目指したのはなぜであろうか。それは、ひとつに、自分たちがそれで天国へ行けると思ったからであろう。しかし、もうひとつ理由があった。彼らが聖職者として、「中世的な使命感」を抱いていたためである――

すなわち、修道士は苦行や祈りや観想をおこなう。教会のなかの回廊も観想の場である（図33-4）。こうしたおこないによって、みずからの身（「肉体」）とこころ（「霊魂」）を清めて、「神」のそばに立ち、「神」と「俗人」の仲介、両者のパイプ役をしなくてはならないと考えた。俗人には完全さ、すなわち完徳を求めるのは酷である。というのも俗人にはふつう配偶者がいて、世俗の悪や悪徳に日常的にさらされているからである。また、俗人には、子孫を残すために（旧約聖書のことば「産めよ、増えよ」にしたがって）肉の交わりが許されていた。一方、修道士などの聖職者は、

図 33-4　観想の場，回廊を回る托鉢修道士
（アッシジのサン・フランチェスコ聖堂の回廊）

完徳によって、みずからの霊魂の救済を得るとともに、「秘跡」をおこなうに値する存在となるのである。彼らは、「秘跡」によって俗人に神の恩寵をもたらし、彼らの霊魂の治癒と死後の救済に寄与するのである――ここに聖職者はみずからの使命を見出したのである。

聖職者はみずから徳性・聖性（霊性）を高めることで、罪にまみれやすい世俗世界に生きる俗人が、しばしば犯す罪に対して、「告解」などの秘跡によって罪人を「神の代理人」として寛大に赦すことができるのである。一三世紀末になってフランチェスコ会のなかでもオリーヴィ（一二九八年没）のような非常に厳格な聖霊派の神学者が登場し、過酷なまでの清貧や無一物をみずからに課すが、その一方で、彼の考え方から、それまで否定されがちであった商人の立場とその「富」に対して、擁護の理論、寛大な利子論が展開される――これは「清貧のパラドックス」（大黒俊二）といわれる。この一見矛盾とも取れる考え方も、実は、聖俗二分類の考え方から説明される――すなわち、「弱い俗人」に対して高利を容認する分だけ、それだけ一層、托鉢修道士はみずからに過酷な清貧を課すことによって身を清め、完徳をもって、神への仲介を果たし、神に俗人の罪の赦しを乞おうというのである。[*3]

修道士のこの使命感をもった戦いに関連して、認識すべきことがある。すなわち「肉体」と「霊魂」の関係である――

一人ひとりの人間、すなわち「個人」(英語の individual) とはラテン語で individuus であり、語源的には「分割されない」(in [ない] + dividuus [分割される]) という意味である。確かに、「個人」は単一の個体であり分割できない。それにもかかわらず、キリスト教の考え方では、「個人」は「霊魂」と「肉体」とに「分割される」のである――つまり、人間は、死んだ時、その「肉体」が滅びる。そして「霊魂」は肉体を離れる。そして、「霊魂」は誰のものであれ、永久に不滅であり、行き場を求めて、来世の旅に飛び立つ。そしてその時に「肉体」が罪に汚染されていると、肉体とともに存在していた「霊魂」もまた汚染されざるをえない。こうして肉体から離れた時、霊魂は「汚染」されていることから、永遠に地獄行きとなると考えられた。したがって、生前、色欲の罪などに溺れて肉体を汚していた場合、霊魂もまた汚れたものとなるのである。このように「肉体」と「霊魂」は、「分割される」関係にありながらも、同時に「罪の共有」において「密接不離な」関係にあったのである。

修道士は、このような「肉体」と「霊魂」の関係を熟知していた。しかしその熟知にもかかわらず「性欲」という難敵は、容赦なく修道士に襲いかかった。

では、それはどのような時に襲うのか――それは、夜、夢を見ている時であった。修道士は夢を見ている時は、もはや理性を働かすことはできない――この時、理性の鎧は脱がされて、裸のまま、性欲の前に無防備のままさらされる。日頃、禁欲している分だけ、性欲は強烈に迫って来るものだ。人間は、実際のところ、心理学的に見て、こころのバランスを保って生きている生き物なのである――つまり、「目覚めている時」と「眠っている時」との両方でバランスを保って生きているのである。昼、性欲を抑圧して禁欲的な意識を保っているほど、夜、眠っていると、抑圧されていた性欲は一気に発散して、羽ばたき解放される。この時、修道士にとって、本人の意志とは別に、恥ずかしい、恐ろしい夢を見てしまう。そこで、かわいそうに、深い自責の念を抱く――「自分にはまだ修行が足らないのか」。しかし、いや、これは健康な体の反応なのである――夜の眠りによる性欲の発散によって、ようやく「生命体」――ここには善も悪もない(善悪は社会的な産物である)――としての心理的なバランス感覚が作動して、安定したこころの健康が回復されるのである。それはちょうど大きな樹木とその根っこの関係である。大きな樹木を支えるものとして、地中には、目に見えない大きな根が広く張っていて、そのおかげで地上の樹木は支えられているのである。ルターも、修道士時代の修業を思い出し、夢精の経験があったことを語っている。(＊4)

アクィナスも、『神学大全』で、「夢精は罪であるか」という提題を扱っている。彼がいうには、「眠り」という理性の及ばない状態で夢精――夢で性的興奮をして射精――をするのは、ちょうど心神喪失者が理性からはずれた行為をするのと同様に、罪ではないという。確かに、この判断は、アクィナスらしい、理性的で寛大な判断に思われる。しかし、次の場合は罪があるという。すなわち、目覚めている時の現実的な欲望をそのまま引きずって、それが夢精に結果した場合――これは、罪にほかならないと断じている。(＊5) この判断はおかしい。夢精とはすべて現実の欲望の反映である。アクィナスは、目覚めている時、女のことを一切考えてはいけないというが、これは本能を否定するものである。これは至難の業(わざ)を強制し、人に罪意識をもたらすものにほかならないと思う。

砂漠で禁欲生活をする大修道院長アントニウス（アントニオス）（二五一～三五六年）を見てみよう。彼に対して、悪魔は夢のなかで裸の女性を近づけ、性的な誘惑で迫り、彼を性的な快楽に陥れ、彼を「喜ばせた」（いや「苦しめた」）のであった。ヒエロニムス・ボスはこのアントニウスの心的葛藤を見事に描いている（図33-5）。目覚めてから夢での「喜び」に「苦悶」する聖アントニウス！　彼が、せいぜい出来ることは、ただ神に祈ることであり、神からの恩寵を乞うだけだったかもしれない。

しかし、夢は修道士を自責の念で苦しめるばかりではなかった。まれながら、特殊なかたちであるが、修道士を救ってくれることもあったようである。これは、ハイスターバッハのカエサリウス（一一二四〇年頃没）の例話に書かれたクリュニーの聖ベルナルドゥス（一二世紀中頃）の場合である。聖ベルナルドゥスは、迫り来る性欲を前にして、弱い自分ではもはや勝てない、降参しようと観念した。そして修道院長に、自分は何度告解を受けても、苦しみは和らぐことはなく、女なしでは生きていけませんと言って、修道士をやめると願い出た。するとその夜のこと、夢のなかで思いがけないことが起こったという。恐い顔をした肉屋が長い包丁を持って現れ、この修道士の性器をつかみ、切り取って、犬に投げて食べさせた。この悪夢に震え上がって目を覚ましたベルナルドゥスは、去勢されたような気になり、性欲による惑わしから解放されたという。

人はいかに生きるべきか

古来、人は自分たちが「真理」と信じたものを目指して、それぞれ様々な生きざまを見せた。人は、時代の課題や背景のなかで試行錯誤したのである。自分たちの考えるキリスト教的真理を絶対のものと信じて追求したキリスト教の修道士たちは、性欲の封印を真理に即した、完徳に迫る生き方と見て、苦闘した。

図 33-5　ボス《聖アントニウスの誘惑》三連祭壇画中央部　1505年
リスボン国立美術館
聖アントニウスは，隠修士として砂漠で様々な苦行・試練に耐えた。その姿は中近世の画家によってよく描かれている。このボスの絵では，中央にいる修行中のアントニウスに，悪魔は魅惑的な女性の姿となって迫り，性的に誘惑し，この聖人を色欲の罪に陥れようとしている。また，周りにいる野獣や怪物も悪魔の手先であり，彼の体を打擲し傷つける。神キリストは，一人耐えるそのありさまをそばでじっと見守っていた（第13話参照）

ところが、一六世紀の宗教改革者ルターは、カトリックがそのひとつの傾向として持っていると見た「形式主義」、つまり「行為の重視」（例えば、修道士の「修行行為」や信徒の「善行」や「贖罪行為」の重視）、「体裁」（例えば、聖職者なら独身を貫き、結婚してはいけないといった建前）を拒否して、もっと内面的なものを重視した（「内面主義」）。つまり、内なる敬虔な信仰心そのものを強く打ち出した。つまり、わかりやすく言えば、本当に悔い改めていたら、その深い思いだけで十分である。あとは弱い自分を認めて、神に祈るだけであると、そう考えた。ルターは、『卓上語録』[*6]のなかで、こういっている――

　告解のさい教皇派の人々は外見の行いだけを見る。行為だけ見るやり方なので、人々は十分に告解できなかった。罪が心に浮かんでも、また引っ込んでしまう。

カトリック世界でおこなわれている行為、罪を償うための、目に見える行為、「贖罪」、御利益を得るための「巡礼」・「善行」・「寄進」――すべて「行動」である――などは、もはや不要であると考えた（しかしカトリック側にも言い分はある）。これはドイツ人らしい神秘主義的で、観念的な主張であるが、ルターはこれによってカトリック神学に対して明快なアンチテーゼの体系を展開した。

ルターによれば、キリスト教徒としての、ひたむきな深い信仰心においては、俗人が俗事にまみれるからと言って聖職者よりも劣るとは限らないし、修行を積んだからと言って聖職者の方が俗人よりも崇高であるというわけでもない、と主張した。この考えでは、聖職者というプロの集団は無用とされ、両者の垣根は取り払われ、キリスト教徒には一種類のキリスト教徒がいるだけで、キリスト教世界は一元的世界となった。

ルターの考えでは、そもそも人が性欲を持つのは当たり前のことである。人に性欲の抑圧を強制するのは愚かである。「みだらな」「貞節」は破棄せよという。例えば、司祭には、どうしても家事をしてくれる女性が必要だが、そうして男女が一緒に家のなかにいるなら、二人の間に性欲が燃えるのは当たり前である。《男と女を一緒にすれば、わらに火を近づけると、わらが燃えるのと同じように性欲は燃える。これは当たり前のことである》という。(＊7) 聖職者の結婚を禁じる教会法や教皇の禁令は、飲食や排泄を禁じることと同じく、神の掟に反するものである。性欲に対する修道士の苦戦は、無駄なエネルギーの消耗とされた。聖アントニウスが神に祈りながら戦った性欲は、ルターにおいては、そっけなく土俵の外に置き去られてしまう。

ルターにおいては、「性は自然の欲求と見なされ、厳密に出産の目的に結びつけられていなくとも、婚姻関係のなかで満足するならば罪深いものではない」とされた（スクリブナー）。(＊8) そしてルターは、「独身制に優る純潔な生」(＊9) として結婚を賛美し、四一歳の時（一五二五年）に、みずから進んで二六歳の元修道女カタリーナ・フォン・ボラ（一四九九～一五五二）と結婚して、六人の子ども（三男三女）をもうけたのである（図33-6）。――まさに、初期キリスト教の時代の修道士によって追求された眼目が「聖性」の追求であり、その眼目のなかの眼目が「性的禁欲」であった。さらに、一一世紀になって教会改革のスタート・ラインにおいて、グレゴリウス七世（在位一〇七三～八五）がおこなった《グレゴリウス改革》の眼目のひとつが「聖職

図 33-6 《食卓のルター一家》
ルターは元修道女と結婚し，6人の子どもをもうけた
（版画　ベイントン『我ここに立つ』388頁より）

者の帯妻の禁止」であったが、今やそうした伝統的な考え方を完全に覆すルターの考え方と実践は、教会史におけるコペルニクス的転換であった。ヨーロッパは、ルターによって色欲の問題を土俵の外に出すのに一五世紀間もの長きを要した――カトリックに留まった地域は別として。

ルターから四世紀後、一九世紀末のニーチェ――同じくドイツ人（それも同じくザクセン人）――は、ヨーロッパを支配してきたキリスト教と正面から対決、敵対した。この時にニーチェが、キリスト教思想の本質・核心を「性欲の否定」と見たのは、まことに本質を突いている。ニーチェは、性欲の抑圧やキリスト教的倫理が、人間の生命力そのものの否定であるとして、人間の全人格的な解放を真理と見る。そして、「善」（既成倫理）と「悪」（抑圧されない生命力や美意識か）の両方を飲み込むような、抑圧されないダイナミックな生きざまを提起したのである。

「世紀末芸術」のなかでクリムトやムンクといった芸術家によって「性愛」が大胆に表現されたのは、《ディオニュソス》《ツァラツストラ》に象徴されるニーチェの教えに刺激されたものといえる。それは、キリスト教思想に反発するものであった。同時に、その教えはヨーロッパが産業革命を経て一九世紀に到達した物質文明――それはパリの万国博覧会に象徴される――に対しても反発した。世紀末の芸術家はキリスト教的禁欲と物質文明の両方に猛然と反発した。ゴーギャンは、ヨーロッパの文明を嫌悪して、まずブルターニュのケルトの古代に引かれ、さらにタヒチの奥地へと進み、そこで暮らし、生命の燃焼を讃美した。音楽家ストラヴィンスキーは、原始の象徴とも言うべきディオニュソスの破壊的なリズムで生命の祭典を爆発させた。そうした運動の発端ともいうべきものを、ニーチェはワー鳥は卵の中からぬけ出ようと戦う。卵は世界だ。生まれようと欲するものは、一つの世界を破壊しなければならない。鳥は神に向かって飛ぶ。神の名はアプラクサスという。

その神は、人と「神」と「悪魔」を包括した超越的な神であった。その神は、「天使と悪魔、男と女とを一身に兼ね、人と獣であり、最高の善と極悪」であった。この神は、人間が眠っている時に見る夢の世界、善も悪も区別されない自由な生命体としての世界、それを人間の外界のなかにそのまま求めようとする、善悪の彼岸の神なのかもしれない。一九世紀末になってようやく、キリスト教の性的禁欲の考えに疑問符が突き付けられ、それにもとづいて主に芸術・文学・思想の領域で大胆で大きな潮流となって革命的な諸々の作品がうみ出されたのである。詩人ヴェーデキント、画家のムンク、クリムト、ルドン、作家ワイルド、作曲家シェーンベルクなどが、その先鋒となった。奇しくも登場した科学者フロイトは、外面と客観を重視する一九世紀の実証主義を完全に裏返して、人の見えざる心理の深層から学問の構築し、結果的にこの生命の潮流に科学的な援護射撃をおこなったのである。

グナーの《トリスタンとイゾルデ》（一八五九年）に見出した。哲学的に自己実現したニーチェが、処女作『悲劇の誕生』（一八七二年）をワーグナーに献呈したのは当然ともいえることであった。また、若きニーチェが《トリスタン》の性愛を賛美したのは、これまた当然であったかもしれない。

一方、こうしたキリスト教思想への挑戦と《価値の転換》の運動を、科学的、学問的に援護射撃した者が現れた。それこそ、人間の心理の深層に潜む性欲に光を当てて、性欲と性欲論に市民権を与えた心理学者フロイト（一八五六～一九三九）であった。フロイトが自己の独自の心理学を形成するきっかけになったものは、ヒステリー患者であった。フロイトは、ブルジョア社会を支配するキリスト教的禁欲によってその性欲を抑圧された女性患者のヒステリーの症状にメスを入れることから、深層心理学の端緒を切ったということもできるのである。

ヘッセの小説『デーミアン』（一九一九年）は、ニーチェに心酔した青年の精神の物語である。ヘッセは、『デーミアン』のなかで主人公シンクレールの口を借りて、「ヨーロッパが深いはなはだしい精神の荒廃に陥ってしまった」と述べ、善悪を包括した新しい価値を「アプラクサスの神」に託す。この青年は、旧来の価値観の卵の殻を破って、「アプラクサス」の神をめざす。

第三四話　聖修道院長の思慮ある謙遜

あるひとりの聖徳なる修道院長がいたと、『砂漠の聖人師父の生涯』には書かれている。[1]ある領主がその修道院長の聖徳さの評判を耳にして、自分もその修道院長に会ってみたいと思った。修道院長はそのことを知って、頭が変になったふりをして、サッコ服[2]を着て、一切れのパンとチーズを食べた。領主が多くのお抱えを連れてやって来た時、修道院長は独房の出入り口にいて、パンとチーズをかじっていた。そして修道院長は聞かれたことにはどれにも一切答えず、ひたすらもぐもぐ食べ続けた。それどころか頭が変なふりをして、無骨にも、さらに口にもっと大きなパンをほおばった。

その領主はそれを見て修道院長のことを軽蔑し、立ち去って行った。——しかし、実際には修道院長は相変わらず賢明なままであったのだ。彼は、その賢明さゆえに、たとえ身なりや行いから、卑しい愚者に見えようとも、ちやほやされて高慢に陥ってしまう愚かさの方を避けたのであった。

（1）　直接の出典は『砂漠の聖人師父の生涯』ではなく、『説話目録』による。

（2）「サッコ服」は原文では un sacco であり、ただ「袋」程度の意味しかない。これは袋の一方の端を切り取ってしまい、袋をかぶって首を出し、服のように着るものであり、普通非常に珍奇に見えるものである。かつてアッシジのフランチェスコがこれを着ていたことがある。

この第三四話から第四七話までは、キリスト教において戒しめられた悪徳のひとつ《傲慢》（高慢）と、また大いに追求すべきとされた美徳のひとつ《謙遜》（謙譲）についての例話が続くので、これらについては第四七話のコメントでまとめて扱う。

第三五話　冒瀆のことばを吐いた聖職者

ペトルス・ダミアーヌスが書いたものによると[1]、ブルゴーニュ地方[2]に一人の聖職者がいたという。彼はサン・モリッツの教会に多額の聖職禄を蓄積していた。彼は長い間、その地方のひとりの有力な聖職者と訴訟で争っていた。そしてそれに勝利し聖職禄を獲得したが、それは彼自身がより大きな権限をもっていたからではなく、都市の地区の悪党どもから大きな援護を得たからであった。

ある朝のこと、彼が教会のミサで福音書を歌っていたとき、その最後の箇所でイエス・キリストが「自らを低める者は高められるだろう[3]」と言ったとき、連れの者に向かってこう言った。「福音書のほかのことばは真実かもしれないが、これは全く間違っている。なぜならもし私が敵に対して自らを低めて屈していたら、多くの資産を伴うこの聖職禄を私が手にいれることはなかったからだ。」

こう言うとたちまち大きな雷鳴がとどろいた。そして稲妻が閃（ひらめ）いて、稲妻は忌むべき冒瀆のことばを発したこの男の口の中を貫いた。そしてことばを吐いた同じその場で彼の命を奪い去ったのであった。その舌と喉はともにすべて焼け焦がれて炭と化してしまったのであった。

（1）　パッサヴァンティは、ペトルス・ダミアーヌス（Petrus Damianus）（一〇〇七―一〇七二）を出典としているが、直接的には『説話目録』に基づく。ダミアーヌスはラヴェンナ生まれの聖人、修道士、教会博士。書簡集、説教集、聖人伝、神学理論書を執筆。

（2）ブルゴーニュ地方はフランス中東部の地方。

（3）“qui se humiliat exaltabitur”（マタイの福音書第二三章第一二節）

第三六話　アルキビアデスの栄光と没落

キケロはアルキビアデス[1]について述べている。[2]

アルキビアデスは、偉大な栄光に浴して巨万の富を楽しんでいたが、その後、大きな悲惨に見舞われてしまった。——キケロはこう言っている。[3]

「二つの正反対の〈運〉は、共通に認識されているように、〈幸運〉と〈不運〉とに別れていくように思われる。一方の運、すなわち〈幸運〉が彼に与えたものは、極めて豊かな富、明敏なる頭脳、雄弁さ、人民から獲得した支持であった。しかしもう一方の運、すなわち〈不運〉が次第にそれに取って代わっていった。〈不運〉は彼に貧困をもたらし、祖国への憎悪の念を抱かせた。そして政治舞台から彼を追放した。彼は人びとから非難され、追放され、最後に非業の死[4]を遂げたのであった。」

（1）パッサヴァンティはキケロを出典としているが、実はヴァレリウス・マクシムス（Valerius Maximus）が出典。しかし、パッサヴァンティの利用した『説話目録』が出典をヴァレリウス・マクシムスではなく、キケロに帰している。ヴァレリウス・マクシムスは一世紀前半のティベリウス帝時代のローマの通俗史家。修辞学参考書を著す。その文は中世に好んで利用された。

（2）アルキビアデス（前四五〇頃～四〇四）はアテナイの将軍、政治家。

（3）同じくキケロではなく、ウァレリウス・マクシムスのことば。
（4）最後のトラキアのケルソネソスに亡命、さらにフリュギアに渡り、メリッサで刺客の手に倒れたことをさす。

第三七話　悪魔払いが悪魔に憑かれる

セウェルスは、一人の聖徳なる人物について書いている[1]。その人は悪魔に憑かれた人の誰でも悪魔払いしたのであった。彼は悪魔憑きをその場で治癒してしまうだけでなかった。その場にいなくても悪魔憑きの人に対して、自分の着ていたヤギ皮服（チリッチョ）や彼の直筆の筆跡を送り、それを悪魔憑きが触れるだけで治癒してしまうほどであった。そのため彼の治癒力の名声は広まっていって、様々な年齢の人びとや色々の身分の者たちが、はるばる遠くから彼のところへ駆けつけて来たのであった。

自分が数々の奇跡的な治癒をおこなうのを認め、方々から良い評判を受けるようになると、彼には、自分がまことに高い名誉に値する存在だと思うようになった。また自分が立派な人間だからこそ、自分の能力が引き出されるに違いないと感じられるようになった。こうして自分がおこなった立派なおこないのために、高慢の念が何度も頭をもたげて、彼の精神を侵していったのであった。そして彼がまさに追い払った悪魔に、今度は、彼自身が強く苦しめられるようになった。他の人の悪魔払いをし、悪魔の力を取り除いた彼が、今度は悪魔からの攻撃にさらされ、打ち負かされてしまったのである。

彼は、自分の精神が致命的な悪徳に支配されてしまっているのを感じて、神に敬虔に祈りながらこう哀願した――

「神よ、どうか私の病気を治してこの悪徳から私を解放してください。そして人間の肉体から悪魔を追い払う私の能力のために、自分のなかに高慢の悪徳が入り込んでしまい、そのため私の霊魂を救い出すには、私の肉体を悪魔の支配に委ねなくてはならなくなってしまったことをお赦しください。」

この願いはかなえられることになった。

まず悪魔は彼の体のなかに入った。悪魔は、五カ月間、彼の体にとり憑き、非常に激しく激痛を与えた。そのため、その間、彼がその激しい苦痛のあまり、ほかの者も自分自身も傷つけないように、彼の体はしっかり鎖で縛りつけられた。こうして五カ月後、彼の肉体は悪魔から解放され、彼の精神は高慢の悪徳から解放されたのであった。

（1）　スルピキウス・セウェルス（セヴェルス）（Sulpicius Severus）（三六〇頃―四二〇頃）は古代教会の著述家。彼は母の死後、修道院生活に入り、『対話』*Dialoghi* や『聖マルティヌスの生涯』*Vita Martini* など聖人伝などを著作。パッサヴァンティは直接的にはセウェルスの書『対話』ではなく、『説話目録』を出典としている。

第三八話　謙虚の美徳と聖書の解釈

『砂漠の聖人師父の生涯』にはある一人の托鉢修道士のことが書かれている。[1]

その托鉢修道士は、自分では理解できない聖書のなかの一節について神から説明を賜たまわることを望んで、断食と祈りに没頭した。そして七週間断食をしたが、彼が求めたものは手に入れることはなかった。そこで砂漠に住んでいる数人の托鉢修道士のところに行って、自分の抱いている疑問点について尋ねようと思った。

彼が砂漠に向かっていると、目の前に神の天使が一人現れ、こう言った――

「あなたは七週間おこなった断食をもってしても、神には近づくことはなかった。そしてあなたが求めているものには何も役に立たなかった。今、あなたが謙虚になってそれについて托鉢修道士に尋ねにいこうということならば、そのことを神から教えるように遣わされた私が、あなたが知りたかったことをお教えしましょう。」

そして彼が抱いていた疑問点をわかりやすく話した。

托鉢修道士は教えてもらったことについて神に感謝し、謙虚であることの大切さについて悟ったのであった。こうして彼は、理解できなかった聖書の一節の意味と、謙虚であることの大切さの二つのことを同時に学び、独房に帰って行った。

彼は、こうして聖書を理解するに至った。聖書には、神は謙虚な人間にその秘密を明らかにする、と書かれているのである。[2]

（1）　パッサヴァンティは出典として『説話目録』ではなく、直接『砂漠の聖人師父の生涯』を利用している。ただ『砂漠の聖人師父の生涯』と若干記述が異なる部分があり、『砂漠の聖人師父の生涯』では修道士のおこなった断食は、七週間ではなく、七七日間に及んだと書かれている。

（2）　「マタイの福音書」第二章第二五節。

第三九話　謙遜の美徳と聖アントニウス

『砂漠の聖人師父の生涯』のなかにこう書いてある。[1]

ある時、聖アントニウス[2]は祈っている時に、この世の中にはわなが張り巡らされているのを感じ、嘆息してこう言った――。

「ではいったい誰が、この数多く仕掛けられたわなのどれにもかからずに、うまく逃れられるのであろうか。」

すると彼の問いに答える声が聞こえてきた。

「謙遜――ただこれあるのみ。」

（1）　出典は直接『砂漠の聖人師父の生涯』による。

（2）　アントニウスはいわゆる修道院長アントニウスのこと（第一三話の注（1）を参照）。

第四〇話　マカリウスの謙遜が悪魔を打ち負かす

『砂漠の聖人師父の生涯』のなかにこう書いてある。[1]

ある時、悪魔は聖マカリウス[2]にこう言った――

「お前が断食をするならば、わしも何も食べない。お前が夜を徹して祈るなら、わしも眠らない。お前が仕事に精を出しているならば、わしも休まない。それなのになぜお前はわしの誘惑に乗らずに打ち勝つのだ。」

悪魔はこの質問をした後で、マカリウスの返事を待たずに、みずからこう言った。

「お前の謙遜、ただそれのみがわしの誘惑に打ち勝つものなのだ。謙遜、これこそわしが持っていないものなのだ。また持とうとしても持てないものなのだ。[3]」

（1）　これも『砂漠の聖人師父の生涯』を直接出典としている。
（2）　聖マカリウスについては第九話の注(20)を参照。
（3）　悪魔は生来傲慢だからマカリウスには勝てない。

第四一話　聖ヒラリウスの高められた謙譲

聖ヒラリウス[1]についての物語にはこう書いてある。[2]

ある時、聖ヒラリウスが公会議[3]に出た時のことである。公会議には教皇と多数の司教が集まっていた。聖ヒラリウスは多くの司教に歓迎されたが、彼が議場に入ったとき、皆はすでに高い座席に座っていた。そして誰ひとりとして彼に席を譲るために、立ち上がり、席を移ろうとする者はいなかった。

そこで聖人司教は一番前の床に座り込んだ。そして「地面は神のものである」といった。すると突然聖ヒラリウスが座っていた床が高くもりあがって、他の司教が座っているのと同じ高さにまで達したのであった。

司教たちは、初めは彼を侮っていたのであるが、この奇跡的な出来事を見て彼のことを多いに敬った。そして彼らは福音書のなかのことばを思い出したのであった。すなわち――

「自らを貶(おとし)める者は高められるであろう。」

（1）ヒラリウス・ピクタヴィエンシス（Hilarius Pictaviensis）（三一五頃～三六七年頃）は神学者、司教、聖人、教会博士。アリウス派に対する辛辣な論敵。主著は一二巻からなる『三位一体論』*De Trinitate* である。

（2）出典は『説話目録』による。またこれと対応する話は『黄金伝説』にも出てくる（邦訳『黄金伝説』第一巻 一七章）。

（3）教皇レオによって召集されたといわれる公会議。ヒラリウスはみずから進んでそれに参加したが、実はそれに「召集されていなかった」（『説話目録』）。このことをパッサヴァンティは「誰ひとりとして彼に席を譲ろうとして席を立ちあがって、席を移ろうとする者はいなかった」ということばで示唆している。

第四二話　この世の栄光はかくのごとくはかない

もののの本にこう書いてある[1]。

昔、教皇が選出された日に、まず最初に、一つかみの籐と火のついたろうそくが彼の所に運ばれたのであった[2]。

それから、彼の前で籐が焼かれてから、彼に対して次のことばが言われた――。

「世俗の栄光はかくも一瞬のうちに過ぎ去ってしまう――火がこの籐を一瞬のうちに燃やし尽くし、火花と灰に変えてしまうように。」

それだから聖ベルナルドゥス[3]は教皇エウゲニウス[4]に手紙を送ったときに、こう述べたのである。

「あなたは、一方で、自分が教皇という最高位の聖職者の地位に座していることを知りながら、同時に他方で、自分がただの灰でしかないということも知っている。だから、この両者をいっしょに結び付けて理解しておくこと――このことこそが、いかにもすばらしくかつまた有効なことなのです。」

低い地位にあって謙虚であることは格別に偉大なことではない。しかし名誉ある高い役職を与えられた者が謙虚であること――これは偉大な徳であり、なかなかできることではないのだ。

(1)　この例話の出典を『説話目録』とすることは疑問視されている。パッサヴァンティ研究家A・モンテヴェルディは『畏怖の贈り物の書』を出典と見ている（*REP*, p. 616.）。
(2)　この習慣は最近でも行われているという。

（3）　クレルヴォーのベルナルドゥス（Bernard de Clairvaux）（一〇九〇～一一五三年）はシトー会修道士、教会博士。クレルヴォーの修道院の修道院長。この時代の傑出した宗教的指導者。教皇エウゲニウス三世のために教皇の義務についても執筆した。

（4）　教皇エウゲニウス三世（在位一一四五～一一五三年）。シトー修道会から出た最初の教皇。ピサ出身。聖ベルナルドゥスに出会いシトー修道院に入って弟子となる。第二回十字軍遠征（一一四七～一一四八年）を実施した。

第四三話　人間よ、忘れるなかれ(1)

聖イシドルス(2)はこう書いている。

コンスタンティノープルの皇帝(3)が戴冠されるその日に、ある習慣が古くからおこなわれていた。この最大の栄光の時にひとりの石工職人が四色の大理石の見本を持って来て、自分の墓石にはどの色の石が気に入ったか尋ねたという。

つまりこれは、皇帝の頭の中に死の意識を刻み込むことで、この世での皇帝の栄光を制御し、皇帝を謙虚な存在にさせることをねらったものであった。

（1）Memento, homo, quia pulvis et in pulverem revertevis（「人間よ、忘れるな。人間は、土から生まれてまた土に帰っていくのだ。」）

（2）聖イシドルス（Isidorus Hispalensis）（五六〇頃～六三六年）は教会博士、聖人。セビーリャの大司教となってスペインにおけるカトリック教会の発展に貢献。『語源録』の著者。

（3）「コンスタンティノープルの皇帝」とは、東ローマ帝国の皇帝のこと。

第四四話　謙虚さから豚の世話をした聖師父

『砂漠の聖人師父の生涯』にはこう書いてある。[1]

多くの徳を備えたある聖師父が、霊魂は何をもって完徳なものになるか教えてくださいと神に懇願した。そのことを彼が、別の師父に尋ねた時に、その師父は天からの啓示にしたがってこう言った――「あなたは私が言ったことはどんなことでもするつもりですか」。それに対して聖師父は、「はい」と答えた。すると師父は言った。「さあ、行って豚に餌をあげなさい」。そして聖師父はそのとおりにした。

そのことのために人びとは、聖師父の気が変になったと口々に言った。しかし彼は謙虚の徳をこころの内に蓄えたのである。聖師父は人びとから受ける嘲笑に甘んじ、また卑しい仕事に甘んじたのである。

そしてしばらくしてから、二人は霊魂を完徳なものにするものが謙虚さであることを認識した。――それから聖師父は師父の修道院へ招かれて行ったのであった。[2]

（1）この例話はパッサヴァンティがしばしば利用した『説話目録』にはない。したがって、パッサヴァンティが直接『砂漠の聖人師父の生涯』を出典にしたか、あるいは『砂漠の聖人師父の生涯』を出典とした別のもの、例えばヘロルト Herolt『例話の鑑』*Speculum exemplorum* などを出典としたことが考えられる（*REP*, p. 618.）。

（2）この例話の翻訳では、二人の人物、すなわち「聖師父」santo padre と「聖師父」santo padre のやりとり、対話の形を取っているが、原文ではそのまま「聖師父」と「聖師父」の会話の形になっている。これでは非常に紛らわしいのでここでは後者の方の「聖師父」を単に「師父」と訳し区別しやすいようにした。

第四五話　軽蔑された聖徳なる人の謙譲さ

聖グレゴリウス[1]は次のように書いている[2]。

コスタンツィオという名の聖徳なる人がいた。体は小柄で、とても見劣りのする容姿であったが、それにもかかわらず、その聖徳さは神に近いものであった。そして彼について聖徳の誉れと評判が高まったので、多くの人びとが色々な地方から彼に会いにやって来て、彼のおこなう祈禱から恩恵を求めたのであった。

こうした多くの訪問者のなかに、ある無作法な田舎者がいた。彼に会いにやってきて、面会を求めたが、その時、男はコスタンツィオがランプに火をつけ、油を足しているのを見た。コスタンツィオが小柄で痩せていて、粗末でみすぼらしい服を着ていた上に、卑しい仕事をしていたので、まさか彼がその聖徳さで世に聞こえの高い人であるなどとは、その男には信じられないことだった。

しかし彼こそが、間違いなくコスタンツィオにちがいないと思ってから、コスタンツィオにこう言った。

「私はあなたが大柄で立派な体格の人だとばかり思い込んでいました。また、人びとはあなたのことをほめちぎっているのに、それどころか、あなたは人間としての優れた価値を示すようなものを何ももっていませんね。」

それを聞いて神の僕はランプを置いて急いでそばへ行って、抱いて接吻をしてこう言った。「あなたこそ、私の無価値を見抜いた人です。私をよく理解してくれました。あなただけが私のことをしっかり見てくれました」。

こうして彼に深く感謝したのであった。

聖グレゴリウスはこう言っている。

「本当に謙譲な人は、軽蔑されても、その軽蔑する人のことをいっそう愛する人である。なぜなら、傲慢な人の場合、名誉を与えられると、ますますうれしがるが、同じように、本当に謙譲な人は、軽蔑されると、それでますますうれしがるのである。本当に謙虚な人は、自分がなおざりにされているのを認めると、それで満足するのである。というのは、本当に謙譲な人は、自分をあまり評価せず、軽蔑しているからである。」

（1）聖グレゴリウス Gregorio Magno（五四〇頃〜六〇四年頃）は聖人、教会博士。教皇グレゴリウス一世（在位五九〇〜六〇四年）。「大グレゴリウス」として知られる。ローマ貴族の出身。修道士から教皇に選ばれ、政治的、社会的混乱期に教皇権とローマ教会の力を強化したといわれる。著書の対話集『イタリアの師父の生涯と奇跡、霊魂不滅に関する対話』*Dialogus de vita et miraculis patrum italicorum et aeternitate animarum* がこの例話の出典。教会の単旋律聖歌（「グレゴリオ聖歌」）の形成にも貢献したといわれる。

（2）出典は研究者によって『説話目録』ともグレゴリウスの対話集とも考えられている（*REP*, p.618.）。

第四六話　テミストクレスの虚栄

これは虚栄について話す三番目の話である。[1]

ここでは、人はこの悪徳に傾きやすいこと、また人は虚栄を欲する存在であること、そして人は容易に虚栄につまずいて罪を犯してしまう存在であること、このことについて話そう。

この虚栄については、かの賢人ウァレリウス・マクシムスはこう言っている――。

「どんなに謙虚な人でも虚栄の誘惑に引き込まれないような人はいない。」

そこでウァレリウス・マクシムスは聡明なテミストクレス[2]について述べている。

テミストクレスが劇場に行ったときのことであった。劇場では武勇や知恵や芸術についての優れた作品が歌と詩によって語られていた。テミストクレスは、詩や歌のどれが気に入ったかと聞かれた時に、こう答えた。

「私の武勇ぶりをいっそう高めてくれるものなら、詩でも歌でもどれでもいいのだ。」

（1）　おそらくパッサヴァンティが直接出典としたのは、中世において最も普及したウァレリウス・マクシムス（ヴァレリオ・マッシモ）の書『記憶すべき行いとことばについて』*De factis et dictis memorabilibus* であろう。ウァレリウス・マクシムスは、古代ローマ時代、一世紀前半の編纂者。セクストゥス・ポンペイウスに庇護される。その書は、キケロ、リヴィウス、サルスティウスなどの道徳的な模範例を集めたもの。パッサヴァンティは、虚栄についてすでに別のところで語ったが、その一回目は、虚栄の定義、二回目は虚栄と高慢の区別についてであった（*REP*, p. 620.）。

（2）　テミストクレス Temistokles（前五二八頃〜四六二年頃）はアテナイの政治家、将軍。アテナイを海軍国にし、サラミスの海戦でペルシア軍に勝利。アテナイの民主政治に貢献したといわれる。

第四七話　パウサニアスとエロストラトスが抱いた名声への愚かな欲求

ウァレリウス[1]はパウサニアス[2]について述べている。

パウサニアスが、名声を手早く勝ち取るにはどうしたらいいかと、ある男に尋ねた時に、男はこう答えた――それは名誉ある人物や高い地位にある人物を殺すことだ、と。そこでパウサニアスはアレクサンドロス大王の父であるフィリッポス王[3]を殺した。このことで世界中の人びとがパウサニアスのことを語った。そしてパウサニアスは殺す前は無名だったのに、年代記や歴史のなかで語られるようになったのである。

同じような話がエロストラトスについて語られる。エロストラトスは、有名になろうとしてエフェソスの女神ディアナの豪華壮麗な神殿に放火した。彼はあとで拷問にかけられてから、自白したのであるが、その自白によると、自分には有名になれるような立派な特質が全くないので、放火してそれで有名になろうとしたという。

（1）　ウァレリウスについては第三六・四六話の注を参照。

（2）　パウサニアス Pausanias（前三三六年没）は、マケドニアの王女クレオパトラの結婚の祝宴の最中にマケドニア王フィリッポス二世を暗殺した。暗殺の動機は、ウァレリウスの話とは違って不明とされている。

（3）　フィリッポス二世（前三八二―三三六年）（在位　前三五九～三三六年）はアレクサンドロス大王の父。軍組織を改革。マケドニアを統一、強化し、領土拡大に乗り出す。ギリシャの覇権を獲得し、小アジア侵攻をおこなう前にパウサニアスによって暗殺された。遺志はアレクサンドロス大王に継がれる。

＊　第三四話から第四七話までの例では、すべて傲慢が戒められ、謙虚さの大切さが説かれている。傲慢さは、特に上位にある聖職者の場合に陥りやすい悪徳であった。傲慢に陥らずに謙虚さを保つことは、とりわけ上に立つ者の場合、重要視された

　第三四話から第四七話まですべて同じ主題——傲慢・謙虚さ——を扱うのでここでまとめて扱う。すなわち、この世俗世界は空しくはかないのだから、この空しい世において富や栄光・名声などを追い求めるのは愚かである。この世でおごったり、傲慢に陥ることなく、来世に向けて謙虚さ、謙譲さという美徳に徹するべきである。完徳の聖人はそれを実践できた人である。

　例えば、第三四話では——

　ある評判の高い聖徳な修道院長は、自分の聖徳さの評判が高まることで、自分が高慢になってしまうのを恐れた。その恐れから、この修道院長の徳の高さに触れようとはるばる会いに来た来客の前で、ぼろの服を着て、惚けた顔で、口にチーズやパンをほおばって、あたかも愚者のようなふりをして、何も口を利こうとしなかった。そのために訪問者から軽蔑されてしまう。しかし、実はこのように軽蔑されることで、人から尊敬されることからうまれる高慢さを回避しようとしたのである。「賢明にも」、「愚か者である」と思わせて、みずからが高慢に陥ることを回避した——という話である。これについては、我々現代人には、《そこまでやるか》という気がするのではないだろうか。

　また、第三五話は、強欲によって多くの財産をため込んだ一人の聖職者が、ひとこと傲慢なことばを発するや、神の怒りを買ってたちまち稲妻に打たれて死んだという話、第三六話は、この世において一瞬の富と栄光に浴した後に悲惨な最期を送ったギリシャの将軍アルキビアデスの話、第三七話は、悪魔払いをおこなう男が、次々と悪魔払い憑きの人たちを見事に治癒するうちに、みずから傲慢の罪に陥り、その結果、逆に悪魔に取り憑かれてしまったという話、第三八話は、聖書の真実に迫るのに最も大切な態度こそ、謙虚な態度であるという話、第三九話は、この世に張り巡らされたわなに掛からない最も大切なものこそ、謙虚さにほかならないと、天使から教えられるという話である。第四〇話は、聖マカリウスが悪魔の誘惑をはねつける力になっているものが、彼の謙遜さであったという話、第四一話は、聖ヒラリウスが議場において、謙遜の念からみずからを貶(おとし)めて一番低い所に座るや、逆に床が盛り上がって高い席になった（「謙遜するものは逆に高められる」）という話である。第四二話は、新しい教皇が選出されると、彼の

前で篠の束を燃やし、燃え尽きた後の灰を見せつけ、教皇もまた灰にすぎないこと、世俗的栄光のはかなさを教えるという話である。第四三話は、新しい皇帝の戴冠式では、彼が死んでから入る墓の色を皇帝に決めさせることでこの世の短さと謙虚さを教えるという話である。

第四四話では、ある聖人は、わざわざ豚に餌をあげるなど、卑しい仕事をおこなって人から嘲笑されることに甘んじた。彼は、こうしてみずからを卑下して、謙虚さを積むことで霊魂の完徳を守ろうとしたのであった。さらに、第四五話では、容姿が見劣りのするある聖徳なる人物は、その聖徳さに触れようとやって来た田舎者の訪問者に、《あなたは、見たところあまり価値のある人ではないですね》と言われて、かえって大いに喜び、彼に抱きつき、《私の無価値を見抜いてくれました》と言って感謝する。そして、パッサヴァンティは、グレゴリウスのことばを用いて、人から軽蔑されてそれで喜ぶ位に謙譲な人でなくてはならないと教える。人からばかにされ、軽蔑されて、みずからを「土くれ」のようにさげすむことが、求めるべきキリスト教的美徳としての謙譲なのである。――この話も我々には、どうもつきあいきれない感じがするのではあるまいか。

第四六話は、謙虚な人間であっても、虚栄心に陥りやすい人間の弱さを指摘する。そして第四七話は、自分の名前が世の中に知られるようにと思って愚かにも悪事を働いた二人、フィリッポス王を殺したパウサニアヌス、宮殿に放火したエロストラトスの話である。

大きな視野から見ると、傲慢を戒めて、謙虚さや謙遜を尊重する教えは、洋の東西を問わずに認められる。――実るほど頭を垂れる稲穂かな。

ヨーロッパのみならず、中国や日本でも同じような主張はなされている。その教えはおよそ人が生きていく上で倫理の基本として、ある程度まで共通してどこにでも尊重される倫理なのであろう。さらにいえば、この種の教えは、ヨーロッパにおいてキリスト教が信じられるようになる以前から強調されていた。傲慢を戒め謙虚を教える倫理は、キリスト教の普及以前から確立されていたギリシャ・ローマの古典古代の倫理体系にもあった。キリスト教倫理は、そうした既成の倫理的土壌の上に重ね合わされたのである。人を説得するには、ある程度まで先立つもの、既成の考え方を踏まえなくてはならない。そもそも、根底には、人の生き方、思想、心性はある程度共通したものが存在するのかもしれない。

繰り返すが、倫理観はある程度まで継続性がある。宗教が変わったからといって、既成の倫理のすべてがかわるわけではないのである。例えば、キリスト教でいう悪徳や美徳も、キリスト教前の古代の倫理観から継承した部分も少なくないであろう。キリスト教以前の思想家であるキケロにおいても、悪徳としての傲慢は強く戒められていた。そしてそのキケロの学芸から大きな影響を受けたアウグスティヌスは、『神の国』のなかで、古代ローマの先人の学芸と倫理についてほとんど同次元で語っており、そこから多くを学び、その土壌に立ってキリスト教信仰を推進したのである。そこではいかに多くの古代ローマ人が語られているることであろうか。

しかし、その一方で、この例話のなかには、そのあまりの宗教色の強さから、そこまで自分を卑下する必要はないのではないかと言いたくなるのも事実であろう（第三四話など）。そこでは人間の誇りなどは一顧だにされない。しかし、我々は、ふつう小学校から中学・高校の時代まで、ずっと校歌を歌わされ、しばしば母校やふるさとに《誇りを持って生きよ》と教えられ、また、みずからも人にそう教えてきたような気がする。《誇り》は、ひとりの個人や、個人の所属する集団が前向きにがんばる根拠である。まず所属集団に価値を与えないことには、そこに所属する者たちにがんばれという根拠がなくなってしまいそうである。一方、そうした考え方は、パッサヴァンティが受け継いだ伝統的なキリスト教的価値観、来世中心主義ともいうべき価値観とは本質的に異なるものである。パッサヴァンティの例話では、来世に焦点を据えており、世俗の栄光や人間の尊厳は一切捨て去らねばならないのである。

しかし、パッサヴァンティが口酸っぱく訴えなければならなかったほど、彼の時代の人びとは世俗的価値に走り、そこに傾斜していたと見ることもできる。彼の生きたトレチェントの時代はルネサンスの時代が幕開けしつつあった時代であったからだ。都市の大商人が、新しい価値観である世俗主義とともに、都市を闊歩し、政治を支配し、巨額の富を蓄積し、ぬくぬくとそれを享受していたのである。清貧を至上とする「キリスト教の本来の教え」と、富裕化する「社会の実態」との本質的な亀裂が露わにされつつあった。これについては、別のところで書いたのでここでは立ち入らないが、一四世紀から、フィレンツェでは葬式が派手に挙行されたり、墓が豪華に装飾されたほか、宗教的行為であるはずの「教会への寄進」が、かえっておのれの世俗的名声を高める手段と化すなどの例は、至る所に認められたのである。そのように見ると、パッサヴァンティが、この例話の中でくどいほどに傲慢を戒め謙虚を教え、世俗的栄光のむなしさを訴えた理由が認められるかもしれない。

このことは、はっきりと数値になって出ている。キリスト教世界のなかで富とともに都市化が進展し、売春や売春宿、銀行業や高利貸しなどが目立ってくる。こうして「色欲」「貪欲」などの「大罪」が跋扈し、聖職者から問題視される。パッサヴァンティのこの例話集でも「色欲」「貪欲」を扱った例話の割合が高くなるのである。「色欲」は三七パーセント、「貪欲」は一四パーセントである。しかし、それ以上にずっと高い割合で例話において扱われたのが、「傲慢」であった。それは群を抜いた圧倒的な高さで四九パーセントにも及んでいる。

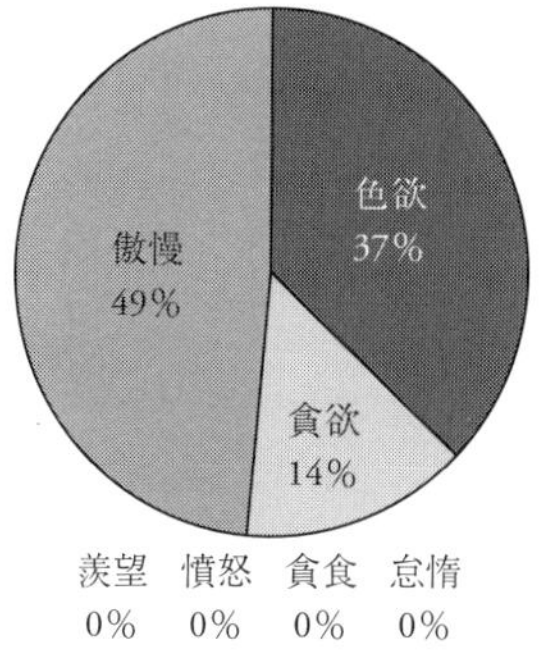

グラフ 47-1　『真の改悛の鑑』における傲慢（高慢）の大罪の高い割合
パッサヴァンティの例話では「七つの大罪」のうち傲慢の占める位置が非常に高い。アウグスティヌスのキリスト教倫理に従って，「すべての罪のはじめは傲慢である」という見方を取るのであろう（『神の国』第14巻第13章）。精神がひとりよがりになって悪しき行為に走ると考えられた

第四八話　キケロの徒として有罪宣告を受けたヒエロニムス

聖ヒエロニムス[1]を読むとこう書いている。

ヒエロニムスがまだ若い頃のこと、自身がキリスト教徒であったにもかかわらず、キケロの書と哲学者プラトンの書を読むのが楽しくてどうにも仕方なかった。キケロの書は修辞的な完璧さを備えた散文の美しさが魅力であり、プラトンの書は知的な思索の深みによる文体の高尚さが魅力であった。一方、預言者やそのほかの聖書の作家は、彼にとっては文体が粗雑に思われたので、あまり楽しめなかったのである。

ところがヒエロニムスは病に伏してしまった。その病気は重く、医者からも見放されてしまい、葬式の準備まで始まっていた。――人びとは彼を取り囲んで、彼が息を引き取るのを待っていた。

すると突然、彼の霊魂は神の裁きの場に連れ去られた。最高審問官が座っている裁きの玉座の周りには、栄光の燦然(さんぜん)たる光があふれんばかりに輝いていた。そのあまりのまぶしさには彼の目は耐えることはできなかった。

それから彼は、目の前にいる審問官や抗しがたい光の力のために、恐れ戦(おのの)いて、裁きの玉座の前にひれ伏していた。そして審問官から「お前は何を信仰しておるか」と聞かれたので、「私はキリスト教徒です」と答えた。

すると審問官はこう言った――

「わしを欺く気か。なぜならお前はキリスト教徒ではないからだ。いやむしろお前はキケロの徒だ。お前にとって最も大切なものはキケロへの愛情だ。」

ヒエロニムスは、これにはどうにも答弁のことばを見出すことができずにじっと黙っているしかなかった。すると審問官は、ヒエロニムスを鞭で激しくたたくように命じた。するとヒエロニムスは大きな声を張りあげ叫んで言った「審問官様、どうかご慈悲を！」

またその場にいた多くの者たちも審問官に「自分が愚か者でした。自分が未熟者でした。今度ばかりはどうぞお赦しを！」と懇願していた。ヒエロニムスも自分が犯したあやまちのために涙を流した。そしてあやまちのために激しく鞭を打たれることを悔やんでいた。それから彼は誓って言った――

「もう俗世の書を読むようなことは二度と致しません。」

こう言った瞬間、霊魂は解放されて肉体に戻った。死んだと信じられていたヒエロニムスが息を吹き返したのであった。そして彼は自分が涙でびっしょりとぬれているのに気づいた。このことが、夢ではなく本当だったことの確かな証拠として、気が付くと、彼の両肩は鞭で打たれて青くアザだらけになっていたのであった。このように懲罰を受け、また自ら誓いを立てたことから、それからというもの、自分のすべての研究を世俗の書ではなく聖書に捧げたのであった。そして彼は聖ローマ教会の公式の注釈業に関与した。彼のおこなった聖書の翻訳、解釈、説明は、その出来栄え、忠実さ、真実さにおいて他のギリシャやラテンのどの博士をも凌ぐものとなったのである。(2)

（1）　ヒエロニムス Eusebius Hieronymus Sophronius（三四二～四二〇年）は聖人、教父。ダルマチア地方のストリドンに生まれる。ローマでキリスト教に改宗（三五四年頃）。修道士として聖書研究を積み、ヘブライ語から初のラテン語訳聖書（ウルガータ聖書）を著した。

（2）　キリスト教徒でありながら、キケロなどのキリスト教成立以前の異教の古典作品にひかれる問題は中世以後も継続した。

すでに触れたが、ルネサンス人文主義者のペトラルカの場合、これについて次のように述べている。「もしキケロを賞賛することがキケロ主義者であることを意味するとすれば、私はキケロ主義者である。私は彼を賞賛するあまり彼を賞賛しない人々のことを不思議に思う。――しかし私たちが宗教、つまり最高の真理と真の幸福、永遠の救済について考えたり、話したりする時、私は確かにキケロ主義者でもなければ、プラトン主義者でもなく、キリスト教徒である。」（拙著『ルネサンス・ヒューマニズムの研究』一六六～一六七頁）。また、研究者E・H・ハービソンは、ヒエロニムスが直面したこの問題について論じている（ハービソン（根占献一監訳）『キリスト教的学識者――宗教改革時代を中心に――』知泉書館　二〇一五年　一一～二〇頁）。

＊　異教の学芸にうつつを抜かす者は断罪される

この例話では、キケロやプラトンなどの古代の学芸を学ぶキリスト教徒は、許されざる者、一種の思想犯として断罪される。ヒエロニムスは、キケロの修辞学、プラトンの哲学に魅せられ、その研究に没頭していたことで病に陥り（おそらくその罰ゆえにである）、死を前にした裁きの場で激しく鞭打たれ、泣き叫び、赦しを乞い、深く悔い改めた末に、ようやくその罪を許された。こうしてヒエロニムスの聖書についておこなった偉業があるとされる。キリスト教徒には聖書さえあればよいのである。

ここでは第一〇話「地獄で苦しむ学生、教授の前に現れる」と同様に、信仰に学問は無用であると説かれる。説教師は、繰り返しこのことを説いた。この例話を書いたパッサヴァンティは、トマス・アクィナスと同じドミニコ会士であったことから、学問を尊重してもいいようなものだが、このような反知性の例話を書いていることは、興味深いことであり、また注目されることかもしれない。すなわち、ドミニコ会の托鉢修道士であるからといって、みな一様に同じ立場を取ったわけでなく、生きる時代、個人的な立場、話す相手によって様々であったのだろう。しかし、この学問や知性への懐疑的な立場こそは、キリスト教世界、とりわけ例話の世界において脈々と受け継がれてきた基本的な立場ということができる。一三世紀のアッシジのフランチェスコが圧倒的な人気を得た要因もこの立場によると思われる。

反知性に立つ立場の例話のなかに、おもしろい話がひとつある。キリスト教徒の前に死んだアリストテレスが登場するのである――そこでは、アリストテレスは、死んだひとりのキリスト教徒に向かって、《論理学の「類」や「種」は何の意味もなかった。なぜなら、あの世では、いかなる知も消滅しているからだ》と語る。この話からアリストテレスがいかに知性と学問の象徴であったかがわかる。このアリストテレスの例話で説かれることは、学問への不信である――学問の世界では、ひとつの見解のあとには別の見解がつづき、ひとつの書物のあとには別の書物がつづき、結局のところ究極的な学問的真理などは存在せず、そこでは次々と果てしなく論争が繰り広げられるだけであるということであった。こうして学問の世界は、まことに空しいと結論づけられる。ジャック・ド・ヴィトリによると、《知識を追い求める者は、斧を水中に落としてしまったので、橋の上に立って川の水が全部流れ去るのを待つ農夫に似ている》という。(*1)

第四九話　不当に責められる悪魔

ある時、悪魔がひとりの聖徳なる人にこう話した[1]──

「人間どもはしばしばわしのことを責める。奴らは、自分で犯したくせにその多くの悪事をわしのせいにする。なぜなら奴らはこう言うからだ──

《私は悪魔にそそのかされたんだ》

《悪魔が私にその罪を犯すように仕向けたのだ》

《私は悪魔に足をかけられて倒されたんだ》

だが、わしには関係ないことだ。決してわしのせいなどではない。

それどころか、しばしば人間どもは、わしにけしかけてきて、あれこれ面倒をかけきて、わしを巻き込むのだ。だが、わしはそんなことには煩わされたくないのだ。わしが奴らのなすがままにさせておくと、奴らは、自分から地獄行きのために勝手に多くの悪事を働くのだ──これで、わしの手間が省けるというものだ。」

（1）『砂漠の聖人師父の生涯』、『説話目録』、ハイスターバッハのカエサリウスの『対話』のどれにも類似した悪魔のことばがあるが、パッサヴァンティがどれを中心的に出典としたかははっきりしない。

善なる神の創造されたはずのこの世にどうして悪が存在するのか。それは神が人間に自由意思を与えたからであるとされる。カトリックの考え方では、人は神によって自由意思が与えられているので、その自由意思にもとづく判断によって、この世に横たわる悪を避けることができるのである。人間は、自由意思によって「していいこと」と「して悪いこと」を区別できる存在なのである。このことから、悪をなして、それを悪魔にそそのかされたせいにするのは、いいわけでしかない。悪をなして一歩一歩、みずから地獄に向かうのは、自由意思を行使できない本人のせいであって、悪魔のせいではないのである。ここでは悪魔を利用して、そう教える。

第Ⅲ部　カヴァルカ例話選集

［訳者の解説］

ドメニコ・カヴァルカ Domenico Cavalca（一二七〇頃〜一三四二）はピサのドミニコ会修道士であった。彼は説教例話作家として活躍し、数々の例話を執筆した。カヴァルカはピサ近郊のヴィーコ・ピサーノに生まれ、おそらく一五歳を過ぎてから、修道士になった。そして一三〇〇年（三〇歳頃）に修道院長代理の相談役に任じられた。彼はピサを中心に活動し、黒死病がイタリアを襲う六年前にピサで死去した。残念ながら、修道士としての彼の生涯の活動については断片的にしかわかっていない。彼に関して残っている記録はわずかである。例えば、当時のピサ市民の遺言書には、「説教修道会のドメニコ・カヴァルカ修道士に五ピサ・リブラを遺贈する」といった記述が認められる。また、修道院の改革推進派として、男子修道院に女性が出入りすることを禁止するために活動をおこなったという記録も残っている（年代記は彼が強い女性嫌悪者であったことを伝えている）。また、ピサのサンタ・マリア修道院の創設などにおいて活躍したという記録や、病人への暖かい援助活動をおこなったという記録などがわずかに残っている。そうした断片的な記録に比べると例話作家としての活動は圧倒的である。やはり彼の活動の中心は数多くの例話を著作することであった。グレゴリウスの『砂漠の聖人師父の生涯』などの俗語への翻訳の他に、説教例話集『十字架の鑑』*Specchio di Croce*『心の薬』*Medicina del Cuore*『罪の鑑』*Specchio de'Peccati*『ことばの実り』*Frutti della Lingua* などの数多くの例話を執筆した。

カヴァルカの生きた一四世紀の前半の時代もまた、社会的に厳しい時代であった。比較的に経済的に恵まれた豊饒の一三世紀は過ぎていた。彼の時代は、黒死病こそまだ来ていなかったが、それでも一四世紀初頭やそれ以前から凶作や飢饉が頻発しており、それは神の怒りによると叫ばれたのである。一三四〇年にイタリアに発生した疫病は、ペストではなかったが、一三四八年の黒死病の被害のレベルに迫るのではないかと思われるほどのおびただしい数の埋葬者が記録されているのである。

あまり単純化できないものの、彼の例話には傾向として、現世の厳しさに耐え、それに負けない高い信仰心と隣人愛の姿勢が認められるように思われる。次に紹介する例話「アレクサンドリアのヨハネ大司教」(第四話)と「神の裁きと人間の裁き」(第三話)などは、不幸な現世の生活や苦難にもかかわらず、それにめげずに神意を信じて必死に生きようとする中世人の心性が強く読み取れるように思われる。私はカヴァルカの例話を一一話ほど翻訳したが(『人文学』第一七二号、二〇〇二年、同第一七八号、二〇〇五年)、ここではそのうちから四話を選んだ。いずれも『心の薬』*Medicina del Cuore* に収められているものである。*Racconti esemplari di predicatori del Due e Trecento*, a cura di G. Varanini e G. Baldassarri, tomo III, Roma, 1993.

第一話　キリスト教徒は復讐をしない(1)

『砂漠の聖人師父の生涯』にはこう書いてある。

ある修道士が修道院長フィロジオのところにやって来てこう言った――。

「私は、何としてでも自分を侮辱したあの修道士に復讐をするつもりです。」

すると修道院長は祈りを捧げてから、彼を前にして神にこう言った――。

「神よ、あなたの審判はもはや必要ありません。この修道士が申しますように、我々みずからで審判を下すつもりですので。」

そのことばを聞いてその修道士は恥じ入って自分が受けた侮辱を許した。

(1)　ドメニコ・カヴァルカ『心の薬』*Medicina del Cuore* 第一巻第二章。

なぜ復讐がいけないか

神は公正である。そして神はすべてをご覧になっておられる。だから悪しき者に対しては、神は来世できちんとその罰を下される。したがって、自分に害を与えた者に対して、みずからその復讐をしようなどとは思うな――来世で神はそのことを忘れずにその審判を下されるのだ。不遜にも、神に代わって自分から相手に復讐として罰を下すなどとは思ってはならない、という趣旨の例話である。

キリストは右の頬を打たれたら、左の頬をも出せというが、ここに登場する修道士は、まだそうしたキリスト教的な高い次元からものを見ることができずに（これは実際なかなかむずかしいことであろう）、自分を侮辱した修道士に対して直接みずから復讐をしようとする。この修道士は、聖職者というよりも、ごくふつうの人間として、ここでは「怒り」――七つの大罪のひとつ――に燃えている。修道院長はそれに対して、彼に公正な神の存在を穏やかに想起させようとする。しばしば起こることだが、報復すれば、また報復される――復讐の連鎖である。復讐は非生産的なものである――その復讐を断ち切るべく、怒りと憎しみを抑える高い次元の忍耐力を教えようとしている。ここに「キリスト教徒は復讐をしない」のタイトルのまことの意味が示唆されている。

　一四世紀の大量の商業書簡が残されたことで有名な商人、フランチェスコ・ダティーニ（一三三五～一四一〇）は、いつも激怒して使用人や友人に怒鳴りつけていたという。この時、ダティーニの若い妻マルゲリータは、彼に「仕返しは神様にお任せしなさい。わたしたちよりよっぽどよい方法をご存じなんですから」と諭したという。[＊1]

　中世・ルネサンスの都市では、家や党派の争いが絶えず、けんか、決闘、復讐が絶えなかった。争いは争いを呼び、復讐は復讐を呼ぶ。おそらく復讐や家の名誉といった観念は、キリスト教とは別の、キリスト教前の系譜の観念であろう。こうした争いの渦巻く都市を回り歩いたのが、シエナのベルナルディーノ（一三八〇～一四四四）であった。その説教の弁舌のさわやかさ、快活さで、人びとのこころを捉え、多くの都市から説教の依頼を受けたが、その教えのなかの重要なもののひとつが平和であった。彼はそれによって都市内の多くの争いを調停してますます人気を博したという。

第二話　不平を言うな(1)

病気にかかったことについて愚痴をこぼすのは愚かなことである。このことは病気の方がしばしば健康よりも役に立つことからわかる。

なぜなら病気は、適当なところで述べるが、ふさわしい例話のなかで述べられているとおり、我々を罰し我々の罪を浄めたり、その他の多くのよいことをおこなってくれるからである。それだから『砂漠の聖人師父の生涯』のなかにもこう書いてある。

ある聖師父は、ある人から三日熱を治してくれるように頼まれた。そこで聖師父はこう言った。

「お前はわしに病気を治してほしいと望んでいるが、病気は必要なものなのだ。なぜなら薬が病んだ体を治してくれるように、病気は罪深い霊魂を浄めてくれるからである。」

貧しいことについて愚痴をこぼすこともまた愚かなことである。聖書の至るところで厳粛に申し渡されているように、善良な貧しい人びとは神の子であり神に選ばれた存在である。その一方で、金持ちの霊魂の救済は危機に瀕しており、彼らは救済されるのが非常にむずかしい存在なのである(2)。

悪天候を嘆くのもまた愚かでまちがったことである。なぜなら神は我々に何が必要かについて我々以上によくご存じだからである。だからこれについて嘆く者には決してこころの安らぎは来ない。

だからものの本にも次のように書いてある――。

ある隠者が畑に野菜の種を植えた。そして水が必要と思われたので神に水をくださいとお願いした。すると神はそれをかなえてくれ雨を降らせてくれた。それから晴天を求めると、神はそれを叶えてくれた。まことに神は彼が求めるものを直ちに叶えてくれたのであった。それにもかかわらず彼が植えた種からは芽が生えなかった。しかし隠者は、今年はどこでも不作にちがいないと思ってあきらめた。それからある日のこと、ほかの隠者のところを訪ねてみると、そこの野菜畑は青々としていた。そこで驚いてもう一人の隠者に、神は自分が望む天気をいつもかなえてくれるのに、種から芽が出ないことと言った。

するとその隠者は彼にこう答えた――。

「これはあなたの報いです。あなたは神に対して指図できるほど、自分が神よりも賢いとでも思っているのですか。」

だから、この隠者のことばからわかるように、あなたは何事にも愚痴をこぼすべきではない。何事にも神の意思のなすがままに従うべきである。そうすることで、こころの安らぎとこの世の豊かさが得られるのである。

こうしたわけである善良な農民について次のような話がある。彼はいつも他の農民よりも実りの豊かな作物を得ていた。どうしていつもそうなのかと理由を尋ねられた時に、彼はこう答えた。

「私がいつもとても多くの実りを得たからといって、驚くに足りない。なぜなら天気はいつも自分が望むとおりになるからだ。」

このことに多くの人が驚いて、どうしていつも望みどおりになるのかと尋ねると、彼はこう答えた。

「私は神が望まれる以外の天気は望まないからです。天気はいつも神の望まれる天気ですから、それはいつも私が望むとおりの天気なのです。」

どんな職人でも、自分よりわかっていない者どもから技術についてけちをつけられたり、とやかく教えられると憤慨するものである。だから、我々が神のおこないについて文句をいうならば、神もまた憤慨するのである。驚くに足りないことだが、神は、物事についてどのようにすべきかを我々よりもよくご存じなのである。

（1） ドメニコ・カヴァルカ『心の薬』*Medicina del Cuore* 第一巻第八章。
（2）「重ねて言うが、金持ちが天の国に入るよりも、らくだが針の穴を通る方がまだ易しい。」（マタイ一九章二四節）

自由意思論か運命論か

病気にかかること、貧困であること、作物が取れないこと――こうしたことを嘆いてはいけない。なぜなら、まず「病気」は罪深い霊魂は浄めてくれるものであり、次に「貧困」は聖書に書いてあるように、人を天国に導き、さらに「不作」は神の望まれた結果であるからだ。何事も神の計らいであり、それに不平を言うべきでない――そのようにこの例話は教える。

特に、最後の、作物などの不作には甘んじよということの理由づけにはっきりと示されているように、この例話は、現状をそのまま受け入れ肯定せよという考え方が強く押し出されている。《不作は神の報いである。神が判断してそうさせたのだから、それに愚痴をこぼすべきではない。何事も神の意思のなすがままに従うべきである》と教える。一切の物事の決定の専門家である神は、それが一番よいと思ってそうされているのだから、それに甘んじよ、と言う。

この考え方は、与えられた現実を「運命」と思って受け入れよという一種の「運命論」に貫かれているといえる。この現状肯定の考え方からは、革命も改革も改良もうまれてこない。確かに、病気や悪天候による不作は、人間の意思ではどうにもならないにしても、我々現代人のなかには、領主の搾取が原因による場合、戦うべきだと考える者もいるので、この考え方は抵抗があるかもしれない。しかし、多くの場合、中世の多くの人びとは、身分の固定された社会、ギルドや荘園制などの閉鎖的な社会に生きていて、それを打破して革命や革命を起こすことは非常に困難であった。そうしようという気になることさえあまりなかったかもしれない。現実をありのままに受け入れることが、一番よい穏便な方法であったのかもしれない。また、旧約聖書にあるように、世界のすべてが神のつくられたものである。これから起こるすべてのことも、神の思し召しである。だから、神の意思のなせる結果に甘んじなければならない。物事がうまく行けば、神に感謝。うまく行かなければ、それは神の思し召しとして諦めなければならない、と自分に言い聞かせたのである。さらに、体制の中心のひとつをなす聖職者は、人びとに永遠に続く来世に目を向けさせて、それへの準備として霊魂を浄めること——内面的なものへの注視——を教えて、彼らの不満を昇華しようとしたのかもしれない。同様のことは次の例話についてもいえよう。

第三話　神の裁きと人間の裁き[1]

良き人生を歩んだ末に待っているのが、《悪しき死》であるなどとは思ってはならない。邪悪な人びとがしばしば人並みの死に方をするのに、信心深い人びとが無残な死に様に遭うのが見受けられるのも確かなことである。しかし神はその理由をご存じでおられるのだ。神は、義《ただ》しい人びとにあたかもその報いのように辛い死を与え、その一方で邪悪な者に対して、彼らがおこなったちっぽけな善行のためにまるで褒美を与えるかのようにいとも容易に繁栄の人生を与えるが、神はその理由をご存じでおられるのだ。

それだから『砂漠の聖人師父の生涯』にもこう書いてある。

隠者に仕えるひとりの善良な男がいた。この男が隠者の用事で町に行った時のことであった。その町に入ったときに、かつて非常に悪辣であった金持ちの男が聖職者に付き添われて墓に運ばれるのが見えた。そこにはまるで盛大な宴会のように明かりが灯り、聖歌が歌われ、儀式がおこなわれていたのである。

町に出掛けた用事をさっさと済ませた後で、男が荒野に戻った時のことであった。男は、独房の裏側の茂みに敬虔な隠者が殺されているのを見つけたのであった。隠者は狼にほとんどすっかり食いちぎられていた。それから男は、先の悪辣な男が葬儀で受けた栄誉と、一方隠者が受けた不名誉で無残な死を思い返しながら、神に対して憤慨した。彼は涙を流し、心を乱しながら、こう言った——。

「神よ、あなたの裁きの理由を見せてくれるまでは私はこの場を離れますまい。」

そして涙を流しながら必死になって祈っていると、彼の前に天使が現れてこう言った。

「あの金持ちは、自分がおこなったちっぽけないくつかの善行の褒美として葬儀であのような名誉を与えられたが、しかし彼のおこなった数多くの悪行のために彼は地獄に堕ちたのです。またあの隠者は、いくつかのささいな過ちであのように報いを受けるかのように無残な死に方をしたが、しかし、彼が生前おこなった多くの善行からすぐに天国に迎えられたのです。」

だから、神が、我々のこの人生という家をいついかなるときでも、またいかなるやり方でも、損なうようなことがあっても、すでに述べたように、そうした混乱といらだちを不当なものとか、間違ったもの、大きな災いなどと思って、神に対して憤慨してはならないのです。

(1) ドメニコ・カヴァルカ『心の薬』*Medicina del Cuore* 第二巻第一六章。

中世人は「不条理」をどう説明したか

神が創造されたはずのこの世に悪がはびこるという事実はどう説明されるか――ここには、説教師の必死な神意の擁護が認められよう。

この世で起こる物事がたとえ我々の見方からは「不条理」と思えても、その見方は「表面的」なものであり、物事の奥には「神の摂理」が作用し、それゆえに「悪」はきちんと裁かれ、「善」は正当な評価を与えられるのだ。すなわち我々の認識の及ばないはるか来世においてきちんと神は納得のいく決着をつけられるのだ――と、そのようにカヴァルカはこの例話で主張する。

ある日、隠者に雇われた下男が目にしたのは「不条理」と思われる現実であった――用事で町に出ると、そこではひとりの金持ちの男が、邪悪な人生を送ったのに、わずかな善行をしたというだけで、その金持ちのために栄誉ある葬儀が執り行われていた。それから、用事が済んで帰宅してみると、その下男は、敬虔な彼の主人が、何と狼に食いちぎられ無残な最期を遂げていた――つまり悪人が高く評価され、善人が罰せられている！　二人のそれに釣り合わない、ふさわしからざる正反対の死に方！――これはどう説明されるのか。下男にはどうにも納得のいかないことであった。この正義の通らない無茶苦茶と思われる結果の理由はいかん？　思い余って男は涙を流しながら必死に神に尋ねた。すると神に代わって天使が答えた――《その金持ちは、その数々の悪行のために実は今地獄に堕ちているのです。隠者の方は、多くの善行のためにすぐに天国へ行きました》。男はこのことばで納得した。――こうしたわけだから、我々の見えないところで、神は正しく人を裁いておられるのだ。だから、決して神に憤慨してはいけない――と、そのようにカヴァルカは結ぶ。

この例話には、神の正義――神の支配の合理性――を何としてでも擁護しようとする説教師の必死の思いがある。ことによると、日頃から説教師に対して俗人信徒はキリスト教にとって本質的な大きな疑問をぶちまけていたのかもしれない。すなわち、権力や富がまかり通ることで生じるこの世の矛盾や不合理――現世での「悪の勝利」――を痛感したことから、説教師に疑問をぶちまけていたのかもしれない。神が創造した世界においてどうして悪がのさばるのか、その現実をどう説明してくれるのか、と。説教師は、権力も富も持たぬ庶民を説得して、彼らが神や教会に不信感を抱かないように、《実は神は来世で悪人に対して正当な処罰を下しておられるのだ》と、必死に教えようとする。ここにおいてふつう聖職者は現在の体制を否定しない。

ここでは説教師は、この世には悪がのさばる現実が厳然として存在していることを容認しながらも、何としてでもその奥で《神の正義》が貫かれていること、たとえこの世で不正義が勝利しても、その奥、すなわち永遠の来世においては正義が貫かれ勝利していることを示そうとする。この時の説教師の切り札は《来世》である。来世という、直接実証できない世界を持ち出して、それで納得させようとする。そして、目に見えない世界を問題とするこのやり方がうまくいくかどうかの鍵は、例話の聞き手の側の信仰心の状態にある。人びとの間で神の存在が信じられ、霊魂の不滅が信じられ、来世において地獄と天国が存在していること――こうしたことを当然の前提とする信仰心があれば、この話は通る（現代日本では無理であろう）。そして、中世ではこの話は、多くの場合、おそらく通っていたであろう（少なくともこの例話では、下男は十分に納得したという設定になっている）。確かに、実際のところ、一般に中世人がこれで本当に納得したかどうかはわからないが、《来世》が見えない世界だけに反証されようがないことも事実だ。おそらく中世人、とりわけ聖職者は、それが現世にせよ、来世にせよ、《我々の見えないところで、見えないかたちで、神は正当に人を裁いておられるのだ》と信じた。少なくとも来世において、《永遠の正当な裁き》があると信じていたと思われる。この世の不条理をつきつけられ虐げられながら現世に生きる者にとっては、来世の処罰でも考えなければ、救われなかったであろう。

神の神意は見えない——詮索するな

この問題は多くのキリスト教徒にとって本当に重大な問題であったのだろう。この例話と非常に良く似た例話がほかにもある。ジャック・ド・ヴィトリの例話（大意）を紹介しよう(*1)——

ひとりの隠者がいた。この隠者は、悪人が大手を振って歩いている現実にどうにも我慢がならず、もはやこの世に神の正義——「神意」——など存在しないのではないかと思って、ある日、天使に尋ねた。すると、天使は「私について来なさい」といって、四日間の旅に出た。そこで天使は旅先で泊めてもらった家で、驚くべきことに、次々と問題行動を引き起こしていく（——そして旅の最後で、問題行動の意味がその隠者に説明される）。

まず、第一日目、隠者と天使は、ある善良な主人の家に泊めてもらった。翌朝、天使はその家の主人が大切にしている杯を盗んだ（問題行動［一］）。次の夜、隠者と天使はあるけちな男の家に泊めてもらった。そこで天使は最初の家の主から盗んだ杯をこの家の主人にあげてしまった（問題行動［二］）。三日目の夜、二人は、また別の善良な主人の家に泊めてもらった。翌朝、主人は自分の召し使いに二人の道案内をさせた。ところが、天使はその召し使いを橋から突き落として死なせてしまった（問題行動［三］）。四日目の夜、隠者と天使の二人はさらに別の家に泊めてもらった。だが、その家の主人の一人息子の赤ん坊が泣き続けてうるさいので、天使は赤ん坊の口をふさいで死なせてしまった（問題行動［四］）。

隠者は、天使が目の前でおこなったこれらの問題行動を非常に理不尽なものと感じた。だが、驚いたことに、天使によれば、こうした行動はすべて神の命令にしたがってなされた正義の行いであるという。そこで隠者は、強い不信感を抱いて、天使に問題行動に隠された「神意」が何かを尋ねた。すると、天使はこう答えた——

問題行動［一］の理由……天使が杯を盗んだのは、主人が杯を大切にするあまり、神のことよりも杯のことばかり考えていたから、杯はなくなったほうがよかったからだ。

問題行動［二］の理由……盗んだ杯を天使がけちな主人

にあげた訳は、この主人は、その悪徳のゆえに死んであの世ではもはや何も受ける報酬がないので、せめてこの世でひとつぐらい得てもいいだろうという神の計らいによるものである。

問題行動〔三〕……天使が召し使いを橋から突き落して死なせたのは、召し使いがその翌日に自分の主人を殺害しようと企てていたからである。

問題行動〔四〕……天使が四日目の夜に泊めてくれた主人の赤ん坊を死なせたが、ここにもしっかりした神意が働いていた。この主人は、息子が生まれる前には多くの善行を積み、貧者に対して、食事や衣服だけでなく、自分の持ち物まで分け与えていた。ところが赤ん坊が生まれると、敬虔な行いをやめてしまい、息子のために金をためこみ、貪欲になった。だから、天使は赤ん坊を死なせることで、この家の主人が貪欲の罪に陥った原因を取り除いてやったのである。また、赤ん坊は生まれて間もなく、この世で罪を犯していなかったことから天国へ行くことができた。――隠者は、天使からこのような説明を受けて初めて、事件の奥に隠された《神意のすばらしさ》を理解し、神意を賛美し、納得したという。

しかし、果たして我々もこの説明、つまり種明かしでこの隠者と同じように神意を理解し、神の正義の存在に納得できるだろうか。もしあまり納得できないとすれば（正直なところ、私にはこの種明かしはしっくり来ない）、それは、ひとつに、物事の価値意識、適切な対処法のあり方が本質的に違うからではないだろうか――たとえば、四日目の夜の主人が、息子が生まれてから「貪欲」になったからといって、それを取り除くために、対処法として彼のかわいい一人息子の命を奪う必要があるのだろうかと、疑問に感じてしまう。別の対処法もあったのではないか。また、天国へ行けるからといって、幼児のうちに死なせることが、幼児本人にとっても父親にとっても本当に幸せだろうかと、疑問に感じてしまう。しかし、当時の人びとはこうしたことに対して、我々（私）ほどに問題を感じなかったかもしれない。なぜなら、この説明づけで隠者はすっかり満足し「神意のすばらしさを賛美した」からである。――しかしながら、実は、むしろこの例話のもっと大事なことは別にある。この例話の重要性は、次に示すように人の思考をストップさせてしまうところにあるのだ。

すなわち、この例話のねらいは、信徒を煙に巻き、人に因果関係の解明をやめさせようとする意図にあるのではないか。この例話では、まず、隠者の前に理不尽で不条理としか思えない出来事が示される。そして最後に種明かしとして、ひとつひとつそこに秘められた深遠な神意が示される。そのどの問題行動にも全く予想もつかないような神の意図が明かされる。この話では、幸いにも、天使がその種明かしをしてくれたが、実際の生活では種明かしはされないのだ。したがって、どのような不条理で不幸と思われるようなことがあっても、この例話で天使が示したように、そこには全く思いつかないような「神の正義」が作用し、神の摂理が貫かれているのだから、《下手な思索を弄するな。起こる不幸な現象の一切に決して不満を抱いてはいけない。すべて神の計らいであると念じて甘受せよ。現実における様々な現象に不条理はなく、世界の因果関係は、人知を越えたものであるから、浅はかな認識力をもってして神に不信感を抱くな。世界には神の合理主義が働いているのだから、それに疑問や批判を抱くな》——そのように説教師は言いたいのだろう。——このように述べて人を煙に巻く。というより人間の思索と神への不信感をストップさせる。こうして人に不幸な現実を甘受させてしまい、さらには不幸に立ち向かう意志と行動を殺ぐ意図がここにはあるように思われる（ことによると、地域の宗教権力のトップである「司教」が、地域の世俗権力のトップである「領主」（地方君主）を兼任していた地方では、この考え方はいっそう強く推進されたかもしれないが、これについては、まだはっきりしたことは言えない）。

ここで、すでに読んだカヴァルカの第二話「不平を言うな」の最後の文章に注目しよう。ここでは、専門家に口を挟むな、という戒めが延べられている。技術の専門家である職人は、素人から自分の技術や仕事に文句を言われると腹が立つものだ。同じことは神のおこないについても同じだ。文句をいうな——という内容の文章である。

どんな職人でも、自分よりわかっていない者どもから技術についてけちをつけられたり、とやかく教えられると憤慨するものである。だから、我々が神のおこないについて文句をいうならば、神もまた憤慨するのである。驚くに足りないことだが、神は、物事についてどのようにすべきかを我々よりもよくご存じだからである。

しかし、不満を言いたくなる現実が人間の世界にあまりに多かったことも確かである。

実際、中世は自然・人事ともあまりに不幸なことが多かった。中世社会は、我々の時代——この現代もまだなお多くの深刻な問題があるのだが——と比べると、はるかに深刻な数多くの不幸な問題が横たわっていた、いや飛び交っていたというべきである。様々な危険が善良な人びとの生活や健康、それに安全と生命そのものを脅かしていた。封建的な身分制社会ゆえの権力者の「力」による不当な支配、社会機構や法制度等の不備による治安の悪さ、医学や衛生上の諸問題等による生命の危機、そして恐るべき数々の「災難」（これは現代でもある程度同じである）――疫病・地震・旱魃（かんばつ）・凶作・洪水等――による落命（しかし、当時、産業が農業に片寄っていたことから、自然災害は我々以上に甚大であった）など、こうした危機に満ちた世界に対して、中世人はほとんど無防備に立っていた。

　こうしたなか、彼らなりに物事を二種類――「人間が人間に引き起こす問題」と「自然が人間に及ぼす問題」の二種類――に分けて、それぞれ異なった考え方をもって対処していたように考える。

　まず始めに「人間が人間に引き起こす問題」、具体例としては、すでに述べたタイプの問題がある。すなわち、この世で悪辣な人間が優遇され、善良な人間が不遇な扱いを受けるといった問題に対して、中世人は「来世での処置」の考え方を持ち出して対処しようとした（それで納得しようとした）。そこに慰めと希望を得ようとした。たとえば、身の回りに横暴で憎らしい人間がいた場合、彼に対する憎しみから直接みずから暴力でもって復讐せずに（そうすればみずからが犯罪者に成り下がってしまう）、きっと「神はあのような奴には来世できちんと処罰してくださる」と信じて、みずから仕返しをして犯罪に走ることを回避しようとしたのである。都市の権力者や地域の横暴な豪族に対して、可能なら法や力に訴えたかもしれないが、それが無理なら、庶民や市民は「来世での神の裁き」を信じ不幸な現実に耐えたのではないだろうか。

　第二の「自然が人間に及ぼす問題」、具体的には自然災害等について、人はどう考えたのであろうか。地震や洪水や飢饉などの自然災害については、中世人は一様に罪深い人間に対する「神罰」であると見なした。災害は人間自身の罪のせいであり、したがって甘受すべきものであると考えた。中世人は、自然現象や災害や疫病の発生する原因（科学的原因）をあまり知らないこともあって、出来事の原因をすべての自然の創造者であり、過去と未来の出来事のすべて――災害も豊作も、戦争も平和も――の動因である神に帰した。

　そもそも、科学的認識があまりなかった古代人や中世人にとって、この世は、良きにつけ悪しきにつけあまりに不可解なことが多すぎた。一方で自然が与える豊かな恵みがあるかと思えば、逆に地震や洪水などの天変地異、災害と疫病が襲って来て容赦なく命を奪う。これは便宜的な仮説であるが、彼らヨーロッパの古代や中世の人びと（また他の世界についてもおそらく同様であろう）は、こうした原因のわからぬ不可解な世界を前にしては、世界の天変地異にただただうろたえ、「不安」に戦（おのの）くだけであった。そこで「神」を想定して、この世の不可解なこと、その一切の「不安」の原因を「神」のせいにすることにした。こうしてみると、人びとはこの世の森羅万象、天変地異、神秘的現象の説明づけについてはうまく納得し、「安心」できた。だが、今度は「神」そのものが彼らにとって「不安」の根源そのものとなり、畏怖の対象となったのである。

　そして新しい「不安」への対処が課題となった。神への信仰における基本は神を怒らせないこと、刺激しないことであり、次に、神を喜ばすべく、人間としての務めを怠らないことが課題となったのである。しかし、いざ不幸な自然現象が起こると、キリスト教的な罪意識が作用してその責任はすべて罪深い自分たちの罪深さのせいであると見なした。こうした罪の認識については、黒死病の時代の史料が典型的である。判で押したように、黒死病を一様に神罰と見なす史料が非常に数多く認められるのである。もともと、このように人間に降りかかった災難を何事も人間に対する天罰だと思うのは、人間の普遍的な性向なのかもしれない。幼い幼児でさえ、直感的にそう思っている。一九九五年、阪神・淡路大震災の報道のテレビを見た。その時、両親を失った神戸のある幼い男の子が、震災が起こったのは、《ぼくが、お父さんやお母さんのいうことを聞かなかったから、罰（ばち）が当たった》と言って、泣いていたのが思い出される。

第四話　アレクサンドリアのヨハネ大司教と商人[1]

アレクサンドリアの総大司教であった「寄進者」聖ヨハネ[2]の伝説には次のことが書かれている。アレクサンドリアにひとりの善良な男がいた。その男は、最愛の一人っ子を海辺の町へ徒弟奉公に行かせることになった。その町には彼の弟とまだ少年の甥が住んでいたのである。男は総大司教ヨハネに息子の身の安全を願い出た。そして聖職者で分け合うようにと一五リブラの金貨を大司教に差し出した。その金は、聖職者が神に祈ることで男の息子が危険から救われるように願うためのものであった。

その施しを総大司教は受け取った。そして男の深い信仰のこころを考えて、その施しを聖徳で清貧の様々な聖職者に分配した。そして大司教は、その聖職者たちに対して、男のために彼の息子が庇護されるように神に祈るよう求めた。そして聖職者たちはそのとおり敬虔に祈願した。しかしながら、神は我々が必要とする以上のことを理解されていた。そして神は我々が願っていた以上のよいやり方で我々の祈願を理解し、叶えたのであった——すなわち、まもなく息子はこの世から連れ去られてしまったのであった。

息子の死を聞いて父親はほとんど気が狂わんばかりになった。そして男は、祈願したこととはまさに反対のことをされたのだと思った。ひどく悲しんだので男は神に怒りを覚えたのであった。総大司教は少年の死と父親の絶望を聞いてひどく哀れんだ。そして神に祈って、どうか息子を失って嘆き苦しむ者を慰めてください。神に怒りの念を抱く父親を地獄に堕とさないでくださいと、祈った。

悲しみに打ちひしがれた人によく起こるように、この善良な男は夜、床に就いてもずっと半醒半眠のままの状態であった。神は、大司教の功徳から、男に次のような幻覚を見させた。

――そこではどうやら総大司教が男に話している様子だった。

「どうしてお前はそれほどまでに悲しむのか。」

このことばに対して、男は総大司教にほとんどいらだちの念を隠しきれずに、こう答えて言った。

「どうして悲しんではいけないのですか。私の息子は、多くの人に神に祈ってもらったのに死んでしまったのです。神はでき得る限りの最悪のことをされたのです。」

総大司教は彼にこういった――「いやむしろまさにお前の願いは聞き入れられたのだ。なぜならもし息子が長生きをしていたら、悪い人間になって地獄に堕ちただろう。ところが、息子は今救済されたのだ。なぜなら我々聖職者が祈りをして、ほとんど罪を犯していない少年のままこの世を去ることになったので、神は、お前が望み求めた以上の形で救済されたのだ。だから元気を出してお前に神がしてくれたことで神に感謝しなさい。」

目が覚めた善良な男は非常に慰められてもう悲しむことはなかった。そして朝、起きてから総大司教のところへ行って自分が見た幻覚を話した。そして男は信心深い人間になったのであった。

(1) ドメニコ・カヴァルカ『心の薬』*Medicina del Cuore* 第二巻第一五章。

(2) 「聖ヨハネ」(伊 サン・ジョヴァンニ)にはこのほか「洗礼者ヨハネ」「福音史家ヨハネ」などがいるので、区別するのに「寄進者」をつける。

中世人は息子の早死にをどう受け止めたか――中世キリスト教的合理主義の考え方

何とも悲しい話である。しかし、息子の早すぎる死の悲しみのなかにあっても、そこに何とかして光と慰めと救いを見出そうとする必死な中世人の姿が我々にありありと迫る。

アレクサンドリアに住んでいたある商人には一人息子がいた。まだ子どもであった。商人はこの大事な息子を遠方に徒弟奉公に出さなくてはならなかったので、アレクサンドリアの大司教ヨハネ（六一九年没）に金貨の施しをおこなって息子の身の安全の祈願を願い出た。大司教は、それを引き受けてその金貨を聖徳なる多くの聖職者たちに分け与えた。そして聖職者たちは息子のために神の庇護と身の安全を願って皆で祈禱したのであった。――ところが、息子はそれにもかかわらず、間もなく事故か何かの理由で死んでしまったのである。息子の父親は気も狂わんばかりに悲しんだ。そして、自分が願ったことの逆のことを神がなされたと思って、神に怒りを覚えたのであった。こうしたなか、大司教は、神に向かって、どうにか商人の悲しみと怒りを静めてくださるようにと祈った。

すると、ある晩のこと、商人は絶望と苦悶のために寝つかれず、夢うつつにあったが、その時、神の計らいと大司教の功徳のおかげで、ある幻覚を見たのであった――そして、そのなかに大司教が姿を現わし、神への怒りと悲嘆に暮れる商人にこう諭したのであった。《息子の死は決して不幸なことではなく、むしろ幸いなことである。もし長生きをしていたら、罪にまみれて悪い人間になって地獄に堕ちただろう。ほとんど罪を犯していない少年のままで死んだので天国に行けたのだ。だから神に感謝せよ》

このことばを聞いて商人は慰められ、神への不信の念を捨てて、信心深い人間になったという。

現代人なら、息子を失った場合、そのようなことば――《長生きせずに子どもの時に死ねば、犯した罪が少なく天国に行けるから幸いである》――には決して納得しないことだろう。また、そもそも息子が奉公や旅に出るからといって、聖職者にわざわざ安全祈願などあまりしないことだろう。また、息子が事故死したことの非運そのものを嘆くか、あるいは、もしその事故の原因を起こした者がいればその者を告訴するだろう。

一般的に見て、現代人と中世の人びととの世界観の違いはどこにあるかといえば、それは、おそらく「世界の動因」――世界を動かすもの――についての本質的な認識の違いにある。中世人は、物事のすべての原因は神にあると考えた。自然現象、さらに人間世界で起こる戦争や災難など諸々のこと、そのすべてが人知を越えた背後においてなされる神のわざであると信じた。神は過去・現在・未来に起こるすべての事柄の支配者であると考えられた。そもそも、この世界の創造自体が、旧約聖書にあるように神によるものであったから、それは当然のことであった（欧米人は今でも、大自然の絶景を見て、それを《神のなせるわざのすばらしさ》として称賛することが多い）。そして神は事前にすべてを見通し、その結果を予知していると信じられた。そして地震や雷などは、何らかの神意の現れと見て、人はその後に何か不吉なことが起こるのではないかと恐れた。また、人が不敬なことをすれば神のご機嫌を損ねるのではないかと恐れた。したがって、当時、聖職者はこの世の現象や起こったことの意味を人びと（俗人）からしばしば尋ねられたことだろう。また、どうすれば神のご機嫌を損ねないか、人びとに助言したことであろう。見えないことでもそこに神意、神の摂理――正義――が働いているに違いないと信じられたのである。

したがって、起こった結果については、そこに神意と神の摂理――正義――が存在するはずである以上、人はそれを受け入れ、そこに神意を読むこと位のことしかできないのである。一見不条理と思われることでも、みずからが神を冒瀆するようなやましい行いさえしていなければ、そこに神の愛の暖かい配慮を認められるはずである、と考えられた。このように見ると、息子を失ったことについても、人知では認識できない部分が多いにしても、そこには合理性と正当性（正義）が存在するはずであり、神意の支配する一種の合理主義が貫かれているはずであった。認識しにくい部分については、時に、この例話のように、幻覚などを通じて示唆されたのである。こうして、子どもの死は、罪なきがゆえに、めでたく天国に召されたところに神の配慮と、それゆえの慰めを、中世人はどうにかして見出そうとしたのではないだろうか。

おわりに――中近世人の心性を把握するポイント――

本書は、「心性の旅」の案内として、主としてイタリアのトレチェント――中世末・初期ルネサンス期――を中心に、個々の例話を紹介し、それについてコメントし、時に考察して、さらに、広く西欧の中近世を生きた人びとの心性のあり方に光を当てたものである。できるだけ先行研究や史料を尊重してきたものの、私個人に見えたものを思い切って打ち出した面もある。見当違いや見間違いもあるかもしれない。それはそれとして、これからの心性史のためのひとつのたたき台になって、次につながれば幸いかと思う。

本書のコメントは、事例（個々の例話）を見ることで、そこから見える中近世の人びとの心性のあり方をひとつひとつ見てきた。このやり方で、従来の堅苦しい体系的な書や概論の退屈さは避けられたかもしれない。しかし、それは決して断片的で細切れの知識ではなかった。それは次のポイントからわかるように有機的に結びついたものであった。あくまで大切なのは、個々の事例から中近世の人びとの心性の基本線・全体像を把握することであろう。ここで「旅」のおわりに中近世史の心性の基本線・全体像を得るために、試みにいくつかのポイントを提示したい。やや思いつくままに提示するもので、漏れや不備は多くあるだろうが、その再検討は次の課題としたい。なおここで挙げるコメントの箇所は、主に第Ⅱ部（パッサヴァンティの例話）のものである。

中近世の心性の基本線・全体像を把握するポイント

［Ⅰ］ 中世後期以降、「救済の道筋」は、その時代を生きる人びとの心性によって異なったかたちで意識された。時代背景が「救済の道筋」のあり方に作用したのである。次の三つの段階が考えられる。

①一二・一三世紀

一二・一三世紀の経済的に順調な時代において、人口増加と都市の繁栄とともに、カトリックの秘跡の確立・普及が認められた。イタリアの場合、静謐なロマネスク建築様式はその象徴かもしれない（**第四話**）。ここでは《善き神》――恵み豊かな神。この世の不合理も来世で正す。キリスト教的合理主義の神のイメージ――が支配していた（**第一五話・第一六話**）。聖母崇拝、煉獄（通過儀礼的なもの）の誕生、終油の秘跡とそれに伴う遺言書（「天国へのパスポート」）の普及によって、人びとは救済の道筋をかなり見通すことができた（**第三話・第一七話・第三二話**）。都市での托鉢修道会の形成と発展、秘跡や教会暦の行事などの儀礼の形態の発展、市民における慈善行為の広がりが認められた。それは救済につながると考えられた（**第五話**）。

②一四・一五世紀（ペスト期、ルネサンス期）

ペストの周期的発生によって神罰意識が高まり、心性は大きく変容した。救済の手段としての煉獄のイメージは激変し、今や煉獄は恐るべき拷問の場と考えられ、厳しい煉獄のイメージが強化された（**第一一話**）。ここにおいて生前また死後の供養ミサの重要性が広く意識づけられた。文学作品では、それを訴えて幽霊が登場する（**第一一話二**）。さらに、信心会の慈善行為等、来世への対処・準備としての現世での宗教的行動様式が以前以上に活発化した。そして、地域・時期その他の違いで、はっきりしたことは言えないが、死の直前のこころの持ち様を問う『往生の術』の登場によって、もはや終油の秘跡さえ、絶対的なものと思われなくなったところがある（**第四話・第一〇話第六章一**）。
③宗教改革期（ドイツの一六世紀の場合）
ルターの住むヴィッテンベルクの市教会では、一五二〇年代初期にミサは九九〇〇回もおこなわれ、その大半が供養ミサであった。つまり、煉獄を恐れて、そこでの苦しみを緩和し、早くそこを脱出し救済されることを願って供養ミサがおこなわれていた（――このことは本書に記載せず）。この事態でルターは、行為ではなく、信仰そのものが救済に達する手段であることを説いた。人が救済されるかどうかはわからない、ひたすら信仰することが義とされる道であると説いた（**第Ⅰ部序論・第一〇話第五章・第六章**）。

［Ⅱ］　中近世人の死生観において①《最後の審判》の意識、②この世・あの世の幸・不幸の反比例の法則の意識が常に底流にあった。
①アリエスのいうように、《最後の審判》は、民衆の心性において、埋葬のあり方に作用した――墓のない遺骸は蘇らないという恐れから、聖人が《最後の審判》の際の復活まで墓を見守ってくれるとの民間信仰的心性から、聖人に保護を祈願した。こうして中世初期から、遺骸は、（それまで恐れられていたことから）遠く離れた市外の墓に埋葬するのではなく、聖人が墓の守護に与ると理解されたために、市内の教会へと移されることとなったのである（**第四話（三）ほか**）。
②聖職者や知識人によって繰り返し説かれたことは、反比例の法則であった――聖書のラザロの話にあるように、この世で不幸な人生を送った者は、来世では幸福な生活が待っている。つまり、この世の幸・不幸は、来世ではそれぞれ反比例すると考えられた。キリスト教は、弱者の立場から生まれた宗教として弱者

に希望を与える要素が強く、それは中近世においてもなおキリスト教的考え方の基本線となっていたようだ。都市の発展によって金持ちが都市を支配し、贅沢な暮らしをするようになっても、この原則論は生き続け、繰り返された（第一話・第二話・第一話二・第一〇話一・第一四話・第二一話ほか）。この建前と現実との調停は托鉢修道会が当たった。

③終油の秘跡によって死は飼い慣らされた。死は「永遠の生」への旅立ちと意義づけられ、人はこころの安らぎを与えられて、旅立つことができたのであった（第三話(二)(三)・第一一話(三)ほか）。

［Ⅲ］カトリックの組織論・救済論の本質的部分は、聖俗二元論からアプローチできる（第一三話）。

中世の時代背景として、カトリックの聖俗二元論は、中世の職能の三分割の考え方、すなわち、「祈る人＝聖職者」、「戦う人＝騎士」、「働く人＝農民」の分業の考え方から導かれていると考えられる。教皇を頂点とする教会のヒエラルキーの考え方（「教皇→聖職者→信徒」の上下関係）も中世封建制の階層社会から導かれる。

この聖俗二元論から導かれる見方が以下の通り――

①教会は信徒を救済する場であり、教会の聖職者を通じて神と人間との「とりなし」がなされるとされた。また、聖母と聖人が、神と信徒との間に立ってとりなしをおこない、神による信徒の罪の赦しがなされると考えた。

②都市の初期資本主義的社会において、托鉢修道会を通じて、商人に開かれた寛大な高利の擁護論が展開されたが、それとともに、中世における公営売春宿の位置づけも、聖俗二元論から説明できる。すなわち、聖職者に厳しい聖性を求め、その分、聖職者によって獲得された高い聖性によって、聖職者がみずから神

と俗人の間に立って、とりなしができ、赦免されうると考えた。都市の郊外に設置された女子修道院の高められた聖性によって、都市での売春宿は神から許容されると考えられた（第三二話）。
③カタリ派との対決やその差異からカトリックの本質が見える（第一六話）。

［Ⅳ］ペストが中近世の人びとの心性に刻み込んだ影響は絶大であった。それは、一四世紀半ばから四世紀間に及ぶものであった。ペストこそ、中近世史にそびえる険しい峻厳な山々であった。ペストの周期的発生は、大量死をもたらし、人びとを悲劇のどん底に突き落としたが、それだけでなく、ペストはひとつの宗教的事件――神罰――として人びとの心性に強く刻み込まれたことから（他方、行政は試行錯誤で衛生管理もおこなったが）、打ち出された措置は、聖書などに従う宗教的な発想であった。まず、ソドミーやユダヤ人や魔女の取り締まり、女子修道院の規律の厳格化、高利貸や奢侈に対する規制であった。さらに宗教的な要素を強く帯びたものとして、改悛・贖罪・神観念・来世観（煉獄観）などが従来のものよりもかなり厳しいものとなった。――
①神観念の変容は煉獄観の変容を来した――ペストによって、神観念は、《善き神》から、恐るべき《峻厳な神》へと転換した。現出した惨状を前に人びとの心性は変容し、来世の劫罰の恐れとなった。その結果、ペスト前に人びとに抱かれていた通過儀礼としての煉獄観は変容して、劫罰を受ける場としての煉獄へのイメージへと転換した。
②こうして、煉獄への畏怖から、生前、善行・慈善・喜捨・供養ミサなどが、多くは集団によって盛んにおこなわれるようになった（「市民的キリスト教」）。以前からその形態はあったが、その活発さにおいて大き

な程度の差が認められる（**第一三話第二章・第一三話ミニコメント(三)**）。

③そのためにとりなしとしての聖人への崇拝がいっそう高まった。聖人は、聖書に登場する聖人、殉教聖人のほかに、この時代の強い地域性を反映して、地域固有の聖人や、民間信仰的要素の強い、得意領域をもった聖人、守護する対象相手が限定されたものなど、多様であったが、やはり疫病や急死を防ぐ聖人が最も人気が高かった。ルネサンス絵画は、こうした聖人崇拝の強い傾向の背景のなかで理解される。信仰の高まりは、象徴化・視覚化へと広がり、制作は一五世紀になって、以前と比べものにならない位に、飛躍的に増加した（**第一一話第二章・第一三話第二章第四節**）。

④ルターは、ペストについて人びとと《峻厳な神》のイメージを共有した。しかし、人びととは異なった対応を打ち出した。ルターは、内面主義的心性から、改悛の本当のあり方を問い、ペストと《峻厳な神》と終末意識から、新たな対処を打ち出して、宗教改革に至った（**第一〇話第五・六章**）。

＊　ヨーロッパのペストは、マルセイユの一七二〇年代のペストをもって消滅し、解放される。このあと《峻厳な神》の畏怖が消えたせいなのだろうか、ようやく啓蒙思想が花を咲かせることになる。そこに何らかの関係が存在するのか、啓蒙思想の初期の開花の様子は興味深いところである。

［V］　キリスト教の考え方において病気への関心は非常に高いものであった。それは人間の罪の現れであると理解された。だから、その治癒に関わる俗人は、宗教的な功徳を得るものと理解され、それは慈善活動の最も大きなものであった。聖職者もまた薬草の研究、病気の治癒に力を尽くした（**第五話(一)(二)ほか**）。

［Ⅵ］　キリスト教の歴史において性欲の問題は最も重大で本質的あった。

西欧のキリスト教の歴史――古代から近代――は、性欲に対する考え方、心性から本質的な部分が見えて来る。アウグスティヌスは、性欲を断ち切ったところにキリスト教的聖性が存在すると考え、この観点から、聖職者の修行――修道院での霊性の確立など――を位置づけた、この観点からトマス・アクィナスらの「快楽なき性交」論が位置づけられていく。一方、キリスト教的聖性を《修行》と完全に切り離したところからルターの宗教改革は生まれた。次のさらなる大転換は、哲学や芸術の分野において、生命の解放の見地から、一九世紀末のニーチェや世紀末の芸術家によってなされた（**第一〇話・第一三話・第一八話・第二四話・第三二話・第三三話ほか**）。

［Ⅶ］　西欧のキリスト教の思想の歴史は、信仰と学問の関係の歴史でもある。

信仰そのものに徹する「古代キリスト教」に、アリストテレスなどの古代ギリシャ思想（哲学・科学）が接ぎ木されて、ヨーロッパのキリスト教は、二元的な要素（信仰と学問）をもつようになった。その両者の力関係は、時代背景に左右された。経済的に安定した一二・一三世紀においては、学問・理性の優位のスコラ学が論理学を中心にキリスト教世界と神学を支配した。しかし、ペストと飢饉と内乱・戦争が支配する苦難の一四世紀になると、時代の心性において、こうした見方ではこの世に対処できないという思いが、知識人の間に生まれた（ウィクリフなど）。こうしたなかで、ペトラルカが人文主義（道徳哲学、生き方）をもってスコラ学に反発した。さらにヴァッラの純化したキリスト教人文主義がそれに続き、信仰に学問は不要であると主張した。この考え方に同調して神学を築いたのが、ルターであった。このルターの考え方には、背景としてペストに刺激された終末論的心性が作用していたのである——他方、本書では触れることができなかったことを加える。キリスト教が内包した古代のギリシャ思想の要素——神の秘めた合理的秩序・摂理の信念、大宇宙と小宇宙の照応の対応——は、一五世紀のアルベルティ、一六世紀のガリレオ、一七世紀のデカルト、ニュートンへと受け容れられることで科学の発展にもつながった。敬虔なキリスト教徒のニュートンの信仰と科学の二元論は、神と自然の摂理のなかで、《畏怖すべき神に対する彼の深い信仰心》が《万有引力の発見》と深く結びついていることを示唆している（ニュートンは、学生時代において、一六六四年の恐るべきペストのためにケンブリッジを逃れて帰省しているまさにその時に、『プリンキピア』の着想を得ていたのである）（**第一〇話第二章・第三章・第四章・第五章・第六章**）。

[Ⅷ]　托鉢修道士は、金持ちに天国への道を教えた。金持ちに対して、貧者を救済したり、教会に喜捨したりすることによって富者にも天国への道があることを教えた。これによって、都市（富者の町）の宗教としてのキリスト教が方向付けられた。特にペスト期に入って、教会の内装や建築のための費用は、こうして金持ちからふんだんに修道会に流れ込んだ。ここに、喜捨によるルネサンス美術が花咲いた。基本的にルネサンスは宗教色が濃厚なものであり、この事実は、ルネサンスについて、高校の教科書に書いてある「神を中心とするキリスト教的世界観よりも人間を中心とする」「神中心の伝統的な権威にとらわれずに……。神の束縛からの解放」などと食い違うものである。ペストによってルネサンスの時代はむしろ苦難の時代であり、人びとは神の怒りを恐れていた時代であった。この時代の大作、傑作は《最後の審判》であった（**第五章一・第一四話・第一六話・第一七話・第一九話・第三一話など**）。

第一話 蘇生した男	第二話 若いドミニコ会士	第三話 回心した騎士	第四話 天使と悪魔	第五話 ある罪人の死
第六話 聖アンセルムス	第七話 マコンの領主	第八話 教えに背いた息子	第九話 聖マカリウス	第一〇話 地獄で苦しむ学生
第一一話 煉獄の女狩り	第一二話 サレルノの君主	第一三話 聖アントニウス	第一四話 聖アンブロシウス	第一五話 立派な騎士
第一六話 托鉢修道会	第一七話 浪費家の青年騎士	第一八話 娼婦タイスの改悛	第一九話 近親相姦・父親殺し	第二〇話 大聖堂参事会員
第二一話 フランスの騎士	第二二話 学生の犯した罪	第二三話 罪を悔悟した妹	第二四話 告解を回避した女性	第二五話 アラスの異端者
第二六話 告解で隠した罪	第二七話 無効な告解	第二八話 不倫をした司祭	第二九話 ミサと白鳩の奇跡	第三〇話 ある盗賊の告解
第三一話 ある海賊の誓い	第三二話 堕落した修道女	第三三話 傲慢な修道士	第三四話 聖修道院長の謙遜	第三五話 冒瀆のことば
第三六話 アルキビアデス	第三七話 悪魔払い	第三八話 謙虚と聖書の解釈	第三九話 謙遜と聖アントニウス	第四〇話 聖マカリウスの謙遜
第四一話 聖ヒラリウス	第四二話 この世の栄光	第四三話 人間よ、忘れるなかれ	第四四話 豚の世話	第四五話 聖徳なる人の謙虚さ
第四六話 テミストテレス	第四七話 パウサニアス	第四八話 ヒエロニムス	第四九話 責められる悪魔	

初出一覧

翻訳

第Ⅱ部　第一話～第一七話
　パッサヴァンティ「『真の改悛の鑑』――一四世紀黒死病時代のドミニコ会士説教集」（1）二〇〇〇年　同志社大学『人文学』第一六八号　四二～八八頁。

同　第一八話～第二六話
　パッサヴァンティ「『真の改悛の鑑』――一四世紀黒死病時代のドミニコ会士説教集」（2）二〇〇一年　同志社大学『人文学』第一六九号　七一～八七頁。

同　第二七話～第四九話
　パッサヴァンティ「『真の改悛の鑑』――一四世紀黒死病時代のドミニコ会士説教集」（3）二〇〇一年　同志社大学『人文学』第一七〇号　七一～一一〇頁。

第Ⅲ部　第三話　第二話　第一一話
「ドメニコ・カヴァルカ説教例話選集――一四世紀黒死病前のドミニコ会士説教例話集――」（1）二〇〇二年『人文学』一七二号　七〇～九六頁。（一部掲載）

同　第一二話
「ドメニコ・カヴァルカ説教例話選集――一四世紀黒死病前のドミニコ会士説教例話集――」（2）二〇〇三年『人文学』一七八号　一一三～一二二頁。（一部掲載）

論文

第Ⅱ部　第一〇話

「ルターの宗教改革はどうして起こったか――《キリスト教信仰》と《学問・理性》の関係から見る――」同志社大学『文化学年報』第六三輯　二〇一四年　一五五～一九一頁。（一部掲載）

石坂 尚武（いしざか・なおたけ）

1947年千葉県生まれ。同志社大学大学院文学研究科修士課程修了。現在同志社大学教授。博士（文化史学）（同志社大学）
〔著書〕『ルネサンス・ヒューマニズムの研究』晃洋書房 1994年，『新・西洋史講義：ルネサンスへの道・ルネサンスからの道』晃洋書房 1997年，『歴史と教育』（共著）講談社 1981年。
〔主要論文〕「ロレンツォ・ヴァッラの人文主義と『快楽論』」『史林』74巻－5号 1985年，「イタリアの黒死病関係史料集」(1)-(10) 同志社大学『人文学』174～194号 2003-2016年，「イタリアにおけるペストの発生とセバスティアヌス像制作の相関」平成16年『人文学』第175号，「西欧の聖人崇拝のあり方と疫病の守護聖人セバスティアヌス」『説話・伝承学会』16号 2008年，「黒死病でどれだけの人が死んだか：現代の歴史人口学の研究から」『人文学』189号 2012年，「《峻厳な神》とペスト的心性の支配：15世紀フィレンツェの立法・政策・判決に心性を読む」『人文学』191号 2013年，「近世におけるペストの苦難と《峻厳な神》の支配：16世紀の宗教改革の一要因」『人文学』195号 2015年。

〔地獄と煉獄のはざまで〕 ISBN978-4-86285-231-1

2016年 3月25日 第1刷印刷
2016年 3月31日 第1刷発行

著者 石坂尚武
発行者 小山光夫
印刷者 藤原愛子

発行所 〒113-0033 東京都文京区本郷1-13-2
電話03(3814)6161振替00120-6-117170
http://www.chisen.co.jp
株式会社 知泉書館

Printed in Japan 印刷・製本／藤原印刷

解　説　注

第Ⅱ部

第１話　死から蘇生した男と地獄の罰

＊1）　A. Gurevich, *Medieval Popular Culture: Problems of belief and perception*, Cambridge, 1988, p. 128. グレーヴィチ『同時代人の見た中世』第二章。

＊2）　マルクス，ヘンリクス（千葉敏之訳）「トゥヌクダルスの幻視」『西洋中世奇譚集成』講談社学術文庫　2010年　17～104頁。ル・ゴッフ（渡辺香根夫訳）『煉獄の誕生』法政大学出版局　1988年　282～286頁。

＊3）　B・ラッセル（市井三郎訳）『西洋哲学史』1　みすず書房　1970年　27頁。

＊4）　ベーダ（長友栄三郎訳）『イギリス教会史』創文社　1965年　第５巻　第12章。

＊5）　O. J. Benedictow, p. 250 ; A. J. Coale and P. Demeny, with B. Vaughan, *Regional Model Life and Stable Populations*, New York, 1983, p. 31; D. Herlihy and C. Klapisch-Zuber, *Toscans and Their Families. A Study of the Florentine Catasto of 1427*, New Heaven and London, 1985, p. 277. P. グベール（遅塚・藤田訳）『歴史人口学序説　一七・一八世紀のボーヴェ地方の人口動態構造』岩波書店　1992年　24～25頁。拙稿「黒死病でどれだけの人が死んだか――現代の歴史人口学の研究から」125～127頁。

＊6）　拙稿「黒死病でどれだけの人が死んだか」125～127頁，158～159頁。

＊7）　J. Byrne, *Daily Life during the Black Death*, Westport, 2006, p. 79.

＊8）　藤代幸一『「死の舞踏」への旅』八坂書房　2002年　169～193頁。

＊9）　E. De Pascale, *Morte e Resurrezione*, Milano, 2007, p. 324.

＊10）　G. Calvi, *La peste*, Novara, 1986, p. 7.

＊11）　G・デュビィ（池田健二・杉崎泰一郎訳）『ヨーロッパの中世　芸術と社会』藤原書店　1995年　78頁。

＊12）　グレーヴィチ，235頁。

＊13）　237頁。

第３話　死に際で回心した騎士

＊1）　P. Adnès, *L'unzione degli infermi: storia e teologia*, Edizioni San Paolo, 1996; Edizioni O.R., *L'unzione dei malati: sussidio pastorale*, 1983.

＊2）　Byrne, pp. 76-77.

＊3）　石坂史料集(6)第20章「葬儀費用抑制のための条例（1473年）――フィレンツェの奢侈禁止令（葬儀関係）――」126～127頁。

＊4）　吉田秀和編訳『モーツァルトの手紙』講談社学術文庫　1991年　144～145頁。

＊5）　伯父グァルベルトの死についてのモレッリによる報告は，15世紀の終油の秘跡の様

子をよく伝えてくれる（石坂史料集(9)第24章「大規模ペスト期における家族の疫病死――モレッリ『リコルディ』より――216～219頁（Giovanni Pagolo Morelli, *Ricordi in Mercanti Scrittori: Ricordi nella Firenze tra Medioevo e Rinascimento*, ed. Vittore Branca, Milano, 1986, pp. 147-149.)。

＊6） G. Brucker (ed.), *Living on the Edge in Leonardo's Florence: Selected Essays*, Berkeley, 2005, p. 157.

＊7） マルクス，ヘンリクス，128～144頁。

＊8） グレーヴィチ，52～54頁。

第4話　天使と悪魔の言い争い――自堕落な騎士の霊魂をめぐって――

＊1） Gurevich, p. 106.

＊2） 池上俊一『ヨーロッパ中世の民衆運動』名古屋大学出版会　2007年　23～24頁。

＊3） 井上太郎『レクィエムの歴史　死と音楽との対話』平凡社　1999年。

＊4） N・コーン（江河徹訳）『千年王国の追求』紀伊國屋書店　1978年。

＊5） J. Koestlin, *Life of Luther*, La Vergne, 2011, pp. 33-34.

＊6） G・ブラッカー（森田義之，松本典明訳）『ルネサンス都市フィレンツェ』岩波書店　2011年　246～247頁。

＊7） ル・ゴッフ『煉獄の誕生』87頁。

＊8） グレーヴィチ，156頁。

＊9） 156頁。

＊10） P. Binski, *Medieval Death: Ritual and Representation*, 1996, Ithaca, p. 18.

＊11） P・アリエス（成瀬駒男訳）『死を前にした人間』みすず書房　1990年　24～27頁。

＊12） M. B. Hall, "Savonarola's Preaching and the Patronage of Art", *Christianity and the Renaissance : image and religious imagination in the Quattrocento*, eds., Timothy Verdon and John Henderson, Syracuse, New York, 1990, p. 497.

＊13） アリエス，23頁。

＊14） N・オーラー（一條麻美子訳）『中世の死　生と死の境界から死後の世界まで』法政大学出版局　2005年　158～160頁。

＊15） Gurevich, pp. 42-43.

＊16） K・シュライナー（内藤道雄訳）『マリア　処女・母親・女主人』法政大学出版局　2000年　3～4頁。

＊17） Byrne, p. 90.

＊18） アリエス，207頁。

＊19） 188～191頁。

＊20） I・オリーゴ（篠田綾子訳，徳橋曜監修）『プラートの商人　中世イタリアの日常生活』白水社　447頁の監修者（徳橋曜）の訳注。

＊21） アリエス，50頁，口絵解説。

＊22） 25～27頁。

＊23) E・マール（柳宗玄・荒木成子訳）『ヨーロッパのキリスト教美術　12世紀から18世紀まで』（下）岩波文庫　157〜170頁。

＊24) C. C. Calzolai (a cura di), “Il ‘Libro dei Morti’ di Santa Maria Novella（1290-1436）”, *Memorie Dominicane*, ns XI（1980）: pp. 15-218. 石坂史料集(7)第21章「サンタ・マリア・ノヴェッラ聖堂の『死者台帳』より――ペスト死の傾向の数量的アプローチ――」25〜189頁。

＊25) R. Houlbrooke, *Death, Religion and the Familiy in England, 1480-1750*, Oxford, 1998, chap. 7.

＊26) Byrne, p. 77.

第５話　ある罪人の死

＊1) 「元来，イスラームには原罪，キリスト教的意味での原罪の観念が全然ないということであります」（井筒俊彦『イスラーム文化　その根底にあるもの』岩波文庫　1991年　132頁）。

＊2) 拙訳「ドメニコ・カヴァルカ説教例話集――一四世紀黒死病前のドミニコ会士説教例話集――」（１）『人文学』第172号　2002年　80頁。

＊3) F・F・カートライト（倉俣・小林訳）『歴史を変えた病』法政大学出版局　1996年　24頁。

＊4) Byrne, p. 7.

＊5) 『イエズス会士中国書簡集』12〜14頁。

＊6) Klaas-Peter Krabbenöft, Sabine Lackner, *Das Heiligen-Geist-Hospital*, Rübeck, 1993, S. 2-3.

＊7) 児玉善仁『〈病気〉の誕生――近代医療の起源――』平凡社　1998年　228頁。

＊8) 高橋友子「中世後期トスカーナ地方における病院施設――フィレンツェを中心として――」関西中世史研究会『西洋中世の秩序と多元性』法律文化社　1994年　269頁。

＊9) Ser Lapo di Mazzei (a cura di Cesare Guasti), *Lettere di un notaio a un mercante del secolo XIV con altre lettere e documenti*, vol. I e II, Firenze, 1880. Guasti, *Lettere di un notaro*, I, pp. 243-244.

＊10) Byrne, p. 136.

＊11) M. Mollat, *I poveri nel Medioevo*, Bari, 1978, p. 187.

＊12) 児玉善仁，220頁。Byrne, p. 137.

＊13) 藤代幸一『「死の舞踏」への旅』八坂書房　2002年　209頁。

＊14) 関哲行「中世のサンティアゴ巡礼と民衆信仰」歴史学研究会編『巡礼と民衆信仰』152頁　青木書店　1999年。

＊15) 池上俊一『シエナ――夢みるゴシック都市』中公新書　2001年　第３章。

＊16) 石坂史料集(8)第12章「大規模ペストを生き抜いたプラートの商人ダティーニの遺言書――キリスト教徒のペストへの反応からその心性を探る――」193〜315頁。

＊17) 永井三明『ヴェネツィアの歴史　共和国の残照』刀水書房　2004年　144頁。

＊18） ルター（成瀬治訳）「キリスト教会の改善について　ドイツ国民のキリスト教貴族に与う」 松田智雄責任編集『世界の名著18　ルター』中央公論社　1969年　150～152頁。

第６話　聖アンセルムスの見方と人間の愚かさ

＊1） Gurevich, p. 17.

＊2） M. Mollat, *I poveri nel Medioevo*, p. 181.

＊3） 岡田溫司『ミメーシスを超えて　美術史の無意識を問う』勁草書房　2000年　115頁。

＊4） Gurevich, p. 130.

第７話　マコンの領主

＊1） グレーヴィチ，519頁。

＊2） *Cronica di Giovanni Villani*, a cura di G. Porta, Parma, 1991, CLXIII.

＊3） Mollat, pp. 184-188.

＊4） 大黒俊二『声と文字』岩波書店　2010年　141頁。

＊5） 石坂史料集(4)第18章「フィレンツェ書記官長サルターティの疫病論『都市からの逃亡について』（1383年）」155頁。

＊6） B. Pullan, “Plague and perceptions of the poor in the early modern Italy”, in Terence Ranger and Paul Slack, *Epodemic and Ideas: Essays on Historical Preception of Pestilence*, Camridge, 1992, p. 103.

＊7） Herlihy, *The Black Death and the Transformation in the West*, Harvard, 2001, p. 73.

＊8） 石坂史料集(7)第21章「サンタ・マリア・ノヴェッラ聖堂の『死者台帳』より」29～31頁。D. Herlihy, pp. 76-79.

＊9） 佐藤達生・木俣元一『大聖堂物語　ゴシックの建築と美術』河出書房新社　2000年　57頁。

第10話　地獄で苦しむ学生，教授の前に現わる

＊1） ル・ゴッフ，174頁。

＊2） 以下に展開する「学問と信仰の関係」の歴史的，思想史的考察は，すでに発表した以下の拙稿にもとづくものである。「ルターの宗教改革はどうして起こったか――《キリスト教信仰》と《学問・理性》の関係から見る――」 同志社大学『文化学年報』第63号　2014年。

＊3） サケッティ（杉浦民平訳）『ルネッサンス巷談集』岩波文庫　1981年　第23話　125～127頁。

＊4） 拙稿『黒死病でどれだけの人が死んだか』128～129頁。

＊5） 『イエズス会士中国書簡集』14頁。

＊6） 池上俊一『ヨーロッパ中世の宗教運動』113頁。

＊7）　グレーヴィチ，324頁。

＊8）　G. Varanini e G. Baldassarri (a cura di), *Racconti esemplari di predicatori del Due e Trecento*, 3 vol., Roma, 1993, pp. 545-546.

＊9）　R・E・ルーベンスタイン『中世の覚醒　アリストテレス再発見から知の革命へ』紀伊國屋書店　2008年　41～44頁。

＊10）　J・ギャンペル『中世の産業革命』岩波書店　1978年　208～222頁。

＊11）　ラッセル，200頁。

＊12）　456頁。

＊13）　A・G・ディキンズ（橋本八男訳）『ヨーロッパ近世史　ユマニスムと宗教改革の時代』芸立出版　1979年　16頁。

＊14）　16頁。

＊15）　徳井淑子『涙と眼の文化史　中世ヨーロッパの標章と恋愛思想』東信堂　2012年　はしがき。

＊16）　近藤恒一『新版　ペトラルカ研究』知泉書館　2010年　まえがき。

＊17）　拙著『ルネサンス・ヒューマニズムの研究――「市民的人文主義」歴史理論への疑問と考察――』晃洋書房　1994年　96～98頁。

＊18）　ペトラルカ（近藤恒一訳）『無知について』岩波文庫　2010年　80頁。

＊19）　拙著，168頁。

＊20）　168～169頁。

＊21）　169頁。

＊22）　ペトラルカ『無知について』132頁。

＊23）　拙著，186頁。

＊24）　ヴァッラ（近藤恒一訳）「快楽論（第一巻）」池上俊一監修『原典　イタリア・ルネサンス人文主義』名古屋大学出版会　2010年　386～448頁。

＊25）　L. Valla, *De voluptate, On Pleasury*, trans. A. Kent Hieatt, Maristella Lorch, New York, 1977, xxiv-xxv. ロレンツォ・ヴァッラ（近藤恒一訳）『快楽について』岩波文庫　2014年　第3巻　六。

＊26）　向山宏他『高等学校　改訂版　世界史B　人，暮らしがあふれる歴史』第一学習社，2012年　136頁。これはほんの一例であり，その他のかなりの教科書が類似した記載となっている。ルネサンスの社会全般の高い宗教性は直視すべきである。

＊27）　拙稿「《峻厳な神》とペスト的心性の支配――一五世紀フィレンツェの立法・政策・判決に心性を読む――」『人文学』第191号　2013年。

＊28）　ルター（植田兼義訳）『卓上語録』37頁。

＊29）　17頁。

＊30）　拙著，176頁。*The Renaissance Philosophy of Man*, eds., E. Cassirer, P. O. Kristeller, and J. H. Randal, Chicago and London, 1948, p. 153. ルター「奴隷的意志について」『ルター著作集　第一集7』175頁。

＊31）　河原温「中世ローマ巡礼」『巡礼と民衆信仰』94～125頁。

＊32)　告解についてルターはこういう――「告解のさい教皇派の人々は外見の行いだけを見る。行為だけ見るやり方なので，人々は十分に告解できなかった」(『卓上語録』28頁)。

＊33)　ルター（塩谷饒訳）「キリスト者の自由」松田智雄編『ルター』1969年　67～69頁。

＊34)　ルター（植田兼義訳）『卓上語録』教文館　2003年　28頁。

＊35)　ルター「スコラ神学反駁　討論」『ルター著作集　第一集　第一巻』54頁。

＊36)　徳善義和「ルター著作集　第一巻　解説」ルター『ルター著作集　第一集　第一巻』聖文舎　1964年　5頁。

＊37)　拙稿「黒死病でどれだけの人びとが死んだか」111～272頁。

＊38)　A. Corradi, *Annali delle epidemie occorse in Italia dalle prime memorie fino al 1850*, Bologna, 1972, vol. I; Lorenzo Del Panta, “La ricomparsa della peste e la depressione demografica del tardo Medioevo”, *Morire di peste: testimonianza antiche e interpretazioni moderne della «peste nera» del 1348*, ed. Ovidio Capitani, Bologna, 1995.

＊39)　佐久間弘展「ドイツ中世都市のペスト対策――ニュルンベルクを中心に――」『比較都市史研究』8-1（1989年）29～30頁。

＊40)　佐々木博光「ペスト観の脱魔術化――近世ヨーロッパの神学的ペスト文書――」『人間科学』(大阪府立大学紀要）七（2012年)。

＊41)　R・W・スクリブナー，C・スコット・ディクソン（森田安一訳)『ドイツ宗教改革』岩波書店　2009年　64頁。

＊42)　ルター（植田兼義訳）『卓上語録』19頁。

＊43)　スクリブナー他，27頁。

＊44)　92頁。

＊45)　ピウス二世（髙久充訳)「覚書き（第八巻)」池上俊一監修『原典　イタリア・ルネサンス人文主義』477頁。

＊46)　B・ジョヴァネッティ，R・マルトゥッチ（野口昌夫・石川清訳)『建築ガイド5　フィレンツェ』70頁。

第11話　煉獄での「女狩り」の責め苦――ヌヴェールの炭焼き屋――

＊1)　Caesarius of Heisterbach, *The Dialogue on Milacles*, tran. H. Von Scott, C. C. Swinton Bland with an Introduction by G. G. Coulton, 2 vols., 1929, London, I, pp. 306-307.

＊2)　ボッカッチョ（平川祐弘訳)『デカメロン』河出書房新社　2012年　472頁。

＊3)　小栗順子「体制傘下の宗教と「隠れ」」『図説　日本文化の歴史9　江戸(中)』小学館　1980年　173～175頁。

＊4)　ル・ゴッフ『煉獄の誕生』 アンブロシウスについては92頁，アウグスティヌスについては98～99頁。

＊5)　123頁。

＊6)　シェークスピア（福田恆存訳）『ハムレット』新潮文庫　39～40頁。

＊7)　41頁。

＊8)　現代でもカトリックの信者のなかにも，最後の秘跡を受ける時間を与えない，事故死などの「急死」を恐れている人がいると聞く。しかし，かつて私が北イタリアのコモのカトリックの神父に，「交通事故などの急死によって終油の秘跡を受けることができなかった場合，霊魂の行く末はどうなるか」と書面で尋ねたところ，神父は「我々は神に救済のために無限の方策を期待することができる」と述べ，さらに次のような回答（書面）をしてくれた。これによると，日頃から信仰生活を営んでいるならば，急死に襲われても改悛は可能であり，秘跡かそれに準じたものが得られるという。「善と神の方向に向かっているひとつの生命は，あなたが書いている交通事故の場合のように，突然に死がやって来たとしても，悪しき結末に至りえないのは確かです。神のはからいの神秘において起こるように，悪しき生さえも，息を引き取る最後においてさえ悔い改めることができるのです。」

＊9)　Gurevich, p. 112.

＊10)　「クリストフォロス」　アットウォーター他（山岡健訳）『聖人事典』三交社　1998年。ヤコブス・デ・ウォラギネ（前田・西井訳）『黄金伝説３』　平凡社ライブラリー95章。「クリストフォルス」　J・ホール（高階秀爾監修）『西洋美術解読事典』河出書房新社　1988年。

＊11)　オリーゴ，401頁。

＊12)　Schnell, *Cathedral Church of St. Maarten, Utrecht, Art Guide Nr. 2703*, Regensburg, 2008, pp. 21-22.

＊13)　水野千依『イメージの地層――ルネサンスの図像文化における奇跡と分身・予言――』名古屋大学出版会　2011年　155～166頁。

第13話　悪魔に殴打された聖アントニウス

＊1)　P・ブラウン（足立広明訳）『古代末期の形成』慶應義塾大学出版会　2006年47～53頁。

＊2)　Gurevich, p. 54.

＊3)　R. Trexler, *Public Life in Renaissance Florence*, New York, pp. 75-76.

＊4)　N. Terpstra, *Lay Confraternities and Civic Religion in Renaissance Bologna*, Cambridge, 1995; Cohn, *The Cult of Remembrance*, p. 32 ; D. Herlihy, *Medieval and Renaissance Pistoia*, New Haven, 1967, pp. 241-258 ; G. Brucker, *Renaissance Florence*, 2nd ed. Berkeley, 1969, pp. 108-109.

＊5)　E. Fiumi, “La popolazione del territorio volterrano-sangimignanese ed il problema demografico dell’età comunale”, in *Studi in onore di Amintore Fanfani*, 1968, p. 286.

＊6)　D. C. Ahl, “Due San Sebastiano di Benozzo Gozzoli a San Gimigniano: un contributo al problema della pittura per la peste nel Quattrocento”, in Rivista d’Arte, XL, serie IV, vol. IV, Firenze, 1988, pp. 31-62 ; BGSG, AC, NN 126, Libro di deliberazioni e riforme segnato G, 1459-1462, cc. 355-356,　D. C. Ahl, pp. 52-53 ; BCSG, AC, NN 126, c. 356v ; D. C. Ahl, pp. 53-54 ; BCSG, AC, NN 126, c. 356v, D. C. Ahl, p. 54 ; BCSG, AC, NN 126, c. 366v, Cole

Ahl, p. 55 ; BCSG, AC, NN 127, c. 366v. Libro di deliberazioni e riforme segnato K, 1462–1465, c. 213, D. C. Ahl, pp. 55–56. BCSG, AC, NN 126, c. 362v ; Archivio di Stato di Pisa, Corporazioni religiose soppresse, 1931 (San, Agostino di San Gimignano) in titolo 《N. 14. Convento di San, Agostino di San Gimignano: scritte private, partiti e altre momorie del convento dal 1500 circa al 1790》; BCSG, AC, NN 127, c. 248. BCSG, AC, NN 127, c. 250 ; BCSG, AC, NN 127, c. 261v. Ahl, p. 59, n. 17. ; BCSG, AC, QQ3, Libro d'entrata e d'uscita dell'Opera dell'Insigne Collegiata, 1464–1493, c.103v. ; BCSG, AC, R11, Debitori e creditori della Comunità segnato O, 1461–1467, c. 209 ; BCSG, AC, QQ 3, c. 105 ; BCSG, AC, QQ 3, c. 105v. Cole Ahl, p. 61.

＊7） A. Corradi, *Annali delle epidemie occorse in Italia dalle prime memorie fino al 1850*, Bologna, 1972, vol. I, pp. 297–306.

＊8） P. Dinzelbacher, "La divinità mortifera", *La peste nera: dati di una realtà ed elementi di una interpretazione, Atti del XXX Convegno storico internazionale*, Todi, 1993, p. 137.

＊9） *Bibliotheca Sanctorum, Istituo Giovanni XXIII della Pontificia Università Lateranense*, Roma, 1968, vol. XI, pp. 776–790 ; F. Monfrin, "Sebastiano," in *Storia dei Santi e della Santità Cristiana*, vol. Ⅱ. il Seme dei Martiri 33–313, a cura di A. Mandouze, pp. 238–243, 1991, Milano.

＊10） このほかに，ローマのサン・セバスティアーノ聖堂には，10世紀に描かれたという作品の模写があるという（Karim Ressouni-Demigneux, *Saint-Sébastien*, Editions du Regard, 2000, p. 13.）。

＊11） Horrox (ed.), *Black Death*, p. 125.

＊12） 石坂史料集(6)第20章「葬儀費用抑制のための条例（1473年）――フィレンツェの奢侈禁止令（葬儀関係）――」87～121頁。

＊13） とりわけ「カッソーネ」（嫁入りの際に花嫁が持参する長持ち）が普及して多額の金が出費された。フィレンツェなどで製作されたカッソーネが，現在約1000点が残されているといわれる。2013年度同志社大学文学研究科提出修士論文，萩原愛美「ルネサンス期フィレンツェにおける上流階級の結婚と社会――カッソーネとその主題から見る――」。この製作は，人口激減の時代にあって結婚・出産を重視する象徴的な文化現象である。

＊14） O'Malley, p. 137.

＊15） Norman, pp. 180–181.

＊16） Binski, p. 18.

＊17） 拙稿「調査報告　イタリアにおけるセバスティアヌス像の制作年代順一覧」『人文学』第175号　2005年。

＊18） 「聖人の役割が，その随伴者によって決定されることがよくある（パウロは，ペテロと一緒の時に異邦人の教会の創設者を象徴的に表わし，また，ベネディクトゥス，ロムアルドゥスらと一緒であればベネディクト会の守護聖人である）。」（J・ホール（高階秀爾監修）『西洋美術解読事典　絵画・彫刻における主題と象徴』河出書房新社

1988年　195頁）。

＊19）　松本典明『パトロンたちのルネサンス　フィレンツェ美術の舞台裏』日本放送協会　2007年。

＊20）　Barbara Schock-Werner, *Kölner Dom*, Greven Verlag Köln, 1999. S. 14.

＊21）　Gurevich, *Medieval Popular Culture*, p. 42.

＊22）　スクリブナー，116頁。

＊23）　65頁。

＊24）　Gurevich, p. 41.

＊25）　J. Koestlin, *Life of Luther*, La Vergne, TN, 2011, p. 12.

＊26）　p. 40.

＊27）　p. 40.

＊28）　V. Avery (a cura di F. Posocco), *La Scuola Grande di San Rocco a Venezia*, S. Settis, 2008, 2 v. A. Niero, *San Rocco: storia, leggenda, culto*, Vicenza, 1991.

＊29）　A・M・マーニョ（和栗珠理訳）『ゴンドラの文化史　運河をとおして見るヴェネツィア』白水社　2010年　204頁。

＊30）　拙稿「一四世紀イタリアの時代状況とペスト」『人文学』第190号　181～248頁。同「黒死病でどれだけの人が死んだか」111～272頁。

＊31）　Y. V. O'Neill, “Diseases of the Middle Ages”, *The Cambridge World History of Human Disease*, ed. K. F. Kiple, Cambridge, 1993, p. 276.

＊32）　石坂史料集(3)第13章「ムッシスの『疫病の歴史』160頁。

＊33）　K.W. Bowers, “Black Death (1347-52)”, *Encyclopedia of Pestilence, Pandemics, and Plague*, ed. J. P. Byrne, London, 2008, vol. 1, p. 56.

＊34）　A Lorenzo Del Panta, “La ricomparsa della peste e la depressione demografica del tardo Medioevo”, *Morie di peste: testimonianza antiche e interpretazioni moderne della 《peste nera》 del 1348*, ed. Ovidio Capitani, Bologna, 1995, p. 80. これは，以下の年代記（疫病年代記）を利用して作成したものである。Corradi, *Annali delle epidemie occorse in Italia dalle prime memorie fino al 1850*, Bologna, 1972, vol. I.

＊35）　W・H・マクニール（佐々木昭夫訳）『疫病と世界史』（下）中央文庫　2007年42頁。

＊36）　Byrne, p. 144.

＊37）　p. 133.

＊38）　D. Norman, “Change and continuity: art and religion after Black Death” in *Siena, Florence and Padova: Art, Society and Religion 1280-1400*, vol. I : Interpretative Essays, ed. Diana Norman, p. 195.

＊39）　Herlihy, p. 50.

第14話　聖アンブロシウスと幸運すぎる宿屋の主人

＊1）　和辻哲郎『イタリア古寺巡礼』岩波文庫　1991年　117～118頁。なお，明治から昭和初期の日本の知識人のイタリア紀行については，次を参照。真銅正宏『近代旅行記

の中のイタリア　西洋文化移入のもう一つのかたち』学術出版会　2011年。

＊2)　竹内裕二『中世イタリアの山岳都市　造形デザインの宝庫』彰国社　1991年。野田昌夫『イタリア都市の諸相——都市は歴史を語る——』刀水書房　2008年。

＊3)　A. Cappelli, *Cronologia: cronografia e calendario perpetuo*, Milano, 1998, parte prima. 拙稿「中世・ルネサンス時代におけるイタリア都市の新年の開始時期について——A・カッペッリの暦の研究より——」『文化史学』第57号　2001年。

第15話　立派な騎士と裏切られた悪魔

＊1)　H・カロッサ（手塚富雄訳）『美しき惑いの年』1970年　中央公論社　160〜166頁。

第16話　托鉢修道会——聖ドミニコの幻覚——

＊1)　13世紀・14世紀におけるドミニコ修道会のフィレンツェ進出をめぐっては，石川清「イタリア・ルネサンス期における建築職人組織の様態把握に関する研究」２章　課題番号　04805051　平成４年度文部省科学研究補助金一般研究（C）萌芽的研究成果報告書　平成５年３月。

＊2)　グレーヴィチ，83〜84頁。ジャック・ル・ゴフ「中世フランスにおける托鉢修道会と都市化」二宮宏之，樺山紘一，福井憲彦編集『都市空間の解剖』新評論　1985年　71〜72頁。

＊3)　英隆一朗「托鉢」『岩波キリスト教辞典』。

＊4)　堀越宏一『ものと技術の弁証法』岩波書店　2009年　55〜59頁。

＊5)　池上俊一『ヨーロッパ中世の宗教運動』270〜280頁。

＊6)　Molla, p. 170.

＊7)　p. 180.

＊8)　p. 145.

＊9)　瀬原義生『ドイツ中世後期の歴史像』文理館　2011年。

＊10)　マコーレイ（飯田喜四郎訳）『カテドラル——最も美しい大聖堂のできあがるまで——』岩波書店　1979年。

＊11)　Dinzelbacher, “La divinità moritifera”, p. 143.

＊12)　プロカッチ，70頁。

＊13)　拙稿「14世紀イタリアの時代状況とペスト」184〜187頁。

＊14)　渡邊昌美『異端カタリ派の研究——中世南フランスの歴史と信仰』岩波書店　1989年。

＊15)　池上俊一『ヨーロッパ中世の宗教運動』277頁。

＊16)　渡邊，274〜275頁。

＊17)　ルター（植田兼義訳）『卓上語録』206頁。

＊18)　河田淳「ペスト流行期の慈悲〈慈悲の聖母〉のイコノロジー」『人間環境学』20号　2011年　27〜37頁。

＊19)　斎藤泰弘「無原罪の聖母の祭壇画になぜ幼児の洗礼者ヨハネが登場するのか？——

ベルナルディーノ・デ・ブスティの『マリアーレ』とレオナルドの「岩窟の聖母」の関係について」『京都大學文學部研究紀要』(49) 2010年　101～185頁。

*20) W. Hood, "Fra Angelico at San. Marco : Art and the Liturgy of Cloistered Life", *Christianity and the Renaissance : Image and Religious Imagination in Quattrocento*, p. 117.

*21) ディンツェルバッハー，ホッグ（朝倉文市監訳）『修道院文化事典』八坂書房　356頁。

*22) Mollat, pp. 142-143.

*23) 『修道院文化事典』290頁，295頁。

*24) D. R. Lesnick, *Preaching in Medieval Florence: the Social World of Franciscan and Dominican Spirituality*, Athens, 1989, p. 67.

*25) 大黒俊一『嘘と貪欲』名古屋大学出版会　2006年　第六章。

*26) 原則的に高利貸業は，キリスト教徒に禁じられたことから，ユダヤ教徒に委ねられたが，ユダヤ人としては，ふつう営業するために高い営業税を都市や領主に払わねばならず，その回収を含めた利益を考えなければならなかった事情等がある。

*27) 池上俊一『ヨーロッパ中世の宗教運動』名古屋大学出版会　2007年　533～538頁。

*28) Hood, pp. 110-111.

第17話　浪費家の青年騎士と聖母の憐れみ

*1) 藤代幸一編訳『ルターのテーブル・トーク』三交社　2004年　149頁。

*2) ルター（植田兼義訳）『卓上語録』19頁。

*3) 新島襄（同志社編）『新島襄自伝　手記・紀行文・日記』2013年　岩波文庫　153頁。

*4) アリエス『死を前にした男』第一章。

*5) マール，181～185頁。

*6) グレーヴィチ，141～142頁。

*7) アリエス『死を前にした人間』163頁。

*8) R. Trexler, "Death and Testament in the Episcopal Constitutions of Florence (1327)." *Renaissance Studies in Honor of Hans Baron*, ed. A. Molho and John Trdeschi, Dekalb, Ill., 1971 : pp. 29-74.

*9) M・ヴォヴェル（池上俊一監修・富樫瓔子訳）『死の歴史――死はどのように受け入れられてきたのか――』創元社　1996年　52～53頁。

*10) S. K. Cohn, *The Cult of Remembrance and the Black Death*, Baltimore & London, 1992; Id., *Death and Property in Siena*, 1205-1800, Baltimore & London, 1992. なお，拙稿はコーンの研究を紹介・批判する。「ペスト期史料としての年代記と遺言書の解釈の問題性」『文化史学』第55号　1999年。「中世カトリシズムによる黒死病の受容」『文化史学』第55号　2000年。

*11) 稲垣良典「解説　トマスの「罪」理解について」トマス・アクィナス（稲垣良典訳）『神学大全』XII　創文社　1998年　426頁。

＊12） 156頁。
＊13） グレーヴィチ，214頁。
＊14） ル・ゴッフ『煉獄の誕生』199頁。
＊15） Gurevich, p. 1.

第18話　ある娼婦の改悛と贖罪
＊1） J・デ・ヴォラギネ（原田・山中訳）『黄金伝説』4　平凡社　2006年　第146章。
＊2） E・シューベルト（藤代幸一訳）『名もなき中世人の日常――娯楽と刑罰のはざまで』八坂書房　2005年　52～63頁。

第19話　近親相姦と父親殺しの過去をもつ娼婦
＊1） 藤田なち子訳「第四回ラテラノ公会議と告解の規定」『西洋中世史料集』ヨーロッパ中世史研究会編　235～236頁。
＊2） 「エクス・ヴォート」（奉納物）については，水野千依『イメージの地層』第三章第四節を参照。

第20話　地獄に堕ちた大聖堂参事会員――その告解と改悛――
＊1） ドメニコ・カヴァルカ（拙訳）「説教例話集――14世紀黒死病前のドミニコ会士説教例話集――」（1）『人文学』第172号　2002年　78～79頁。

第21話　フランスの貴族と地獄の永遠の罰
＊1） Benedictow, p. 291.
＊2） 石坂史料集(2)第九章「マルキオンネの『フィレンツェ年代記』より」60頁。

第24話　告解を回避した罪と聖フランチェスコの祈禱による蘇生
＊1） グレーヴィチ，117～118頁。
＊2） ランケ＝ハイネマン（高木昌史他訳）『カトリック教会と性の歴史』三交社　1996年　第13～16章。
＊3） 「妻との性行為は快楽ではなく生殖を目的として遂行されねばならず，また妻の妊娠中は行為を控えねばならない」（829年，皇帝ルイ敬虔王に提出された司教からの諮問の一項目）（デュビー（篠田勝英訳）『中世の結婚――騎士・女性・司祭――』新評論　1994年　58頁）。
＊4） ランケ＝ハイネマン，242頁，263頁，264～266頁，272～286頁他。
＊5） 278～279頁。なお，四旬節の節食は325年のニケーア公会議によって定められたという（C・フルゴーニ（高橋友子訳）『カラー版　ヨーロッパ中世ものづくし　メガネから羅針盤まで』岩波書店　2010年）。
＊6） C. Daniell, *Death and Burial in Medieval England 1066-1550*, London, New York, 1997, p. 5.

＊7）『ルターのテーブル・トーク』161頁。
＊8） J・ドリュモー（佐野・江花・久保・江口・寺迫訳）『罪と恐れ　西欧における罪責意識の歴史　13世紀から18世紀』新評論　2004年　416頁。
＊9） ランケ＝ハイネマン，212頁。
＊10） 209頁。
＊11） 281～288頁。
＊12） アウグスティヌス（山田晶訳）『アウグスティヌス　告白録』（「世界の名著14」）中央公論社　昭和43年　121頁。
＊13） ランケ＝ハイネマン．188頁。
＊14） ボッカッチョ（柏熊達生訳）『デカメロン』上　ちくま文庫　289～290頁。
＊15） J・ドリュモー（福田素子訳）『告白と許し　告解の困難　一三～一八世紀』言叢社　2000年　47～48頁。
＊16） カロッサ（岡田朝雄訳）『幼年時代』三修社　1969年　70～71頁。
＊17） ランケ＝ハイネマン，第11章「贖罪規定書と処罰一覧」。

第25話　告解のもたらす不可思議な効力――アラスの異端者と神の審判――

＊1） 井上雅夫「パタリア」（一）『人文学』第136号　1981年。同「パタリア」（二）『文化学年報』第30号　1981年。
＊2） コーン，159頁。

第27話　悪魔憑きの男と無効な告解

＊1） Gurevich, p. 102.

第28話　不倫をした司祭，馬小屋のなかで告解を受ける

＊1） Jean-Noël Biraben, “Plague and the Papacy”, *An Encyclopedia*, P. Levillain, general editor, vol. 2, Routledge, 2002.

第29話　情事をした司祭――降誕祭ミサと白鳩の奇跡――

＊1） R・ベイントン（青山・岸訳）『我ここに立つ』第三版　聖文舎　1969年　26～27頁。

第30話　盗賊となった修道士の臨終の告解と煉獄の罰

＊1） J・ル・ゴッフ（渡辺香根夫訳）『中世の高利貸――金も命も――』法政大学出版局　1989年　98～99頁。

第31話　ある海賊の誓い――告解聴聞師と贖罪――

＊1） 関哲行『旅する人びと』岩波書店　2009年　67頁。

第32話　ある修道女の堕落と聖母の敬虔な赦免

＊1) *A Documentary Study*, chap. 101.
＊2) pp. 138-239.
＊3) 関，242頁。
＊4) J・ロシオ（阿部・土浪訳）『中世娼婦の社会史』筑摩書房　1992年　156～157頁。
＊5) *A Documentary Study*, chap. 97.
＊6) 以下の都市と農村の結婚をめぐる比較の数値は，次の書による。D. Herlihy, C. Klapishe-Zuber, *Toscans and Families: a Study of the Florentine Catasto of 1427*, New Haven, London, 1978. pp. 215-216.
＊7) 嫁資として1000フィオリーノ前後の大金が動くフィレンツェの大商人の結婚の交渉は，ふつうの場合，そう簡単には進展しなかった。それを示すは多い（*A Documentary Study*, chaps. 18-19.）。
＊8) D. Herlihy, C. Klapishe-Zuber, p. 218.
＊9) p. 217.
＊10) p. 223.
＊11) M. Rocke, *Forbidden Friendships: Homosexuality and Male Culture in Renaissance Florence*, New York, 1996, p. 47. 高橋友子「14―15世紀イタリア諸都市における反ソドミー政策――フィレンツェとヴェネツィアを中心に――」『立命館文学』558号 134～135頁。
＊12) Rocke, p. 47.
＊13) ル・ゴッフ『煉獄の誕生』175頁。
＊14) *A Documentary Study*, chap. 88.
＊15) Rocke, p. 3.
＊16) A. Carmicael, “Plague Legislation in the Italian Renaissance”, *Bulletin of the History of Medicine*, vol. XI, No. 5, May, 1942, Firenze, 1978, p. 510.
＊17) Trexler, p. 76.
＊18) ロシオ『中世娼婦の社会史』79頁。
＊19) 198頁。
＊20) 77頁。
＊21) 199頁。

第33話　傲慢な修道士，女に化けた悪魔の誘惑に乗る

＊1) アウグスティヌス（服部・藤本訳）『神の国』（五）岩波文庫　1991年　346頁。
＊2) 「アウグスティヌスによって性的快楽が原罪と関係づけられた結果，貞節を保つ独身の男性聖職者と性的快楽を免れえない既婚の平信徒とを，聖と俗として対立的に捉える二元論が成立してきたのである。」（加藤久美子「性」『岩波キリスト教辞典』）
＊3) 拙稿「近年における日本のイタリア・ルネサンス史学界の展望」296～300頁。大黒俊二『嘘と貪欲』80頁。
＊4) ルター（植田兼義訳）『卓上語録』26～27頁。

＊5） アクィナス『神学大全』22巻　69～73頁。

＊6） ルター（植田兼義訳）『卓上語録』28頁。

＊7） ルター「キリスト教会の改善について ドイツ国民のキリスト教貴族に与う」134～135頁。ベイントン『我ここに立つ』252頁。ルター「結婚問題について」『ルター著作集 第一集 第九巻』聖文舎　1973年　245～329頁。

＊8） スクリブナー他，76頁。

＊9） ルター（植田兼義訳）『卓上語録』63頁。

第48話　キケロの徒として有罪宣告を受けたヒエロニムス

＊1） グレーヴィチ，332頁。

第Ⅲ部

第１話

＊1） 『プラートの商人』405～406頁。

第３話

＊1） グレーヴィチ，477～478頁。